ACCESO GRATIS ***a la Lectura en la Nube***

Para visualizar el libro electrónico en la nube de lectura envíe junto a su nombre y apellidos una fotografía del código de barras situado en la contraportada del libro y otra del ticket de compra a la dirección:

ebooktirant@tirant.com

En un máximo de 72 horas laborales le enviaremos el código de acceso con sus instrucciones.

La visualización del libro en **NUBE DE LECTURA** excluye los usos bibliotecarios y públicos que puedan poner el archivo electrónico a disposición de una comunidad de lectores. Se permite tan solo un uso individual y privado

RETOS Y DESAFÍOS DE LA FINANCIACIÓN NO BANCARIA DE STARTUPS

RETOS Y DESAFÍOS DE LA FINANCIACIÓN NO BANCARIA DE STARTUPS

REBECA CARPI Y JOAQUIM CASTAÑER CODINA
Coordinadores

tirant lo blanch
Valencia, 2025

En caso de erratas y actualizaciones, la Editorial Tirant lo Blanch publicará la pertinente corrección en la página web www.tirant.com.

Este libro se realiza en el marco del Proyecto público titulado «Financiación no bancaria para start-ups: riesgos y remedios jurídico-privados» (FINOBANSTART), financiado por el Ministerio de Ciencia e Innovación (Proyecto PID2021-128762NB-I00), que lideran Joaquim Castañer y Rebeca Carpi (ESADE Law School).

DIRECTORES DE COLECCIÓN:

Ana Belén Campuzano
(Catedrática de Derecho Mercantil)

Enrique Sanjuán
(Magistrado)

© TIRANT LO BLANCH
EDITA: TIRANT LO BLANCH
C/ Artes Gráficas, 14 - 46010 - Valencia
TELFS.: 96/361 00 48 - 50
FAX: 96/369 41 51
Email:tlb@tirant.com
www.tirant.com
Librería virtual: www.tirant.es
DEPÓSITO LEGAL: V-4302-2025
ISBN: 979-13-7010-716-1
MAQUETA: Disset Ediciones

Si tiene alguna queja o sugerencia, envíenos un mail a: *atencioncliente@tirant.com*. En caso de no ser atendida su sugerencia, por favor, lea en *www.tirant.net/index.php/empresa/politicas-de-empresa* nuestro procedimiento de quejas.

Responsabilidad Social Corporativa: http://www.tirant.net/Docs/RSCTirant.pdf

Índice

PRESENTACIÓN **15**

REBECA CARPI MARTÍN Y JOAQUIM CASTAÑER CODINA

LA FINANCIACIÓN NO BANCARIA DE LAS *START-UPS*: LA VISIÓN DEL INVERSOR **19**

JORDI POLL ROSELL

1. PRESENTACIÓN **19**

2. FOIXÀ VENTURE CAPITAL Y AFINTIA **20**

3. CONDICIONANTES DE LA DECISIÓN DE INVERTIR **21**

4. EL PAPEL DE LAS ADMINISTRACIONES PÚBLICAS EN LA FINANCIACIÓN DE LAS *START-UPS* ***23***

5. LA FINANCIACIÓN BANCARIA DE LAS *START-UPS* ***25***

6. EL PAPEL DE LA FINANCIACIÓN NO BANCARIA EN LAS EMPRESAS EMERGENTES **26**

7. INVERTIR PENSANDO EN EL *EXIT* ***27***

8. LA NECESIDAD DE LA LEY DE STARTUPS **28**

LA FINANCIACIÓN NO BANCARIA DE LAS *START-UPS*: LA VISIÓN DEL EMPRENDEDOR **33**

ÁLEX COLLART

1. PRESENTACIÓN **33**

2. OUTVISE **34**

3. ORIGEN DE LAS FUENTES DE FINANCIACIÓN **35**

4. EL ARTE DE CONVENCER AL POTENCIAL FINANCIADOR **36**

5. EL PAPEL DE LA FINANCIACIÓN BANCARIA **37**

6. LA FINANCIACIÓN NO BANCARIA DE LAS *START-UPS*. **39**

7. LA DECISIÓN DE VENDER LA EMPRESA **40**

8. LA NECESIDAD DE LA LEY DE STARTUPS **41**

9. Y UN CONSEJO PARA TERMINAR **42**

LOS PRÉSTAMOS CONVERTIBLES Y PARTICIPATIVOS COMO MEDIO DE FINANCIACIÓN DE LAS *START UPS* *43*

MIGUEL TRIAS SAGNIER

1. PRÉSTAMOS CONVERTIBLES **44**

1.1. La utilización de los préstamos convertibles en las *Start Ups* **44**

1.2. La problemática societaria: tratamiento de los derechos de preferencia **46**

1.3. Propuestas de *lege ferenda* **50**

2. PRÉSTAMOS PARTICIPATIVOS **51**

2.1. La utilización de los préstamos participativos en las *Start Ups* **51**

2.2. Regulación de los préstamos participativos **51**

2.3. Disciplina contractual **57**

2.4. Propuestas de *lege ferenda* **58**

3. BIBLIOGRAFÍA **59**

VENTURE DEBT: INSTRUMENTO DE FINANCIACIÓN ESPECÍFICO PARA STARTUPS **61**

JOSÉ MARÍA ROJÍ BUQUERAS

1. INTRODUCCIÓN **62**

2. DIVERSIDAD DE INSTRUMENTOS DE FINANCIACIÓN DE *STARTUPS* **63**

2.1. Derechos de crédito frente a capital. Perspectivas del inversor y del emprendedor **63**

2.1.1. La perspectiva del inversor *64*

2.1.2. La perspectiva del emprendedor *66*

2.2. Mix de deuda y capital **68**

2.3. La visión del administrador de una startup **68**

3. PRÉSTAMOS PARTICIPATIVOS Y DEUDA CONVERTIBLE **69**

3.1. El préstamo participativo **69**

3.1.1. La perspectiva del inversor *70*

3.1.2. La perspectiva del emprendedor *71*

3.2. La deuda convertible como alternativa **72**

3.2.1. Introducción a la deuda convertible *72*

3.2.2. Facultad de conversión por el acreedor *73*

3.2.3. Facultad de conversión por el deudor *74*

4. EL *VENTURE DEBT*: SOLUCIÓN PARA LA FINANCIACIÓN DE *STARTUPS*. 75

4.1. El venture debt como solución 75

4.2. Principales elementos del *venture debt* 76

4.3. Protección del contrato de *venture debt* 78

5. BIBLIOGRAFÍA 79

INFORMACIÓN, EMPRENDEDORES Y CROWDFUNDING EN EL REGLAMENTO EUROPEO 2020/1503 81

REBECA CARPI MARTÍN

1. INTRODUCCIÓN 82

2. LA INFORMACIÓN COMO PIEDRA ANGULAR DE LOS MERCADOS FINANCIEROS 85

3. EL DEBER DE INFORMACIÓN DE LOS EMPRENDEDORES EN EL REGLAMENTO 2020/1503 88

4. LA FICHA DE DATOS FUNDAMENTALES 90

4.1. Estructura 90

4.2. Contenido 92

4.2.1. Aspectos generales 92

4.2.2. Las entidades instrumentales 94

4.2.3. Los riesgos 96

4.2.4. Los derechos del inversor y los pactos parasociales 96

5. CONSECUENCIAS PARA LAS EMPRESAS PROMOTORAS DE PROYECTOS EN CASO DE OMISIÓN, ERROR O FALSEDAD EN LA INFORMACIÓN. 99

6. A MODO DE CONCLUSIÓN: INFORMAR PARA GENERAR CONFIANZA, Y TAMBIÉN CURIOSIDAD. 100

7. BIBLIOGRAFÍA Y WEBGRAFÍA CITADA 102

LA FINANCIACIÓN DE LAS STARTUPS MEDIANTE CRIPTOACTIVOS 105

JOAQUIM CASTAÑER CODINA

1. CUESTIONES INTRODUCTORIAS SOBRE LAS *INITIAL COIN OFFERINGS* (ICO) 106

2. LA TAXONOMÍA DE LOS CRIPTOACTIVOS EN EL REGLAMENTO MICA 111

2.1. Criptoactivos excluidos del ámbito de aplicación del Reglamento MiCA 114

2.2. Criptoactivos regulados por el Reglamento MiCA 119

3. LOS CRIPTOACTIVOS DISTINTOS DE LAS FICHAS REFERENCIADAS A ACTIVOS Y DE LAS FICHAS DE DINERO ELECTRÓNICO 121

3.1. El libro blanco o *white paper* 121

3.2. La campaña publicitaria 126

3.2.1. La no aplicación del artículo 247 de la Ley del Mercado de Valores y Servicios de Inversión y de la Circular 1/2022 a los *utility tokens* .. 127

3.2.2. Las comunicaciones publicitarias de los ***utility tokens*** 128

3.3. La salvaguardia de los fondos de los inversores 129

3.4. El derecho de desistimiento 132

4. A MODO DE CONCLUSIÓN 134

5. BIBLIOGRAFÍA 137

EL CONTRATO DE *FACTORING* COMO INSTRUMENTO DE FINANCIACIÓN DE STARTUPS. UN REGRESO A LOS ORÍGENES DEL CONTRATO 141

DANIEL BENÍTEZ RODRÍGUEZ

1. EVOLUCIÓN HISTÓRICA DEL *FACTORING* *142*

2. APROXIMACIÓN AL CONCEPTO DE LA OPERACIÓN DE *FACTORING* *144*

3. NATURALEZA JURÍDICA DE CONTRATO DE *FACTORING* *147*

4. CLASES DE *FACTORING* *148*

4.1. Factoring propio o sin recurso 149

4.2. Factoring impropio o con recurso 151

4.3. Factoring con financiación 152

5. EL *FACTORING* COMO MECANISMO DE FINANCIACIÓN DE *STARTUPS* ... *153*

6. BIBLIOGRAFÍA 155

7. JURISPRUDENCIA 155

LA FUNCIÓN DE LAS GARANTÍAS EN LA FINANCIACIÓN DE LAS STARTUPS 157

ABEL VEIGA COPO

1. INTRODUCCIÓN 158

2. BUSCANDO LA EFICIENCIA DE LA GARANTIA 168

3. EL PODER DE AGRESIÓN DEL ACREEDOR, ¿QUÉ VALOR JUEGA EN EL ESCENARIO CONFLICTUAL DEL CRÉDITO? 189

4. BIBLIOGRAFÍA 203

GUARANTEES IN NON-BANK FINANCING OF *START-UPS* *209*

IGNACIO RAMOS VILLAR & PEDRO ÁLVAREZ LOIS

I. GUARANTEES IN THE NON-BANKING FINANCING OF START-UPS. A FUNCTIONAL AND LEGAL PERSPECTIVE 210

1. Introduction. A paradigm shift in business reality 210

2. The functionality of the guarantee 211

2.1. Collateral as a risk management mechanism 211

2.2. The guarantee from the perspective of the financier and the financed 212

2.3. The guarantee from an economic perspective 212

2.4. The guarantee from a legal perspective 213

3. The assets of start-ups 214

4. Problems with start-up asset guarantees 215

4.1. Economic issues 215

4.2. Legal issues 216

II. SECURITY IN THE FINANCING OF START-UPS. ECONOMIC PERSPECTIVE: RISKS, FINANCIAL GUARANTEES AND THE FUNDING OF START-UPS 217

1. Introduction 217

2. The nature of start-ups 219

2.1. General Features 219

2.2. Inherent Risks 221

2.3. Valuation 223

2.4. Intangibles 225

3. The start-up funding process 226

3.1. Sources and Instruments 226

3.2. The Funding Gap 229

3.3. Underinvestment 231

3.4. Empirical Analysis 232

4. Start-up failure 235

4.1. Magnitude and Timing 235

4.2. Main Causes 236

4.3. Solutions 240

5. Corporate risk management 242

5.1. Rationale 242

5.2. Main Approaches 243

5.3. Risk Transfer 244

6. Guarantees: description 245

6.1. Credit Guarantee Schemes (CGS) 245

6.2. Mechanics of CGS 246

6.3. Types of CGS 246

6.4. Public Sector 248

6.5. CGS in Spain 251

7. Guarantees: analysis 252

7.1. Economic Rationale 252

7.2. Design Issues 253

7.3. Innovative Instruments 256

8. Guarantees: evaluation 257

8.1. Dimensions 257

8.2. Empirical evidence 257

8.3. Limitations 259

III. BY WAY OF CONCLUSION: PROPOSALS 260

IV. BIBLIOGRAPHY 261

LA PROPIEDAD INTELECTUAL E INDUSTRIAL COMO OBJETO DE GARANTÍA: DIFICULTADES QUE PLANTEA SU UTILIZACIÓN 265

INMACULADA HERBOSA MARTÍNEZ

1. GARANTÍAS SOBRE INTANGIBLES. IDEAS GENERALES 266

2. EN PARTICULAR, LA HIPOTECA SOBRE PROPIEDAD INTELECTUAL E INDUSTRIAL 271

2.1. Derechos que comprende 271

2.1.1. Derechos sobre propiedad industrial *271*

2.1.2. Derechos de explotación derivados de propiedad intelectual *275*

2.1.3. Exigencia de inscripción previa *276*

2.2. Legitimación para su constitución 277

3. ESCASA UTILIZACIÓN DE LA FIGURA. IDENTIFICACIÓN DE POSIBLES CAUSAS QUE DIFICULTAN SU APLICACIÓN 278

3.1. Ausencia de un marco normativo adecuado 279

3.2. Necesidad de coordinar dos tipos de registros 281

3.3. Riesgos derivados de su objeto 283

4. MEDIDAS ESPECÍFICAS EN BENEFICIO DEL ACREEDOR........................ 286

4.1 Extensión de estos derechos 286

4.2. Derechos atribuidos al acreedor para impedir su extinción................. 288

4.3. Consentimiento del acreedor para la realización de actos dispositivos 291

4.4 Particularidades relacionadas con la ejecución 292

5. OTRAS CAUSAS QUE CONTRIBUYEN A SU ESCASA UTILIZACIÓN 293

6. BIBLIOGRAFÍA.. 295

ALTERNATIVAS PÚBLICAS A LA FINANCIACIÓN DE LAS STARTUPS.... 297

ARIANA EXPÓSITO GÁZQUEZ

1. LAS POLÍTICAS PÚBLICAS DE IMPULSO DEL EMPRENDIMIENTO COMO MECANISMO ACELERADOR DEL CRECIMIENTO ECONÓMICO 298

2. EL RÉGIMEN JURÍDICO DE LA INTERVENCIÓN PÚBLICA EN EL SECTOR DE CAPITAL DE RIESGO 300

2.1. Los límites de intervención del marco normativo europeo.................. 300

2.2. La intervención pública desde el Derecho Administrativo.................. 302

2.3. La Ley 28/2022 de 21 de diciembre, de fomento de ecosistemas de las empresas emergentes 306

2.3.1. Los beneficios de las startups... 306

2.3.2. El proceso de certificación de empresa emergente 307

3. INSTRUMENTOS DE FOMENTO PÚBLICO PARA LA FINANCIACIÓN DE LAS STARTUPS 310

4. CONCLUSIONES.. 315

5. BIBLIOGRAFÍA.. 316

ASPECTOS JURÍDICOS, NOTARIALES Y REGISTRALES DE LA NUEVA LEY DE “STARTUPS”.. 317

EDUARDO BAUTISTA BLÁZQUEZ

1. INTRODUCCIÓN AL MARCO LEGAL VIGENTE PARA LAS EMPRESAS EMERGENTES 318

2. LEY 28/2022, DE 21 DE DICIEMBRE, DE FOMENTO DEL ECOSISTEMA DE LAS EMPRESAS EMERGENTES 319

2.1. Objetivos y alcance de la ley 319

2.2. Requisitos para la calificación como empresa emergente.................... 320

2.3. Proceso de certificación ... **320**

2.4. Medidas para la agilización y flexibilización de trámites ... **322**

2.5. Otras medidas relevantes ... **324**

3. **LEY 11/2023, DE 8 DE MAYO, SOBRE DIGITALIZACIÓN DE ACTUACIONES NOTARIALES Y REGISTRALES, QUE TRANSPONE LA DIRECTIVA (UE) 2019/1151** ... **325**

3.1. Novedades introducidas en los ámbitos notarial y registral ... **326**

3.2. Desafíos en la práctica ... **328**

4. **CONCLUSIONES** ... **328**

BALANCE TRAS LA LEY 28/2022, DE 21 DE DICIEMBRE, DE FOMENTO DEL ECOSISTEMA DE LAS EMPRESAS EMERGENTES ("LEY DE STARTUPS") ... **331**

NOHAILA EL MOUDEN JAADOUNI

1. INTRODUCCIÓN ... **332**

2. EXPECTATIVAS INICIALES EN TORNO A LA PROMULGACIÓN DE LA LEY DE STARTUPS ... **333**

3. IMPLEMENTACIÓN EFECTIVA DE LA LEY DE STARTUPS ... **335**

3.1. Aplicación práctica y efectos ... **335**

3.2. Certificaciones de empresas emergentes otorgadas por ENISA ... **335**

4. ANÁLISIS DE LAS NOVEDADES INTRODUCIDAS POR LA LEY DE STARTUPS ... **337**

4.1. Coberturas de la ley ... **337**

4.2. Carencias de la ley ... **339**

5. CONCLUSIONES ... **341**

6. BIBLIOGRAFÍA ... **342**

Presentación

El emprendimiento basado en la innovación tecnológica ha experimentado un importante auge en los últimos años que se ha traducido en un incremento del interés por las denominadas empresas emergentes o *startups*. Este aumento ha sido en parte propiciado por medidas públicas de impulso de este tipo de empresas, cuya máxima expresión en nuestro país hasta la fecha ha sido la promulgación de la Ley 28/2022, de 21 de diciembre, de fomento del ecosistema de las empresas emergentes. Esta Ley establece un marco normativo que incluye medidas de diversa índole (p.ej., fiscales, mercantiles, laborales, etc.) cuyo objetivo es apoyar la creación y el crecimiento de las empresas emergentes en España.

Pese a este ecosistema legal favorable, la creación y desarrollo de las *start-ups* sigue lastrada por diversos factores como el acceso a la financiación, un exceso y lentitud de trámites administrativos, el dominio de una cultura conservadora o la falta de apoyo a largo plazo.

Dentro de los obstáculos que tienen que afrontar los emprendedores, uno de los principales retos a que se enfrentan es la obtención de la financiación necesaria para desarrollar su proyecto innovador. Desde sus orígenes, las *start-ups* se han visto condicionadas por las severas dificultades para obtener los recursos económicos que precisan, primero, para su creación y, después, para su crecimiento y consolidación. Además, se trata de un problema global, en el sentido de que las dificultades de financiación se producen, en mayor o menor medida, cualquiera que sea el país del mundo donde se pretenda desarrollar el proyecto emprendedor.

En términos generales, la financiación de las *start-ups* puede provenir de tres tipos de sujetos. En *primer* lugar, las Administraciones Públicas pueden contribuir mediante recursos o ayudas de diversa índole al desarrollo del ecosistema emprendedor de un país. En *segundo* término, existe la solución de acudir a la tradicional financiación bancaria, aunque esta vía resulta complicada debido al alto riesgo de la actividad empresarial que suele desarrollarse y la falta de historial crediticio de la empresa. Por *último*, la financiación privada no bancaria ofrece amplias posibilidades derivadas de la pluralidad de sujetos que pueden invertir en la *start-up* (p.ej., la conocida «triple F» de los *Fools, Friends & Family*, los *business angels*, el capital riesgo, los microfinanciadores, etc.) y de la diversidad de instrumentos que pueden utilizarse (p.ej., préstamos participativos, *venture debt*, criptoactivos, financiación participativa, etc.).

Precisamente, poniendo el foco en esta última posibilidad, este libro agrupa diversos trabajos cuyo objetivo común es contribuir al estudio del régimen jurídico de las empresas emergentes y, en particular, de los retos y desafíos que presenta su financiación no bancaria.

En términos generales, el contenido de la obra puede dividirse en cuatro grandes grupos. En *primer* lugar, incluye la transcripción de las entrevistas realizadas con un experto inversor en *start-ups* y con un curtido emprendedor que ha creado y desarrollado varias empresas emergentes. Las opiniones de estas personas ofrecen una visión práctica, desde el conocimiento y la experiencia, de los principales problemas a que se enfrentan las *start-ups* a la hora de conseguir financiación para desarrollar sus proyectos. Las entrevistas también sirven para apuntar algunas posibles recomendaciones y soluciones para tratar de combatir las dificultades de financiación de las empresas emergentes.

En *segundo* término, el libro examina algunos instrumentos de financiación no bancaria a que pueden recurrir las *start-ups*, como los préstamos convertibles, el *venture debt*, el *crowdfunding*, los criptoactivos o el *factoring*. Por un lado, se analiza la viabilidad de estos mecanismos para financiar a las empresas emergentes. Por otro, se ponen de manifiesto las ventajas y los inconvenientes de estas formas de financiación, con especial atención a las insuficiencias de su régimen jurídico. Esta parte de la obra nos muestra la existencia de una variedad de opciones de financiación de las *start-ups* que no siempre va acompañada de una regulación legal satisfactoria.

En *tercer* lugar, aparecen tres estudios sobre las garantías en la financiación de las *start-ups*. Las garantías del cumplimiento de las obligaciones constituyen un elemento relevante en todo tipo de financiación, tanto personal como empresarial o profesional, y las empresas emergentes no escapan a esa importancia. Pero en el caso de las *start-ups* las garantías financieras alcanzan una dimensión especial, sobre todo cuando se trata de garantías reales, ya que los bienes de mayor valor de la empresa –cuando no lo únicos– suelen ser activos de carácter intangible. Ello plantea notables dificultades en la formalización y ejecución de estas garantías, que se ven agravadas por la falta de una regulación adecuada.

Por *último*, otros tres trabajos se centran en el impacto que ha causado la Ley 28/2022, de 21 de diciembre, de fomento del ecosistema de las empresas emergentes, en el desarrollo y la financiación de las *start-ups*. Desde esta perspectiva, se abordan las alternativas públicas a la financiación de estas empresas, los aspectos jurídicos de la denominada «Ley de Startups» (con especial atención al ámbito notarial y registral) y se hace un balance sobre su implementación efectiva a partir de las expectativas iniciales que generó y las novedades que ha introducido.

El variado número de estudios sobre financiación no bancaria de *start-ups* que se presentan ha sido realizada por juristas de diversa condición, destacando la intervención de abogados vinculados con el mundo de las empresas emergentes y de profesores universitarios cuyo currículo investigador y docente incluye el régimen jurídico y económico de estas empresas. Asimismo, queremos subrayar la presencia de un notario que nos aporta su visión personal de los retos, dificultades y cambios que las *start-ups* suponen para esta profesión.

En fin, concluimos esta presentación señalando que el libro se ha elaborado en el marco del Proyecto investigador de generación del conocimiento titulado «Financiación no bancaria para start-ups: riesgos y remedios jurídico-privados» (FINOBANSTART), financiado por el Ministerio de Ciencia e Innovación (Proyecto PID2021-128762NB-I00), que lideran los autores de esta presentación, Joaquim Castañer y Rebeca Carpi (ESADE Law School).

REBECA CARPI MARTÍN Y JOAQUIM CASTAÑER CODINA
ESADE Law School. Universitat Ramon Llull
Marzo 2025

La financiación no bancaria de las start-ups: la visión del inversor

JORDI POLL ROSELL[1]

RESUMEN. Se mantiene una conversación con un experto inversor en empresas emergentes en la que nos da su visión acerca de diversas cuestiones relacionadas con distintas formas de financiación de las *start-ups*, con el papel que asumen los inversores en la creación y el desarrollo de estas empresas y con la relevancia que está llamada a tener en este ámbito la Ley 28/2022, de 21 de diciembre, de fomento del ecosistema de las empresas emergentes.

PALABRAS CLAVE. *Startup*, inversor, financiación, condiciones, normativa.

ABSTRACT. A conversation is held with an expert investor in startups, where he shares his views on various issues related to different forms of financing for startups, the role investors play in the creation and development of these companies, and the significance that Law 28/2022, of December 21, on the promotion of the startup ecosystem, is expected to have in this field.

KEYWORDS. Startup, investor, financing, conditions, regulations.

SUMARIO. 1. INTRODUCCIÓN. **2.** FOIXÀ VENTURE CAPITAL Y AFINTIA. **3.** CONDICIONANTES DE LA DECISIÓN DE INVERTIR. **4.** EL PAPEL DE LAS ADMINISTRACIONES PÚBLICAS EN LA FINANCIACIÓN DE LAS *start-ups*. **5.** LA FINANCIACIÓN BANCARIA DE LAS *START-UPS*. **6.** EL PAPEL DE LA FINANCIACIÓN NO BANCARIA EN LAS EMPRESAS EMERGENTES. **7.** INVERTIR PENSANDO EN EL *exit*. **8.** LA NECESIDAD DE LA LEY DE STARTUPS.

1. PRESENTACIÓN

El presente libro incluye un variado número de estudios sobre instrumentos de financiación no bancaria de las empresas emergentes o *start-ups*, realizados por juristas de diversa condición (esencialmente, académicos, abogados y notarios). Con todo, nos ha parecido de sumo interés iniciar el libro con la aproximación práctica de la financiación de las *start-ups* que pueden ofrecernos un inversor (presente capítulo) y un emprendedor (capítulo siguiente). La redacción de ambos va a tener un formato entrevista, en la que se irán haciendo diversas preguntas sobre su experiencia (inversora o emprendedora)

---

1 Fundador y CEO de Foixà Venture Capital. Senior Business Advisor de Afintia.

en torno a la financiación de los proyectos empresariales en los que se han visto involucrados[2]*start-up*.

Comenzamos con una persona que tiene amplia experiencia en la inversión en empresas emergentes, y que nos ofrecerá la visión de la financiación de las *start-ups* desde la perspectiva del inversor de este tipo de empresas: el Sr. Jordi Poll Rosell.

El Sr. Jordi Poll tiene un largo recorrido en distintas multinacionales del sector químico, de carácter nacional e internacional. Destacan, por un lado, las responsabilidades que ha tenido en el área de Finanzas del Grupo Henkel en México y Centroamérica y, por otro, el desempeño de la Dirección General del Grupo Nopco en el Sur de Europa y Latinoamérica, llegando a ser miembro del *Board* de su *Holding*. Ha participado como inversor en proyectos como *Unison, Kibus PetCare, Dinbeat, Trib3, MAM Originals* y *Outwise*. En la actualidad, es CEO de Foixà Venture Capital y Senior Business Advisor de Afintia y, como tal, se dedica a la selección y *fundraising* de *start-ups*.

2. FOIXÀ VENTURE CAPITAL Y AFINTIA

Pregunta. Lo primero que le vamos a pedir al Sr. Poll es que nos explique brevemente cuál es el cometido de *Foixà Venture Capital* y a qué se dedica la empresa *Afintia*. En particular, nos interesa saber en qué sector o sectores empresariales invierten.

Respuesta.

La verdad es que tras toda una vida trabajando para los demás, a los 60 años decidí cambiar el rumbo y empezar una nueva etapa, creando *Foixà Venture Capital*, para invertir en determinadas *start-ups* que se alinearan con mis ideas y objetivos de inversión.

> Como miembro de Foixà Venture Capital y senior advisor de Afintia, el Sr. Jordi Poll tiene una amplia experiencia en la toma de decisiones de inversión en empresas emergentes.

A la vez, soy *senior advisor* en *Afintia*, una empresa creada en el año 2006 que tradicionalmente se ha dedicado a desarrollar vehículos de inversión en el área inmobiliaria y de las energías

[2] En este sentido, el presente capítulo recoge la transcripción de las entrevistas que se efectuaron en el Congreso titulado «Retos y desafíos de la financiación no bancaria de *startups*», celebrado en ESADE el 14 de diciembre de 2023, en el marco del Proyecto de investigación titulado «Financiación no bancaria para start-ups: riesgos y remedios jurídico-privados» (FINOBANSTART), financiado por el Ministerio de Ciencia e Innovación (Proyecto PID2021-128762NB-I00), que lideran Joaquim Castañer y Rebeca Carpi (ESADE Law School).

renovables, y a la que en su día convencí para que invirtiera en el mundo del *venture capital*[3].

Durante estos años, hemos ido seleccionando empresas para invertir sin seguir un criterio rígido predefinido. Más bien podemos decir que no hemos tenido miedo de invertir en distintos sectores, si bien con un límite: siempre hemos huido de los sectores altamente regulados, tanto por falta de conocimiento de estos, como por la complejidad legal añadida que presentan estos sectores.

3. CONDICIONANTES DE LA DECISIÓN DE INVERTIR

Pregunta. Dentro del sector concreto en el que centran sus inversiones, resulta de interés, en primer lugar, conocer cómo deciden en que empresa o empresas concretas van a invertir y, en segundo término, si prefieren entrar en el capital social o realizar otro tipo de inversiones en la *start-up*.

Respuesta.

Lo que habitualmente buscamos con la inversión es tener relevancia en la toma de las decisiones de la empresa emergente, aunque nuestra entrada en ella sea con medios o recursos limitados. Es por ello que lo normal es buscar y seleccionar empresas que están en las fases que solemos denominar pre-semilla (*pre-seed*) o semilla (*seed*)[4], porque en este momento el valor de la empresa

---

3 *Afintia* se presenta como una empresa creada en 2006 y especializada en la búsqueda y estructuración de inversiones, con experiencia en los sectores de *Real Estate*, energías renovables y *Venture Capital* en Europa (España, Francia y Polonia), Chile, Brasil y China. A estos efectos, *Afintia* identifica oportunidades de inversión y, en base a una estrategia definida, busca productos y gestores. Para cada proyecto se constituye un vehículo específico (no un fondo). *Afintia* alinea los intereses del gestor con los del capital y trabaja solo en defensa de los intereses del inversor. *Cfr.* <https://www.afintia.com/>.

4 El ciclo de vida de la *start up* se suele dividir en diversas etapas (*vid.* para una breve, pero clara, explicación de las diversas etapas del ciclo de vida de una *start up*, el trabajo de Daniel ESCARTÍN, Álex MARIMÓN, Albert RIUS, Xavier VILASECA y Ángel VIVES: «*Startup*: Concepto y ciclo de vida», *Revista de Contabilidad y Dirección*, Vol. 30, año 2020, págs. 13-21). En *primer* lugar, una etapa inicial, conocida como «Valle de la Muerte» (*Valley of Death*), en la cual la incertidumbre y la falta de ingresos generan un elevado riesgo en las perspectivas de éxito futuro de la compañía. A su vez, esta primera etapa acostumbra a subdividirse en fase *pre-seed*, donde la actividad se centra en la investigación, y la fase *seed* (o lanzamiento) en el que la empresa inicia sus operaciones lanzando al mercado el producto o servicio desarrollado. En *segundo* término, se identifica la etapa *early stage*, que es la inmediatamente posterior a la superación del punto de equilibrio (es decir, el momento en que los ingresos cubren

es todavía bajo y el perfil que presenta nuestra red de inversores (que suelen ser *business angels* y el llamado *family office*) permite que, si se agrupan, puedan tener cierta relevancia o transcendencia en aquella toma de decisiones. Es frecuente que representemos a esa red de inversores dentro del órgano de administración de la empresa emergente, ya sea ocupando la posición de administrador o consejero, o bien como simple observador (*observer*).

Pregunta. En esa elección de las empresas donde van a invertir, también resulta de interés saber hasta qué punto tienen en cuenta quiénes son o van a ser los demás inversores y, por tanto, cuáles van a ser sus *partners* en la empresa emergente.

Respuesta.

La respuesta a esta pregunta pasa por recordar lo que acabamos de decir, que entramos en las *start-ups* en una fase inicial o temprana, de capital *pre-seed* o *seed*, para tener una relevancia que no sería posible en fases de desarrollo más avanzadas de la empresa emergente. En esa fase inicial encontramos compañeros de camino muy similares a nosotros, en particular, otros *business angels*. Por ejemplo, también formo parte de *Esade BAN*, que hace lo mismo que *Afintia*, ejercer de *lead investors* para intentar agrupar y liderar a un grupo de inversores[5]

> *Afintia* suele constituirse en el *lead investor* de un grupo de *business angels*, de modo que lo habitual es que invierta en *start-ups* en fase temprana o inicial. En este momento sus compañeros de viaje como inversores suelen ser otros *business angels*, valorándose el valor añadido que su trayectoria, experiencia y red de contactos pueda aportar a la empresa.

---

los gastos en que ha incurrido la empresa). En esta fase la empresa sigue teniendo importantes tensiones de tesorería y continúa necesitada de liquidez por parte de agentes externos. La *tercera* etapa es la de *later stage* (o crecimiento), en la cual la *startup* ya empieza a contar con el músculo financiero para tener acceso a canales de financiación más tradicionales. En fin, una *última* etapa es la *exit stage*, en la que la actividad de la empresa genera beneficios para funcionar de forma sostenida en el tiempo. Aquí la empresa deja de ser emergente para convertirse en tradicional (y con frecuencia buscando dar el siguiente paso hacia su salida a bolsa, su fusión con otra sociedad o su adquisición por una empresa más grande). Los estudios indican que solo el 10% de las *startups* consiguen alcanzar la *exit stage*, quedándose muchas de ellas en esa fase inicial que, con razón, es conocida con el significativo nombre de «Valle de la Muerte». Vid. Paul Alan GOMPERS y Joshua LERNER: *The Venture Capital Cycle*, 2ª edición, The MIT Press, Cambridge (Massachusetts), 2004; y para datos recientes sobre porcentaje de fracaso de *startups*, Kyril KOTASHEV: «Startup Failure Rate: How Many Startups Fail and Why in 2023?», 14 diciembre 2022, en el blog <https://www.failory.com/blog/startup-failure-rate>.

5 *Esade Ban* es la red de inversores (*business angels*) promovida por *Esade Alumni* que actúa como punto de encuentro entre estos inversores y *start-ups* innovadoras y con

Y aunque algunas veces podemos encontramos ya en esa fase temprana a inversores más importantes, como algún *venture capital* o fondo de inversión, hay que reconocer que esta circunstancia es poco común.

Lo que sí valoramos con cierto detalle es que el resto de los inversores se acerquen a lo que denominamos *smart money*, esto es, que, debido a su trayectoria profesional, experiencia y red de contactos, estén en condiciones de aportar valor añadido a la *start-up*. Valoramos, especialmente, que haya personas que tengan un perfil o nivel internacional que nos pueda ayudar, en su caso, a favorecer la expansión de la empresa fuera de España. La relevancia de este hecho reside en que la experiencia nos indica que, a partir de cierto momento, esta expansión internacional resulta necesaria para el éxito de la empresa emergente.

4. EL PAPEL DE LAS ADMINISTRACIONES PÚBLICAS EN LA FINANCIACIÓN DE LAS *START-UPS*

Pregunta. A efectos de esta charla, creo que podemos dividir las fuentes de financiación de las *start-ups* en tres grandes grupos: la financiación pública, la financiación bancaria y la financiación (privada) no bancaria. En las siguientes preguntas pediremos su opinión en torno a cada una de estas tres fuentes de financiación en relación con las empresas emergentes. Empezamos con la financiación pública. ¿Cree que las Administraciones públicas se implican suficientemente en la financiación de las empresas en general y en la financiación de las *start-ups* en particular?

Respuesta.

Aunque no sea lo normal en otros ámbitos, en el sector de las *start-ups* se suele tener bien considerada a la Administración, tanto en España como en otros países. Hay que tener en cuenta que las Administraciones públicas han ayudado mucho, y de forma eficiente, al ecosistema de las *start-ups*, ya sea en el ámbito local, económico o estatal.

Este apoyo también ha alcanzado a la financiación, por medio de distintos instrumentos como, por ejemplo, concediendo líneas de crédito «blandas», avalando con fondos de inversión o impulsando a través de beneficios fiscales la creación de *start-ups*.

---

alto potencial de crecimiento. Organiza encuentros entre inversores y emprendedores para conocer, fomentar y canalizar las inversiones. Según los datos que se ofrecen en su página web, *Esade BAN* ha contribuido a que más de 250 inversores hayan destinado alrededor de 45 millones de euros para financiar a unas 300 *start-ups*. *Vid.* <https://www.esadealumni.net/es/inversores/sobre-esade-ban>.

Pero también es muy importante que las Administraciones públicas hayan incentivado la innovación, a través de diversos organismos como el Centro para el Desarrollo Tecnológico e Innovación (CDTI)[6]. También son destacables algunos entes que promueve la Administración y que desempeñan una notable labor en la incubación y aceleración de empresas emergentes, como Barcelona Activa, por citar un ejemplo próximo geográficamente[7].

En este sentido, hay que reconocer que las anteriormente mencionadas líneas de crédito han sido un gran apoyo para las empresas emergentes, no solo en la parte de la financiación, sino también en el ámbito de la innovación y de la aceleración. Cuestión distinta es la dificultad que pueda tener el emprendedor para conseguir estas líneas de crédito, ya que existe un elevado número de proyectos que compite por ellas.

Las Administraciones públicas están cumpliendo un papel importante en el ecosistema *start-up*, en especial mediante la creación de beneficios fiscales y la incentivación de la innovación.

---

6 Según informa en su página web, el CDTI es una Entidad Pública Empresarial dependiente del Ministerio de Ciencia, Innovación y Universidades que promueve la **innovación y el desarrollo tecnológico de las empresas españolas**. Es la entidad que canaliza las solicitudes de **ayuda y apoyo a los proyectos de I+D+i de empresas españolas** en los ámbitos estatal e internacional. Por lo tanto, el objetivo del CDTI es contribuir a la **mejora del nivel tecnológico** de las empresas españolas mediante el desarrollo de las siguientes actividades: (i) evaluación técnico-económica y concesión de ayudas públicas a la innovación mediante subvenciones o ayudas parcialmente reembolsables a proyectos de I+D desarrollados por empresas; (ii) gestión y promoción de la participación española en programas internacionales de cooperación tecnológica; (iii) promoción de la transferencia internacional de tecnología empresarial y de los servicios de apoyo a la innovación tecnológica; y (iv) apoyo a la creación y consolidación de empresas de base tecnológica. El grueso de la infraestructura del CDTI está en Madrid, pero además pone a disposición de las empresas españolas una estratégica **red de oficinas o representantes** en otros países, con el fin de **apoyarlas en sus actividades tecnológicas de tipo internacional**. *Vid.* para estos y otros datos, la página web <https://www.cdti.es/>.

7 En resumen, Barcelona Activa es una agencia de desarrollo local cuya misión es contribuir a la mejora de la calidad de vida de las personas promoviendo la competitividad económica de la ciudad y el reequilibrio de los territorios, a través del fomento de la ocupación de calidad, el impulso a los emprendedores y el apoyo a un tejido empresarial plural, diverso y sostenible, desde una perspectiva económica, social y ambiental. En especial, ofrecen orientación personalizada a los emprendedores y a las empresas, así como también facilitan las conexiones de las empresas con el talento y de las *start-ups* con el ecosistema emprendedor. A estos efectos, ofrece diferentes espacios de incubación y servicios de aceleración de empresas emergentes. Su página web informa de que, en sus 35 años de existencia, ha incubado más de 1.700 *start-ups* y proyectos. *Cfr.* la página web <https://www.barcelonactiva.cat/> para una mayor y más detallada información.

Por tanto, la ayuda y el apoyo que presta la Administración a la creación y desarrollo de las *start-ups* ha sido y sigue siendo importante, aunque no sea fácil conseguir la concesión de esas líneas de crédito. Recurso éste que deviene especialmente relevante en la búsqueda de financiación durante la fase inicial de vida de las *start-ups*, donde se tracciona poco y se monetiza menos. Con todo, existen entidades privadas que son grandes conocedores y se mueven muy bien en el ámbito público, de modo que su contratación puede ayudar mucho a conseguir las facilidades de inversión que ofrecen las distintas Administraciones públicas.

5. LA FINANCIACIÓN BANCARIA DE LAS *START-UPS*

Pregunta. A continuación, vamos a hablar del segundo tipo de financiación, la bancaria. ¿Qué papel desempeña esta financiación en las *start-ups*? ¿Deberían tener las entidades de crédito un papel más activo en esta financiación?

Respuesta.

El papel de la financiación bancaria en las *start-ups* es muy limitado, y es lógico que así sea, ya que estamos hablando de un sector de alto riesgo en el que las empresas no tienen historial crediticio, presentan una gran incertidumbre, sus activos suelen ser escasos y, además, normalmente no pueden ofrecer en esta fase inicial garantías más allá de las personales de los emprendedores o de los miembros de la triple F, esto es, los *Fools, Family & Friends* (locos, familiares y amigos). A todo ello se suma la naturaleza de los bancos que, además, tienen que rendir cuentas a sus accionistas sobre cómo emplean el dinero.

> Es lógico que una *start-up* tenga al principio serias dificultades para obtener financiación bancaria, por la situación de incertidumbre y alto riesgo que las acompaña. Las entidades de crédito no suelen financiar la empresa hasta fases más avanzadas, que han permitido aliviar esa incertidumbre, disminuir el riesgo y entrar en fase de crecimiento.

Los bancos acostumbran a jugar un papel más activo cuando ha transcurrido un cierto tiempo desde la creación de la *start-up*, de modo que ya ha comenzado a facturar y a crecer. A este respecto, hay que tener en cuenta que el nacimiento de la *start-up* no suele coincidir temporalmente con el inicio de su actividad empresarial. En tanto no llega este último momento, los bancos intentan mantenerse visibles en el ecosistema *start-up* y apoyarlo, pero sin jugar un papel trascendente en su financiación. Cuando la empresa empieza a facturar y entra en fase de crecimiento (*growth*) es cuando los bancos comienzan a tener un papel financiero más activo, y se posicionan como entidades a quienes hay que tener en cuenta. En Cataluña, por ejemplo, Caixabank y Banco Sabadell participan de esta estrategia, pero podríamos extenderla a la práctica totalidad de las grandes entidades de crédito de nuestro país.

6. EL PAPEL DE LA FINANCIACIÓN NO BANCARIA EN LAS EMPRESAS EMERGENTES

Pregunta. Por último, hablaremos sobre el tercer gran tipo de financiación empresarial, que podemos denominar de forma genérica como financiación privada no bancaria. Según su impresión y experiencia, ¿qué papel desempeña esta clase de financiación en la creación y desarrollo de *start-ups*?, ¿cree que los emprendedores conocen de forma suficiente estas vías de financiación que podríamos llamar alternativas?, ¿y qué juicio le merecen estos mecanismos de financiación?, ¿cree que son útiles para la creación de proyectos empresariales?

Respuesta.

La financiación no bancaria es fundamental para la puesta en marcha y primera fase del desarrollo de las *start-ups*, en buena parte por el limitado papel que, como hemos dicho, tiene la financiación bancaria en este momento inicial del proyecto empresarial. Esa importancia puede predicarse tanto de la financiación no bancaria que se realiza mediante la entrada en el capital social del inversor y que, por tanto, diluye el capital de los restantes socios (en especial, de los socios fundadores de la *start-up*), como de aquella que utiliza otros instrumentos jurídicos y financieros.

En esta primera fase de financiación suele jugar un papel esencial la denominada triple F, que como hemos dicho son los *Fools, Family & Friends* (locos, familiares y amigos), pero también hay que contar con los recursos que pueden obtenerse a través de otras figuras como los *business angels*, los *family offices* o el *crowdfunding*.

Un elemento clave es el conocimiento que los emprendedores tengan de los instrumentos de financiación no bancaria. Hace diez años, por ejemplo, los emprendedores no disponían de suficiente información sobre cuáles eran esos instrumentos disponibles, pero en la actualidad no puede decirse que exista opacidad informativa ni falta de datos sobre las posibilidades de financiación no bancaria. En primer lugar, existen escuelas de negocios que dan cursos sobre esta cuestión (por ejemplo, es notable la labor formativa que viene realizando la ya citada *Esade BAN*, tanto por lo que respecta a los *business angels* como en la parte de proyectos). Por otro lado, a través del propio ecosistema emprendedor, en especial las incubadoras y aceleradoras, así como diversas asociacio-

> El limitado papel de la financiación bancaria en las *start-ups* convierte en imprescindibles las fuentes de financiación no bancaria, sobre todo en el momento inicial la conocida triple F (*Fools, Family & Friends*) o los *business angels*. En la actualidad, es fácil obtener información sobre los distintos instrumentos de financiación no bancaria de que dispone el ecosistema emprendedor.

nes, el emprendedor puede obtener, de forma rápida y eficaz, gran cantidad de información sobre los distintos tipos de financiación no bancaria existentes, disponibles y accesibles. También se les informa sobre el modo de obtener esta financiación. Cuestión distinta es que la consigan, ya que ello dependerá del proyecto empresarial que presenten incluyendo factores como el modelo de tracción que suponga, quién desempeña el liderazgo o los integrantes del equipo que pretenda desarrollarlo.

7. INVERTIR PENSANDO EN EL *EXIT*

Pregunta. En el momento de invertir en una empresa, ¿tienen ya pensada una estrategia de *exit* o de salida?, ¿o esto se va perfilando sobre la marcha, en función de los resultados y evolución de la empresa? En el caso de tener ya una estrategia inicial de salida, ¿es habitual que se cumpla?

Respuesta.

Desde el mismo momento en que inicia un proyecto, el emprendedor debe estar en condiciones de presentar una estrategia de salida o *exit* a los actuales o potenciales inversores, ya que les ofrece como mínimo una cierta seguridad sobre cuáles son los objetivos del emprendedor, hacia donde intentará dirigir el negocio y quiénes serán sus posibles compradores futuros. Pero, por otro lado, la existencia de una estrategia de salida también sirve para tranquilizar al emprendedor, porque sus planes incluyen dar *exit* satisfactorio a los distintos inversores que consiga.

Sin embargo, aunque sea necesario tener una estrategia de salida ya desde el momento inicial, la verdad es que pocas veces se cumple. En primer lugar, lo más habitual es que la estrategia de salida vaya cambiando a medida que la *start-up* se desarrolla y debe hacer frente a las más diversas vicisitudes. En este sentido, hay que tener en cuenta que las *start-ups* son empresas muy dinámicas que deben estar preparadas para «pivotar», incluso varias veces si es preciso, en respuesta a los cambios que se produzcan, con el consiguiente cambio de estrategia que estos movimientos pueden provocar. Y, en segundo término, y como bien saben los bancos y también deberían conocer el resto de los inversores, los datos indican que el 90% de las *start-ups* fracasan y desaparecen en sus primeros tres años de vida.

Este último aspecto tiene particular relevancia para los fondos que, como el *venture capital*, invierte en estas empresas. Conscientes del altísimo índice de fracaso, estos inversores suelen invertir en una pluralidad de empresas emergentes, con un máximo de entre el 10 y el 15% del capital de cada una. Saben que, por estadística, la mayoría de las inversiones se perderán como consecuencia del fracaso de la *start-up*, pero confían en que al menos una de ellas funcione y permita recuperar el total de la inversión realizada de forma diversificada. Desde esta perspectiva, es preciso advertir que el modelo *start-up* es muy arriesgado porque se enfoca totalmente al crecimiento y a «quemar toda la gasolina» que se pueda por el camino para conseguir en poco tiempo un alto valor de la empresa, con tasas internas de retorno (TIR) del 30 o 40% anual. La consecución de estos porcentajes en la tasa de interés o rentabilidad de la inversión no resulta nada fácil, de modo que es normal e incluso lógico que la gran mayoría de *start-ups* fracasen.

> Las *start-ups* tienen un alto riesgo de fracaso porque es un modelo que pone el foco en emplear los recursos para conseguir un gran crecimiento en poco tiempo.

8. LA NECESIDAD DE LA LEY DE STARTUPS

Pregunta. La última batería de preguntas versa sobre la denominada Ley de Startups[8], que ahora está cerca de cumplir un año desde que se publicó en el

[8] Ley 28/2022, de 21 de diciembre, de fomento del ecosistema de las empresas emergentes. Esta Ley tiene por objeto «*establecer un marco normativo específico para apoyar la creación y el crecimiento de empresas emergentes en España*», así como también «*establece un sistema de seguimiento y evaluación de sus resultados sobre el ecosistema español de empresas emergentes*» (artículo 1). Sus objetivos generales incluyen (a) Fomentar la creación, el crecimiento y la relocalización de empresas emergentes en España, en especial de las microempresas, de las pequeñas y las medianas empresas emprendedoras, fijando además las condiciones que favorezcan su capacidad de internacionalización; (b) Atraer talento y capital internacional para el desarrollo del ecosistema español de empresas emergentes; (c) Estimular la inversión pública y privada en empresas emergentes; (d) Favorecer la interrelación entre empresas, agentes financiadores y territorios para aumentar las posibilidades de éxito de las empresas emergentes, con especial atención al fomento de polos de atracción de empresas emergentes en entornos rurales, y especialmente, en aquellas zonas que están perdiendo población, en aras de una mayor cohesión social y territorial; (e) Impulsar el acercamiento entre la formación profesional y la universidad y las empresas emergentes; (f) Contribuir a incrementar la transferencia de conocimientos de la Universidad y de los organismos públicos de investigación y restantes agentes públicos del Sistema Español de Ciencia, Tecnología e Innovación al mundo empresarial; (g) Eliminar las brechas de género existentes en el ecosistema español de empresas emergentes; (h) Apoyar el desarrollo de polos de atracción de empresas e inversores; (i) Impulsar la compra pública inno-

Boletín Oficial del Estado. ¿Qué opinión o valoración general le merece esta Ley?, ¿cree que ha contribuido a incentivar la creación y crecimiento de las *start-ups* españolas?, ¿cree que las medidas para favorecer al inversor que prevé la Ley son adecuadas?

Respuesta.

Resulta difícil valorar los efectos, ya sean positivos o negativos, de la Ley de Startups, básicamente por una doble razón. En primer lugar, porque es aún demasiado reciente para que tales efectos puedan valorarse con un mínimo de certeza y precisión[9]. Y, en segundo término, porque estamos ante un momento particularmente difícil para la creación y la consolidación de las *start-ups* o, como las denomina la Ley, empresas emergentes.

A este respecto, hay que tener en cuenta que la inversión en *start-ups* en España alcanzó su máximo en el año 2021, con unos 4.000 millones de euros. En ese año se produjo un gran aumento de la inversión si tenemos en cuenta que en los tres o cuatro años anteriores nos habíamos quedado alrededor de los 1.000 millones de euros de inversión anual. En este sentido, hay que señalar que la pandemia tuvo un efecto positivo, al menos a corto plazo, sobre esa inversión, ya que aumentó el interés sobre las empresas emergentes. Inversión que también se vio favorecida en ese momento por la existencia de tipos de interés del dinero bajos.

---

vadora con empresas emergentes; (j) Garantizar la eficacia y coherencia del sistema estatal de ayudas al emprendimiento basado en innovación; y (k) Promover el seguimiento participativo de la evolución del ecosistema español de empresas emergentes y de los resultados de esta ley (artículo 2). *Vid.* para una visión general de la Ley, entre los primeros, María Teresa MARTÍNEZ MARTÍNEZ: «Especialidades societarias de las empresas emergentes», en págs. 19-42 de *El derecho ante realidades disruptivas: empresas emergentes, sociedades pantalla y criptoactivos* (dir.: José Manuel Almudí, Miguel Ángel Martínez y María Teresa Martínez), Aranzadi, 2022; y Nerea MONZÓN CARCELLER: «Aspectos mercantiles de la Ley 28/2022, de 21 de diciembre, de fomento del ecosistema de las empresas emergentes (Ley de Startups)», *Diario La Ley*, nº 10262, Sección Tribuna, 5 abril 2023, La Ley 1707/2023 [versión digital].

9 Esta charla con el Sr. Poll se produjo el día 14 de diciembre de 2023, en tanto que la Ley de Startups lleva fecha de 21 de diciembre de 2022, se publicó en Boletín Oficial del Estado al día siguiente y, según su DF 13ª, entró en vigor un día después de esta publicación.

Sin embargo, en el año 2022 la inversión cayó a poco más 3.000 millones de euros y este año 2023 disminuyó de nuevo hasta quedarse en unos 2.000 millones de euros. Aunque estas cifras se refieren a España, hay que reconocer que la reducción de la inversión también ha afectado al resto de Europa, aunque de manera no tan acusada. Y presenta una notable dificultad valorar la Ley de Startups en el momento en que la inversión cae de una forma tan importante que se ha visto reducida en un 50% en dos años.

> Aunque la Ley de Startups no puede aún valorarse debidamente, principalmente por ser reciente y por las cifras decrecientes de inversión en las *start-ups* españolas, lo cierto es que presenta aspectos que están llamados a tener gran importancia para los inversores, como las ventajas fiscales de las opciones sobre acciones (*stock options*) o en el ámbito del impuesto de sociedades.

Ahora bien, sí podemos decir que la Ley de Startups presenta algunos aspectos muy importantes, tanto en general como para los inversores. Desde esta última perspectiva, quizá los dos aspectos más importantes sean las ventajas fiscales, por un lado, de las *stock options* y por otro, en el impuesto de sociedades.

El primer aspecto de gran relevancia para el inversor es el tratamiento fiscal favorable que reciben en el texto legal las opciones sobre acciones[10]. Este es un extremo con una particular trascendencia porque, dado que los sueldos que pagan las *start-ups* suelen ser al principio bajos, las *stock options* son una de las principales opciones que tienen las empresas emergentes para atraer y/o retener un talento, tanto nacional como internacional, que resulta imprescindible para su adecuado desarrollo[11].

---

[10] *Vid.* DF 3ª LFEEE. Según el Preámbulo de la Ley, «*con la finalidad de atraer el talento y dotar de una política retributiva adecuada a la situación y necesidades de este tipo de empresas, se mejora la fiscalidad de las fórmulas retributivas basadas en la entrega de acciones o participaciones a los empleados de las mismas, denominadas por el vocablo inglés stock options. Así, se eleva el importe de la exención de los 12.000 a los 50.000 euros anuales en el caso de entrega de acciones o participaciones a los empleados de empresas emergentes, exención aplicable igualmente cuando dicha entrega sea consecuencia del ejercicio de opciones de compra previamente concedidas a aquellos. Adicionalmente, para la parte del rendimiento del trabajo en especie que exceda de dicha cuantía se establece una regla especial de imputación temporal, que permite diferir su imputación hasta el período impositivo en el que se produzcan determinadas circunstancias, y en todo caso, en el plazo de diez años a contar desde la entrega de las acciones o participaciones. Por último, se introduce una regla especial de valoración de los rendimientos del trabajo en especie con la finalidad de aclarar el valor que corresponde a las acciones o participaciones concedidas a los trabajadores de empresas emergentes*» (apartado III, tercer párrafo).

[11] *Vid.* sobre la importancia que tienen las opciones sobre acciones en las *start-ups*, por muchos, Javier Wenceslao IBÁÑEZ JIMÉNEZ: «Remuneración en opciones sobre participaciones de sociedad limitada emergente», *Revista de Derecho de Sociedades*, nº 69,

Y el segundo aspecto a destacar son las ventajas fiscales que tiene la inversión realizada en *start-ups* en el ámbito impositivo, en especial la deducción por inversión en empresas emergentes de nueva o reciente creación[12]. Sin olvidar, tampoco, las disposiciones favorables de carácter laboral y, en especial, las que tratan de mejorar el acceso al régimen fiscal especial aplicable a las personas trabajadoras desplazadas a territorio español con el objetivo de atraer el talento extranjero.

En definitiva, podemos concluir diciendo que la Ley de Startups ha sido un buen punto de partida para la creación y desarrollo de empresas emergentes en nuestro país, pero que es preciso que el legislador español dé ulteriores pasos para incentivar a las *start-ups* y sus ecosistemas. En especial, en este momento en que, como se ha dicho, nos encontramos en un entorno de disminución de la inversión en este tipo de empresas.

2023; y Vicente GIMENO BEVIÁ: «El sistema de retribución e incentivos en las empresas emergentes», *Revista de Derecho del Mercado de Valores*, nº 31, 2022. También hay que destacar aquí las diversas publicaciones del Sr Jordi POLL sobre el talento empresarial: *cfr.* al respecto <https://es.linkedin.com/today/author/jordipoll?trk=article-ssr-frontend-pulse_more-articles>.

12 *Vid.* de nuevo DF 3ª LFEEE. Otra vez conviene traer a colación lo que dice el Preámbulo de la Ley: «*se aumenta la deducción por inversión en empresa de nueva o reciente creación, incrementando el tipo de deducción del 30 al 50 por ciento y aumentando la base máxima de 60.000 a 100.000 euros. Asimismo, se eleva, con carácter general, de tres a cinco años el plazo para suscribir las acciones o participaciones, a contar desde la constitución de la entidad, y hasta siete para determinadas categorías de empresas emergentes. Además, para los socios fundadores de empresas emergentes se permite la aplicación de esta deducción con independencia de su porcentaje de participación en el capital social de la entidad*» (epígrafe III, párrafo quinto).

La financiación no bancaria de las start-ups: la visión del emprendedor

ÁLEX COLLART[1]

RESUMEN. Se mantiene una conversación con un experto emprendedor que ha contribuido a crear y desarrollar diversas empresas emergentes, para que nos dé su opinión sobre las dificultades de financiación que sufren las *start-ups*, los principales problemas a que se enfrentan los emprendedores en la obtención de dicha financiación y cómo va a contribuir a la misma la reciente Ley 28/2022, de 21 de diciembre, de fomento del ecosistema de las empresas emergentes.

PALABRAS CLAVE. *Startup*, emprendedor, financiación, condiciones, normativa.

ABSTRACT. A conversation is held with an expert entrepreneur who has contributed to the creation and development of various startups, to get his opinion on the financing difficulties faced by startups, the main problems entrepreneurs encounter in obtaining such financing, and how the recent Law 28/2022, of December 21, on the promotion of the startup ecosystem, will contribute to it.

KEYWORDS: Startup, entrepreneur, financing, conditions, regulations.

SUMARIO. **1.** INTRODUCCIÓN. **2.** OUTVISE. **3.** ORIGEN DE LAS FUENTES DE FINANCIACIÓN. **4.** EL ARTE DE CONVENCER AL POTENCIAL FINANCIADOR. **5.** EL PAPEL DE LA FINANCIACIÓN BANCARIA. **6.** LA FINANCIACIÓN NO BANCARIA DE LAS *start-ups*. **7.** LA DECISIÓN DE VENDER LA EMPRESA. **8.** LA NECESIDAD DE LA LEY DE STARTUPS. **9.** Y UN CONSEJO PARA TERMINAR.

1. PRESENTACIÓN

El presente libro incluye un variado número de estudios sobre instrumentos de financiación no bancaria de las empresas emergentes o *start-ups*, realizados por profesores universitarios, abogados e, incluso, algún notario. Con todo, nos ha parecido de sumo interés iniciar el libro con la aproximación práctica de la financiación de las *start-ups* que pueden ofrecernos un inversor (capítulo anterior) y un emprendedor (presente capítulo). La redacción de ambos va a tener un formato entrevista, en la que se irán haciendo diversas preguntas en torno a su experiencia (inversora o emprendedora) en la financiación de los proyectos empresariales en los que han participado[2]. El

---

1 CFO & Founding Partner de Outvise.

2 En este sentido, el presente capítulo recoge la transcripción, debidamente editada, de las entrevistas que se efectuaron en el Congreso titulado «Retos y desafíos de la

fin último es que nos ayuden a comprender mejor cuál es la perspectiva del inversor y del emprendedor, respectivamente, respecto a la financiación de una empresa emergente.

Después de haber reproducido en el capítulo anterior la opinión del inversor, es turno ahora de exponer las opiniones sobre la financiación de las *start-ups* por parte de una persona que tiene amplia experiencia como emprendedor que ha creado y desarrollado varias empresas de este tipo: el Sr. Álex Collart.

El Sr. Álex Collart es ingeniero industrial por la Universidad Politécnica de Cataluña (UPC), tiene un MBA del IESE y ha fundado varias *start-ups* exitosas en diversas áreas, tres de las cuales llegaron incluso a venderse a empresas referentes en su sector. En la actualidad es cofundador y CFO (*Chief Financial Officer* o director financiero) de *Outvise*, un *marketplace* de talento *freelance* líder en el segmento de profesionales altamente cualificados, que brinda acceso a más de 40.000 profesionales independientes a empresas medianas y grandes en más de 40 mercados.

2. OUTVISE

Pregunta. Para empezar, ¿nos podría contar con algo más de detalle en qué consiste el proyecto empresarial de *Outvise* y cómo surgió la idea?

Respuesta.

Unos cuantos excompañeros de trabajo fundamos la empresa *Outvise* en el año 2014, aunque hasta el año 2016 no empezamos a operar. *Outvise* es mi séptima aventura emprendedora. De las seis anteriores, tres han salido bien, por lo que en estos momentos me encuentro en una situación de empate y espero que *Outvise* desequilibre la balanza a favor de un mayor número de empresas exitosas.

Outvise es una empresa que forma parte de la transformación tecnológica, ya que es un *Marketplace* de personas *freelance*. Es una plataforma de talento *on-demand* que conecta a las empresas con *freelancers* y expertos de primer nivel[3]. La idea que subyace a la misma y constituye

Outvise, que es una plataforma de talento bajo demanda que conecta a empresas con *freelancers* y expertos, es mi séptima aventura emprendedora, habiendo salido bien la mitad de las anteriores.

financiación no bancaria de *startups*», celebrado en ESADE el 14 de diciembre de 2023, en el marco del Proyecto de investigación titulado «Financiación no bancaria para start-ups: riesgos y remedios jurídico-privados» (FINOBANSTART), financiado por el Ministerio de Ciencia e Innovación (Proyecto PID2021-128762NB-I00), que lideran Joaquim Castañer y Rebeca Carpi (ESADE Law School).

3 *Cfr.* <https://www.outvise.com/es/>.

su motor es que el mercado laboral se está transformando de modo que el sistema tradicional de empresas con empleados o trabajadores (nóminas) evoluciona hacia un sistema en el que trabajan con profesionales independientes o *freelance* (facturas). El mercado del *freelancing* se inició con tareas muy básicas (p.ej., conductores de taxis, sujetos que hacían *delivery* de comida, elaboradores de diseños gráficos, etc.), pero con el tiempo las tareas que hacen las personas freelance han ido adquiriendo complejidad. *Outvise* aparece para dar cabida a *freelancers* altamente cualificados, posicionándose en la parte alta de la pirámide del talento.

En la actualidad, tenemos a más de 40.000 profesionales independentes capaces de resolver problemas y tareas muy complejas para nuestros clientes[4]. Trabajamos solamente para grandes corporaciones que se están transformando tecnológicamente, y con nuestro modelo de *Marketplace* les aportamos el talento que les hace falta.

3. ORIGEN DE LAS FUENTES DE FINANCIACIÓN

Pregunta.

Nos gustaría conocer ahora las fuentes de financiación que le han permitido crear primero y consolidar luego *Outvise*, así como en su caso cuántas rondas de financiación han existido.

Respuesta.

En todas mis aventuras emprendedoras, y *Outvise* no es la excepción, la primera fuente de inversión ha sido el dinero de los propios socios fundadores de la empresa o sociedad. Evidentemente, limitamos la aportación sobre la base de nuestra capacidad económica y disponibilidad financiera.

En el segundo lugar inversor aparecen los integrantes de la conocida «FFF» o «Triple F», es decir, los amigos, la familia y otros «locos» que están dispuestos a arriesgar su dinero en este momento en que la empresa solo es un proyecto incipiente con muchas posibilidades de fracaso (*Friends, Family & Fools*).

Luego ya viene la financiación que aplica criterios más profesionales, y que suele provenir de personas a quienes no conoces, como los *business angels* o los *family offices*, y, más tarde, ocupando un peldaño superior de profesionalidad, el *venture capital*.

---

4 Según se especifica en su página web, la red de *Outvise* incluye *freelancers* expertos en tecnología, consultores de negocio, expertos en datos, profesionales del marketing digital, consultores de software o gestores de proyectos.

En mi experiencia empresarial, he visto todos estos perfiles de inversores y hay que reconocer que cada uno tiene sus ventajas e inconvenientes. Por ejemplo, en la empresa actual, *Outwise*, tuvimos una primera etapa donde los financiadores éramos los fundadores; luego, vino la etapa de participación de la triple F y, más tarde, la etapa de los *family offices* y *business angels*. Y en la actualidad estamos en una etapa en la que nos planteamos si tenemos que incorporar fuentes de financiación más profesional.

> Las fuentes de financiación de una *start-up* suelen ser, por este orden, *primero*, los propios socios fundadores; *segundo*, "locos", familiares y amigos; *tercero*, los llamados *business angels* y *family offices*; y *cuarto*, el conocido como *venture capital*.

4. EL ARTE DE CONVENCER AL POTENCIAL FINANCIADOR

Pregunta. Ahora nos gustaría saber cuál de los distintos grupos de financiadores o inversores es más difícil de convencer, al margen naturalmente de los socios fundadores, a quienes se les supone el interés en que la sociedad tenga recursos suficientes para su supervivencia.

Respuesta.

En base a mi experiencia, creo que no se puede dar una respuesta general a la cuestión, sino que la facilidad o dificultad de convencer a los inversores varía en función del momento o de circunstancias como la madurez de la empresa. Por ejemplo, en uno de mis proyectos anteriores, dos de los cofundadores fuimos a Madrid con una simple presentación en *powerpoint* y en una tarde conseguimos tres millones de euros procedentes de *venture capital*. En la actualidad, esto está sucediendo con proyectos relacionados con la inteligencia artificial, donde los emprendedores tienen poco más que el *powerpoint* donde se expone la idea. Como puede verse, a veces solo tienes un proyecto muy incipiente e inmaduro, plasmado solo en una mera presentación, pero si consigues que se interesen por él y que llegue dinero para financiarlo, entonces piensas que ya harás algo con él.

Con la empresa actual, *Outwise*, fue fácil convencer a la «triple F», por la propia idea de negocio y porque los fundadores tenemos una trayectoria extensa y hemos construido una amplia red de relaciones (*network*), que incluye a gente variada que confía en nosotros. Después, la siguiente fase también resultó fácil porque demostramos una buena tracción. En cambio, nos costó más atraer el *venture capital*, y ello puede atribuirse en buena parte a un «tema de modas» o, como decíamos antes, de momentos.

Así como el momento o la «moda» existente entonces nos permitió en una tarde levantar tres millones de euros para iniciar una empresa, el momento o «moda» que había cuando quisimos que el *venture capital* se implicara con *Outwise* hacía que este tipo de empresa no fuera apetecible. Y ello porque el mercado nos posicionó como *HR* en un momento en que, debido a la crisis económica, se suponía que la tendencia de las empresas sería contratar menos profesionales como los que nosotros ofrecemos. Aunque nos parece que somos anticíclicos, por nuestra condición de *freelances* y no de empleados, lo cierto es que tales modas nos afectan porque retraen la inversión. Esto sucede, en buena parte, porque el *venture capital* dispone de analistas estrictos con los criterios de selección de las empresas donde invertir. De todos modos, si se tiene un buen plan de negocio, al final la financiación se acaba consiguiendo.

> La facilidad o dificultad de atraer a los inversores más profesionales (en especial, el *venture capital*) depende en muchos casos de la «moda» del momento en que se solicita la financiación. Así, en la actualidad se consiguen fondos para proyectos de inteligencia artificial con poco más que un *powerpoint* donde se expone la idea.

5. EL PAPEL DE LA FINANCIACIÓN BANCARIA

Pregunta. ¿Cuenta la empresa *Outwise* con financiación bancaria? ¿Qué experiencia tiene como emprendedor con este tipo de financiación? ¿Qué tipo de garantías les han exigido para otorgar la financiación?

Respuesta.

En la actualidad disponemos de este tipo de financiación, porque la empresa ya tiene un cierto recorrido. Pero la verdad es que cuando creas la empresa, no puedes contar con la financiación bancaria. Lo que en buena parte resulta lógico porque los bancos tienen un equilibrio entre rentabilidad y riesgo muy definido, y una *start-up* no cumple con los criterios que usa la banca para conceder crédito. Podríamos decir que la función de las entidades de crédito no es financiar la creación de las empresas emergentes, y que solo se avienen a prestarles dinero en fases más avanzadas, cuando ya están al menos en vías de consolidación. En el caso de *Outwise*, fue la propia sucursal del banco con la que hacíamos las operaciones más básicas la que, viendo que habíamos crecido mucho en facturación y nos estábamos internacionalizando, un día nos llamó y nos ofreció ampliar los servicios que nos prestaban, poniendo a nuestra disposición un responsable de cuenta que ahora nos viene a ver con carácter bimensual.

Es sabido que algunos de los bancos más importantes han creado divisiones de *venture capital*. Pero, por mi experiencia, diría que les cuesta ejercer esta función debido a que tienen muy arraigados los criterios tradicionales de análisis del crédito (*credit scoring*), así como una aversión al riesgo muy implementada en su ADN. Además, el equipo que integra el departamento de *venture capital* del banco suele estar formado por personas que están imbuidos de los criterios de riesgo y rentabilidad tradicionales de la banca comercial, que no resultan los adecuados en el caso de las empresas emergentes. No obstante, también es cierto que cuando la *start-up* ya ha empezado a funcionar y necesita financiar el *working capital*, normalmente ya puede acudirse a la financiación bancaria, con lo que también se evita la dilución de la participación de los socios en el capital de la empresa.

> La banca comercial no financia la creación de *start-ups* y solo empieza a concederles crédito en fases más avanzadas de su desarrollo, en cuyo caso suelen exigir garantías personales de los socios fundadores. Incluso aquellos bancos que han creado divisiones de *venture capital* siguen utilizando criterios tradicionales de análisis del riesgo y de la rentabilidad que no se avienen con las empresas emergentes.

Respecto del tema de las garantías, no nos las han pedido en aquellas financiaciones avaladas por el Instituto de Crédito Oficial (ICO)[5]. Como es conocido, con ocasión del Covid-19, hubo muchas líneas de crédito bancarias que no exigían garantías a la empresa a la que se concedían porque estaban avaladas por el ICO[6]. Sin embargo, una vez se agotaron estas líneas de crédito, sí nos pidieron garantías para la posterior financiación, pese a que ya habíamos disfrutado de financiación anterior (y habíamos cumplido o estába-

---

5 El Instituto de Crédito Oficial (<https://www.ico.es/>) es una entidad pública empresarial (EPE) adscrita al Ministerio de Economía, Comercio y Empresa. Tiene naturaleza jurídica de entidad de crédito y la consideración de Agencia Financiera del Estado, con personalidad jurídica, patrimonio propio y autonomía de gestión para el cumplimiento de sus fines. El ICO se rige sustancialmente por la Disposición Adicional Sexta del *Real Decreto-ley 12/1995, de 28 de diciembre*, sobre medidas urgentes en materia presupuestaria, tributaria y financiera, y por el *Real Decreto 706/1999, de 30 de abril*, que aprueba sus estatutos.

6 El artículo 29 del *Real Decreto-ley 8/2020, de 17 de marzo*, aprobó una línea de avales del Estado de hasta 100.000 millones de euros, con el fin de facilitar el mantenimiento del empleo y paliar los efectos económicos de la crisis sanitaria. Los avales se otorgaban a la financiación concedida por las entidades financieras para facilitar el acceso al crédito y liquidez de las empresas y autónomos para hacer frente al impacto económico y social del Covid-19. La línea de avales era gestionada por el ICO a través de las entidades financieras que concedían la financiación. Las empresas y autónomos podían tener acceso a los estos avales a través de sus entidades financieras, mediante la formalización de nuevas operaciones de financiación o renovación de las existentes. *Cfr.* <https://www.ico.es/ico/linea-avales>.

mos cumpliendo con los pagos) y, además, éramos una empresa consolidada y con beneficios. En concreto, nos pidieron garantías personales de los socios fundadores. Y la verdad es que es muy difícil negarse porque estás dando la impresión de que no crees en tu propio proyecto.

6. LA FINANCIACIÓN NO BANCARIA DE LAS *START-UPS*.

Pregunta. ¿Cuál es su opinión sobre la financiación no bancaria de las *start-ups*? ¿Es fácil para los emprendedores conocer el abanico de posibilidades de financiarse por esta vía?

Respuesta.

Ya hemos dicho que en las fases iniciales del proyecto no se puede contar con la financiación bancaria. Además, es difícil que los socios fundadores puedan por sí solos financiar la *start-up* y aún más que la empresa sea rentable desde un principio, sobre todo, si es de índole tecnológica. Por ello, la financiación no bancaria de las empresas emergentes resulta fundamental.

Respecto al conocimiento y accesibilidad a estos mecanismos de financiación, hemos experimentado un gran progreso en los últimos 10 años, en que se han realizado muchos *Bootcamps* formativos[7] y las incubadoras y aceleradoras han contribuido a poner a los emprendedores en contacto con los inversores.

Pero, aunque el panorama ha mejorado mucho, cuantitativamente seguimos muy lejos de otros países europeos, ya que en España la inversión no bancaria es diez veces menor que en Inglaterra y cinco veces inferior a la de Francia o Alemania. Como puede apreciarse, las diferencias son importantes. Se crea así un efecto de oferta y demanda, ya que, en los países donde existe una mayor oferta de inversión, los parámetros que rigen la decisión de financiar una empresa son menos estrictos o, si se quiere, más benevolentes y, por tanto, es más fácil conseguir el dinero necesario. Y, a la inversa, la obtención de financiación se vuelve tanto más difícil cuanta menos inversión exista. Precisamente por eso, en España las *start-ups* siguen teniendo muchas dificultades de financiación porque hay poca in-

> La financiación no bancaria de las *start-ups* sigue siendo cuantitativamente baja si la comparamos con países de nuestro entorno como Francia, Alemania y, sobre todo, Inglaterra. Y ello es relevante porque, de acuerdo con la ley de la oferta y la demanda, obtener financiación resulta más difícil cuanta menos inversión exista.

[7] Los *Bootcamps* son un tipo de oferta formativa caracterizada por su especialización temática y por tener un carácter intensivo, de modo que en nuestro caso se trata de dar la máxima formación al emprendedor en el menor tiempo posible.

versión y, además, se ha visto reducida en un 50% en los dos últimos años. Y si descendemos a nuestro sector, *HR*, solo en el último año la inversión se ha reducido a un 20%.

Con todo, el conocimiento de las fuentes de inversión es sencillo si se tiene en cuenta que hoy en día existen varios mecanismos que ofrecen ayuda para encontrar y moverte en foros, entornos y ecosistemas donde conviven emprendedores que buscan financiación para sus proyectos e inversores que buscan esa idea o empresa que puede convertirse en un gran éxito y ofrecerles cuantiosos retornos.

7. LA DECISIÓN DE VENDER LA EMPRESA

Pregunta. Varias de sus *startups* anteriores han sido vendidas a empresas relevantes del sector. ¿En qué momento un emprendedor decide vender una empresa a la que ha dedicado múltiples horas y un notable sacrificio? ¿Cuál es el detonante o detonantes de esa decisión? ¿Y de quién proviene la iniciativa de la venta?

Respuesta.

La creación de una *start-up* suele ser vocacional y, en este proceso, ya tienes una idea de si la pones en marcha para ti y tus descendientes, o bien si la montas simplemente porque te apetece desarrollar un proyecto con el que crees que vas a pasártelo bien y con la intención de venderla más tarde. Reconozco que yo soy de este último tipo de emprendedores. Hay que tener en cuenta que el desarrollo de una empresa emergente es una montaña rusa que no está hecha para todo el mundo. A algunos les gusta mucho y disfrutan; a otros simplemente les repele.

Pero sea cual sea el motivo de la creación de la empresa emergente, y tu postura personal ante la misma, siempre hay que tener la vocación de venderla. En mi caso, de momento he participado en seis *exits*, de los cuales tres han sido decentes porque se han vendido a un tercero y otras tres empresas tuvieron que cerrar.

> Cualquiera que sea el motivo para crear una *start-up*, el emprendedor siempre debe estar dispuesto a venderla. También los inversores deben ser conscientes de esa posibilidad de venta. Para el emprendedor que quiere vender, es mucho mejor que la iniciativa de la operación provenga de la empresa que está interesada en la compra.

Cuando los inversores entran en una *start-up* tienen que pensar que su participación tiene una fecha de caducidad. Deben ser conscientes de que, igual que tú vas a salir algún día de la empresa, ellos tampoco van a ser socios para toda la vida, sino que llegará un momento en que también saldrán de la misma.

En cuanto a la pregunta sobre quién inicia el proceso de venta, lo cierto es que ocurren las dos cosas, es decir, a veces la iniciativa parte del propio emprendedor, que sale al mercado para ofrecer su *start-up* a los potenciales compradores, y otras veces es la empresa interesada en la compra la que llama a la puerta del emprendedor. Por suerte, a mí siempre me ha sucedido esto segundo. Y digo por suerte, porque, como es fácil comprender, es mejor que alguien llame a tu puerta con una oferta de compra que ir tú a buscar un comprador. Para el vendedor, siempre es más provechoso que la iniciativa de la operación parta de la persona que tiene interés la compra.

8. LA NECESIDAD DE LA LEY DE STARTUPS

Pregunta. Ahora queremos conocer su impresión general sobre la Ley de startups[8]. ¿Qué opinión le merece esta Ley desde su óptica de emprendedor?, ¿cree que consigue fomentar el ecosistema *startup* en España, como dice su título?

Respuesta.

Lo primero que quiero decir es que, por lo que respecta a *Outvise*, esta Ley ha llegado tarde porque ya habíamos fundado mucho antes la *start-up* y no existe posibilidad de que seamos reconocidos como empresa emergente bajo su amparo[9].

Pero lo cierto es que una Ley como esta hacía mucha falta, en especial para equipararnos a otros países por lo que respecta a otorgar ventajas fiscales al inversor y también en otro tema fundamental como son las opciones sobre acciones o *stock options*. El trato más favorable que ahora reciben las *stock options* debe ayudar a captar y retener talento, máxime al tratarse de un instrumento mucho más transparente que las *phantom*

> Era muy necesario que España tuviera una Ley de Startups, en especial para equipararnos a otros países en lo que respecta a las ventajas fiscales para los inversores y al trato favorable de las opciones sobre acciones.

---

8 Ley 28/2022, de 21 de diciembre, de fomento del ecosistema de empresas emergentes.

9 Téngase en cuenta que, conforme al artículo 3.1.a) de la Ley de Startups, el reconocimiento de una empresa como emergente se limita a aquellas que sean de nueva creación o «*no siendo de nueva creación, cuando no hayan transcurrido más de cinco años desde la fecha de inscripción en el Registro Mercantil, o Registro de Cooperativas competente, de la escritura pública de constitución, con carácter general, o de siete en el caso de empresas de biotecnología, energía, industriales y otros sectores estratégicos o que hayan desarrollado tecnología propia, diseñada íntegramente en España*». Ello dejaba fuera de posible reconocimiento a una empresa como *Outvise*, cuya constitución formal se produjo en el año 2016, esto es, más de seis años después de la publicación y entrada en vigor del texto legal.

shares que se vienen utilizando y en las que se ve como negativo la existencia y complejidad del contrato privado mediante el que se instituyen[10].

9. Y UN CONSEJO PARA TERMINAR

Pregunta. Terminamos pidiéndole que, si tuviera que dar un solo consejo a un emprendedor novel sobre la financiación de su proyecto empresarial emergente, ¿cuál sería este consejo?

Respuesta.

Mi consejo es que velen por la caja (*cash*). La realidad es que vives y mueres debido al efectivo de que puede disponer la empresa, y no por el plan de negocio que puedas tener. No hay que subestimar nunca la necesidad de financiación de la empresa. Si se levanta una ronda, es mejor conseguir un millón de euros que medio y hay que maximizar este dinero, porque al final algún uso le darás y te dará un colchón para llegar al siguiente «puerto» o etapa de la *start-up*.

> *"Cash is King"* debe ser la regla de oro para el emprendedor novel, que debe tratar de maximizar el dinero que levante en las rondas de financiación.

---

10 Las *phantom shares* son una retribución económica que una empresa promete o entrega a sus empleados, en especial con cargos directivos, y que va ligada al valor de la acción o participación. A diferencia de lo que sucede con las *stock options*, las *phantom shares* no otorgan el derecho a la adquisición de acciones o participaciones de la sociedad, por lo que no provocan la dilución de la participación de los socios existentes en el capital social. Las *phantom shares* suelen concederse en un contrato privado entre la sociedad y el perceptor de las mismas, aunque también es posible que la compañía las reconozca en el propio contrato de trabajo del empleado. *Cfr.* para un panorama general, teórico y práctico, de las *phantom shares*, Elena COMPANY REYNA: «Una visión práctica sobre las *phantom shares*», *Revista Española de Capital Riesgo*, nº 4, 2019, págs. 51-66; Adriano BELLONI ROMÁN: «*Phantom shares*: una aproximación a su concepto», *Revista Lex Mercatoria*, nº 21, 2022, págs. 1-6; Borja MARQUÉS TRIAY: «Las acciones fantasma o *phantom shares*: un breve estudio jurídico sobre la participación virtual en el capital social», *La Ley Mercantil*, nº 56, 2019, pág. 5; y Luis HERNANDO CEBRIÁ: «La retribución variable de los administradores sociales *bonus y malus*, acciones ocultas o virtuales (*phantom shares*) y correas doradas (*Golden leashes*)», en págs. 2117-2153 de *De iure mercatus. Libro Homenaje al Prof. Dr. Alberto Bercovitz Rodríguez Cano* (coord.: José Antonio García-Cruces González), Tirant lo Blanch, 2023.

Los préstamos convertibles y participativos como medio de financiación de las Start Ups

MIGUEL TRIAS SAGNIER[1]

RESUMEN. Se aborda la problemática jurídica que se plantea en determinados instrumentos de financiación frecuentemente utilizados por las *Start Ups* para financiar su actividad que tienen un carácter cercano a la financiación por medio de las aportaciones de capital, bien por su vocación de conversión en capital, como es el caso de los préstamos convertibles, o bien por su conceptuación como patrimonio neto a determinados efectos, como sucede con los préstamos participativos.

Los préstamos convertibles se suelen utilizar en las diferentes rondas de financiación para atraer inversores por medio de contratos de financiación convertible en participaciones sociales a un precio determinado. La principal cuestión jurídica que se suscita en el plano societario es el tratamiento a dar a los derechos de preferencia de los antiguos socios en la ampliación de capital destinada a capitalizar estos instrumentos de financiación, toda vez que para los inversores suele ser esencial la opción de conversión, de tal manera que se frustraría su interés si en la ulterior capitalización se reconociera a los socios el derecho de preferencia y lo ejercieran en detrimento de los inversores de la nueva ronda.

Los préstamos participativos son frecuentemente utilizados por entidades públicas, por entidades de capital riesgo e incluso por otros inversores, dado que tienen importantes ventajas. La primera es que, teniendo un tratamiento cercano al capital a determinados efectos, no diluyen a los anteriores socios, muy particularmente a los fundadores. Asimismo, su conceptuación como patrimonio neto a efectos de determinar si una sociedad está en causa de disolución obligatoria con arreglo a la legislación societaria, aumenta el atractivo de este instrumento de financiación, toda vez que es frecuente que las *Start Ups* atraviesan una primera fase de pérdidas. La escueta regulación legal vigente tiene la ventaja de dotarles de gran flexibilidad, pero se plantean importantes cuestiones jurídicas que hay que abordar adecuadamente en la disciplina contractual.

PALABRAS CLAVE. Préstamos convertibles participativos.

ABSTRACT. The legal issues surrounding certain financing instruments frequently used by startups to fund their activities are addressed. These instruments are closely related to equity financing, either due to their potential conversion into equity, as in the case of convertible loans, or due to their classification as equity for certain purposes, as is the case with participative loans.

---

[1] Catedrático de Derecho Mercantil. Esade Law School. Universitat Ramon Llull. Capítulo realizado dentro del proyecto PID2021-128762NB-I00 financiado por el Ministerio de Ciencia e Innovación (Agencia Estatal de investigación) y cofinanciado por la Unión Europea: "Financiación no bancaria para start-ups: riesgos y remedios jurídico-privados".

Convertible loans are commonly used in various financing rounds to attract investors through financing contracts that convert into equity at a predetermined price. The main legal issue that arises in the corporate context is how to handle the preemptive rights of existing shareholders during the capital increase aimed at capitalizing these financing instruments. For investors, the conversion option is usually essential, and their interest would be frustrated if, during the subsequent capitalization, shareholders were granted preemptive rights and exercised them to the detriment of new round investors.

Participative loans are frequently used by public entities, venture capital firms, and other investors due to their significant advantages. Firstly, whille they have a treatment similar to equity for certain purposes, which means they do not dilute the existing shareholders, particularly the founders. Additionally, their classification as equity for the purpose of determining whether a company is subject to mandatory dissolution under corporate law increases the attractiveness of this financing instrument, especially since startups often go through an initial phase of losses. The current legal regulation is brief, providing great flexibility, but important legal issues need to be adequately addressed in contractual discipline.

KEYWORDS. Convertible participative loans.

SUMARIO. 1. PRÉSTAMOS CONVERTIBLES. **1.1.** *La utilización de los préstamos convertibles en las Start Ups.* **1.2.** *La problemática societaria: tratamiento de los derechos de preferencia.* **1.3.** *Propuestas de* lege ferenda. **2.** PRÉSTAMOS PARTICIPATIVOS. **2.1.** *La utilización de los préstamos participativos en las Start Ups.* **2.2.** *Regulación de los préstamos participativos.* **2.3.** *Disciplina contractual.* **2.4.** *Propuestas de* lege ferenda. **3.** BIBLIOGRAFÍA.

1. PRÉSTAMOS CONVERTIBLES

1.1. La utilización de los préstamos convertibles en las Start Ups

Las *Start Ups*[2] utilizan con mucha frecuencia la figura de los préstamos convertibles (a veces denominados con el anglicismo *convertible notes,* aunque

---

2 Atribuyo aquí al término *Start Ups* un sentido amplio, que abarcaría toda empresa de reciente creación que desarrolla una actividad innovadora. La Ley 28/2022, de 21 de diciembre, de fomento del ecosistema de las empresas emergentes, restringe la consideración de "empresa emergente" (equivalente español del término que aquí utilizamos) a aquellas personas jurídicas que reúnan simultáneamente las siguientes condiciones, establecidas en su artículo 3.1: (a) Ser de nueva creación o, no siendo de nueva creación, cuando no hayan transcurrido más de cinco años desde la fecha de inscripción en el Registro Mercantil, o Registro de Cooperativas competente, de la escritura pública de constitución, con carácter general, o de siete en el caso de empresas de biotecnología, energía, industriales y otros sectores estratégicos o que hayan desarrollado tecnología propia, diseñada íntegramente en España, que se determinarán a través de la orden a la que hace referencia el artículo 4.1. (b) No haber surgido de una operación de fusión, escisión o transformación de empresas

se trate de préstamos no titulizados) como vía de aportación de los socios. Tiene la ventaja de que constituye un mecanismo ágil de captación de fondos, al que puede acudir la sociedad a medida que va necesitando financiación, de tal manera que los interesados aportan sucesivamente el capital necesario, al tiempo que suscriben un documento de financiación convertible, procediendo a su capitalización conjunta en una ronda posterior.

Suele establecerse en el documento suscrito una relación de conversión previamente acordada, por ejemplo, determinando *ex ante* que un préstamo de 10.000 euros se va a convertir en 100 participaciones sociales. Normalmente, la conversión se configura como una obligación exigible por cualquiera de las partes. Es decir, tanto la sociedad como el socio podrán exigir que se produzca la capitalización, llegado un determinado término. No obstante, existe también la posibilidad de plantearlo como una opción, no como obligación, cuyo ejemplo serían las obligaciones convertibles, figura recogida en nuestro ordenamiento en la que normalmente la conversión es una opción del obligacionista. Finalmente, podría plantearse que, a la inversa, fuera la sociedad la que tuviera la opción de capitalizar el préstamo, estando obligado en tal caso el inversor a la capitalización, pero sin tener derecho a exigirla. Así pues, podemos contemplar tres posibles escenarios:

a) Capitalización a opción del concedente. En este caso, el concedente del préstamo convertible podrá elegir entre mantenerse como acreedor de la sociedad, teniendo derecho por tanto al cobro de los intereses y al recobro del principal en el plazo acordado, o bien proceder a la capitalización en las condiciones acordadas, dentro de la ventana o ventanas de ejercicio de la opción. Deberá determinarse en cualquier

---

que no tengan consideración de empresas emergentes. Los términos concentración o segregación se consideran incluidos en las anteriores operaciones. (c) No distribuir ni haber distribuido dividendos, o retornos en el caso de cooperativas. (d) No cotizar en un mercado regulado. (e) Tener su sede social, domicilio social o establecimiento permanente en España. (f) Tener al 60 % de la plantilla con un contrato laboral en España. En las cooperativas se computarán dentro de la plantilla, a los solos efectos del citado porcentaje, los socios trabajadores y los socios de trabajo, cuya relación sea de naturaleza societaria. (g) Desarrollar un proyecto de emprendimiento innovador que cuente con un modelo de negocio escalable, según lo previsto en el artículo 4. Además, los emprendedores que quieran acogerse a los beneficios y especialidades de la Ley deberán solicitar a ENISA, Empresa Nacional de Innovación, S.M.E., SA, quien deberá evaluar las solicitudes y pronunciarse al respecto (artículo 4). Creemos que, a los efectos que aquí nos ocupan, una consideración tan restringida aporta poco, pues deja fuera del ámbito de análisis a muchas empresas que no pueden o no ven interés en acogerse a los beneficios y especialidades indicadas en la Ley y, sin embargo, contribuyen a la dinamización de nuestra economía por medio de la innovación y la creación de puestos de trabajo.

caso qué sucede con los intereses devengados entre el momento de la concesión del crédito y la capitalización, en caso de ejercicio de la opción, pudiendo acordarse su pago en efectivo o su capitalización junto con el principal.

b) Capitalización a opción de la sociedad. Se trata de una modalidad más atractiva desde la perspectiva de los accionistas anteriores, pero menos para los inversores. Estos pueden verse abocados a continuar como prestamistas si la sociedad finalmente no opta por la conversión, razón por la cual exigirán unas mejores condiciones de remuneración del préstamo.

c) Finalmente, la capitalización a opción de ambas partes supone la previsión de un cuasi automatismo en la capitalización, pues dependiendo de la evolución del proyecto entre el momento en que se concede el préstamo y la ventana temporal prevista para el ejercicio del derecho a capitalizar, es muy probable que bien la sociedad o bien los inversores tengan interés en la capitalización.

1.2. La problemática societaria: tratamiento de los derechos de preferencia

Desde el punto de vista del Derecho de sociedades, la principal cuestión que se plantea es la relativa a los derechos de preferencia que tienen los antiguos socios en toda ampliación de capital. Como es bien sabido, la Ley de Sociedades de Capital lo establece como un derecho inderogable, en el sentido de que no puede eliminarse estatutariamente, sin perjuicio de que se admita su exclusión *ad hoc*, al amparo de lo previsto en el artículo 308 del Texto Refundido de la Ley de Sociedades de Capital aprobado por medio de Real Decreto Legislativo 1/2010, de 2 de julio (en adelante LSC). El tratamiento de los derechos de suscripción preferente se halla armonizado en la Unión Europea a nivel de la sociedad anónima (artículo 72.1 de la Directiva (UE) 2017/1132 del Parlamento Europeo y del Consejo, de 14 de junio de 2017). Dicha armonización no alcanza a la sociedad de responsabilidad limitada, forma social a la que frecuentemente se acogen las *Start Ups*, pero normalmente los Estados miembros regulan también de forma imperativa el derecho de preferencia en las ampliaciones de capital de este tipo social.

En línea con el Derecho europeo, nuestro ordenamiento aclaró hace unos años que el derecho de preferencia solo debe reconocerse en las aportaciones dinerarias[3], estableciéndose en el artículo 304 de la LSC que "en los aumentos

---

[3] En particular, la Ley 3/2009, de 3 de abril, de modificaciones estructurales de las sociedades mercantiles modificó el régimen del derecho de preferencia en las socie-

de capital social con emisión de nuevas participaciones sociales o de nuevas acciones, ordinarias o privilegiadas, con cargo a aportaciones dinerarias" los socios tendrán derecho de preferencia.

Debemos a este respecto señalar que, si bien la regulación europea tiene lógica, toda vez que en las ampliaciones de capital con aportaciones no dinerarias el bien objeto de aportación no es fungible, por lo que difícilmente puede ser sustituido por aportaciones alternativas (normalmente dinerarias) de los socios, no resulta un argumento determinante de la opción adoptada por el legislador español. Así lo entendemos por los siguientes motivos: (i) el Derecho europeo establece un sistema de protección *de minimis*, que no impide al Derecho de los estados miembros ir más allá, extendiendo la protección, es decir, el derecho de preferencia, a otros supuestos; (ii) la Directiva europea es aplicable a la sociedades anónimas, teniendo el legislador español libertad de regulación en materia de sociedades de responsabilidad limitada; (iii) nuestro Derecho cuenta ya con un sistema para excluir el derecho de preferencia en los supuestos en que el interés social lo justifique (artículo 308 de la LSC); y (iv) el procedimiento de exclusión establece unos requisitos que protegen a los socios de la potencial pérdida de valor de sus participaciones derivada de una infravaloración de las aportaciones no dinerarias, protección de la que carecen con la regulación actualmente vigente a la que nos venimos refiriendo.

Finalmente hay que señalar que, si bien las aportaciones no dinerarias strictu sensu son difícilmente sustituibles por aportaciones dinerarias, la capitalización de créditos es perfectamente sustituible por una aportación dineraria que puedan efectuar los socios, con la cual se cancele el crédito.

No obstante, es conveniente destacar que en Estados Unidos ese derecho ha decaído, siguiendo los diferentes Estados en su regulación societaria un sistema de *opt in*, de tal manera que solo se reconoce si los estatutos de forma expresa lo recogen. Este régimen se enmarca en una tendencia general a una mayor liberalización de la disciplina societaria, tendiendo a un régimen más contractualista y menos proteccionista. Sin duda ello ha influido en la flexibilización que el régimen de dicho derecho ha tenido, tanto en la línea general que estamos viendo, como en la regulación específica de las sociedades cotizadas, en las que se reduce el plazo mínimo de ejercicio a catorce días

---

dades anónimas, al aclarar que el mismo solo operaba en las ampliaciones de capital con aportaciones dinerarias, en línea con lo prescrito en la directiva europea del capital, procediéndose después, a través de la Refundición efectuada por el Real Decreto Legislativo 1/2010, de 2 de julio, por el que se aprobó el TR de la LSC, a la equiparación del régimen legal de la sociedad limitada al de la anónima a estos efectos.

(artículo 503 de la LSC) y se facilita considerablemente su exclusión, a través del régimen contemplado en los artículos 504 a 506 de la LSC.

Así pues, si vamos por la vía del préstamo convertible, no está tan claro que deba reconocerse el derecho de preferencia, pues si bien originariamente se trata de aportaciones dinerarias, en el momento de la capitalización el contravalor de la misma será el crédito que el inversor tiene frente a la sociedad. No hay dudas en cuanto al no reconocimiento del derecho de preferencia cuando se capitalizan créditos. En este sentido coinciden tanto la mayoría de la doctrina científica[4], como la de la Dirección General de Seguridad Jurídica y Fe Pública[5]. No obstante, dado que en el caso que nos ocupa suele haber una

4 En el sentido de considerar esta modalidad como aportación de carácter no dinerario y, por tanto, excluida del derecho de preferencia ver, entre otros, SACRISTÁN REPRESA, Marcos, "El aumento de capital: modalidades requisitos, el aumento de capital con nuevas aportaciones dinerarias y no dinerarias" en AA.VV. bajo la dirección de ALONSO UREBA, Alberto y otros, *Derecho de Sociedades Anónimas*, tomo III, Madrid, 1994, p. 258; DE LA CÁMARA ÁLVAREZ, Manuel, *El capital social en la sociedad anónima, su aumento y disminución*, Madrid, 1996, pp. 390 y siguientes; ALONSO LEDESMA, Carmen, "Aumento de capital. Derecho de asunción preferente de nuevas participaciones", en AA.VV. bajo la dirección de RODRIGUEZ ARTIGAS, Fernando y otros, *Derecho de Sociedades de Responsabilidad Limitada*, Madrid, 1996; SÁENZ GARCÍA DE ALBIZU, Juan Carlos, "Artículo 156. Aumento por compensación de créditos" en AA.VV. bajo la dirección de URÍA, Rodrigo y otros, *Comentario al régimen legal de las sociedades mercantiles*, Tomo VII, vol. 2.º: *El aumento del capital: (artículos 151 a 162 LSA)*, Madrid, 2006, pp. 210 a 222; DE LA CUESTA RUTE, José María, "El derecho de suscripción preferente en las sociedades cotizadas", en AA.VV. *Estudios de derecho de sociedades y derecho concursal, libro homenaje al profesor Rafael García Villaverde*, t. 1, Madrid, 2007, p. 317; y GANDÍA, Enrique, "Derecho de suscripción preferente en el aumento de capital por compensación de créditos", *Revista de Derecho de Sociedades* nº 48 (julio-diciembre de 2016), quien no obstante señala que, en caso de que la mayoría acuerde una ampliación de capital de este tipo, el minoritario puede acudir a la impugnación de acuerdos sociales si considera que la ampliación se ha acordado por este medio con la finalidad de eludir la imperatividad del derecho de preferencia de las ampliaciones de capital con aportación dineraria. No obstante, ver ALFARO, Jesús, "El aumento de capital por compensación de créditos", *Almacén de Derecho*, entrada de 8 de marzo de 2017, quien, reconociendo que no es doctrina mayoritaria, opina que "el aumento de capital por compensación de créditos debe considerarse como un aumento ordinario, esto es, con aportaciones dinerarias". También crítica con su consideración como aportaciones no dinerarias se muestra RAMOS GÓMEZ, Marta, "" En todo" aumento de capital mediante compensación de créditos, ¿derecho de suscripción preferente?", *Revista de Derecho de Sociedades*, nº 63, 2021, apartado III.

5 La Resolución de la Dirección General de los Registros y del Notariado de 15.2.2012 expone las diferencias entre las aportaciones dinerarias y no dinerarias y deja sentado que los aumentos de capital por compensación de créditos son aportaciones no dinerarias. La Resolución de 20.4.2012 y, más recientemente, la de 7.02.2020 reiteran la doctrina de la de 15.2.2012. La excepción sería el caso de la operación acordeón ex art.

clara voluntad originaria de capitalización del crédito, su no reconocimiento en uno u otro momento podría considerarse una elusión injustificada del régimen legal.

En consecuencia, hay un vacío regulatorio, por lo que habría que acudir a los principios del Derecho de sociedades. Entiendo que, en la medida en que desde el primer momento se configure como una ronda de capital, debería reconocerse originariamente el derecho de preferencia, como sucede en las obligaciones convertibles. En el momento de la capitalización, podría haber algún socio que no hubiese ido a la ronda por vía de los préstamos convertibles y quisiera asumir su parte proporcional de las nuevas participaciones. Podría argumentar que tiene derecho de preferencia por tratarse de facto de una ampliación de capital con desembolso dinerario.

No obstante, considero que podría denegársele dicho derecho, en la medida en que se le hubiera reconocido originariamente la posibilidad de acudir a la financiación por medio del instrumento convertible utilizado en la ronda de financiación. Los argumentos serían (i) que se están capitalizando créditos y por tanto no opera el derecho de preferencia, dado que *ex lege*, éste está reservado a las aportaciones dinerarias; y (ii) que el socio tuvo ya la oportunidad de asumir proporcionalmente el instrumento convertible, por lo que no podría alegarse fraude de ley.

Consecuentemente, con base en el ordenamiento vigente consideramos que para instrumentar jurídicamente este tipo de financiación debería tratarse como un instrumento financiero equivalente a capital y, en consecuencia:

1. Someter a la junta general de socios la decisión acerca de su lanzamiento. La junta debe aprobarlo con las mayorías requeridas para acordar una ampliación de capital, según lo previsto en el artículo 199 a) de la LSC, es decir, con el voto favorable de más de la mitad de los votos correspondientes a las participaciones en que se divida el capital social, en el caso más frecuente de que la *start up* se haya configurado como una sociedad de responsabilidad limitada o con los quórums y mayorías previstos en los artículos 194.1 y 201.2 de la LSC en el caso de que hubiera adoptado la forma de sociedad anónima.

2. Reconocer originariamente a los socios el derecho de preferencia en el momento en que se lance el instrumento convertible. El plazo de ejercicio de dicho derecho no debería ser inferior al establecido en

---

343.2 LSC: véase la Resolución de 20.11.2013 y más recientemente, la de 5.05.2021, las cuales concluyen que se había vulnerado el derecho de preferencia del socio en una operación acordeón con reducción de capital a cero y simultáneo aumento con desembolso mediante compensación de créditos.

el artículo 305.2 de la LSC, es decir un mes, respetándose también el derecho de segundo grado contemplado en el artículo 307 de la LSC en caso de que la empresa se hubiera acogido al tipo de la sociedad de responsabilidad limitada.

3. Asimismo, dicho derecho podría transmitirse, al amparo de lo dispuesto en el artículo 306 de la LSC o excluirse, cumpliendo con los requisitos establecidos en el artículo 308 de la LSC. Otra posibilidad es que los socios renuncien a su derecho de preferencia en la junta en la que se acuerde la emisión del instrumento financiero convertible.

En estas condiciones quedaría claro a mi entender que, en el momento de la conversión no asistiría a los socios un derecho de preferencia, pues ya tuvieron originariamente la posibilidad de ejercitarlo.

1.3. Propuestas de lege ferenda

En términos de *lege ferenda*, convendría aportar claridad sobre el momento en que debe hacerse la oferta a los socios, ya que otra posibilidad sería que consideráramos que es en el momento de la capitalización cuando debe ponerse a disposición de los socios la posibilidad de ir a la ampliación. No obstante, eso haría menos atractivo el instrumento, en la medida en que las expectativas de conversión en capital con las que los financiadores suscriben estos préstamos pudieran verse frustradas.

Una regulación adecuada podría ser un tipo de endeudamiento equivalente a unas obligaciones convertibles, simplificado por el hecho de no acudir al ahorro público. Se trataría simplemente de permitir que la sociedad limitada pueda ofrecer la asunción de deuda convertible en capital en condiciones predeterminadas[6], dándose prioridad a los socios durante un plazo equivalente al de ejercicio del derecho de preferencia y, en la medida en que los socios no cubrieran las necesidades de financiación, podría dejarse abierta una oferta a terceros por un plazo de hasta un año, al cabo del cual se procedería a convertir los préstamos en capital, liquidando previamente los intereses devengados, bien mediante su pago o bien mediante su capitalización junto con el principal.

---

6 Con el vigente art. 414 LSC se entiende que solo la sociedad anónima puede emitir obligaciones convertibles: VICENT CHULIA, Francisco, *Introducción al Derecho Mercantil*, Tirant lo Blanch, 2022, V. I, p. 1399.

2. PRÉSTAMOS PARTICIPATIVOS

2.1. La utilización de los préstamos participativos en las Start Ups

Respecto los préstamos participativos, se trata de método de financiación bastante utilizado en las *Start Ups* por la Empresa Nacional de Innovación (ENISA), y a veces también por las entidades de capital riesgo (*venture capital*) o incluso por otros inversores, como línea alternativa, cuya ventaja frente al capital es que no diluye a los anteriores socios y, particularmente a los fundadores.

La utilidad del préstamo participativo, desde esta perspectiva, es mayor en una fase ulterior, cuando el proyecto está más afianzado que en las fases iniciales, dado que en la primera etapa del proyecto el riesgo es tan alto que los inversores normalmente preferirán un instrumento de capital, que en esta fase tiene un riesgo similar, pero como contrapartida cuenta con la ventaja de una alta revalorización si prospera.

En una fase más avanzada puede tener más sentido, pues se sitúa en una posición de riesgo inferior a la del capital. Los inversores profesionales pueden estar interesados en este tipo de instrumento financiero y la legislación de capital riesgo lo prevé expresamente como un mecanismo de inversión de estas entidades (artículo 10 de la Ley 22/2014, de 12 de noviembre, por la que se regulan las entidades de capital-riesgo, otras entidades de inversión colectiva de tipo cerrado y las sociedades gestoras de entidades de inversión colectiva de tipo cerrado, y por la que se modifica la Ley 35/2003, de 4 de noviembre, de Instituciones de Inversión Colectiva).

2.2. Regulación de los préstamos participativos

Sin perjuicio de algunos precedentes sectoriales, dicha figura fue introducida de forma general en nuestra legislación por medio de una norma de urgencia dictada en 1996 que la regula de forma escueta[7]. Pese a ello ha teni-

---

7 Su regulación viene insertada en el artículo 20 del Real Decreto-Ley 7/1996, de 7 de junio, sobre medidas urgentes de carácter fiscal y de fomento y liberalización de la actividad económica. La indicada norma fue modificada por la Disposición Adicional Segunda de la Ley 10/1996, de 18 de diciembre, de medidas fiscales urgentes sobre corrección de la doble imposición interna inter-societaria y sobre incentivos a la internacionalización de empresas que derogó y sustituyó la letra d) del apartado 20.1 del Real Decreto Ley 7/1996, estableciendo que los préstamos participativos debían ser considerados patrimonio contable a los efectos de reducción del capital y liquidación de sociedades previstos en la legislación mercantil; dicha norma fue, a

do una gran utilización, derivada en gran medida de su consideración como patrimonio neto a efectos de evitar la disolución obligatoria en el supuesto de pérdida patrimonial grave previsto en el artículo 363.1 e) de la LSC. Como quiera que las *Start Ups* acumulan frecuentemente resultados negativos en sus primeras fases, suele ser útil que los préstamos que conceden los socios o terceros, con la finalidad de mantenerlos como tales o de capitalizarlos en el futuro, tengan la consideración de participativos.

Las principales características de los préstamos participativo son las siguientes:

1. Se consideran patrimonio neto a fin de determinar si la sociedad se halla incursa en causa de disolución con base en lo establecido en el artículo 363.1 e) de la LSC o, tratándose de una sociedad anónima, en motivo de reducción de capital obligatoria según lo dispuesto en el artículo 327 de la LSC[8]. Ello no quiere decir que esta forma de financiación forme parte de los fondos propios o del patrimonio neto a los restantes efectos, puesto que se trata de financiación exigible. Así, por ejemplo, para la aplicación de las limitaciones establecidas respectivamente para la distribución de dividendos (artículo 273.2 de la LSC) o para la adquisición de autocartera (artículo 146.1 b) del mismo texto legal) los préstamos participativos no deben computarse como patrimonio neto. La naturaleza en algún modo "híbrida" de estos instrumentos de financiación no desnaturaliza en consecuencia su conceptuación como

---

su vez, modificada por la Disposición Adicional Tercera de la Ley 16/2007, de 4 de julio, de reforma y adaptación en materia contable, que sustituye el término «contable» por «neto», uniformando con ello la terminología empleada en la legislación de sociedades de capital con la utilizada en el Código de Comercio y en el Plan General de Contabilidad.

8 Dicha consideración ha sido criticada por diferentes autores, señalándose que podría contravenir el Derecho europeo, que en el artículo 58 de la directiva Directiva (UE) 2017/1132 del Parlamento Europeo y del Consejo de 14 de junio de 2017 sobre determinados aspectos del Derecho de sociedades (antes artículo 17 de la Segunda Directiva de Sociedades) establece el régimen de disolución obligatorio por pérdida patrimonial grave. Ver en este sentido GARCIA VILLAVERDE, "Créditos participativos" *Revista de Derecho de Sociedades* nº 9, 1997 pp. 18-24; COLINO MEDIAVILLA, Jose Luis, "El préstamo participativo" en AAVV bajo la dirección de SEQUEIRA, Adolfo, GADEA, Enrique y SACRISTÁN, Fernando, *La contratación bancaria*, Madrid 2007, p. 788 y COLINO MEDIVILLA, José Luis, en colaboración con HERNÁN CARRILLO, Víctor, "Créditos y Préstamos participativos", en *Contratos Tomo IX. Contratos de financiación y garantía (civiles, mercantiles, públicos, laborales e internacionales, con sus implicaciones tributarias)*, Aranzadi, 2014, apartado II.2. También crítica con dicha regulación se muestra VIÑUALES SANZ, Margarita, en "Los préstamos participativos", *Revista de Derecho Mercantil* nº 305 (julio-septiembre 2017), apartado IV.

préstamos, toda vez que, llegado su vencimiento, son exigibles[9]. Ello los diferencia de las aportaciones de capital e incluso de la cuenta en participación, que tiene naturaleza asociativa y no dará derecho al cuenta partícipe a la devolución del principal, sino de lo que resulte del riesgo y ventura propio del negocio participado (artículo 243 del C de Com). Lo cual es relevante además a efectos del tratamiento contable que hay que dar al devengo de intereses, que se conceptuarán como gasto en las cuentas de la sociedad prestataria, y también a efectos del cumplimiento de determinadas ratios financieros.

2. Aunque la norma reguladora hable de "la entidad prestamista" cuando se refiere al concedente del préstamo participativo, una interpretación teleológica nos lleva a entender que puede tratarse tanto de una persona jurídica como de una persona física[10] y, de hecho, en una Start Up puede tener sentido que este instrumento de financiación sea utilizado por los propios inversores personas físicas, de una forma autónoma o bien combinada con su participación en el capital.

3. La remuneración del préstamo participativo puede tener un componente fijo y otro variable "que se determinará en función de la evolución de la actividad de la empresa prestataria" según indica su norma reguladora. La propia norma establece que "el criterio para determinar dicha evolución podrá ser: el beneficio neto, el volumen de negocio, el patrimonio total o cualquier otro que libremente acuerden las partes contratantes". Según la dicción de la norma, lo esencial es que exista un interés variable, siendo opcional el componente fijo. Así pues, po-

---

9 Ver en este sentido VIÑUALES SANZ, Margarita, *Las prestaciones accesorias en la sociedad de responsabilidad limitada*, Madrid, 2004, pp. 192-193. En el mismo sentido se pronuncia COLONO MEDIAVILLA, op. cit., pp. 786-787. Por su parte GARCÍA VILLAVERDE, op. cit. p. 14, reconociendo su indudable carácter crediticio los califica como un contrato de naturaleza mixta, a caballo entre el contrato de préstamo mutuo y la cuenta en participación.

10 Así, VIÑUALES SANZ, *Las prestaciones…* cit., p. 185 y la propia VIÑUALES SANZ en "Los préstamos…" cit., apartado II.1, apoyándose en la regulación de la Ley 5/2015, de 27 de abril, de Fomento de la Financiación Empresarial. También consideran que no debiera aplicarse esta limitación VICENT CHULIÁ, Francisco, *Introducción al Derecho Mercantil,* Tomo II, Valencia 2022, p. 1639; GARCÍA MANDALONIZ, Marta, *La financiación de las PYMES*, Navarra, 2003, pp. 175 y 176; y KOLB, A. y SERRANO LUCES, A. "La amortización anticipada de los préstamos participativos", *Derecho de los Negocios*, nº 265, noviembre-diciembre 2012, pp. 75 y 76.; no obstante, PALÁ LAGUNA, E. "Algunas cuestiones en torno a la nueva figura del «préstamo participativo» y su nuevo régimen jurídico", *Revista de Derecho Bancario y Bursátil* nº 70/1996 Y COLINO MEDIAVILLA, op. cit. pp. 776-777 parecen aceptar la limitación que impide que el prestamista sea persona física.

dría por ejemplo hacerse partícipe al prestamista en los beneficios de la sociedad en un determinado porcentaje, o bien establecer un tipo variable en función de algún ratio financiero (apalancamiento, servicio de deuda sobre ebitda, o cualquier otro), o incluso de parámetros como la facturación o el número de visitas en una determinada página web. Estos parámetros que no van vinculados a los beneficios alejarían el sistema retributivo de la consideración de "participativo", en la medida en que podrían dar lugar al devengo de intereses aun si la sociedad se hallara en pérdidas, cosa que ha sido criticada por algún sector doctrinal[11], pero deben admitirse, pues la propia regulación los menciona de forma expresa cuando ejemplifica posibles sistemas. No obstante, debe señalarse que la Ley 22/2014, de 12 de noviembre por la que se regula las entidades de capital-riesgo, otras entidades de inversión colectiva de tipo cerrado y las sociedades gestoras de entidades de inversión colectiva de tipo cerrado, establece en su artículo 13.3.b), que, para ser computables en el coeficiente obligatorio de inversión, los préstamos participativos concedidos por las entidades de capital riesgo deben estar "completamente ligados a los beneficios o pérdidas de la empresa de modo que (la remuneración) sea nula si la empresa no obtiene beneficios". En cuanto al posible componente fijo del interés, se ha señalado acertadamente que no debe ser interpretado en sentido estricto, pudiendo tratarse de un interés variable, pero condicionado a parámetros externos a la evolución de la empresa (como puede ser el Euribor o cualquier otro índice de referencia.)[12]

4. Puede acordarse que el pago de intereses se efectúe a medida que se van devengando o bien que se vayan capitalizando y se liquiden al final del período, o en su caso, se conviertan en capital junto con el principal.

---

11 En este sentido GARCÍA VILLAVERDE, op. cit. p. 14 señala con acierto que, pese a la denominación que le da el legislador, la naturaleza no necesariamente participativa de estos préstamos los aleja de los contratos parciarios, para situarlos entre los contratos con interés variable; en el mismo sentido, VIÑUALES SANZ, op. cit. pp. 779-780. El tema no es baladí, pues el Tribunal Superior de Justicia del País Vasco, en su Sentencia 295/2017, de 5 de julio tuvo que aclarar que, frente al criterio de la Diputación Foral de Guipúzcoa, que había calificado el préstamo como ordinario dado que se preveía el cálculo del interés sobre el volumen de negocio, considerando que eso suponía un interés fijo, tuvo que resolver que "el interés es por definición variable cuando su cuantía, un % del capital prestado, depende de un factor (variable) como el importe de ventas"; ver en este sentido MINGORANCE, Francisco Javier, "A vueltas con el interés variable de los préstamos participativos", *Actualidad Jurídica Aranzadi* nº 999, 4 de octubre de 2023.

12 En este sentido VIÑUALES SANZ, *Las prestaciones…* cit. p. 780.

5. El plazo puede fijarse libremente, puesto que la norma reguladora no establece restricciones al respecto. No obstante, se trata de un instrumento financiero naturalmente concebido para el largo plazo, pues su consideración como patrimonio neto a efectos de evitar la causa de disolución de la sociedad lo acerca a los instrumentos de financiación conceptuados como fondos propios, lo cual concilia mal con un plazo corto.[13]

6. Establecido el plazo de vencimiento, no cabe su amortización anticipada si, al propio tiempo no se "compensa con una ampliación de igual cuantía de sus fondos propios y siempre que ésta no provenga de la actualización de activos"[14]. Este incremento de los fondos propios pude producirse como consecuencia de una ampliación de capital o bien de una aportación de los socios para compensar pérdidas (cuenta 118 del Plan General de Contabilidad). También podría provenir de la obtención de beneficios por la propia sociedad que son aplicados a reservas legales, estatutarias o voluntarias. Considero que teleológicamente tiene sentido entenderlo así, incluso si se aplican a reservas libres, en la medida en que, según lo establecido en el artículo 273.2 de la LSC, no puede distribuirse dividendos si, como consecuencia de la distribución, el patrimonio neto de la sociedad resulta ser inferior a la cifra de capital. Y, como hemos visto antes, resulta claro que, a estos efectos, los préstamos participativos, si aun los hubiere, no deben ser considerados como patrimonio neto. Finalmente, entendemos que también cabría la concesión de nuevos préstamos participativos que sustituyeran a los que se amorticen anticipadamente[15].

7. Los préstamos participativos se subordinan a la financiación ordinaria. La norma reguladora establece que "en el orden de prelación de créditos, se sitúan después de los acreedores comunes". Se trata de un requerimiento lógico, toda vez que se trata de un instrumento de financiación híbrido, atribuyéndosele efectos propios de la financiación por medio de recursos propios. No obstante, la escueta dicción legal aflo-

---

13 Plazos de vencimiento de cinco años o superiores son frecuentes. VIÑUALES SANZ, *Las prestaciones...* cit. p. 782 indica que es frecuente pactar plazos de entre cinco y diez años, e incluso superiores.

14 No obstante, puede plantearse el vencimiento anticipado del préstamo en caso de incumplimiento por parte del prestatario de alguna de sus obligaciones contractuales, como pueden ser el pago de los intereses pactados, el pago de cuotas del principal cuando se haya pactado un vencimiento escalonado o incluso el incumplimiento de determinados ratios financieros. Ver en este sentido VIÑUALES SANZ, *Las prestaciones...* cit. p. 186.

15 En este sentido, vid VIÑUALES SANZ, *Las prestaciones...* cit., p. 187.

ró dudas interpretativas y ENISA en ocasiones discutió su calificación como subordinados en el ámbito concursal, posición que a mi entender no tenía mucha lógica, puesto que los mecanismos de subordinación tienen aplicación efectiva precisamente en el ámbito concursal y no fuera de él, donde la sociedad atiende debidamente al pago de sus deudas. No obstante, la claridad de la redacción actual de la norma contenida en el artículo 281.1. 2º del vigente Texto Refundido de la Ley Concursal no deja dudas al respecto.

8. Una cuestión que puede plantearse relativa a este tipo de financiación es si es posible que esté afianzada por medio de garantías personales o reales. Nada dice la legislación vigente al respecto, por lo que en principio no debería vedarse esta posibilidad[16]. Respecto de las eventuales garantías personales o la posible concesión de cartas de patrocinio por parte del socio mayoritario o de un tercero, seguirían su régimen jurídico, sin que el mismo conflictúe con el de la subordinación en caso de concurso. Sencillamente, el garante que atendiera al pago del préstamo participativo se situaría en la posición del prestamista, o en un escalafón inferior en caso de ser una persona especialmente relacionada con el deudor, de acuerdo con la regla establecida en el artículo 281.1. 5º del Texto Refundido de la Ley Concursal. Más problemático es determinar qué tratamiento dar a la eventual concesión de una garantía real en el marco concursal, pues el privilegio especial del que gozan estas garantías colisiona frontalmente con el carácter subordinado del crédito, razón por la cual entiendo que dicha garantía debiera decaer[17].

9. Finalmente, hay que señalar que, aunque la regulación vigente hable de "préstamos", nuestra doctrina coincide en aceptar que puede indistintamente tratarse de contratos de préstamo o de crédito[18]. No obstante, en caso de tratarse de una linea de crédito, una vez dispuesta no debiera abonarse, salvo que dicho abono viniera compensado con un incremento equivalente de los fondos propios, pues entendemos que debería dársele el mismo tratamiento que a una amortización anticipada, la cual según hemos visto, queda vedada, salvo que se cumpla con el indicado requisito.

---

16 Ver en este sentido BUIL ALDANA, Ignacio, "Préstamos participativos, subordinación concursal y homologación judicial" *Revista de Derecho concursal y paraconcursal*, nº 31, 2019, apartado II 3.

17 En este sentido se pronuncia BUIL ALDANA, op. cit. Apartado II 3.

18 Ver en es este sentido, entre otros, GARCÍA VILLAVERDE, op. cit. p. 51; PALÁ LAGUNA, E., op. cit. pp. 460 y 462; VIÑUALES SANZ, *Las prestaciones…* cit. p. 184; y, más recientemente, BUIL ALDANA, op. cit., nota 4.

2.3. Disciplina contractual

Dada la flexibilidad de su regulación, la disciplina contractual es esencial, pudiendo destacarse como prácticas frecuentes (i) una alta remuneración como contrapartida al mayor riesgo, tanto de recobro del crédito, como de que no se den las condiciones de devengo del interés variable pactado; (ii) el aplazamiento del pago de intereses al momento de la devolución (o en su caso de la capitalización) del préstamo; y (iii) un plazo de duración largo, normalmente superior a tres años.

Asimismo, con cierta frecuencia se acuerda su posible capitalización, abriéndose las mismas posibilidades que hemos visto antes, es decir, que sea una opción del prestamista, una opción de la sociedad o bien una opción de ambos. No obstante, el tratamiento a dar a dicha capitalización difiere del que hemos visto en el caso de los préstamos de corto plazo convertibles. Aquí nos hallamos ante un instrumento financiero con lógica propia, al que se puede dotar de la posibilidad de conversión en capital, pero que no es concebido *ab initio* como una aportación de capital. En consecuencia, en caso de que cualquiera de las partes en el contrato opte por su capitalización, no procedería reconocer a los socios el derecho de preferencia, al amparo de lo previsto en el artículo 304 de la LSC que, como hemos visto, solo reconoce el derecho de preferencia en las aportaciones dinerarias.

De lege lata, se plantean algunas cuestiones controvertidas, fundamentalmente ligadas al pago de los intereses y al vencimiento del préstamo que es conveniente abordar de forma adecuada.

Por lo que respecta a los requisitos que se exigen en cuanto a la remuneración del préstamo para su consideración como préstamos participativos, según hemos visto, debe estar remunerado por medio de un componente variable, pudiendo además contar con un componente fijo. No obstante, como quiera que pueda darse el caso de que la sociedad no cuente con liquidez para pagar los intereses, no queda claro si su pago debe subordinarse, igual que sucede con el principal del préstamo. Convendría establecer contractualmente que los intereses no podrán abonarse si la sociedad no se halla al corriente de sus restantes obligaciones, procediéndose en tales casos a su integración con el principal. Se trataría de acercar su tratamiento al del pago de dividendos, que requiere de la disposición de fondos propios suficientes y de un análisis de liquidez previo por parte de los administradores.[19] En cualquier caso, de

---

19 Puede aducirse que el pago de dividendos solo está sujeto a una comprobación de liquidez cuando se trata de dividendos a cuenta, según lo dispuesto en el artículo 277 a) de la LSC. No obstante, hay que considerar que entre las obligaciones de los administradores se halla la de analizar las posibilidades de pago de los dividendos de

declararse el concurso de acreedores, los intereses tendrían la consideración de créditos subordinados, con base en lo dispuesto en el artículo 281.1 3º del Texto Refundido de la Ley Concursal.

En lo que atañe al plazo de vencimiento, dado el silencio legal, hay que entender que siguen considerándose como patrimonio neto a efectos de evitar la causa de disolución hasta el mismo día de su vencimiento. Obviamente, eso obligará a los administradores a contemplar qué efecto tendrá el pago, a fin de proponer a la junta las medidas que fueren oportunas en caso de que la sociedad entrara en causa de disolución como consecuencia de la devolución del préstamo.

2.4. Propuestas de lege ferenda

De lege ferenda sería deseable regular de una forma más meditada esta figura jurídica sin por ello hacerle perder su principal virtud, cual es la flexibilidad de su régimen.

En particular, no parece razonable, desde un punto de vista de política jurídica, que gocen de la consideración de patrimonio neto a efectos de evitar la disolución de la sociedad en la medida en que su vencimiento se halle cercano. Así pues, convendría clarificar que, cuando su vencimiento se halle en un horizonte de menos de un año, dejarían de conceptuarse como patrimonio neto salvo que se haya acordado su capitalización al vencimiento.

Asimismo, convendría prever la posibilidad de reconocer el derecho de los concedentes a convertirlos en participaciones sociales, en línea con lo indicado anteriormente al referirnos con carácter general a los préstamos convertibles, puesto que, aunque como acabamos de indicar, se trata de mecanismos de financiación con lógica autónoma, también podrán concebirse desde el principio como préstamos destinados naturalmente a su conversión.

---

cualquier tipo, incluidos los ordinarios, sin menoscabo de la solvencia de la sociedad. En línea con esta idea, FERNÁNDEZ DEL POZO, Luis, es partidario de que "se introduzca de manera expresa en la Ley una prohibición legal de realizar distribuciones en sentido amplio cuando la sociedad está incursa en insolvencia o, mejor aún hoy, en probabilidad de insolvencia. (…) En cuanto a la sociedad individualmente considerada, la distribución de resultados –incluso la legalmente obligatoria por la vía de la institución de la separación por falta de pagos de dividendos del art. 348 bis LSC– debería estar prohibida cuando como consecuencia de ella fuera manifiestamente imposible el cumplimiento del fin social (cfr. art. 363. 1. C) LSC) por insolvencia agravada/sobrevenida" (párrafo séptimo del apartado II de su artículo "Acerca de la conveniente derogación de la regla de la responsabilidad solidaria de los administradores por las deudas sociales. Una propuesta alternativa", *Revista de Derecho Mercantil*, 329, julio - septiembre 2023.

3. BIBLIOGRAFÍA

ALFARO, Jesús, "El aumento de capital por compensación de créditos", *Almacén de Derecho,* entrada de 8 de marzo de 2017.

ALONSO LEDESMA, Carmen, "Aumento de capital. Derecho de asunción preferente de nuevas participaciones", en AA.VV. bajo la dirección de RODRIGUEZ ARTIGAS, Fernando y otros, *Derecho de Sociedades de Responsabilidad Limitada,* Madrid, 1996.

BUIL ALDANA, Ignacio, "Préstamos participativos, subordinación concursal y homologación judicial" *Revista de Derecho concursal y paraconcursal,* nº 31, 2019.

COLINO MEDIAVILLA, Jose Luis, "El préstamo participativo" en AAVV bajo la dirección de SEQUEIRA, Adolfo, GADEA, Enrique y SACRISTÁN, Fernando, *La contratación bancaria,* Madrid 2007.

COLINO MEDIVILLA, José Luis y HERNÁN CARRILLO, Víctor, "Créditos y Préstamos participativos", en Contratos Tomo IX. Contratos de financiación y garantía (civiles, mercantiles, públicos, laborales e internacionales, con sus implicaciones tributarias), Aranzadi, 2014.

DE LA CÁMARA ÁLVAREZ, Manuel, *El capital social en la sociedad anónima, su aumento y disminución,* Madrid, 1996.

DE LA CUESTA RUTE, José María, "El derecho de suscripción preferente en las sociedades cotizadas", en AA.VV. *Estudios de derecho de sociedades y derecho concursal, libro homenaje al profesor Rafael García Villaverde,* t. 1, Madrid, 2007

GANDÍA, Enrique, "Derecho de suscripción preferente en el aumento de capital por compensación de créditos", *Revista de Derecho de Sociedades* nº 48 (julio-diciembre de 2016).

GARCÍA MANDALONIZ, Marta, *La financiación de las PYMES,* Navarra, 2003.

GARCÍA VILLAVERDE, Rafael, "Créditos participativos", *Revista de Derecho de Sociedades,* no 9, 1997.

KOLB, A. y SERRANO LUCES, A. "La amortización anticipada de los préstamos participativos", *Derecho de los Negocios,* nº 265, Noviembre-Diciembre 2012, Editorial La Ley.

MINGORANCE, Francisco Javier, "A vueltas con el interés variable de los préstamos participativos", *Actualidad Jurídica Aranzadi* nº 999, 4 de octubre de 2023.

PALÁ LAGUNA, E. "Algunas cuestiones en torno a la nueva figura del «préstamo participativo» y su nuevo régimen jurídico", *Revista de Derecho Bancario y Bursátil* nº 70/1996.

RAMOS GÓMEZ, Marta, ""En todo" aumento de capital mediante compensación de créditos, ¿derecho de suscripción preferente?", *Revista de Derecho de Sociedades,* nº 63, 2021.

SACRISTÁN REPRESA, Marcos, "El aumento de capital: modalidades requisitos, el aumento de capital con nuevas aportaciones dinerarias y no dinerarias" en AA.VV. bajo la dirección de ALONSO UREBA, Alberto y otros, *Derecho de Sociedades Anónimas,* tomo III, Madrid, 1994.

SÁENZ GARCÍA DE ALBIZU, Juan Carlos, "Artículo 156. Aumento por compensación de créditos" en AA.VV. bajo la dirección de URÍA, Rodrigo y otros, *Comentario al régimen legal de las sociedades mercantiles,* Tomo VII, vol. 2.º: *El aumento del capital: (artículos 151 a 162 LSA),* Madrid, 2006.

VICENT CHULIA, Francisco, *Introducción al Derecho Mercantil,* Tirant lo Blanch, 2022

VIÑUALES SANZ, Margarita, "Los préstamos participativos", *Revista de Derecho Mercantil* nº 305 (julio-septiembre 2017).

VIÑUALES SANZ, Margarita, "*Las prestaciones accesorias en la sociedad de responsabilidad limitada*", Madrid, 2004.

Venture debt: instrumento de financiación específico para startups

JOSÉ MARÍA ROJÍ BUQUERAS[1]

RESUMEN. Uno de los grandes retos de los emprendedores y sus *startups* consiste en obtener recursos de capital con los que financiar sus primeras etapas hasta que consolidan su negocio, generan flujos de caja y equilibran su fondo de maniobra. En estas páginas se hará un repaso general de los instrumentos clásicos de capital y deuda y sus características, comparándolos desde la perspectiva del inversor y la del emprendedor, para luego presentar un producto que se conoce como *venture debt* y que ofrece una solución alternativa a esta cuestión. Se abordarán su naturaleza y principales características con especial referencia al *equity kicker*, auténtico elemento diferencial.

PALABRAS CLAVE. *Startups*, financiación, capital social, emprendedor, inversor, préstamos participativos, deuda convertible, *venture debt, equity kicker.*

ABSTRACT. One of the major challenges for entrepreneurs and their startups is obtaining capital resources to finance their early stages until they consolidate their business, generate cash flows, and balance their working capital. These pages will provide a general overview of the classic instruments of equity and debt and their characteristics, comparing them from the perspective of the investor and the entrepreneur, and then presenting a product known as venture debt, which offers an alternative solution to this issue. Its nature and main characteristics will be addressed, with special reference to the equity kicker, a truly differentiating element.

KEYWORDS. Startups, financing, equity, entrepreneur, investor, participative loans, convertible debt, venture debt, equity kicker.

SUMARIO. 1. INTRODUCCIÓN. **2.** DIVERSIDAD DE INSTRUMENTOS DE FINANCIACIÓN DE *startups*. **2.1.** *Derechos de crédito frente al capital. Perspectivas del inversor y del emprendedor.* **2.2.1.** La perspectiva del inversor. **2.2.2.** La perspectiva del emprendedor **2.2.** *Mix de deuda y capital.* **2.3.** *La visión del administrador de una startup.* **3.** PRÉSTAMOS PARTICIPATIVOS Y DEUDA CONVERTIBLE. **3.1.** *El préstamo participativo.* **3.1.1.** La perspectiva del inversor. **3.1.2.** La perspectiva del emprendedor. **3.2.** *La deuda convertible como alternativa.* **3.2.1.** Introducción a la deuda convertible. **3.2.2.** Facultad de conversión por el acreedor. **3.2.3.** Facultad de conversión por el deudor. **4.** EL *venture debt*: SOLUCIÓN PARA LA FINANCIACIÓN DE *startups*. **4.1.** *El* venture debt *como solución.* **4.2.** *Principales elementos del* venture debt. **4.3.** *Protección del contrato de* venture debt. **5.** BIBLIOGRAFÍA.

---

1 Profesor colaborador Esade Law School (Universitat Ramon Llull) y de la Facultad de Derecho de ICADE (Universidad Pontificia de Comillas). Árbitro. Mediador. Abogado. Socio. CMS Albiñana & Suárez de Lezo.

1. INTRODUCCIÓN

Las *startups*, como proyectos incipientes con necesidad y objetivo de crecimiento, requieren de importantes recursos económicos que no son capaces de generar por sí mismas. Su cuenta de resultados suele arrojar pérdidas y tienen flujos de caja negativos. Queman caja, se dice en el argot.

Así, un elemento imprescindible para supervivencia, ni siquiera para su éxito que no está nunca garantizado, es la capacidad de captar recursos dinerarios que permitan la liquidez imprescindible hasta que el proyecto empiece a generar ingresos en la cuantía necesaria para equilibrar la tesorería y sus flujos, y ser autosuficiente en términos de capital circulante.

Lógicamente, dicho resultado no está garantizado, sino que depende de múltiples factores que hacen de estos proyectos inversiones con riesgo. Esto tiene como consecuencia que sea difícil captar recursos de capital y que su coste sea elevado, atendiendo a la importancia de la prima de riesgo respecto a otros proyectos más consolidados.

El equilibrio entre riesgo y retornos del capital invertido conlleva que sea crítico, tanto para los promotores de la *startup* como para quien va a invertir recursos, el elegir el instrumento idóneo para canalizar esa inversión y conformar el mix adecuado de deuda y capital. Para ello son muy diversos los instrumentos que ofrece el mercado[2]. El elemento clave para distinguir entre unas y otras alternativas consiste en determinar cómo se asignan los riesgos de modo equilibrado en entornos diferentes, básicamente los de éxito y fracaso empresarial, en un ámbito en el que, aunque el primero es la expectativa natural, el segundo es el entorno más probable.

El *venture debt*, objeto de estas páginas, no deja de ser un instrumento híbrido que viene a aportar una solución mixta que en determinados proyectos permitirá satisfacer de modo suficientemente equilibrado las distintas y en ocasiones contrapuestas expectativas de promotores, emprendedores e inversores, con una asignación de riesgos que permite una solución eficiente considerando tanto el entorno de éxito como el de fracaso.

Para abordar esta cuestión analizaremos los distintos instrumentos de financiación para delimitar a qué necesidad da respuesta el *venture debt*, lo que pretende aportar esta solución al panorama emprendedor, qué utilidades

---

2 Se han diseñado varios instrumentos híbridos que combinan características de deuda y capital con el objetivo de hacer más sostenible y flexible la estructura de capital de las empresas e instituciones financieras. Estos instrumentos buscan reducir la dependencia de la deuda, ya que los pagos asociados a esta –tanto intereses como principal– constituyen una carga fija y siempre tienen prioridad en la cascada de pagos de una empresa, lo que puede llevar a situaciones de impago. (Ganshaw & Dillon, 2005).

reporta, y cómo se ubica, compara y convive con los distintos instrumentos de inversión en *startups*. A partir de ahí abordaremos en las características y variantes de este producto, así como sus elementos jurídicos y financieros y la estructura del *equity kicker*, como elemento realmente diferenciador.

2. DIVERSIDAD DE INSTRUMENTOS DE FINANCIACIÓN DE *STARTUPS*

2.1. Derechos de crédito frente a capital. Perspectivas del inversor y del emprendedor

Simplificando, cabe distinguir dos grandes categorías en las aportaciones de recursos dinerarios a cualquier tipo de proyecto y, en lo que aquí concierne, a los de emprendimiento: los instrumentos de deuda y los de capital. Los primeros, préstamos y créditos de distinta naturaleza, implican menos riesgos para el inversor que el capital, en la medida en que, en los escenarios de déficit de solvencia o de liquidez del deudor, el capital se sitúa el último en cuanto a los destinatarios de los recursos de la sociedad, teniendo prioridad en el cobro los acreedores con un título de crédito.

Los préstamos o créditos forman parte del pasivo exigible de la sociedad, mientras que el capital es el paradigma de las partidas de fondos propios. En términos generales se puede afirmar que el socio, el titular del capital social, solo obtendrá el retorno del mismo una vez hayan sido satisfechos los derechos de crédito de los acreedores.

Esta es la razón por la que desde la perspectiva societaria la cifra de cobertura de capital permite la continuidad de la sociedad aun cuando la cifra de patrimonio neto contable, la diferencia entre activo y pasivo exigible sea inferior al capital social. El capital social asume el riesgo de la insuficiencia de activo. Las cautelas societarias están encaminadas a condicionar la continuidad de la sociedad a que esta disponga de recursos suficientes para, al menos, hacer frente a todo el pasivo exigible.

De ahí que el artículo 363 de la Ley de Sociedades de Capital[3] establezca como causa de disolución el que se produzcan pérdidas que dejen reducido el patrimonio neto a una cantidad inferior a la mitad del capital social, a no ser que éste se aumente o se reduzca en la medida suficiente, y siempre que no sea procedente solicitar la declaración de concurso. Y también, para la sociedad anónima, el artículo 327 del mismo cuerpo legal, que establece la obli-

---

3 Real Decreto Legislativo 1/2010, de 2 de julio, por el que se aprueba el texto refundido de la Ley de Sociedades de Capital.

gación de reducir el capital cuando las pérdidas hayan disminuido el patrimonio neto por debajo de las dos terceras partes de la cifra del capital y hubiere transcurrido un ejercicio social sin haberse recuperado el patrimonio neto.

Otra cosa es la bondad y eficacia de estas cautelas, que la práctica ha demostrado son manifiestamente insuficientes, sin que sea este el lugar para hacer un análisis de dicha realidad, sus causas, y sus eventuales alternativas y posibles remedios.

Por otra parte, los préstamos lógicamente están retribuidos, consistiendo esa retribución en un interés fijo o variable. Esta retribución tiene una lógica correlación directa con el importe invertido a título de préstamo o crédito y está desvinculada en cuanto al derecho al cobro del buen fin del negocio, del que no depende en cuanto a su devengo o exigibilidad. No solo el principal es exigible aun cuando la sociedad no haya sido exitosa en su proyecto empresarial, sino que también lo serán los intereses, la retribución pactada.

2.1.1. La perspectiva del inversor

Los préstamos suponen para el inversor menor riesgo que el capital. Siendo esta la principal ventaja comparativa frente al capital como instrumento de inversión. No obstante, los préstamos también tienen riesgo, ya que un fracaso total o grave del proyecto puede conllevar la imposibilidad de recuperar el capital prestado o sus intereses. Este riesgo es mayor cuanto menos seguro es el proyecto, equilibrándose a través del establecimiento de una prima de riesgo, de modo que, cuanto más alta sea, mayor retribución supondrá en términos de tipo de interés, discriminando así entre proyectos: cuanto más seguros sean menor prima de riesgo y menor retribución, y a la inversa. Lógicamente, los recursos tienden a destinarse a proyectos con menor riesgo y el incentivo para que se destinen a proyectos por su naturaleza más riesgosos, como lo son típicamente los de emprendimiento, es la expectativa de una mayor retribución.

Esto hace que, en proyectos de mucho riesgo, como lo son los de las *startups* en sus fases más incipientes, las *seed*, la prima de riesgo y en consecuencia la retribución se incremente hasta el punto de acercarse a la retribución del capital, pero sin alcanzarla. El capital, los socios, tratarán de que la *startup* no contrate crédito cuya retribución sea superior que el capital, ya que no les parecerá aceptable que quien tiene menos riesgo que los socios, el prestamista, tenga retornos más elevados. Sin embargo, en situaciones de necesidad perentoria de liquidez y ausencia de alternativas, los socios llegan a asumir como un mal menor que, de manera transitoria y en importes asumibles, el prestamista llegue a tener una retribución superior a la prevista para el capital.

En todo caso, y volviendo a los escenarios ordinarios, el reverso de ese menor riesgo del préstamo respecto una inversión a través de capital, consiste en que esa retribución está topada al interés pactado que, en condiciones normales, supondrá retornos inferiores a los esperados por los socios. De esta manera, si bien el prestamista no debiera correr el riesgo empresarial, tampoco participa de su éxito. Es decir, su retribución es idéntica con independencia del menor o mayor éxito del proyecto al que facilita soporte financiero. Otra cosa es que ese éxito del proyecto empresarial le permita evitar el riesgo de impago de sus derechos crediticios.

Por lo tanto, cuando se utilizan instrumentos de deuda para dar soporte financiero a un emprendedor, en la elección de la *startup* por el acreedor va a primar más el criterio de capacidad de devolución que el criterio de éxito. Lógicamente, si el emprendedor fracasa, el préstamo también entra en riesgo, pero un riesgo inferior a la inversión en capital se trata de un riesgo de cobro.

Cuando quien va a aportar liquidez tiene verdadera confianza en el éxito del proyecto de la *startup*, o al menos la suficiente para asumir un riesgo superior, valorará la inversión en capital como alternativa al préstamo, ya que, conforme a lo ya explicado, el capital le proporcionará unos retornos muy superiores, le va a permitir participar en los resultados del proyecto de una manera más decisiva, más intensa y, por lo tanto, su inversión va a poder tener, en caso de éxito, mayor retorno.

Todo lo anterior se puede resumir en que, desde la perspectiva del inversor que aporta fondos, el préstamo o crédito y demás instrumentos de deuda son mejor opción si el proyecto empresarial fracasa o tiene un éxito moderado o se difiere en el tiempo, mientras que los instrumentos de capital son mejores si el proyecto empresarial es exitoso. Además, el umbral de máxima satisfacción del acreedor se alcanza una vez el deudor es capaz de repagar lo recibido y su retribución. El inversor en capital obtiene utilidades y retornos incrementales cuanto más exitoso es el proyecto.

Esta expectativa de altos retornos es la que explica que en ocasiones quien aporta recursos elija instrumentos de capital incrementando su riesgo, que se justifica en la expectativa de alta rentabilidad. Ese riesgo lo va a tratar de controlar y gestionar con sistemas de gobernanza, pactos de liquidez que le permitan desinvertir en determinados escenarios y con una intervención mayor en la gestión que cuando es un mero prestamista.

2.1.2. La perspectiva del emprendedor

Si analizamos la inversión en préstamo o capital desde la perspectiva del emprendedor, del socio de la *startup* titular de la misma, su visión es contrapuesta.

El préstamo le hace "sufrir" porque tiene una obligación de repago, un servicio a la deuda, unos *covenants* y unos sistemas de protección del crédito que son muy exigentes y que implican limitaciones en la capacidad de actuación.

El préstamo pone en tensión a toda la organización ya que su mantenimiento es vital, y cualquier dificultad para el repago puede llevar a la *startup* al colapso, abocándola incluso a la liquidación o al concurso. El gestor de una *startup* apalancada tiene un ojo puesto en el negocio y el otro en los acreedores, y entre ambos la caja, siendo su mayor preocupación a corto y medio plazo cumplir con los financiadores o refinanciar con éxito.

A la vez, el emprendedor sabe que el prestamista juega un rol temporal, transitorio, que no le va a diluir. Téngase en cuenta que el diluirse constituye la mayor amenaza percibida por el emprendedor. Que su aportación de valor, la idea, el proyecto y su ejecución ponderen menos que los capitales invertidos por terceros y que, en consecuencia, vaya perdiendo porcentaje a medida que el proyecto crece y requiere de nuevos recursos financieros de socios externos que lo aporten en forma de capital.

Por lo tanto, con los préstamos la carga y la presión para la *startup* son muy relevantes y condicionan su agenda, pero si el proyecto empresarial tiene éxito se podrá devolver el préstamo o sustituirlo por nuevas financiaciones sucesivas, normalmente en mejores condiciones a medida que disminuya la prima de riesgo, y el emprendedor habrá sufrido una menor dilución que si el inversor hubiera realizado su aportación monetaria como socio.

La entrada de capital extraño constituye el reverso, con el mismo alivio de caja la presión para la gestión de tesorería es muy inferior. Ni devenga intereses, ni tiene un calendario de amortización, ni una fecha de devolución.

Por el contrario, el capital implica la expresada dilución y una involucración más o menos intensa del socio inversor en la monitorización del negocio y su dirección, en la gestión y la administración, en la estrategia y en la adopción de las principales decisiones de la compañía.

El inversor tratará de proteger su inversión además con eventos de liquidez, mediante cláusulas de salida, derechos de separación, posibilidades de ejercer derechos de arrastre (drag-along), de acompañamiento o venta conjunta (tag along) y otros mecanismos para hacer líquida su inversión. También suele incorporar derechos económicos específicos como derechos de *liquidation preference,* dividendos privilegiados, cláusulas antidilución en ampliaciones de capital, etc.

No estresa igual la gestión de tesorería, pero reduce de entrada de manera mucho más significativa la capacidad del emprendedor de adoptar decisiones y, a largo plazo, el retorno que tendrá el emprendedor.

Así, cuando la inversión del tercero es en capital, el emprendedor soporta esa peor situación desde el punto de vista de la dilución y pérdida de retornos, así como una más intensa intervención del inversor en la gestión de la compañía, pero desde el punto de vista de gestión del negocio y sus recursos no hay una presión de devolver el préstamo y su retribución. Si el proyecto fracasa el socio inversor será víctima del propio riesgo asumido. El acreedor que no obtiene el retorno de las facilidades financieras concedidas podrá legítimamente considerar incumplida la obligación de la *startup* y accionar contra los responsables de ese incumplimiento.

Otra cuestión relevante es que la sustitución de un socio de capital requiere con carácter general de su consentimiento. En el préstamo, la amortización del mismo en el plazo pactado implica la ruptura del vínculo con el acreedor. Además, salvo casos muy excepcionales, la *startup* siempre tendrá la posibilidad de una amortización anticipada, ya por haber acelerado su capacidad de retorno ya por obtener un financiador preferido, por su naturaleza o por sus condiciones. Esta amortización anticipada suele estar penalizada con una comisión más o menos alta, pero se convierte en un problema de precio. En los supuestos de mala relación con el financiador o el cambio de las condiciones de mercado o de las situación o necesidades de la *startup* será posible la terminación de esa relación.

No ocurre así con el socio. Salvo cuando se han pactado opciones de compra o promesas de venta, derechos de rescate, o causas de exclusión específicas, y concurren los requisitos establecidos para la activación de esos derechos, sin el consentimiento del socio no se le podrá desvincular del proyecto por la mera voluntad de la *startup* o del resto de socios, aun cuando se disponga de motivos y recursos para ello.

Dado que la posibilidad de una falta de alineamiento entre socios de naturaleza diversa y con expectativas diferentes constituye un riesgo cierto y elevado, conviene al emprendedor introducir formulas como las meramente enunciadas para poder sustituir a un socio en situaciones de deterioro de la relación o cambio de condiciones, asumiendo que dicha sustitución tendrá también un precio y en muchos casos una cierta penalización.

Simplificando, inversamente a la posición del inversor, para el emprendedor si el proyecto es exitoso es preferible haber recibido un préstamo, si fracasa es preferible haber tenido un inversor en capital.

2.2. Mix de deuda y capital

En la sección anterior hemos planteado las ventajas e inconvenientes de la deuda y el capital comparándolos entre sí y buscando la distinta perspectiva de emprendedor e inversor. La realidad lógicamente es más compleja y no se trata de inclinarse dicotómicamente por una u otra solución, sino de encontrar el mix adecuado de capital y deuda, y dentro de uno y otro los instrumentos más convenientes.

Una empresa con un alto endeudamiento tendrá una tremenda sensibilidad financiera a cualquier alteración del proyecto o del entorno, como una desviación a la baja de la previsión de facturación, una reducción del margen o un incremento de tipos. Cuanto mayor sea el endeudamiento, mayor será el riesgo y su prima y, como ya hemos visto, más elevado el coste de capital, de modo que se irá acercando al retorno esperado por la inversión en capital e irá perdiendo interés económico para los emprendedores, ya que supondrá una dilución de facto por desviarse el rendimiento en detrimento de los socios en favor de quienes asumen menor riesgo.

Este equilibrio entre deuda y capital se evalúa a través de distintos ratios financieros, siendo el más evidente el de capital vs deuda, pero también otros como el de deuda vs Ebitda. Cada negocio tendrá su propia fórmula, su mix ideal, e irán cambiando a medida que evolucionen. E ser capaz de adaptar la política financiera a las distintas vicisitudes y etapas del proyecto constituye parte esencial de la estrategia, y un elemento básico para la supervivencia y optimización del modelo.

2.3. La visión del administrador de una startup

No por residual es menos necesario añadir una reflexión de lo hasta aquí dicho en cuanto a las motivaciones del emprendedor en relación con la elección entre capital y deuda.

El emprendedor suele tener también la condición de miembro del órgano de administración de la *startup*. Desde un inicio, pero en particular a medida que la sociedad va adquiriendo tamaño, incrementando sus relaciones y realizando más negocios con terceros, en su condición de administrador el emprendedor vive con una cierta inquietud y, según los casos, honda preocupación, los riesgos asociados a dicha condición y las responsabilidades de toda índole que se le pueden derivar. No es la menor de todas ellas el riesgo de impago de la deuda y una eventual situación concursal.

Como consecuencia de lo anterior, la deuda no hace sino aumentar su zozobra, mientras que la inversión en capital disminuye esos riesgos, generando confort. A la vez, la entrada de un socio suele llevar aparejados privilegios de gobierno y participación en el órgano de administración, aunque en ocasiones a título de mero *observer.* Aunque estos privilegios conllevan servidumbres e incomodidades por lo que suponen de intervención en la gestión y en su monitorización, no es menos cierto que permiten al emprendedor compartir esa soledad del puente de mando, y con ello obtener un mayor confort en cuanto a las decisiones que se adoptan y las responsabilidades que se asumen.

3. PRÉSTAMOS PARTICIPATIVOS Y DEUDA CONVERTIBLE

Junto a las categorías examinadas de deuda e instrumentos de capital, existen mecanismos de financiación que, en un modo u otro, participan de alguna de las características de ambos. Entre ellos cabe destacar el préstamo participativo, que, siendo deuda, subordinada, pero deuda, incorpora una retribución parciaria y por lo tanto referenciada a parámetros de negocio lo que, junto a la mencionada subordinación, le sitúa en cierto sentido entre la deuda y el capital. También la deuda convertible, que, siendo deuda, muta a capital en determinadas circunstancias. Cada una de estas alternativas de financiación serán sucintamente expuestas en los siguientes apartados.

3.1. El préstamo participativo

Los préstamos participativos constituyen instrumentos de financiación cuyo uso está muy extendido. Su éxito se debe, entre otros motivos, a que presentan ventajas tanto en los escenarios de fracaso como en los de éxito, si bien esas ventajas son diferentes en unos y otros.

Los préstamos participativos están regulados en el artículo 20 del Real Decreto Ley 7/1996[4], y se caracterizan, en lo que aquí interesa, por percibir la entidad prestamista un interés variable que se determinará en función de la evolución de la actividad de la *startup* prestataria. Esta evolución puede ponderarse en función del beneficio neto, del volumen de negocio, del patrimonio total o de cualquier otro parámetro que libremente acuerden las partes contratantes[5]. Además, se podrá acordar un interés fijo con independencia de la evolución de la actividad. Esa retribución fija deberá ser normalmente inferior a la retribución fija que se obtendría con un préstamo ordinario a la misma entidad prestataria, ya que de lo contrario podría cuestionarse la naturaleza del negocio jurídico. Lógicamente, a idéntica prima de riesgo, cuanto

---

4 Real Decreto-Ley 7/1996, de 7 de junio, sobre medidas urgentes de carácter fiscal y de fomento y liberalización de la actividad económica.

5 *Ibidem*, artículo 20, apartado 1.

más elevada sea la retribución fija menor deberá ser la expectativa de variable, y viceversa.

Para entender esta estructura retributiva es conveniente observar otro aspecto esencial del préstamo participativo que es su carácter subordinado. El acreedor del préstamo participativo se sitúa, en caso de que deba aplicarse la normativa sobre la prelación de créditos, detrás de los acreedores ordinarios, lo que en esencia significa que no podrá amortizar el préstamo hasta que el resto de acreedores con vencimientos anteriores hayan cobrado[6]. Esta disposición constituye parte fundamental de la causa por la que se establece su consideración como patrimonio neto contable, a determinados efectos, ya que por su orden de prelación actúa como un colchón de protección para los acreedores ordinarios, en cierta medida equivalente al que configuran las auténticas partidas de fondos propios. Esta posposición lógicamente también implica para el prestamista un mayor riesgo de cobro, ya que sólo cobrará tras los acreedores ordinarios[7].

Coinciden por tanto en el préstamo participativo dos elementos que contribuyen a aumentar la prima de riesgo: la subordinación y el carácter parciario. Carácter parciario que, como ya se ha dicho, consiste en que, a diferencia de lo que ocurre en otro tipo de deuda, desde luego en la ordinaria, pero también en la mezanine u otras sofisticadas, la retribución no se calcula sobre un tipo fijo o variable pero predeterminado, sino que resulta de aplicar una fórmula pactada en función de algún parámetro de la evolución del negocio, y por lo tanto es una retribución contingente[8].

Sintetizando, los préstamos participativos tienen una preferencia sobre el capital, su riesgo es inferior a este, pero sufren una posposición respecto a la deuda ordinaria y, en consecuencia, soportan un mayor riesgo que esta. Esta diferencia de riesgo explica también una mayor prima de riesgo y, en lógica consecuencia, una expectativa de mayor retribución, considerando la fija y la variable esperada.

3.1.1. La perspectiva del inversor

En caso de que el proyecto empresarial fracase, la expectativa de retorno del prestamista participativo es menor que la de prestamista ordinario. Pero en caso de éxito, la retribución del prestamista participativo se beneficiará en la medida pactada de este. En puridad, ni siquiera depende del éxito global

---

6 VIÑUELAS SANZ, M. "Los préstamos participativos". *Revista de derecho mercantil*, 2017, núm., 305, p. 337.

7 *Ibidem*, p. 308.

8 *Ibidem*, p. 325.

del proyecto, sino de la evolución del criterio para el devengo y cálculo de la retribución variable que se haya pactado. Así, si se ha pactado la rentabilidad, el beneficio o el Ebitda, se beneficiará en la medida que estas magnitudes alcancen los parámetros pactados. Pero cuando se haya pactado por ejemplo el volumen de ventas como criterio, si se alcanza tendrá derecho a la retribución variable, aun cuando la rentabilidad de esas ventas haya sido baja, pudiendo incluso suponer la captura de todo el beneficio en forma de retribución variable del préstamo en detrimento del retorno de los socios.

En todo caso, como decíamos, el vincularlo a la evolución implica asumir el riesgo de que el parámetro se cumpla o no y, en consecuencia, si bien el principal es siempre debido y no hay otro riesgo sobre él que el de la propia solvencia del deudor, riego cualificado por la posposición respecto a la deuda ordinaria, la retribución variable es contingente y por lo tanto está no sólo a expensas de la eventual solvencia sino de la consecución del parámetro determinado entre las partes.

En resumen, el préstamo participativo, desde la perspectiva del inversor, supone que tiene riesgo prestamista superior al que tendría de conceder deuda ordinaria. De nuevo, por ser deuda subordinada e ir por detrás de los otros prestamistas, por lo que tiene más riesgo que el resto de los prestamistas, pero menor riesgo que el capital. Por el contrario, le permite participar en el resultado de la empresa, de hecho, mejor, porque el parámetro de retribución no tiene por qué ser necesariamente el beneficio; puede ser volumen de negocio, número de empleados o número de operaciones ejecutadas. En definitiva, empeora el riesgo respecto la deuda ordinaria siendo no obstante inferior al del capital, pero permite mejor participación en el éxito, en el resultado, de ese negocio, dándole flexibilidad y versatilidad.

3.1.2. La perspectiva del emprendedor

Para el emprendedor, el préstamo participativo también tiene beneficios, por ejemplo, la presión por el servicio a la deuda es más bajo porque el interés, aunque puede tener parte fija, la más importante estará referenciada a resultados de cualquier naturaleza y dependerá del éxito, por lo que tendrá menor presión en la cuenta de resultados. Además, se trata en general de deuda *bullet*, pagadera a vencimiento, lo que reduce el esfuerzo de caja. Da una solución intermedia, y, además, sigue siendo temporal, que es el problema que plantea al emprendedor el inversor que participa en el resultado.

Así, en línea con lo que hemos venido exponiendo hasta aquí, otra ventaja para el emprendedor consiste en la sustituibilidad a vencimiento del prestamista. En los préstamos participativos es menos frecuente la posibilidad de cancelación anticipada, por exigir la norma que en supuestos de cancelación anticipada dicha amortización se compense con una ampliación de igual cuantía de los fondos propios del deudor y siempre que ésta no provenga de la actualización de activos. Además, resulta antieconómico para el prestamista el ver cancelado su crédito antes de que se hayan cumplido los hitos pactados para el devengo de la parte de retribución más relevante, la variable, salvo cuando queda patente que el mismo nunca se va a producir. Pero, en todo caso, el prestamista participativo sigue teniendo una presencia transitoria en el proyecto empresarial, limitada en el tiempo, a diferencia del socio.

Sintetizando, para quien aporta liquidez el préstamo participativo tiene más riesgo que el ordinario, pero sigue teniendo menos que el capital y sus pactos contractuales de protección de su posición crediticia serán similares a los del prestamista ordinario. A diferencia del ordinario, el prestamista permite participar del éxito del negocio, si bien durante un periodo limitado en el tiempo. Es por ello una solución híbrida.

Para el emprendedor, el prestamista participativo tiene menos compromiso que el socio y frente a él sigue teniendo, como ante el ordinario, la presión del reembolso del principal, si bien normalmente es deuda *bullet* pagadera íntegramente a vencimiento. Por otra parte, aunque sea jurídicamente deuda exigible, a efectos de las causas de disolución y obligación de reducción de capital obligatoria por desequilibrio patrimonial tiene la consideración de patrimonio neto contable, por lo que dulcifica la exigencia de dichas normas que conllevan la disolución obligatoria y cuya vulneración implica algo tan severo como la responsabilidad por deudas de los administradores.

3.2. La deuda convertible como alternativa

3.2.1. Introducción a la deuda convertible

Otra alternativa a considerar es la deuda convertible, aquella que aun teniendo naturaleza inicial de pasivo exigible incluye la facultad de conversión a capital.

Toda deuda es susceptible de capitalizarse por distintos procedimientos, siendo los más comunes la ampliación por compensación de créditos (301 LSC) y la aportación no dineraria para la suscripción o asunción de un aumento de capital de un crédito contra la propia sociedad, que se extingue simultáneamente por confusión (300 LSC). Para ello es necesario el concurso de las voluntades del acreedor y del deudor, la sociedad prestataria.

Lo que caracteriza a la deuda convertible es que su convertibilidad está integrada en el propio título o se ha integrado convencionalmente, y depende exclusivamente de la voluntad de una de las dos partes en la relación crediticia, debiendo dicha conversión realizarse conforme a la fórmula de valoración y canje convenida. Ejemplo legal de los instrumentos de esta naturaleza son las obligaciones convertibles (414 LSC).

Por lo tanto, estamos ante un instrumento que inicialmente es deuda pero que puede pasar a ser capital, quedando al albur de la voluntad de conversión de quien tenga la facultad de hacerlo y pudiendo condicionarse dicha conversión a hitos. Resulta crítico quién tenga la capacidad de adoptar la decisión de conversión y en qué condiciones, para entender las utilidades a las que responde.

Por supuesto, este tipo de deuda puede ser la convencional en cuanto a su retribución, pero también puede ser parciaria, con lo que nos encontraríamos con préstamos participativos convertibles, figura nada extraña en la práctica y en la que se integran los elementos expuestos para cada una de estas figuras en estas páginas.

3.2.2. Facultad de conversión por el acreedor

Por señalar algunos supuestos ejemplificativos, tenemos aquellos en los que la facultad de conversión se concede al acreedor y se establece un valor de conversión referido al valor a la fecha de emisión con una pequeña prima para su conversión en un momento futuro.

Lógicamente, si la compañía ha perdido valor, el acreedor no optará por la conversión, ya que el tipo de canje le resultará perjudicial y además empeora sus expectativas de recuperación de la inversión, al pasar de prestamista a socio en una sociedad que ha visto reducido su valor. Ahora bien, si la compañía ha aumentado de valor, el tipo de conversión resultará atractivo y permitirá al inversor "rectificar" su decisión inicial de financiar como prestamista y no participar del buen fin, para pasar a ser socio con un valor a fecha de inversión y no de conversión o capitalización. La prima constituye la "penalización" por no haber apostado desde el principio por la compañía.

Hay casos en que la conversión se articula a la inversa, se faculta al inversor a convertir el préstamo en un momento futuro utilizando el importe del derecho de crédito a esa fecha (no necesariamente su valor lo que puede cuestionar su legalidad) y utilizando como valor de la compañía el de la fecha de conversión. Si la compañía ha aumentado el valor el acreedor no tendrá un incentivo económico relevante para la conversión. Si la compañía ha perdido sustancialmente valor y la deuda es difícilmente repagable, el acreedor mediante esa conversión obligatoria para el deudor estará en disposición de prácticamente adquirir la compañía mediante una ampliación que será enormemente dilutiva para los socios preexistentes. Esta acción tiene particular sentido cuando se considera que la pérdida de valor de la compañía, y/o la dificultad que tiene para devolver el crédito, trae causa de un déficit de gestión y o de estrategia de la propiedad de la misma.

Así, en el primer ejemplo, si el proyecto emprendedor resulta en una inversión que es más interesante en la condición de socio que en la de acreedor, este tiene la opción convertir el crédito pagando una prima. Este mecanismo ofrece una alta protección al inversor, pero implica para el emprendedor todas las desventajas.

En el segundo ejemplo, pensado para proteger al inversor en el fracaso del proyecto, se utiliza la conversión como un mecanismo de rescate. La práctica concursal actual va en la línea de facilitar este tipo de soluciones en que se traslada la propiedad jurídica a quien se considera tiene ya la propiedad económica.

3.2.3. Facultad de conversión por el deudor

También cabe residenciar en el deudor la facultad de conversión del crédito, en estos casos con una prima de conversión en favor del inversor que por voluntad del deudor pasará de acreedor a socio, pero que verá incrementado, en función de esa prima, el valor de su derecho. Esta facultad de conversión tiene especial sentido cuando en el momento que se abre la ventana de conversión, normalmente al vencimiento del derecho de crédito, la compañía tiene dificultades de liquidez, pero no presenta un déficit de valor.

En ocasiones, esa facultad de conversión se condiciona a que se hayan cumplido determinados hitos que acrediten objetivamente que la conversión voluntad del deudor es ventajosa en términos de valor para el acreedor. Estos hitos pueden consistir en la valoración de un tercero, en un Ebitda recurrente auditado, en un volumen de facturación, o en una combinación de varios elementos

Los ejemplos anteriores no son los únicos y admiten además numerosas configuraciones y variantes sin que sea el propósito de estas notas profundizar en esta cuestión.

Sí que permite visualizar como este instrumento híbrido tiene como finalidad nivelar la situación de intereses y riesgos de inversor y emprendedor dependiendo del escenario, de manera que, en función del mismo, el crédito mute a capital con el fin de dar respuesta a una necesidad de alguna de las partes.

4. EL *VENTURE DEBT*: SOLUCIÓN PARA LA FINANCIACIÓN DE *STARTUPS*

Tras este necesario recorrido general por los principales instrumentos de financiación, nos centraremos en el *venture debt* y en cómo complementa a los medios de financiación tradicionales, ofreciendo una alternativa interesante para inversores y emprendedores.

Las siguientes consideraciones son las que resultan de la experiencia, pero al tratarse de un contrato atípico y que se nutre de otras figuras ya existentes, tiene gran versatilidad y en la práctica se podrán observar ejemplos que se separen en una medida un otra del patrón que a continuación se expondrá. No solo eso, lo más probable es que evolucione, que esté evolucionando, para perfeccionar o ampliar la solución que ofrece al universo emprendedor.

4.1. El venture debt como solución

El *venture debt* se incorpora a la panoplia de soluciones expuestas como un nuevo instrumento con dos caras, dado que su naturaleza es la propia de los derechos de crédito, se trata de un préstamo, pero va a poder tener un tramo con la naturaleza de capital. Esa parte de capital será una parte de su retribución o una facultad de conversión parcial.

La retribución es por tanto mixta. Por una parte, va a estar retribuido con un tipo de interés elevado consecuencia de la prima riesgo, ya que el deudor es una *startup* con un riesgo alto al que venimos haciendo referencia y consecuencia de su idiosincrasia. En todo caso, dicha prima dependerá de la situación del mercado de deuda, la composición del balance de la compañía, los flujos que esté generando y su grado de desarrollo, pero que siempre estará en los tipos altos propios de la deuda con riesgo, viéndose en la actualidad tipos en un rango entre el 7% y el 18%. Junto a ese tipo fijo, es oportuno mencionar que empieza a ser habitual que el *venture debt* incluya una retribución participativa, con lo que su regulación se completará con lo ya expuesto respecto a esta categoría de préstamos.

El otro elemento retributivo, el distintivo de este negocio, se conoce como el *equity kicker*, y consiste en la opción a participar en el capital mediante un mecanismo de opción de compra o derecho de conversión, sobre una parte del capital prestado. Estamos hablando en el fondo de la posibilidad de convertir una parte de la deuda, de una deuda ordinaria con un tramo convertible. Este tramo suele moverse en una horquilla entre el 10% y el 30% del importe prestado.

El acreedor actúa con prestamista, tiene el confort propio del titular de deuda y su retribución, a lo que añade la posibilidad de, en caso de éxito del proyecto, poder convertir un tramo de esa deuda y, accediendo en dicho importe a la condición de socio, poder lucrarse con cargo a ese éxito al que ha contribuido con su financiación.

Pero esa conversión no es por la totalidad del capital prestado, por lo que el inversor, aunque va a tener que soportar una cierta dilución, no sufre un efecto dilutivo tan intenso como cuando es capital puro o deuda íntegramente convertible.

En consecuencia, el prestamista, el inversor, podrá convertirse en socio en un porcentaje de esa deuda prestada, una solución intermedia que ofrece una respuesta equilibrada respecto a los entornos de éxito y fracaso.

Así, en la medida en que consiste en un instrumento de deuda, el inversor en *venture debt* va a tener la protección propia del prestamista con las ventajas expuestas, pero el elemento de convertibilidad supondrá poder acceder a la condición de socio en una parte del importe financiado y, por lo tanto, poder participar del éxito del proyecto con una retribución superior a la que otorga el préstamo[9].

Por su parte, los promotores de la *startup*, los emprendedores, no van a ceder una parte tan importante de su empresa al inversor cuya principal condición es la de prestamista y no la de socio, reduciendo así su dilución.

4.2. Principales elementos del venture debt

Sin perjuicio de que pueda evolucionar, lo cierto es que en la actualidad este producto no se está ofreciendo de manera generalizada e indiscriminada a cualesquiera *startups.*

Los destinatarios objetivos están siendo aquellos proyectos emprendedores que han superado la fase *seed* y alcanzado cierto grado de desarrollo, habiendo levantado al menos una primera ronda de inversión suscrita por inversores profesionales, donde ha habido un venture capital o un capital riesgo que ya ha invertido con su correspondiente *due diligence,* y donde ya se ha hecho ese esfuerzo de valoración de compañía y validación de un plan de negocio. Debe tratarse de *startups* con un plan de negocio definido y con capacidad para generar caja suficiente para atender al servicio de la deuda[10].

---

9 CAZORLA PAPIS, L y, CANO GUILLÉN, C.J. *El capital riesgo como instrumento de apoyo a la PYME.* Universidad de Almería, Monografías, 2000.

10 MILLER RODRÍGUEZ, C. "The Paradox of Venture Debt: How and Why Does Debt Work in the Venture Market?" *Business Law International.* Vol. 24. No. 3. September 2023, p. 198.

De hecho, la situación tipo es una financiación intermedia entre dos rondas de financiación, de manera que se concede inmediatamente después de la primera para facilitar el tránsito hasta la segunda y se convierte o no en capital, con ocasión de la segunda, normalmente con carácter previo a la misma y en un importe entre un 25% y un 35% de dicha última ronda. En ocasiones el prestamista es incluso un socio de una ronda anterior que utiliza este comodín para reforzar su posición de cara a la siguiente ronda. En todo caso, el prestamista tiene un perfil de inversor sofisticado, que busca retorno elevado y tiene vocación de socio[11].

Todo lo anterior reduce significativamente los costes de estudio y transacción del prestamista de *venture debt,* beneficiándose del trabajo previo realizado por el inversor principal. Ello le permite, por ejemplo, en caso de conversión del tramo de deuda a capital, el adherirse a un pacto de socios que no hay que negociar ya que está suscrito y contempla las disposiciones necesarias para la conversión prevista y para la nueva estructura de socios.

Aunque hay una cierta *due diligence,* suele apoyarse el inversor en la que ya ha hecho tanto de la compañía como de su plan de negocio el *venture debt* de la última ronda de inversión. Lógicamente si el prestamista ya tiene la condición de socio, lo que como hemos dicho no es inusual, no requerirá de ejercicio alguno de *due diligence.*

La duración de los préstamos de esta naturaleza oscila entre dos y cuatro años y puede completar tramos de disposición y periodos de carencia. Los plazos dependen de los planes entre rondas y, en todo caso, se prevé la posibilidad de ejercitar el *equity kicker* no solo a terminación, si no, por ejemplo, en el segundo tramo de duración y, también, si se produce un *exit* durante ese plazo, lo que no es lo habitual, pero puede suceder.

La literatura sobre el producto señala que en ocasiones es incluso un crédito de aseguramiento, no llamado a la inmediata disposición ni a la disposición necesario, sino que se concede un préstamo o crédito que quizás no será necesario utilizar, pero que, sin embargo, ofrece la tranquilidad de que ante dificultades transitorias de tesorería se podrá disponer del mismo al ser cantidades comprometidas con condiciones preestablecidas.

En cuanto a los sectores destinatarios del *venture debt,* aunque inicialmente se focalizaron en empresas emprendedoras con componentes tecnológicos, o de ciencias de la salud y biotecnología o *e-sports,* lo cierto es que en la actualidad se ha ampliado significativamente el abanico de posibles destinatarios de esta modalidad, no pudiendo considerarse circunscrita a una única tipología, pero sí a que el destinatario tenga un grado de madurez como proyecto.

---

[11] *Ibidem,* p. 197.

4.3. Protección del contrato de venture debt

Al ser el *venture debt* típicamente un contrato de préstamo o crédito, sus pactos y condiciones serán los propios de un préstamo. Sus elementos principales como préstamo serán: importe, plazo, destino y retribución. Por supuesto incluirán *Covenants* – elementos ciertamente críticos que se han de negociar con prudencia -, ratios financieros y causas de vencimiento anticipado y pérdida de plazo, fuerza mayor y sus consecuencias, obligaciones accesorias, compromisos de información y de otra naturaleza, así como generales de notificaciones, prohibición de cesión, legislación y foro aplicables y demás.

Otros pactos típicos son los de *pari passu, negative pledge, tickler clause,* cumplimiento de obligaciones generales, mantenimiento de licencias, aseguramiento de bienes principales, comunicación de operaciones societarias, prueba del destino de las cantidades dispuestas y de cumplimiento determinados requisitos formales, etc.

Cabe resaltar que no es legalmente deuda subordinada, no tiene esa naturaleza, salvo que se haya pactado retribución parciaria, por lo que juega en igualdad de condiciones con el resto de los acreedores, excepto algún caso muy concreto, como cuando lo sea en aplicación de una causa de subordinación de la legislación concursal o cuando se haya acordado convencionalmente.

En relación con las garantías, no se les suele pedir a los socios. La sociedad en ocasiones otorga garantías sobre elementos de propiedad intelectual e industrial cuando tienen un valor por sí mismos.

No es extraño que se pacte una comisión en *equity* con el título de comisión de apertura, estudio y estructuración. Suele ascender a un 1% del capital prestado y se asume o suscribe en el momento de otorgar el préstamo, articulándose mediante una ampliación por compensación de créditos por ese importe y contra la factura por esa comisión. Hay una conversión automática, que no es propiamente *venture debt* ni es una característica de él, pero con ello le permite al prestamista ser socio a los efectos que le interesan sin tener que esperar a ser socio por ejecutar el tramo convertible.

Por su naturaleza, por llevar aparejado un derecho a participar en el capital para la suscripción de la deuda por la sociedad, hace falta autorización de la junta de socios como para cualquier instrumento convertible en capital.

Como disposiciones especiales contendrá una regulación completa de la cuantía, características y condiciones del *equity kicker* en los términos ya mencionados.

El *equity kicker*, como dijimos, es una opción a un precio prefijado o se ejecuta como una ampliación con un canje predeterminado, habiendo en ambos casos renunciado el resto de socios a sus eventuales derechos de suscripción o asunción preferente, salvo por lo que se dirá respecto a las cláusulas antidilución. Habitualmente el precio de suscripción/asunción por acción/participación será el valor *post money* de la ronda inmediatamente anterior a la suscripción de la financiación[12].

Hay habitualmente algún mecanismo de protección antidilución para ciertos socios fundadores, previendo la posibilidad de que puedan hacer simultáneamente una ampliación de capital solo a título nominal, para no ver diluida la participación y mantener cierto control.

Por otra parte, una vez el acreedor se integre como socio por conversión del *equity kicker*, le resultarán de aplicación los estatutos y quedará adherido al pacto de socios, pacto que típicamente contendrá pactos como los de gobernanza, plan de negocio y gestión, derecho de información, participación en órganos de gobierno, retención y retribución del talento, régimen de transmisión de acciones o participaciones (incluyendo los de *drag along* y *tag along*), derechos en nuevas rondas, política de dividendos, pactos de liquidez preferente, régimen de conflictos, etc.

5. BIBLIOGRAFÍA

GANSHAW, T., y DILLON, D., "Convertible Securities: A Toolbox of Flexible Financial Instruments for Corporate Issuers". *Applied Corporate Finance*, (Spring 2000), 22-30.

GOMPERS, P., y., LERNERS, J. "The venture capital revolution". *Journal of Economic Perspectives*. 15, (2001). 145–168.

IBRAHIM DARIAN, M., "Debt as Venture Capital". *William Mary Law School Scholarship Repository Faculty Publications*, 1692. (2010).

MILLER RODRÍGUEZ, C., "The Paradox of Venture Debt: How and Why Does Debt Work in the Venture Market?", *Business Law International*. 24 (3), (September 2023).

PAPIS, L., y GUILLÉN, C. *El capital riesgo como instrumento de apoyo a la PYME*. Universidad de Almería, 2000, Monografías.

ROJÍ BUQUERAS, J.M., "Los préstamos participativos: aproximación a algunas cuestiones polémicas", *ASSET ACTUALIDAD (Asociación Española de Financieros de Empresa)*, 61, (febrero de 2012), 32-36.

VÁZQUEZ CUETO, J.C., "Los requisitos legales de las startups desde una perspectiva jurídico-privada", *LA LEY mercantil* (Febrero de 2024), N.º 110.

VIÑUELAS SANZ, M. "Los préstamos participativos". *Revista de derecho mercantil*, 305, (2017), 305-357.

---

12 IBRAHIM DARIAN, M. 'Debt as Venture Capital'. *William Mary Law School Scholarship Repository Faculty Publications*, 2010, p. 1179.

Información, emprendedores y crowdfunding en el reglamento europeo 2020/1503

REBECA CARPI MARTÍN[1]

RESUMEN. Este capítulo repasa los deberes de información que se imponen a las empresas que buscan financiación a través de *crowdfunding*. Aunque con esos deberes se busca principalmente reforzar la protección de los inversores, su correcta configuración puede servir también al objetivo de fomentar la financiación de las empresas emergentes, mejorando las probabilidades de éxito de los proyectos financiados. Una información adecuada permite un mejor acceso al capital, al generar mayor confianza en los inversores. Que las empresas puedan emitir sus ofertas de financiación incluyendo la información requerida les exige cumplir los requisitos de fondo que se corresponden con aquello que informan. Por ello, si esos deberes de información están correctamente definidos en su forma y contenido las empresas emergentes que los cumplan estarán en mejores condiciones de realizar con éxito su proyecto.

PALABRAS CLAVE. *Startups,* inversión, regulación europea, obligaciones de información.

ABSTRACT. This chapter reviews the information duties imposed on companies seeking funding through crowdfunding. Although these duties primarily aim to strengthen investor protection, their proper configuration can also serve the goal of promoting the financing of emerging companies, improving the chances of success of funded projects. Adequate information allows better access to capital by generating greater investor confidence. For companies to issue their funding offers, including the required information, they must meet the substantive requirements that correspond to what they inform. Therefore, if these information duties are correctly defined in their form and content, emerging companies that comply with them will be in a better position to successfully carry out their projects.

KEYWORDS. Start-ups, investment, European regulation, disclosure duties.

SUMARIO. 1. INTRODUCCIÓN. **2.** LA INFORMACIÓN COMO PIEDRA ANGULAR DE LOS MERCADOS FINANCIEROS. **3.** EL DEBER DE INFORMACIÓN DE LOS EMPRENDEDORES EN EL REGLAMENTO 2020/1503. **4.** LA FICHA DE DATOS FUNDAMENTALES. **4.1.** *Estructura.* **4.2.** *Contenido.* **4.2.1.** Aspectos generales. **4.2.2.** Las entidades instrumentales. **4.2.3.** Los riesgos. **4.2.4.** Los derechos del inversor y los pactos parasociales. **5.** CONSECUENCIAS PARA LAS EMPRESAS PROMOTORAS DE PROYECTOS EN CASO DE OMISIÓN, ERROR O FALSEDAD EN LA INFORMACIÓN. **6.** A MODO DE CONCLUSIÓN: INFORMAR PARA GENERAR CONFIANZA, Y TAMBIÉN CURIOSIDAD. **7.** BIBLIOGRAFÍA Y WEBGRAFÍA CITADA.

---

[1] Profesora Titular de Derecho Civil. ESADE Law School. Universitat Ramon Llull. Capítulo realizado dentro del proyecto PID2021-128762NB-I00 financiado por el Ministerio de Ciencia e Innovación (Agencia Estatal de investigación) y cofinanciado por la Unión Europea: "Financiación no bancaria para start-ups: riesgos y remedios jurídico-privados".

1. INTRODUCCIÓN

Aunque la gran expansión del *crowdfunding* se produjo a causa de la crisis financiera de 2008, es innegable que la dificultad de las empresas emergentes para conseguir financiación no es un fenómeno coyuntural ligado a esa crisis financiera concreta[2]. Se trata de una cuestión estructural, vinculada a la incertidumbre que implica su elevado riesgo de fracaso, la asimetría informativa, su habitual carencia de garantías patrimoniales y financieras y la dificultad para transformar en líquidos que presentan los activos de estas empresas, así como el conflicto que puede surgir en forma de costes de agencia, debido a la diferencia de intereses entre inversores y emprendedores[3]. Esa incertidumbre casa mal con los sistemas institucionales de financiación bancaria y de inversión, tradicionalmente afanados en maximizar beneficios, fortalecer sus garantías y transmitir sus activos con agilidad. Precisamente por eso se configuró el *crowdfunding,* en sus orígenes, como mecanismo financiero al margen de los mercados institucionales, alternativo a los sistemas institucionalizados de financiación. Aprovechando las facilidades de conexión de las plataformas "online", permitía y permite vincular a los financiadores (inversores o prestamistas) con los emprendedores, generando un nexo directo que no necesita intermediarios. Los primeros buscan obtener un retorno, monetario o no, por su inversión o préstamo. Los segundos buscan recaudar el capital que necesitan para emprender o consolidar su negocio fuera de los rígidos esquemas contractuales y legales de los sistemas financieros estándar. La diversificación de las inversiones es inherente a este tipo de sector, y la posibilidad de éxito de algunas inversiones va siempre acompañada de las probabilidades de pérdida en otras, por el alto grado de fracaso que presentan, por naturaleza, las empresas emergentes.

En parte por eso, ante el rápido asentamiento del *crowdfunding* como mercado financiero[4] se optó desde muy temprano por darles una regulación siste-

---

2 Sobre el "gap" financiero que afecta a las empresas emergentes en su estadio inicial, ver LIAKOPOULOU, IRINI; *Crowdfunding in the United States and European Union. Markets, Platforms, Critics, and Future Prospects,* Academic Press, Washington-London, 2020.

3 Ya en 2003 se refería GILSON a los riesgos inherentes a la financiación de startups destacando como problemas especialmente relevantes la incertidumbre, la asimetría informativa y los costes de agencia, poniendo énfasis en el riesgo de que un mercado financiero que no ofrezca una respuesta coherente con estos riesgos derivará en fallos de mercado y, con ello, en el colapso de muchas empresas emergentes (GILSON, RONALD, J.; *"Engineering a Venture Capital Market: Lessons from the American Experience"*, 55 *Stan. L. Rev.* (2003), pp. 1076-1077, accesible en: https://scholarship.law.columbia.edu/faculty_scholarship/993).

4 "In 2023, the global *crowdfunding* market volume was estimated 1.17 billion U.S. dollars, marking a slight increase compared to the previous years. According to Statista,

mática. Puesto que los riesgos de este sector no son exclusivos del mismo, sino que reproducen los que están presentes en todos los mercados de capitales, los Estados con mercados financieros regulados percibieron rápidamente la necesidad de someter el *crowdfunding* financiero a normas funcionales y estables que permitiesen controlar los riesgos descritos. Primero en Estados Unidos con la *JOBS Act*[5] y más tarde en muchos países europeos, en la UE su regulación culminó con el Reglamento 2020/1503, de 7 de octubre, del Parlamento Europeo y del Consejo, relativo a los proveedores europeos de servicios de financiación participativa para empresas, y por el que se modifican el Reglamento (UE) 2017/1129 y la Directiva (UE) 2019/1937. La tendencia seguida al regular este sector financiero ha sido acercar su régimen legal, sin asimilarlo[6], al de otros mercados financieros, tanto en USA, (con la adaptación de la normativa de la *JOBS Act* al marco legal de inversiones y valores de Estados Unidos -principalmente la *Securities Act* de 1933)[7], como posteriormente en la UE. En el Reglamento 2020/1503 no se regula el *crowdfunding* en su totalidad. Se dejan de lado los tipos de financiación participativa que no contemplan retornos financieros (*donation crowdfunding* y *reward-based crowdfunding*) y se ocupa únicamente del *crowdfunding* financiero, ya sea en forma de inversión (*equity crowdfunding*), o a través de préstamo (*crowdlending*)[8]. Se estructura así, en la UE, como un sector distinto al de los mercados de valores e instrumen-

---

the transaction value of the global *crowdfunding* sector is projected to grow by 1.48 percent between 2024 and 2028, resulting in a market volume of 1.27 billion U.S. dollars in 2028. One of the largest *crowdfunding* platforms, Kickstarter, launched more than 600,000 projects as of January 2024" (Statista Research Department Jun 22, 2024, accesible en https://www-statista-com.eu1.proxy.openathens.net/statistics/1078273/global-*crowdfunding*-market-size/).

5 Sobre la introducción de la *JOBS Act* como mecanismo para regular el *crowdfunding* de inversion, DYLAN J. HANS; "Rules Are Meant to Be Amended: How Regulation *Crowdfunding*'s Final Rules Impact the Lives of Startups and Small Businesses", 83 Brooklyn Law Review, (2018), p. 1091, (accessible en https://brooklynworks.brooklaw.edu/blr/vol83/iss3/7).

6 Repasa esa doctrina MACCHIAVELLO, EUGENIA; "The European *Crowdfunding* Service Providers Regulation, The Future of Marketplace Lending and Investing in Europe and the '*Crowdfunding* Nature' Dilemma", 32 *Eur. Bus. L. Rev.*, 2021, pp. 559-560.

7 HANS analiza en detalle las ventajas e inconvenientes que el régimen del *crowdfunding* introducido con la *JOBS Act* ha supuesto para las empresas emergentes (en Brooklyn Law Review, pp. 1089-1114, accessible en https://brooklynworks.brooklaw.edu/blr/vol83/iss3/7).

8 Para una descripción sencilla de los distintos tipos de *crowdfunding* puede verse a VALIANTE, DIEGO; "Regulating Digital Platforms: the European Experience with Financial Return *Crowdfunding*" *European Company and Financial Law Review*, 5/2022, pp. 858-860.

tos financieros regulados por las normativas MIFID II y MIFIR[9]. Ya antes de la regulación europea de 2020 las legislaciones nacionales de varios países europeos habían comenzado a establecer marcos normativos específicos para la financiación mediante *crowdfunding*. En España la Ley 5/2015, del 27 de abril, de fomento de la financiación participativa, introdujo filtros para acceder a la actividad (definiéndola y reservando su práctica a entidades autorizadas y registradas) y su ejercicio (normas de conducta con un enfoque especial en las obligaciones de información y transparencia, conflictos de interés y publicidad). También definió los requisitos para publicitar los proyectos empresariales a financiar, imponiendo tanto requisitos subjetivos (debida diligencia, obligaciones de información y responsabilidad por la información proporcionada) como objetivos (información sobre el proyecto a financiar, la idoneidad de los préstamos solicitados o los valores emitidos), además de un régimen de protección para los inversores, distinguiendo entre acreditados y no acreditados. Y estableció un sistema de supervisión, inspección y sanción por parte de la CNMV. La legislación española, como la de otros países europeos, se avanzaba así a lo que finalmente se estandarizó para toda la UE con el Reglamento de 2020[10] dentro del plan de la Comisión Europea sobre Mercado de Capitales de la UE[11].

---

[9] Aunque la regulación europea de la financiación participativa sigue el modelo general de "definición y reserva de las actividades de intermediación en el mercado financiero", su régimen se separa del que se aplica a las entidades de inversión bajo la normativa MIFID II, destacando así la diferente naturaleza entre los mercados de instrumentos financieros y el mercado de la financiación participativa. Así lo han destacado, entre otros, EBERS, MARTIN; QUARCH, BENEDIKT M.; "The New EU *Crowdfunding* Regulation: A New Tool forProtecting Consumers?", Journal of European Consumer and Market Law, 2022, 11, Issue 4, pp. 122-129 (acceso online en https://kluwerlawonline.com/journalarticle/Journal+of+European+Consumer+and+Market+Law/11.10/EuCML2022022).

[10] Con la aprobación del Reglamento 2020/1503, en vigor desde noviembre de 2021 (art. 51) y plenamente aplicable desde noviembre de 2023 (art. 48), en España el régimen aplicable a la financiación participativa ahora combina lo dispuesto en esta norma europea con lo establecido en el Capítulo V de la Ley 5/2015, que tras su modificación por la Ley 18/2022 del 18 de septiembre, está vigente desde noviembre de 2022 (DF. 8ª).

[11] Comisión Europea; "Legislative measures taken so far to build a CMU" (https://finance.ec.europa.eu/capital-markets-union-and-financial-markets/financial-markets/*crowdfunding*_en).

2. LA INFORMACIÓN COMO PIEDRA ANGULAR DE LOS MERCADOS FINANCIEROS

Entre las principales preocupaciones del legislador europeo cobra protagonismo la de garantizar el flujo preciso de información que deben recibir los potenciales financiadores de proyectos. Esa información debe originarse fundamentalmente en las empresas emergentes que buscan obtener la financiación, sin perjuicio de los deberes que atañen a las plataformas intermediarias para que se suministre correctamente y llegue a los destinarios. Someter este mercado a este tipo de normas busca dinamizarlo equilibrando sus riesgos inherentes una correcta forma de proporcionar información, en cantidad, calidad y forma. Si la información falla conduce a una incorrecta evaluación de los proyectos a financiar pudiendo luego derivar en un círculo vicioso de fallos sistémicos del mercado[12]. Aunque la falta de información no tiene por qué suponer que un proyecto sea inviable o, peor aún, que sea fraudulento, ni en todos ni en la mayoría de los casos, sí es cierto que, en los mercados de capitales, especialmente sensibles y temerosos, una información deficiente puede ser percibida como el detonante que lleva a una inversión no exitosa y, por tanto, darle la condición de origen de un error en la selección del proyecto a financiar[13]. Replicado ese error a escala global, genera en los potenciales inversores una desconfianza generalizada ante futuros proyectos que deriva en prácticas de selección adversa, con un deterioro progresivo en la calidad de los proyectos financiados, conformando un mercado no fiable que termina por hundirse[14].

La conveniencia o no de imponer (y cómo hacerlo) obligaciones de información en los mercados financieros se debate desde hace décadas[15]. La respuesta afirmativa sin matices se impuso progresivamente en la segunda mitad

---

12 Tal como destacaba GILSON, 55 *Stan. L. Rev.*, pp. 1076-1077, accesible en: https://scholarship.law.columbia.edu/faculty_scholarship/993).

13 Sobre la deriva hacia la desconfianza por asimetría informativa con el posterior deterioro del mercado afectado, puede verse a SERDARIS, Konstantinos; "Behavioural Economic Influences on Primary Market Disclosure- The case of the EU Regulations on European *Crowdfunding* Service Providers" en *European Company and Financial Law Review*, 2021, v. 18, nº 3, pp. 431-434.

14 Un "market of lemons" tal como lo definió en su día AKERLOF, GEORGE A.; "The Market for 'Lemons': Quality Uncertainty and the Market Mechanism", publicado en *The Quarterly Journal of Economics*, Volume 84, Issue 3, [Agosto 1970], pp. 488-500, accesible en https://www.sfu.ca/~wainwrig/Econ400/akerlof.pdf), cuando existe información asimétrica en un mercado.

15 Para una vision panorámica, véase a FERRELL, ALLEN; "The Case for Mandatory Disclosure In Securities Regulation Around the World", 2 Brook.J .Corp.Fin.&Com. L.(2007), disponible en: https://brooklynworks.brooklaw.edu/bjcfcl/vol2/iss1/4·

del s. XX, bajo la convicción de que era la manera más efectiva de proteger a los inversores y garantizar el funcionamiento óptimo del mercado[16]. En la segunda década del siglo XXI parece haberse moderado el entusiasmo sobre esta máxima de "cuanta más información mejor", para dar paso a un enfoque más selectivo y moderado, en el que el principio rector en cuanto a la obligación de información se aviene más bien con la idea de informar en su justa medida. Lo decisivo no es informar exhaustiva y detalladamente, sino definir de manera eficiente (equilibrada para inversores y empresas) sobre qué informar, en qué medida y bajo qué formato[17]. Surge así la idea de informar en calidad, modo y cantidad suficiente, y se plantea la duda sobre qué significa suficiente, tanto por exceso como defecto, habida cuenta de las consecuencias que cualquier error de calibración sobre esta cuestión puede generar en un mercado financiero que es, por su propia naturaleza, extremadamente sensible. Un sistema que se conforme con un defecto de información generará desconfianza. Por el contrario, uno en el que se exija un exceso de información puede impedir el acceso a financiación de aquellas empresas emergentes que carecen de experiencia previa y estructura consolidada. Al mismo tiempo, la información en exceso puede generar confusión en los inversores y distorsionar su correcta comprensión de los riesgos asumidos al financiar empresas emergentes.

Por otra parte, para las empresas emergentes que quieren financiarse mediante *crowdfunding*, la obligación de información que la regulación europea les impone las hace conscientes de lo que el legislador considera presupuestos básicos de la confianza por parte de los inversores. Aunque ofrecer esa información no garantiza el éxito en el intento de captar inversores, de entrada contribuye a delimitar las posibilidades de éxito o, como mínimo, de lo que legalmente se ha considerado esencial. Bien es cierto que el Reglamento busca principalmente que los inversores estén protegidos con el régimen que establece[18], incluyendo lo relativo a las obligaciones de prestación de infor-

---

16 Para la revisión de los fundamentos históricos de la necesidad regulatoria a este respecto es especialmente útil la lectura de SELIGMAN, JOEL; "The historical need for a mandatory corporate disclosure system", en *The Journal of Corporation Law*, Vol. 9, Fall 1983, n. 1, pp. 10 a 61.

17 SERDARIS hace un repaso detallado y completo a las teorías sobre comportamiento económico que han fundamentado tradicionalmente la exigencia de obligaciones de información estandarizadas y completas, para exponer a continuación como actualmente, tanto desde posiciones teóricas, como atendiendo a motivos prácticos, hay que modular la obligación de información y darle un enfoque más cualitativo que cuantitativo (SERDARIS, en *European Company and Financial Law Review*, pp. 421-438).

18 EL propósito de proteger a los inversores parece es el leitmotiv de todo el Reglamento. De manera explícita se plasma, entre otros, en los considerandos 7, 16, 18, 28, 30, 42, 47, 48, 49, 70 y 74. Se conecta claramente la protección de los inversores con el

mación (imparcial, clara y no engañosa). Pero, aunque su prioridad sea ésa y no la de fomentar la inversión y dinamizar el mercado, es coherente pensar que el refuerzo a la protección de los inversores, si está bien diseñado, potenciará la inversión, como consecuencia de una mayor confianza por parte de los inversores. ¿De qué serviría, si no, institucionalizar un nuevo mercado de captación de fondos?

El preciso diseño legal de la obligación de información cobra así una importancia estratégica para todos los implicados. En ese diseño, tal como ha destacado la doctrina[19], pueden ser de especial utilidad los hallazgos revelados por las ciencias sociales sobre comportamiento humano en el ámbito económico. Las teorías sobre comportamiento económico en mercados financieros indican la conveniencia de modular legalmente la obligación de información de acuerdo con la realidad empírica sobre el comportamiento humano en este sector[20]. Para quien legisla, tener presente la lógica de los mecanismos decisorios y modos de proceder cuando se toman decisiones financieras puede ser un factor determinante del buen diseño de las normas y, en consecuencia, de su funcionamiento eficiente. Conocer y tener presente en el diseño normativo, entre otros datos relevantes, aquellos que indican que es más probable, en una decisión económica como la de invertir, que se opte por la decisión más automática, por estar mejor definida en su contenido y en su manera de ejecutarse, lo que supone un menor esfuerzo, que adentrarse en la reflexión sobre la más inversión más conveniente (inercia). También que es habitual que ante opciones que requieren un coste inicial, aunque a largo plazo sean más beneficiosas, quien invierte opte por otra que requiera menos esfuerzo al comienzo, aunque a la larga ofrezca menor beneficio (procrastinación). Además, por las propias limitaciones cognitivas del ser humano, las opciones a considerar no dependen tanto (o solamente) de la cantidad de información suministrada, sino de cómo se presenta y estructura esa información. No pueden olvidarse, tampoco, los sesgos de grupo, que conducen a decidir siguiendo la tendencia observada en los grupos sociales con los que

---

deber de información en los considerandos 39, 40, 49, 50, 51, 55, 57 o 67. La lectura combinada de todos esos considerandos permite extraer como conclusión evidente que todas las obligaciones de informar que contiene el Reglamento están diseñadas para garantizar la formación de un consentimiento verdaderamente libre en los inversores, experimentados o no. Libre en tanto que consciente de las características de este tipo de inversión, en empresas con alto grado de riesgo y que no se someten a los rígidos controles de los tradicionales mercados de capitales, ni a sus mecanismos de indemnización en caso de imposibilidad de recuperar la inversión (considerando 49).

19 SERDARIS, en European Company and Financial Law Review, pp. 434-438.

20 SUNSTEIN, CASS R. (2011) "Empirically Informed Regulation", *University of Chicago Law Review*. Vol. 78: Iss. 4, Article 4, disponible en https://chicagounbound.uchicago.edu/uclrev/vol78/iss4/4

cada persona se identifica. Y, por último, deben considerarse los sesgos de disponibilidad, que llevan a considerar menos probables los riesgos de pérdida que las posibilidades de beneficio, especialmente cuando el conocimiento de los posibles desencadenantes de los riesgos es limitado porque quien decide no es experto en el sector en cuestión.

Que quien legisla tenga claro que informar no es un fin en sí mismo, sino un mecanismo para lograr tanto promotores como inversores conscientes y consecuentes, es una premisa que debería tener reflejo en la forma de regular el cumplimiento de este deber informativo, por ser un factor determinante de la eficacia de esa obligación. Eso nos lleva a la cuestión central de este trabajo. La de si el legislador europeo acierta o no en la configuración que el Reglamento 2020/1503 y demás normas concordantes imponen para cumplir con el deber de información.

3. EL DEBER DE INFORMACIÓN DE LOS EMPRENDEDORES EN EL REGLAMENTO 2020/1503

Todo el articulado del Reglamento 2020/1503 refleja una especial preocupación por informar de manera precisa, clara y ordenada a los potenciales financiadores de proyectos. Las obligaciones de información aparecen de manera abundante a lo largo de su texto, como deberes tanto de las plataformas proveedoras de los servicios de financiación participativa como de los promotores de proyectos que buscan ser financiados. Desde los artículos 4 y 5, que marcan el modelo de conducta a seguir por las plataformas, en forma de gestión eficaz pero prudente, y con la debida diligencia, se despliega esa preocupación por garantizar que la información sobre los proyectos financiables sea la apropiada, explicitando detalles precisos acerca de a quién debe informarse, sobre qué y cómo. Se va consolidando así la tendencia en la legislación europea a que en los mercados de capitales no baste con cumplir formalmente una obligación de información, siquiera en modo exhaustivo, sino para que se informe de lo necesario y conveniente, y sea haga del modo más eficiente y garantista para todos los interesados en esa información[21]. Y, de modo especialmente atento, para los inversores no expertos.

---

[21] Tal como se aprecia en previas normas europeas, como el Reglamento 2017/1129 sobre el folleto a publicar en caso de oferta pública o admisión a cotización de valores en un mercado regulado o Reglamento (UE) n º 1286/2014 sobre los documentos de datos fundamentales relativos a los productos de inversión minorista vinculados y los productos de inversión basados en seguro.

Al mismo tiempo el Reglamento europeo busca conciliar los intereses de las empresas emergentes, necesitadas de fondos para consolidarse, con los de inversores potenciales, tratando de mitigar los costes tanto operativos como financieros que suele acarrear la financiación que ofrecen los grandes operadores financieros. La clave para el equilibrio de intereses se encuentra en garantizar que mientras unos acceden al capital que necesitan, los otros sean plenamente conscientes de a quién, para qué y en qué condiciones facilitan su capital. Bajo este propósito parecen regularse las obligaciones de información de las empresas promotoras de proyectos que se canalizan fundamentalmente en la ficha de datos fundamentales de la inversión, regulada por los arts. 23 y 24 del Reglamento. Con toda claridad determina el considerando 50 que la elaboración de esta ficha es imperativa y debe facilitarse a los "inversores potenciales para cada oferta de financiación participativa, para que puedan tomar una decisión de inversión informada", desarrollando esa obligación y su contenido en el art. 23.

A través de esa ficha se ordena toda la información a proporcionar por parte de la empresa promotora de un proyecto concreto[22]. Se configura como un documento informativo único, que no requiere cumplir con los complejos, extensos y costosos requisitos propios de los folletos requeridos en ofertas públicas de valores en general que, aun salvando las flexibilizaciones introducidas para pequeñas y medianas empresas en normas como el Reglamento 2017/1129, siguen siendo enormemente gravosos para las empresas emergentes[23]. Al mismo tiempo se evidencia en el Reglamento 2020/1503 la preocupación por la exactitud, exhaustividad, claridad y comprensibilidad de la información de este documento, por lo que se pone especial énfasis en la estructura de la ficha y ordenación de su contenido, con clara intención de

---

22 A esta ficha debe sumarse otra, de datos fundamentales a nivel de plataforma, cuando el proveedor de servicios de financiación participativa preste también una gestión individualizada de carteras de préstamo (art. 24).

23 Además, como explicita el considerando 54 del Reglamento "Para garantizar a las empresas emergentes y las pymes un acceso adecuado y sin trabas a los mercados de capitales, reducir sus costes de financiación y evitar retrasos y gastos a los proveedores de servicios de financiación colectiva, no debe exigirse que una autoridad competente apruebe la ficha de datos fundamentales de la inversión". A pesar de esa exención de control, se prevé en el artículo 2.4 que en los dos primeros años de aplicación del presente Reglamento, la ESMA recopile la ficha de datos fundamentales de la inversión elaborada por los promotores de proyectos que hayan emitido instrumentos admitidos para la financiación participativa, a fin de comparar la información relativa a los derechos del inversor con la información acerca de los tipos de sociedades de responsabilidad limitada y de las participaciones de estas que se ofrezcan y que entren en el ámbito de aplicación del presente Reglamento, información ésta que los Estados deben proporcionar a la ESMA.

facilitar la comprensión a los inversores en pro de una asimilación de su contenido.

4. LA FICHA DE DATOS FUNDAMENTALES

4.1. Estructura

La finalidad protectora para el pequeño inversor, incluso de sus propios sesgos y limitaciones de conocimiento, se evidencia enseguida en el diseño que el Reglamento 2020/1503 impone para la ficha de datos fundamentales cuya estructura básica, en cuanto a forma de presentación y contenido, ofrece el ANEXO I del Reglamento. Ya el art. 23 fija de entrada algunos requerimientos formales. Se refiere en sus epígrafes 2 a 4 a lo que podríamos considerar un requisito vehicular básico para la comprensión de cualquier documento, como es la lengua de redacción, buscando equilibrar la libre circulación de ofertas de financiación en todos los Estados miembros con la protección de quienes invierten, al garantizar que sea cual sea la procedencia de quien publica la oferta, su contenido se publique en alguna de las lenguas oficiales del Estado desde el que sea accesible. Más adelante, en su epígrafe 7, impone requisitos formales tan específicos como la prohibición de uso de notas al pie, salvo referencias normativas, la necesidad de contar con un soporte duradero e independiente (y por tanto no una simple referencia o link en una página web que pueda desaparecer), y la extensión máxima a seis caras en tamaño A4 en lo relativo a la información sobre derechos del inversor si la inversión es en forma de instrumentos negociables (información adicional en anexo) dando muestra de la atención con que pretende garantizar que la información no sea ni excesiva ni ampulosa ni, por eso mismo, distorsionadora de su correcta comprensión por parte de inversores no experimentados. Finalmente, el art. 23.16 delega en la Comisión la definitiva elaboración del modelo de ficha que deberá utilizarse, siguiendo para ello las normas técnicas que la ESMA proponga.

El detalle más explícito sobre esta estructura de la ficha y su contenido se desarrolla en el Reglamento Delegado (UE) 2022/2119 de la Comisión, de 13 de julio de 2022, que completa el Reglamento (UE) 2020/1503 del Parlamento Europeo y del Consejo en lo que respecta a las normas técnicas de regulación relativas a la ficha de datos fundamentales de la inversión. Este Reglamento impone, y no solo propone, un modelo común de ficha que no deja margen a la creatividad formal. A la insistencia ya mostrada en el art. 23 y en el ANEXO I del Reglamento 2020/1503 por garantizar que la información sea la precisa se suma con este Reglamento Delegado la imposición de un modelo común de ficha que garantice que la información también sea similar en estructura y contenido[24]. Además de mejorar así la facilidad de manejo de esas fichas, la imposición de este modelo único permite la comparabilidad de las ofertas, y reduce las posibilidades de que un inversor poco experimentado se deje llevar, al seleccionar una u otra inversión, por el impacto de aquellos sesgos y limitaciones que induzcan a considerar mejor oferta la diseñada en forma más cómoda, atractiva o agradable.

El tono con el que se expresa el articulado de este Reglamento Delegado refleja sin ambages su finalidad tuitiva para que quienes elaboren una ficha de datos no tengan dudas sobre su obligación de ser sumamente pedagógicos en el estilo de redacción de estas fichas. Las expresiones del artículo 2, aludiendo a que sea "fácil de leer" incluso por "inversores no experimentados", o que "se evitarán los términos técnicos cuando puedan sustituirse por palabras cotidianas" expresan la imperatividad de adaptar la redacción al nivel del público profano en inversiones. Así se confirma, también, leyendo el art. 4, que aclara incluso como se utilizarán los términos "objetivo de capital" o "captación de capital", "objetivo de financiación" o "tomar fondos prestados" y "valores negociables" o "instrumentos admitidos para la financiación participativa". Y para no dejar dudas, el Anexo de este Reglamento incluye un modelo de ficha que debe utilizarse en las ofertas emitidas y que contempla con escrupulosa minuciosidad el orden en que la ficha se ofrecerá, además de todos sus posibles contenidos.

El propio Reglamento Delegado considera esta unificación de formato como una ventaja para las empresas promotoras de proyectos, al facilitar su tarea de elaboración de la ficha. Al mismo tiempo les permite, siguiendo lo ya previsto en el considerando 52[25] del Reglamento 2020/1503, añadir información adicional, posibilitando la necesaria flexibilidad que para los promotores de proyectos debe tener un mercado en el que sus ofertas compiten con otras. Vetar ese espacio para la aportación de más información eliminaría muchas de las ventajas competitivas que cualitativamente puede tener un proyecto frente a otros y a las que me referiré más adelante. El Reglamento Delegado, en su considerando tercero, insiste en que la información que se pretenda incluir como adicional no afecte a la exhaustividad y claridad de la ficha de datos como documento principal. Por eso sorprende que aunque parece dejar claro así que los términos vinculantes de la oferta, al menos para el inversor, deben

---

[24] Considerando 1 Reglamento Delegado 2022/2119.

[25] "(52) Debe autorizarse a los proveedores de servicios de financiación participativa a presentar más información de la exigida en la ficha de datos fundamentales de la inversión preparada por el promotor del proyecto. Dicha información deberá, sin embargo, ser complementaria y congruente con el resto de información facilitada en la ficha de datos fundamentales de la inversión".

ser los reflejados en la ficha de datos, después en el artículo 5.2 contradiga esa afirmación al establecer que cuando se añadan hipervínculos a la ficha, como modo de ofrecer información complementaria, los hipervínculos podrán sustituir la información de la ficha si así se dispone en la misma. Resulta sorprendente el giro que esta salvedad final introduce con relación a la importancia vital que la ficha de datos tiene como documento confiable en tanto que debe ofrecer información completa y clara. Habrá que entender, más bien, que el sentido de esa posible remisión a los hipervínculos es completar la ficha, y no contradecirla, y se hará la remisión, siempre, en aras de una mayor claridad y facilidad de comprensión de lo que la propia ficha contenga.

4.2. Contenido

4.2.1. Aspectos generales

Si abordamos lo relativo al contenido, llama la atención enseguida el tono del art. 23. Su estructura y advertencias -frases cortas, separadas, repetitivas como "es posible que no obtenga rendimiento alguno" "no se trata de un producto de ahorro y recomendamos no invertir más del 10% de su patrimonio neto en proyectos de FP" o "es posible que no pueda vender los instrumentos de inversión cuando lo desee. Aun cuando pueda venderlos, podría sufrir pérdidas"- dejan claro que la norma busca, principalmente, que los inversores sean conscientes del riesgo de este tipo de mercado. Ello para que su consentimiento sea realmente libre e inequívoco a la inversión en un determinado proyecto, y no dirigido únicamente a la búsqueda de una rentabilidad de su capital. No es casual que en el propio art. 23 el epígrafe 6 letra c) incorpore cuál es el texto literal que debe figurar como advertencia del riesgo de pérdida total, así como de la posibilidad de no obtener rendimiento alguno y de no poder vender los instrumentos de inversión adquiridos o de venderlos sufriendo pérdidas[26]. Esa injerencia tan agresiva en el espacio naturalmente reservado a la autonomía de la voluntad (por si fuera poco no sólo la necesidad de incluir la advertencia, sino también el tenor literal de esa cláusula de advertencia) se explica interpretando que el legislador europeo identifica a los inversores en este ámbito de contratación con la parte necesitada de espe-

---

26 "... [T]his approach focuses instead on the cognitive limitations and biases of investors and seeks to address their tendency towards procrastination and inertia, their limitations in processing big amounts of information, as well as their inability to handle situations with uncertain outcomes" (SERDARIS, en *European Company and Financial Law Review*, p. 445).

cial protección en este contrato y busca neutralizar al máximo el riesgo de un redactado ambiguo que induzca a error o malentendido.

El Anexo I, dividido en ocho apartados, profundiza y desarrolla los contenidos de información que el art. 23 enuncia. De toda la información que requiere solamente en su apartado A se refiere a la persona o entidad promotora del proyecto: su identidad, estructura jurídica y medio de contacto, sus actividades económicas, su estado financiero actual y el de los últimos tres años (si se dispone de ello), así como a la descripción del proyecto a financiar. Como veremos a continuación, es sobre la entidad promotora y el proyecto en sí donde resultaría especialmente útil añadir información complementaria. Es aquí donde la normativa europea parece olvidarse de que el fin último de la información es la correcta comprensión de la inversión que se realiza, no sólo en aquello que tenga que ver con sus aspectos financieros, sino en todo lo relacionado con el fin de esa inversión. El resto de los apartados de este artículo se refieren a la información completa sobre el proceso de financiación, las condiciones para captar capital o para estructurar un préstamo de fondos, los riesgos que asumen los financiadores, y sus derechos como tales, incluyendo la posible existencia de entidades instrumentales y el funcionamiento de las carteras individuales de préstamos cuando la plataforma ofrezca ese servicio.

Como hemos visto al comentar la estructura de la ficha de datos, el Reglamento Delegado 2022/2119 de la Comisión completa el Reglamento 2020/1503 en lo que respecta a las normas técnicas sobre la ficha de datos fundamentales de la inversión. Este Reglamento Delegado es minucioso en su detalle e insiste nuevamente en los contenidos ya señalados tanto en el art. 23 del como en el Anexo I del Reglamento 2020/1503. Se hace evidente la intención de ofrecer información clara, completa y transparente sobre la identidad, forma jurídica y actividad profesional de la empresa solicitante de fondos, su fiabilidad financiera y el tipo de proyecto para el que se solicitan fondos. Mayor aún es el detalle sobre el tipo de inversión o préstamo que se realiza y el retorno que puede obtenerse, así como el tipo de vínculo jurídico y los derechos de cada inversor tanto en la entidad financiada como en sus posibilidades de salir y recuperar su inversión, o de transmitir los derechos adquiridos en el patrimonio de la entidad financiada o en la entidad instrumental constituida para canalizar la inversión. Además del precio al que se ofrecerán los valores que materialicen la inversión, es imprescindible describir de qué tipo de valores o instrumentos se trata, su cantidad total y condiciones y su prelación dentro de la estructura de capital en caso de insolvencia. Debe especificarse al menos la fecha máxima y el proceso de entrega de los valores, junto con los datos del emisor o su agente y de quien asuma los servicios de custodia. Cuando se ofrezca una garantía por la inversión debe proporcionarse la información sobre el avalista o garante real, y las condiciones de la garantía, incluida su clasificación a efectos de concurso de acreedores. También deben dejarse claras las posibilidades de recompra de los valores emitidos detallando las condiciones y plazo para participar. Cuando la inversión se materialice en forma de bonos o instrumentos similares deberá detallarse todo lo relativo al tipo de interés aplicable (formato, sistema de cálculo, fecha de devengo, sistema de pago) y al rendimiento aplicable. De manera similar se detalla el alcance de la obligación de información cuando la financiación se realice en forma de préstamo, añadiendo además el historial de incumplimientos del promotor del proyecto en los cinco años anteriores y todo lo relativo a la forma de gestionar el préstamo y a la entidad responsable de ello.

4.2.2. Las entidades instrumentales

Especialmente interesante es la posibilidad prevista en el art. 3.6 del Reglamento 2020/1503 de creación de entidades instrumentales[27] (*Special Purpose Vehicle*). Las entidades instrumentales se definen en el art. 1 del Reglamento 1075/2013 del Banco Central Europeo de 18 de octubre de 2013 relativo a las estadísticas sobre activos y pasivos de las sociedades instrumentales dedicadas a operaciones de titulización[28], y de acuerdo con la ESMA pueden utilizarse para titulizar activos ilíquidos o indivisibles como garantía para los inversores. Son, pues, entidades interpuestas entre promotor e inversores cuyo fin es materializar derechos de los inversores sobre activos sobre los que de otro modo sería jurídicamente complejo individualizar y formalizar derechos (porque requerirían una cotitularidad con el promotor, por ejemplo). Sorprende el escaso detalle ofrecido por el Reglamento 2020/1503 sobre estas entidades instrumentales y la información que sobre las mismas, en caso de constituirse, debe darse a los inversores. Tampoco el modelo que detalla el Reglamento

---

27 "Cuando se utilice una entidad instrumental para la prestación de servicios de financiación participativa, solo podrá ofrecerse a través de dicha entidad instrumental un activo no líquido o indivisible. Dicho requisito se aplicará sobre la base de un enfoque de transparencia al activo no líquido o indivisible subyacente en poder de estructuras financieras o jurídicas que sean propiedad total o parcial de la entidad instrumental, o estén bajo su control total o parcial. La decisión de asumir una exposición sobre dicho activo subyacente deberán tomarla exclusivamente de los inversores".

28 Se definen como empresas constituidas con arreglo a la legislación nacional o de la Unión cuya actividad principal cumple los dos criterios siguientes: a) pretende realizar o realiza una o más operaciones de titulización y su estructura está concebida para aislar las obligaciones de pago de la empresa de las del originador o la empresa de seguro o reaseguro; b) emite o pretende emitir valores representativos de deuda, otros instrumentos de deuda, participaciones en fondos de titulización y/o derivados financieros (en adelante, «los instrumentos de financiación») y/o tiene o puede tener jurídica o económicamente activos subyacentes a la emisión de instrumentos de financiación que se ofrezcan para su venta al público o se vendan sobre la base de inversiones privadas.

Delegado 2022/2119 aporta mucho más, limitándose a aclarar que cuando se utilice esta fórmula en el modelo se especificará la identidad, la forma jurídica y el domicilio social de la entidad instrumental, así como que podrán aportarse hipervínculos a sus estados financieros. La ESMA se ha ocupado de especificar en detalle el uso y limitaciones de las entidades instrumentales, a través de las respuestas que ha emitido a las cuestiones que sobre ello se han ido planteando[29] y sin perjuicio, claro está, de la definitiva interpretación que el TJUE pueda hacer al respecto. Ha aclarado qué tipo de derechos pueden ofrecerse, que deben ser valores negociables de acuerdo con la normativa MIFID II (art. 4.1 núm. 44) y en ningún caso ofertas de financiación en forma de crédito, o valores en forma de obligaciones. A partir del tenor literal del art. 3.6 del Reglamento 2020/1503, la ESMA ha concluido que la creación de estas sociedades interpuestas solo está justificada cuando el único activo de la entidad promotora es ese bien es ilíquido o indivisible. Es decir, cuando el promotor solo posee un activo del que no se puede desprender, porque es la base de su empresa, por ejemplo, o su único patrimonio, pero al mismo tiempo es lo único sobre lo que puede materializarse la inversión. Deben ser activos difíciles de transformar en capital líquido (porque no hay un mercado organizado donde venderlos, son de precio libre, o fijar su precio es complejo y requiere negociación laboriosa, entre otras dificultades) o jurídicamente indivisibles, tal como la indivisibilidad puede entenderse, por ejemplo, dentro del ejercicio de la acción de división de la cosa común. La indivisibilidad física de un bien se produce cuando fraccionarlo comporta una pérdida irracional de valor económico y no hay forma de fraccionarlo jurídicamente en unidades más pequeñas (acciones, por ejemplo) o en unidades físicas (un inmueble es divisible en pisos, pero no en habitaciones), o bien porque es un bien cuya división física, aunque posible, comportaría una pérdida de identidad funcional que supondría su pérdida de valor (una planta de placas solares).

Puesto que la única referencia a la información sobre las entidades instrumentales es la antes mencionada, habrá que entender que cuando la inversión se vehicule a través de una de estas entidades son aplicables a las misma todos los requisitos de información previstos para cualquier oferta de valores negociables o instrumentos admitidos para la financiación participativa que hubiese emitido la entidad promotora, referidos, en este caso, a la entidad instrumental.

---

29 ESMA35-42-1088 Q&As on *Crowdfunding* ECSPR (https://www.esma.europa.eu/publications-and-data/questions-answers).

4.2.3. Los riesgos

La sección en la que con mayor profusión y claridad se precisa la obligación de informar de los promotores de proyectos de financiación participativa es la relativa a los riesgos vinculados a la inversión o financiación, incluyendo los riesgos del proyecto, los inherentes al sector de actividad, los derivados del incumplimiento por parte del promotor, los de posible falta de rendimiento de la inversión, los de fallo en de la plataforma intermediaria, los de iliquidez de la inversión y cualesquiera otros. El modelo de ficha indicado en el Reglamento Delegado 2022/2119 ejemplifica con detalle los posibles riesgos a partir de la enumeración de factores de riesgo que se contiene en el Anexo I del Reglamento 2020/1503. Entre esos riesgos compete a la entidad promotora del proyecto el detallar los riesgos del proyecto en sí, vinculados a sus externalidades (necesidades financieras, imposiciones legales, necesidades de licencias o derechos de autor), a la competencia de terceros, o a cualquier otro riesgo vinculado al titular del proyecto o al contexto y los riesgos propios del sector de actividad de que se trate. Habrá que entender, sin embargo, que el resto de riesgos que enumera el modelo no son riesgos específicos de un proyecto, sino advertencias sobre sobre potenciales adversidades que pueden acontecer[30], hipotéticamente, en todo proyecto, sin que su plasmación explícita en la ficha deba suponer un riesgo mayor en ese proyecto que en otros. En realidad, si uno de esos riesgos (mala gestión, falta de experiencia, fraude, etc.) ya se puede individualizar desde el inicio en uno de los proyectos a financiar lo recomendable sería no ofertarlo, puesto que en tal caso debe dudarse no solo de la viabilidad del proyecto sino de la conveniencia de que se ofrezca.

4.2.4. Los derechos del inversor y los pactos parasociales

El modelo de ficha, siguiendo la pauta fijada por el art. 23.7) del Reglamento 2020/1503 y el detalle de su Anexo I, enumera con detalle los potenciales derechos que pueden ofrecerse al inversor en una oferta de financiación participativa. Al hacerlo no solo determina el contenido de la obligación de información de la entidad promotora del proyecto a financiar, sino que también contribuye a delimitar el estatuto jurídico del inversor, al disponer su posible contenido. El hecho de ejemplificar el haz de posibles derechos conforma una propuesta que puede incorporarse al contrato de inversión en todo o parte de su contenido, dando así al modelo de ficha del Reglamento Delegado la condición de norma dispositiva que al menos visibiliza la tipología de derechos y restricciones que pueden moldear la posición jurídica del inversor. Así, la previsión no solo funciona como pauta de la información que

30 Se trata de los riesgos tipo 3, 4, 5 y 6 del modelo.

debe ofrecerse, sino también como parámetro de comparación entre diversas ofertas, puesto que a partir de ese modelo el potencial inversor podrá comparar con relativa facilidad qué derechos y restricciones incluye cada oferta en relación con las demás y en relación con lo dispuesto por la ficha modelo que define el Reglamento Delegado.

Entre los derechos del inversor se enumeran en la parte F de esta ficha todos los relacionados con sus poderes sobre los valores o instrumentos de inversión adquiridos (voto, información, conversión, beneficios, suscripción preferente, reembolso, derechos de arrastre o acompañamiento, etc.), así como cualesquiera otras posibilidades de desprenderse de su inversión. Se incluye también la mención a cualquier restricción a la que estén sujetos los valores o instrumentos adquiridos o su transmisión. Cobran especial protagonismo, y así lo explicita el Anexo I del Reglamento 2020/1503, dentro de su parte F, en el apartado b, la necesidad de informar sobre los pactos parasociales que afecten a los valores negociables y en particular a su transmisibilidad[31]. Para mayor concreción, además, el Reglamento Delegado 2022/2119 entra en el detalle de los tipos de pactos parasociales de los que deberá informarse al establecer que "se incluirá una descripción de cualquier acuerdo de los accionistas u otro acuerdo que impida o, en cualquier caso, limite la transferibilidad de los instrumentos, como las cláusulas que restringen el derecho a venderlos (por ejemplo, cláusulas de aprobación o cláusulas temporales de no enajenación). Asimismo, incluirá una descripción de otras restricciones a las que estén sujetos los instrumentos, como cualquier cláusula de enajenación forzosa (por ejemplo, cláusulas de exclusión, cláusulas de recompra, obligación de desprenderse de inversión de forma conjunta en caso de cambio de

---

31 Sobre pactos parasociales ya destacaba PAÑEDA USUNÁRIZ, en referencia a la Ley 5/2015 en su redacción anterior a la reforma operada por la Ley 18/2022, la conveniencia de distinguir cada uno de los pactos: en primer lugar, "aquellos que regulen el ejercicio de derecho de voto en la junta general responden a la necesidad de dotar al órgano de los mecanismos necesarios para su correcto funcionamiento, mientras que los pactos que pudieran afectar a la transmisibilidad de los valores parece que se inspiran en la necesidad de respetar el derecho de arrastre en aquellas sociedades cuya composición de capital está marcada por un socio principal y varios minoritarios. Son típicos en estos supuestos la introducción de cláusulas drag *along* que obligan a los socios minoritarios a vender sus participaciones o acciones cuando existe un interés cierto de un tercero de adquirir el 100% de la sociedad con acuerdo con la parte mayoritaria. Por su parte, la otra cara de la moneda sería el pacto tag along, que confiere a los socios minoritarios el derecho de vender sus participaciones o acciones cuando exista un acuerdo de venta con el accionista mayoritario" (PAÑEDA USUNÁRIZ, FRANCISCO; "La protección del inversor en la Ley 5/2015 reguladora del crowfunding", *Revista Consumo y Empresa*, número 6, diciembre 2017, pp. 15 y 16 de 35).

control, derechos de arrastre), especificando, en particular, las condiciones financieras."

Esta redacción en la normativa europea aclara además una de las dudas que surgía con el derogado art. 80 de la Ley 5/2015 española, que decía que aquellos promotores de proyectos de financiación participativa que tuviesen forma societaria y emitiesen acciones, participaciones u otros valores para instrumentar esa financiación debían regular, entre otros derechos de los socios, que los pactos parasociales que tuviesen por objeto el ejercicio del derecho de voto en las juntas generales o que incidan de algún modo en la transmisibilidad de las acciones, participaciones sociales u otros valores representativos de capital debían ser comunicados inmediatamente a la propia sociedad y por ésta al resto de socios. El problema de esa previsión legal, como ya apuntó algún autor[32], era que tales pactos no podrían ser oponibles al inversor si se habían adoptado entre grupos de socios con anterioridad a la operación de *crowdfunding* y no se habían comunicado a los inversores antes de la inversión que materializa su adquisición de la condición de socio. Con la regulación europea, que obliga a informar de estos pactos parasociales en la ficha que oferta la participación financiera en el proyecto, y por tanto, antes de la inversión, no cabrá desconocer la existencia de esos pactos por parte de los inversores que hayan realizado su inversión a partir de esa ficha. El conocimiento directo a través de la oferta los convertirá en pactos oponibles, de modo que alegar desconocimiento por faltar otros medios de publicidad sería constitutivo de mala fe. Su inclusión en la información de la ficha supone, más bien, su inclusión en las condiciones de la oferta emitida que, una vez aceptada, es eficaz y oponible a los inversores. Ciertamente esa comunicación de los pactos parasociales de manera pública y vinculándolos a la oferta emitida por la sociedad transforma de algún modo su naturaleza parasocial y los hace "sociales", en la medida en que es la propia entidad societaria la que de este modo los "integra" entre sus normas de funcionamiento[33].

---

32 ÁLVAREZ ROYO-VILLANOVA, SEGISMUNDO; "*Crowdfunding* de inversiones (*equity crowdfunding*)" en *Aspectos legales de la financiación en masa o crowdfunding*, dirigido por Matilde Cuena Casas, Tirant lo Blanch, Valencia, 2020, p.348.

33 Como ya destacaba PAÑEDA USUNÁRIZ, (en *Revista Consumo y Empresa*, accesible en https://justis.vlex.com/search/jurisdiction:ES/usunariz+%5B*crowdfunding*%5D/vid/699735093, p. 19 de 35), parece razonable darles ese carácter vinculante "frente a todo tipo de socios y la sociedad, y ello en atención a las especiales características que presentan estas sociedades que las hacen merecedoras de un tratamiento particular en esta materia". Del mismo parecer era Álvarez Royo-Villanova respecto a los derechos que afectan a la transmisión de las acciones o participaciones (derechos de arrastre y acompañamiento), su licitud, y la necesidad de incorporarlos a los estatutos para que fuesen oponibles (Ibídem, p. 355).

5. CONSECUENCIAS PARA LAS EMPRESAS PROMOTORAS DE PROYECTOS EN CASO DE OMISIÓN, ERROR O FALSEDAD EN LA INFORMACIÓN.

El Reglamento 2020/1503 deriva a los Estados la concreción del tipo de responsabilidad exigible por la información que conste en la ficha de datos, y se limita a imponer la responsabilidad del promotor del proyecto y/o sus órganos de administración, incluyendo la exigencia de identificar claramente a la persona responsable de la ficha (física o jurídica), junto con su declaración de veracidad de la ficha. En la normativa española se incluye dentro del actual art. 51.3 la previsión de responsabilidad civil respecto de la información inexacta o engañosa de la ficha, así como de la omisión de información fundamental para valorar la inversión, reiterando que esa responsabilidad afecta a las personas designadas como responsables de la ficha (físicas o jurídicas). El desarrollo detallado de este régimen de responsabilidad aún es algo pendiente[34] y deberá coordinarse con las demás normas en materia de responsabilidad civil. Entre otras, destaca por su relevancia e impacto la normativa de protección a consumidores y usuarios cuando la persona inversora realice su inversión de modo ajeno a su actividad profesional, comercial o empresarial en el sentido del art. 3 del Real Decreto Legislativo 1/2007, de 16 de noviembre, por el que se aprueba el Texto Refundido de la Ley General para la Defensa de los Consumidores y Usuarios y otras leyes complementarias (TRLGDCU)[35]. Especialmente importantes serán las normas que regulan los controles de incorporación, interpretación y contenido de las cláusulas del contrato entre la entidad promotora del proyecto y la persona inversora, que además quedarán sometidas a los controles de transparencia, claridad y comprensibilidad sobre la información suministrada que impone la Ley 7/1998, de 13 de abril, de Condiciones Generales de la Contratación, y al control de cláusulas abusivas del TRLGDCU (arts. 80-91). Sin olvidarnos de que éste del *crowdfunding* o financiación participativa es un sector financiero dotado de su propia regulación no lo es menos que el acceso directo a la inversión que facilita a los consumidores hace imprescindible una adecuada conjugación de

---

[34] Ya criticaba esta insuficiencia en el tratamiento de la responsabilidad de los promotores en la originaria Ley 5/2015 CAMPUZANO, ANA BELÉN; "Las plataformas de financiación participativa", en *Aspectos legales de la financiación en masa o crowdfunding*, dirigido por Matilde Cuena Casas, Tirant Lo Blanch, Valencia, 2020, p. 286.

[35] Tal como señalaba ya CUENA CASAS, MATILDE, con relación a la originaria Ley 5/2015, en "Régimen jurídico aplicable a los contratos de préstamo a través de plataformas de financiación participativa" *Aspectos legales de la financiación en masa o crowdfunding*, dirigido por Matilde Cuena Casas, Tirant Lo Blanch, Valencia, 2020, pp. 392-394.

las normas específicas del sector con el régimen completo de protección a los consumidores.

6. A MODO DE CONCLUSIÓN: INFORMAR PARA GENERAR CONFIANZA, Y TAMBIÉN CURIOSIDAD.

A la vista del modelo de ficha que ha quedado definido de modo completo en la normativa europea podemos confirmar que la principal preocupación del legislador europeo es asegurar la protección de inversores y financiadores ante los riesgos que acompañan a las inversiones en empresas emergentes, con modelos de negocio no consolidados, que además están excluidas del rígido control que comportan los mercados de instrumentos financieros tradicionales. Transparentar al máximo los riesgos inherentes a la incertidumbre que las acompaña, delimitar con mucha claridad los derechos y obligaciones que asumen los financiadores, y ofrecer mecanismos de reclamación directos es claramente la finalidad de esta ficha de datos fundamentales. Su exhaustividad, especialmente en algunas cuestiones, como las advertencias sobre tipos de riesgos y los derechos de quienes invierten, tiene el loable propósito de advertir a los inversores, protegiéndoles al garantizar la máxima transparencia en cuanto a los potenciales peligros cuando se invierte en empresas emergentes.

Sin negar lo anterior, surge algunas dudas. En primer lugar, la de si tanta insistencia en los riesgos, de si tanta advertencia, puede derivar en un exceso de celo que derive en alarma, generando así el efecto perverso de una mayor desconfianza cuando, en principio, el propósito es el contrario. La respuesta no es fácil, puesto que la volatilidad de este sector financiero es indudable. En segundo lugar, la de si esa información legalmente exigida, con su rigidez y estandarización, puede derivar en una dilución de los elementos diferenciales entre proyectos, redundando así en perjuicio de los más creativos e innovadores. Quizá la neutralización de esos posibles efectos secundarios pueda conseguirse complementando la información relativa a la empresa y al proyecto más allá de los riesgos y detalles exigidos legalmente, despertando así el interés y la curiosidad de los inversores cuando el proyecto así lo merezca.

La pregunta que hacerse, en tal caso, será qué tipo de datos, más allá de los legalmente exigidos, pueden contribuir a mantener la confianza de los inversores, y al tiempo a despertar su curiosidad e interés. Para responderla, partamos de una suposición que, sin ser definitiva, puede al menos considerarse razonable, como es la de repasar qué variables comparten, habitualmente, las empresas emergentes cuyos proyectos han sido financiados y han resultado ser exitosos[36]. Entre otros factores se han destacado, por ejemplo, algunos relacionados con la empresa en sí, como su capital humano[37], representado por el equipo de emprendedores, su personal y el nivel de formación que posean[38], la estabilidad y recorrido de la empresa (años e historia)[39], su carácter innovador o no, su participación en previas rondas de financiación y el número de rondas, así como los posibles premios o reconocimientos recibidos. También genera confianza a los potenciales inversores el hecho de publicar la identidad de "valedores" o padrinos de la empresa (tutores, mentores, *Business Angels* o incubadoras) en proyectos pasados, así como el historial de fondos previamente obtenidos y el tipo de proyectos anteriormente creados[40]. En cuanto al proyecto a financiar, lo cierto es que cuanto más específica sea la información proporcionada más se reducirá el grado de incertidumbre para los inversores, sin olvidar, obviamente, la necesidad de mantener cierto grado de confidencialidad, especialmente en proyectos de naturaleza tecnológica, lo que justifica la preservación de datos como secretos. Salvando esa confidencialidad, es de suponer que cuanto mejor descrito esté el proyecto, mejor podrá evaluarse por parte de posibles inversores y mayor será su atractivo como posible inversión. Una exposición coherente, realista y fundamentada sobre el plan de negocio será, en este sentido, crucial, indicando estrategias a seguir, atendidas las posibles circunstancias, así como todo tipo de elementos económicos, financieros y de actividad que permitan a los inversores identificar en concreto los riesgos y oportunidades. Cumplido lo anterior, habrá que

---

36 LIAKOPOULOU; *Crowdfunding in the United States and European Union. Markets, Platforms, Critics, and Future Prospects*, pp. 37-39.

37 Así lo sostienen JENS M. UNGER, JENS M.; RAUCH, ANDREAS; FRESE, MICHAEL; ROSENBUSCH, NINA; "Human capital and entrepreneurial success: A meta-analytical review" en *Journal of Business Venturing*, Volume 26, Issue 3, 2011, pp. 341-358 (https://doi.org/10.1016/j.jbusvent.2009.09.004). Como destacan Ahlers, G. K. C., Cumming, D., Günther, C., & Schweizer, D., el capital humano de la empresa, junto con la advertencia sobre los riesgos, es mucho más significativo para los posibles inversores que el capital intelectual o el social (en "Signaling in Equity *Crowdfunding*", en *Entrepreneurship Theory and Practice*, 39(4), pp. 955-980. https://doi.org/10.1111/etap.12157).

38 Como muestran los resultados ofrecidos por AHLERS, CUMMING, GÜNTHER & SCHWEIZER, un dato que se valora como indicio de calidad del capital humano de la empresa es el de porcentaje de sus directivos que han estudiado un MBA (en *Entrepreneurship Theory and Practice*, p. 976. https://doi.org/10.1111/etap.12157.

39 Si bien debe tenerse en cuenta que cuantos más años de historia tenga la empresa sin una evolución evidente, menos dinero recibirá porque los inversores la verán como estancada o incapaz de despegar (LIAKOPOULOU; *Crowdfunding in the United States and European Union. Markets, Platforms, Critics, and Future Prospects*, p. 51).

40 LIAKOPOULOU; *Crowdfunding in the United States and European Union. Markets, Platforms, Critics, and Future Prospects*, pp. 72-73.

dejar que el acierto en el qué cómo y cuando terminen de definir la fortuna del proyecto en cada caso.

7. BIBLIOGRAFÍA Y WEBGRAFÍA CITADA

AHLERS, G. K. C., CUMMING, D., GÜNTHER, C., & SCHWEIZER, D., "Signaling in Equity *Crowdfunding*", *Entrepreneurship Theory and Practice*, 39(4), pp. 955-980, https://doi.org/10.1111/etap.12157).

ALVAREZ ROYO-VILLANOVA, S., "*Crowdfunding* de inversiones (*equity crowdfunding*)" en *Aspectos legales de la financiación en masa o crowdfunding*, dirigido por Matilde Cuena Casas, Tirant lo Blanch, Valencia, 2020, pp. 323-360

AKERLOF, GEORGE A.; "The Market for 'Lemons': Quality Uncertainty and the Market Mechanism", *The Quarterly Journal of Economics*, Volume 84, Issue 3, [Agosto 1970], pp. 488-500, accessible en https://www.sfu.ca/~wainwrig/Econ400/akerlof.pdf.

CAMPUZANO, A.B., "Las plataformas de financiación participativa", en *Aspectos legales de la financiación en masa o crowdfunding*, dirigido por Matilde Cuena Casas, Tirant Lo Blanch, Valencia, 2020, pp. 238-298.

Comisión Europea; "Legislative measures taken so far to build a CMU" (https://finance.ec.europa.eu/capital-markets-union-and-financial-markets/financial-markets/*crowdfunding*_en).

CUENA CASAS, M., "Régimen jurídico aplicable a los contratos de préstamo a través de plataformas de financiación participativa" *Aspectos legales de la financiación en masa o crowdfunding*, dirigido por Matilde Cuena Casas, Tirant Lo Blanch, Valencia, 2020, pp. 361-398.

Ebers, m., QUARCH, Benedikt M: "The New EU *Crowdfunding* Regulation: A New Tool for Protecting Consumers?", Journal of European Consumer and Market Law, 2022, 11, Issue 4, pp. 122-129 (accesible online en https://kluwerlawonline.com/journalarticle/Journal+of+European+Consumer+and+Market+Law/11.10/EuCML2022022).

FERRELL, A., "The Case for Mandatory Disclosure In Securities Regulation Around the World", 2 Brook.J .Corp.Fin.&Com. L. 2007, disponible en: https://brooklynworks.brooklaw.edu/bjcfcl/vol2/iss1/4.

GILSON, RONALD, J.; "*Engineering a Venture Capital Market: Lessons from the American Experience*", 55 *Stan. L. Rev.*, (2003), pp. 1067-1103, accesible en: https://scholarship.law.columbia.edu/faculty_scholarship/993.

HANS, D.J., "Rules Are Meant to Be Amended: How Regulation *Crowdfunding*'s Final Rules Impact the Lives of Startups and Small Businesses", 83 Brooklyn Law Review, (2018), pp. 1089-1114, (accesible en https://brooklynworks.brooklaw.edu/blr/vol83/iss3/7).

LIAKOPOULOU, I., *Crowdfunding in the United States and European Union. Markets, Platforms, Critics, and Future Prospects*, Academic Press, Washington-London, 2020.

MACCHIAVELLO, E., "The European *Crowdfunding* Service Providers Regulation: The Future of Marketplace Lending and Investing in Europe and the '*Crowdfunding* Nature' Dilemma", 32 *Eur. Bus. L. Rev.*, 2021, pp. 559-560.

PAÑEDA USUNÁRIZ, F., "La protección del inversor en la Ley 5/2015 reguladora del crowfunding", *Revista Consumo y Empresa*, número 6, diciembre 2017, pp. 1-35.

SERDARIS, K., "Behavioural Economic Influences on Primary Market Disclosure- The case of the EU Regulations on European *Crowdfunding* Service Providers" en *European Company and Financial Law Review*, 2021, v. 18, nº 3, pp. 428-463.

Statista Research Department, Jun 22, 2024, accesible en https://www-statista-com.eu1.proxy.openathens.net/statistics/1078273/global-*crowdfunding*-market-size/).

SELIGMAN, J., "The historical need for a mandatory corporate disclosure system", en *The Journal of Corporation Law*, Vol. 9, Fall 1983, n. 1, pp. 10 a 61.

SUNSTEIN, C.R., "Empirically Informed Regulation", *University of Chicago Law Review*: 2011, Vol. 78: Issue 4, Article 4, disponible en https://chicagounbound.uchicago.edu/uclrev/vol78/iss4/4

UNGER, J. M.; RAUCH, A; FRESE, M; ROSENBUSCH, N; "Human capital and entrepreneurial success: A meta-analytical review" en *Journal of Business Venturing*, Volume 26, Issue 3, 2011, pp.341-358 (https://doi.org/10.1016/j.jbusvent.2009.09.004).

VALIANTE, D., "Regulating Digital Platforms: the European Experience with Financial Return *Crowdfunding*" *European Company and Financial Law Review*, 5/2022, pp. 854-893.

La financiación de las startups mediante criptoactivos

JOAQUIM CASTAÑER CODINA[1]

RESUMEN. La tecnología de registro distribuido ha abierto el horizonte empresarial a nuevas fórmulas de financiación. Una de las más utilizadas hasta la fecha ha sido el uso de criptoactivos para financiar proyectos empresariales, especialmente de empresas emergentes o *startups* de base tecnológica. Los riesgos que presentaba la falta de regulación de esta forma de financiación tratan de ser neutralizados con la publicación del Reglamento (UE) 2023/1114, relativo a los mercados de criptoactivos. Esta norma no supone la regulación integral de los criptoactivos, ya que deja fuera de su ámbito de aplicación, por ejemplo, a los no fungibles (NFTs) o a los que tengan la consideración de instrumentos financieros, cuya determinación presenta notables dificultades. No obstante, sí se ocupa de regular la emisión y admisión a negociación de las fichas de consumo o *utility tokens*, que hasta la fecha han sido la clase de criptoactivos más utilizada para financiar la creación y desarrollo de las *startups*. En este ámbito, la preocupación principal del legislador europeo ha sido proteger al adquirente o titular de estos criptoactivos. Con este fin, se han contemplado diversas medidas tuitivas que pueden agruparse en cuatro grandes categorías, y que son analizadas en el presente trabajo. En *primer* lugar, las previsiones de elaboración, notificación y publicidad sobre el libro blanco (*white paper*), como documento informativo básico para comprender y entender los criptoactivos objeto de la oferta pública. En *segundo* término, las exigencias que rodean la campaña publicitaria mediante la cual se promociona la adquisición de los *tokens*, basada en los principios de imparcialidad, claridad y veracidad. En *tercer* lugar, las cautelas sobre la salvaguardia de los fondos de los inversores, que, con el fin de evitar fraudes, serán custodiados por un tercero profesional mientras el adquirente de los criptoactivos tenga derecho a su devolución. Y, por *último*, el establecimiento de un plazo para que los titulares minoristas puedan desistir de la adquisición de los *tokens*, sin incurrir en coste alguno y sin estar obligados a aducir razones. Con alguna excepción, el Reglamento europeo dispone que todas estas normas se apliquen a partir del 30 de diciembre de 2024.

PALABRAS CLAVE. Empresas emergentes (*startups*), financiación, criptoactivos, libro blanco, fichas de consumo (*utility tokens*).

ABSTRACT. Distributed ledger technology has opened the business horizon to new financing formulas. One of the most used to date has been the use of cryptoassets to finance business projects, especially technology-based start-ups. The risks presented by the lack of regulation of this

---

[1] Profesor de Derecho Mercantil. Esade Law School. Universitat Ramon Llull. Capítulo realizado dentro del proyecto PID2021-128762NB-I00 financiado por el Ministerio de Ciencia e Innovación (Agencia Estatal de investigación) y cofinanciado por la Unión Europea: "Financiación no bancaria para start-ups: riesgos y remedios jurídico-privados".

form of financing are trying to be neutralized with the publication of Regulation (EU) 2023/1114, relating to cryptoasset markets. This standard does not imply the comprehensive regulation of cryptoassets, since it leaves out of its scope of application, for example, non-fungible assets (NFTs) or those that are considered financial instruments, the determination of which presents notable difficulties. However, it does regulate the issuance and admission to trading of consumer tokens or utility tokens, which to date have been the type of cryptoassets most used to finance the creation and development of start-ups. In this area, the main concern of the european legislator has been to protect the acquirer or holder of these cryptoassets. To this end, various protective measures have been considered that can be grouped into four broad categories, and which are analyzed in this work. Firstly, the provisions for the preparation, notification and publicity of the white paper, as a basic informative document to comprehend and understand the cryptoassets that are the subject of the public offer. Secondly, the demands surrounding the advertising campaign through which the acquisition of the tokens is promoted, based on the principles of impartiality, clarity and truthfulness. Thirdly, precautions regarding the safeguarding of investors' funds, which, in order to avoid fraud, will be guarded by a professional third party while the acquirer of the crypto assets has the right to their return. And, finally, the establishment of a period so that retail holders can desist from acquiring the tokens, without incurring any cost and without being obliged to give reasons. With some exceptions, the European Regulation provides that all these rules apply from December 30, 2024.

KEYWORDS. Start-ups, financing, crypto assets, white paper, utility tokens.

SUMARIO. 1. CUESTIONES INTRODUCTORIAS SOBRE LAS *initial coin offerings* (ICO). **2.** LA TAXONOMÍA DE LOS CRIPTOACTIVOS EN EL REGLAMENTO MICA. **2.1.** *Criptoactivos excluidos del ámbito de aplicación del Reglamento MiCA.* **2.2.** *Criptoactivos regulados por el Reglamento MiCA.* **3.** LOS CRIPTOACTIVOS DISTINTOS DE LAS FICHAS REFERENCIADAS A ACTIVOS Y DE LAS FICHAS DE DINERO ELECTRÓNICO. **3.1.** *El libro blanco o* white paper. **3.2.** *La campaña publicitaria.* **3.2.1.** La no aplicación del artículo 247 de la Ley del Mercado de Valores y Servicios de Inversión y de la Circular 1/2022 a los *utility tokens*. **3.2.2.** Las comunicaciones publicitarias de los *utility tokens*. **3.3.** *La salvaguardia de los fondos de los inversores.* **3.4.** El derecho de desistimiento. **4.** A MODO DE CONCLUSIÓN. **5.** BIBLIOGRAFÍA.

1. CUESTIONES INTRODUCTORIAS SOBRE LAS *INITIAL COIN OFFERINGS* (ICO)

La tecnología de registro distribuido (*Distributed Ledger Technology*) o *Blockchain*, que se originó en el año 2008 con la aparición de *Bitcoin*[2], ha abierto el horizonte empresarial a nuevas fórmulas de financiación. Una de las más utilizadas hasta la fecha ha sido el uso de activos digitales o *tokens* para financiar proyectos empresariales, especialmente de empresas emergentes o *startups* de base tecnológica.

[2] Esta tecnología aparece explicada en el *paper* «Bitcoin: A Peer-to-Peer Electronic Cash System», publicado en el año 2008, por una persona o grupo de personas desconocidas que utilizaron el pseudónimo de Satoshi NAKAMOTO. El documento puede verse en <https://bitcoin.org/bitcoin.pdf> (salvo que se diga otra cosa, el último acceso a las distintas páginas web que se mencionan en el presente trabajo ha sido realizado el 20 de abril de 2024).

En este sentido, los criptoactivos se han mostrado como una alternativa más o menos viable, no solo respecto a la financiación tradicional (p.ej., bancaria), sino incluso a opciones más modernas como el *venture capital*, los *business angels* o, incluso, el *crowdfunding*[3]. La financiación mediante criptoactivos acostumbra a utilizar el mecanismo denominado «oferta pública de monedas» o *initial coin offering* (ICO), nombre mimético a la oferta pública de venta de valores (OPV) o *initial public offering* (IPO), con la que guarda alguna similitud, pero también notables diferencias.[4]

Una *initial coin offering* (ICO) es normalmente definida como una operación que permite a las empresas –generalmente en su fase inicial– obtener fondos mediante la emisión de criptoactivos que, a través de su oferta pública, se intercambian por moneda fiat (p.ej., euros, dólares, libras, etc.) o por criptomonedas (p.ej., bitcoin, ether, ripple, etc.)[5].

El origen de la financiación empresarial mediante ICOs suele situarse en el año 2013, con el proyecto *Mastercoin* (conocido actualmente como *Omni*)[6]. Después, en los años 2017 y 2018 se produjo un *boom* de esta forma de financiación, con cifras realmente asombrosas, que en este último año alcanzaron las 1.253 ICOs publicadas, con un total de 7,5 billones de dólares de fondos recaudados[7]. Sin embargo, a partir de 2019 tanto las ICOs como las cantida-

---

3 *Vid.* sobre su eficacia en cuanto a modelo de financiación empresarial alternativo, por muchos, PASTOR SEMPERE, M.C.: «Criptodivisas: ¿una disrupción jurídica en la eurozona?», *Revista de Estudios Europeos*, 70, julio-diciembre 2017, págs. 295-329, espec. pág. 319.

4 *Vid.* en torno a las diferencias entre una ICO y una IPO, por todos, OECD: «Initial Coin Offerings (ICOs) for SME Financing», 2019, págs. 24-26, <https://www.oecd-ilibrary.org/fr/finance-and-investment/initial-coin-offerings-icos-for-sme-financing_ee35cc9a-en>; OFIR, M. & SADEH, I.: «Ico vs. ipo: empirical findings, information asymmetry, and the appropriate regulatory framework» *Vanderbilt Journal of Transnational Law*, 53(2), 2020, págs. 525-614, espec. págs. 551-553; y desde el propio sector *crypto*, KAUR, G.: «ICO Vs. IPO: Diferencias clave», *Cointelegraph*, 24 febrero 2024, <https://es.cointelegraph.com/learn/ico-vs-ipo-key-differences>.

5 *Vid.* para una breve aproximación conceptual a las ICOs, EUROPEAN PARLIAMENT RESEARCH SERVICE: «Understanding initial coin offerings. A new means of raising funds based on blockchain», julio 2021, <https://www.europarl.europa.eu/thinktank/en/document/EPRS_BRI(2021)696167>, pág. 1.

6 *Vid.* para estos orígenes de los ICOs, MOMTAZ, P.P.: «Initial Coin Offerings», *Plos One*, 15(5), 2020, pág. 10, <https://doi.org/10.1371/journal.pone.0233018>; y en general, sobre la evolución del mercado de los criptoactivos, MAUME, P., MAUTE, L. & FROMBERGER, M. (eds.): *The Law of Crypto Assets, A Handbook*, C.H. Beck, 2022, págs. 174-180.

7 Según HACKER, P. & THOMALE, C.: «Crypto-Securities Regulation: ICOs, Token Sales and Cryptocurrencies under EU Financial Law», *European Company and Financial Law Review*, 15, 2018, págs. 645-696, espec. págs. 646-647, las ICOs de mayor en-

des que manejan han disminuido notablemente, hablándose incluso de *cripto-invierno*. Así, la suma del periodo 2019-2022 da un total conjunto de 660 ICOs, con algo más de 920 millones de dólares obtenidos, es decir, que en estos cuatro años se ha recaudado más de siete veces menos que en el año 2018[8].

En el cuadro que sigue pueden verse los datos de las ICOs publicados a nivel mundial entre los años 2016 y 2022, así como los fondos totales recaudados por estas operaciones[9]:

Year	**ICOs Published**	**Funds Raised**
2016	29	$90 million
2017	875	$6 billion
2018	1,253	$7.5 billion
2019	109	$370 million
2020	14	$55.6 million
2021	320	$378 million
2022	217	$117 million

Los estudios han señalado que el uso de esta forma de financiación comporta diversas ventajas y beneficios, tanto para las empresas que recurren a ella como para sus fundadores. Quizá las más considerables sean que una ICO, en *primer* lugar, se puede ejecutar íntegramente por medios digitales, lo que supone que la obtención de recursos sea más ágil y tenga un menor coste que si se recurre a otras vías de financiación[10]; en *segundo* término, democratiza la financiación, ya que permite adquirir los criptoactivos a personas de todo el mundo[11]; y *en fin*, que no se produce una dilución de la participación de los

vergadura en cuanto a fondos recaudados han sido los 1,7 billones de dólares conseguidos por Telegram y los 4,2 billones de dólares obtenidos por EOS.

8 *Vid.* para estos datos, el cuadro que aparece en <https://icobench.com/stats/ico-statistics/>.

9 Fuente: <https://icobench.com/stats/ico-statistics/>.

10 *Vid.* con un cálculo del ahorro de tiempo y coste de la ICO respecto de una OPV, OECD: «Initial Coin Offerings…», *cit.*, págs. 20-23 y 26.

11 *Vid.* CAMPINO, J.; BROCHADO, A. & ROSA, A.: «Initial coin offerings (ICOs): Why do they succeed?», *Financial Innovation*, 8(1), 2022, pág. 3; y especialmente, ACKERMANN, E.; BOCK, C. & BÜRGER, R.: «Democratising entrepreneurial finance: the impact of crowdfunding and initial coin offerings (ICOs)», en *Contemporary developments in entrepreneurial finance* (eds.: Alexandra Mortiz, Joern H. Bliock, Stephan Golla y Arndt. Werner), Springer, 2020, págs. 277-308.

fundadores en el capital de la sociedad, ya que los titulares de los criptoactivos no tienen la condición de socios[12].

Pero, junto a estas ventajas, el recurso a una ICO también presenta dificultades, inconvenientes y riesgos. Uno de los más destacados ha sido la ausencia de regulación que si, por un lado, podía ofrecer un panorama favorable a los emisores de criptoactivos, al poder obtener esta financiación con un procedimiento más flexible y a menor coste; por otro, creaba una situación de incertidumbre y de inseguridad jurídica que desincentivaba la adquisición de los *tokens* digitales.

Estos problemas de confianza vienen aumentados por la variedad de criptoactivos que pueden emitirse en una ICO, junto a la diversa naturaleza jurídica que pueden presentar y los distintos derechos y prestaciones que los *tokens* digitales pueden conferir a su titular. Desde esta perspectiva, los criptoactivos plantean importantes retos taxonómicos, que todavía no han podido ser solventados, ni siquiera con la reciente legislación de la Unión Europea[13].

Y es que a mediados del año 2023 –concretamente el 9 de junio– se publicaba en el Diario Oficial de la Unión Europea el Reglamento relativo a los mercados de criptoactivos, también conocido como Reglamento MiCA –por sus siglas en inglés: *Markets in Crypto-Assets*–[14]. Este Reglamento, por un lado, «*establece requisitos uniformes para la oferta pública y la admisión a negociación en una plataforma de negociación de* [los] *criptoactivos*» sometidos a su regulación; y, por otro, dispone «*requisitos para los proveedores de servicios de criptoactivos*» (artículo 1.1 MiCAR). Entre los fines esenciales de esta regulación se encuentra, de una parte, proteger a los titulares de criptoactivos y, de otra, garantizar la integridad de este mercado[15], con el propósito de conseguir que el marco

---

12 *Vid.* entre otros, HACKER & THOMALE: «Crypto-Securities Regulation...», *cit.*, pág. 651.

13 *Vid.* sobre los problemas de taxonomía de los criptoactivos, entre muchos, CASARRUBEA, S.: «Il ruolo del *white paper* sulle offerte al pubblico di cripto-attività alla luce della proposa MiCA», *Orizzonte del Diritto Commerciale* 2022/1, págs. 215-253, espec. pág. 217-224.

14 *Reglamento (UE) 2023/1114 del Parlamento Europeo y del Consejo, de 31 de mayo de 2023, relativo a los mercados de criptoactivos y por el que se modifican los Reglamentos (UE) nº 1093/2010 y (UE) nº 1095/2010 y las Directivas 2013/36/UE y (UE) 2019/1937* [en adelante citado como Reglamento MiCA o MiCAR].

15 *Vid.* LIMA, E.; DEVINCENZI, L. & MAZZUCCHI, D.: «MiCA Explained: The EU crypto-asset law», 2ª edición, *XReg Consulting*, 13 junio 2023, pág. 7, <https://www.xreg.consulting/articles/mica-explained-the-eus-new-crypto-asset-law-2nd-ed>.

normativo de la Unión Europea sea favorable a la innovación y no suponga obstáculos para la aplicación de nuevas tecnologías[16].

Por tanto, y desde el momento en que el Reglamento MiCA resulte aplicable[17], quién quiera financiar un proyecto empresarial en la Unión Europea mediante criptoactivos a través de una ICO deberá tener en cuenta lo dispuesto en él, en primer lugar, para determinar si los *tokens* digitales que se pretenden emitir quedan incluidos en su ámbito de aplicación (*cfr.* artículo 2 MiCAR) y, en caso de que así sea para seguir lo dispuesto en dicho Reglamento respecto a los requisitos y procedimiento a seguir para efectuar la oferta pública de los criptoactivos y su admisión en plataformas de negociación.

En las páginas que siguen centraremos precisamente nuestra exposición en el impacto que ha tenido el Reglamento MiCA en las ICOs. Para ello, primero conviene hacer una breve referencia a las clases de criptoactivos que regula este Reglamento para, después, ocuparnos de las ofertas públicas de los denominados criptoactivos distintos de fichas referenciadas a activos o fichas de dinero electrónico (*utility tokens*). El motivo de esta elección es doble: primero, por una simple cuestión de limitación del espacio expositivo del que disponemos; y segundo, porque la mayoría de las ICOs que se han producido han consistido en la emisión de *utility tokens*[18].

---

16 *Vid.* TAPIA FRADE, A.: «Las ofertas públicas de criptoactivos distintos de fichas referenciadas a activos o fichas de dinero electrónico como medio alternativo de financiación en la propuesta de Reglamento MiCa», *La Ley Mercantil*, 99, 2023, versión digital, La Ley 1281/2023, epígrafe I *in fine.*

17 El Reglamento entró en vigor a los 20 días de su publicación en el Diario Oficial de la Unión Europea, pero el grueso de su contenido no será aplicable hasta el 30 de diciembre de 2024 (*cfr.* artículo 149 MiCAR, que sin embargo avanza la aplicación de algunos de sus preceptos al 29 de junio de 2023 o al 30 de junio de 2024).

18 *Vid.* p.ej., ADHAMI, S.; GIUDICI, G. & MARTINAZZI, S.: «Why Do Businesses Go Crypto? An Empirical Analysis of Initial Coin Offerings», *Journal of Economics and Business*, 2018, pág. 17, <https://ssrn.com/abstract=3046209>, que apuntan que el 68% de los *tokens* emitidos en ICOs ofrecen acceso a plataformas de servicios; o también MOMTAZ, P.P.; RENNERTSEDER, K. & SCHRÖDER, H.: «Token offerings: a revolution in corporate finance?», 2019, pág. 7, <https://ssrn.com/abstract=3346964>, quienes apuntan que la estimación es que alrededor de un 69% de todas las ofertas de *tokens* se pueden clasificar en la categoría de criptoactivos de utilidad.

2. LA TAXONOMÍA DE LOS CRIPTOACTIVOS EN EL REGLAMENTO MICA

Pese a que los *tokens* emitidos en una ICO permiten vehicular contenidos muy diversos[19], la doctrina parece haber alcanzado un amplio consenso en dividirlos en tres grandes grupos o categorías[20]:

a) Los *security tokens* o *tokens* de inversión, que proporcionan a sus titulares derechos similares o equivalentes a los que atribuyen la tenencia de acciones, obligaciones u otros instrumentos financieros (p.ej., derechos de voto, de participación en los beneficios o aumento de valor derivado de los resultados favorables del proyecto)[21].

b) Los *currency tokens* o criptomonedas, que son los que constituyen meros medios de pago, aunque se distinguen de las monedas fiat, de una parte, porque no tienen curso legal[22] y, de otra, porque no cumplen alguna de las otras dos características que se asocian al dinero legal, que son la función de unidad de cuenta y de depósito de valor (p.ej., bitcoin, ethereum o ripple)[23]. Puesto que uno de los principales obs-

---

19 *Vid.* sobre este amplio contenido potencial, p.ej., CASARRUBEA: «Il ruolo del *white paper...*», *cit.*, pág. 220; SANDEI, C.: «Le initial coin offering nel prisma de'll ordinamento finanziario», *Rivista di Diritto Civile*, 66(2), 2020, págs. 391-416, espec. pág. 394.

20 Amplio consenso no exento de críticas: *vid.* p.ej., ANNUNZIATA, F.: «La disciplina delle trading venues nell'era delle rivoluzioni tecnológica: dalle criptovalute alla distributed ledger technology», *Orizzonti del Diritto Commerciale* 2018/3, págs. 8-12, que considera que la categorización se realiza con una aproximación *bottom-up*, ya que se funda exclusivamente en la función del *token*, cuando sería preferible que también tuviera en cuenta una visión *top-down*, valorando la dimensión dinámica del criptoactivo, en particular la circulación o intercambio del valor en los mercados secundarios.

21 Un ejemplo de estos *tokens* es *Bankera* (BNK), que otorga a su titular el derecho a una comisión semanal pagada en la criptomoneda *ether*. *Vid.* su *white paper* en <http://cryptosilk.com/wp-content/uploads/2017/08/Bankera_whitepaper.pdf>.

22 En términos generales, el examen de las características de las criptomonedas pone de manifiesto dos rasgos diferenciadores fundamentales respecto a las divisas tradicionales: por un lado, la voluntariedad de su aceptación como medio de pago; por otro, su naturaleza descentralizada o no dependiente de una autoridad central única (*vid.* en breve, HIJAS CID, E.: «Bitcoins: algunas cuestiones jurídicas», *El Notario del Siglo XXI*, 66, 2016, <https://www.elnotario.es/index.php/hemeroteca/revista-66/6525-bitcoins-algunas-cuestiones-juridicas>). No obstante, hay que señalar que en algún país como *El Salvador* o la *República Centroafricana* las criptomonedas han sido declaradas moneda de curso legal (*vid.* JIMÉNEZ, D.: «La implantación del Bitcoin como moneda de curso legal», *Cointelegraph*, 21 mayo 2022, <https://es.cointelegraph.com/news/the-implementation-of-bitcoin-as-legal-tender>).

23 *Vid.* por todos, YERMACK, D.: «Chapter 2 - Is bitcoin a real currency? An economic appraisal», en *Handbook of Digital Currency. Bitcoin, Innovation, Financial Instruments, and Big Data* (ed.: David Lee Kuo Chuen), Academic Press, 2015, págs. 31-43; y más

táculos para que cumplan estas funciones es su acusada volatilidad, se ha producido una evolución de las criptomonedas que ha llevado a crear la subcategoría de las *stablecoins*, que reducen la oscilación de su precio a través de la aplicación de mecanismos de estabilización. Esto se consigue vinculando la criptomoneda al precio de otro activo o conjunto de activos (que suelen ser divisas, materias primas u otras criptomonedas)[24] o, más modernamente, manteniendo controlada la oferta y la demanda mediante de algoritmos[25], que garantizan y respaldan su emisión y la estabilidad de su valor.

c) Los *utility tokens* o fichas de servicio, que otorgan a sus titulares el derecho de acceso a un producto o servicio de su emisor, por lo que su valor deriva de su componente funcional y no de su aptitud para generar ingresos para sus tenedores[26].

Con todo, conviene hacer ahora tres advertencias importantes en torno a esta ampliamente aceptada clasificación. En *primer* lugar, en términos generales, el emisor es libre de configurar la estructura y función del *token* de la forma que considere conveniente, lo que da lugar a la existencia de los

---

modernamente, PRASAD, E.S.: *The Future of Money: How the Digital Revolution Is Transforming Currencies and Finance*, Harvard University Press, 2021, págs. 106 y 277. En nuestro país, ya en el año 2018 los supervisores financieros afirmaban, respecto de las criptomonedas, que «[s] *u valor oscila fuertemente, por lo que no pueden considerarse un buen depósito de valor ni una unidad de cuenta estable*». *Vid.* el «Comunicado conjunto de la CNMV y del Banco de España sobre "criptomonedas" y "ofertas iniciales de criptomonedas" (ICOs)», 8 febrero 2018, pág. 1, <https://www.cnmv.es/loultimo/notaconjuntariptoes%20final.pdf>.

24 Por ejemplo, *Tether* (USDT) está vinculada a dólares USA [<https://tether.to/es/>], *Infinity Gold* (INFG) al oro [RUF, A.: «Gold on a Blockchain? What, how and why?», 16 mayo 2020, <https://fintechmagazine.com/venture-capital/gold-blockchain-what-how-and-why>], o *Liquity USD* [LUSD] a la criptomoneda *ether* [<https://coinkickoff.com/es/liquity-usd-lusd/>]. *Vid.* para un panorama general de las *stablecoins*, MARTÍNEZ NADAL, A.: «Las denominadas criptomonedas estables: principales aspectos de su régimen jurídico en la propuesta MiCA», en *Dinero digital y gobernanza TIC en la UE* (dir.: María del Carmen Pastor Sempere), Thomson Reuters Aranzadi, 2022, págs. 57-90; así como FIEDLER, I. & LENNART, A.: «Chapter 7. Stablecoins», en *The Emerald Handbook on Cryptoassets: Investment Opportunities and Challenges* (eds.: Kent Baker, Hugo Benedetti, Ehsan Nikbakht & Sean Stein), Emerald Publishing, 2023, págs. 93-106.

25 El 1 de julio de 2022 las cinco principales *stablecoins* algorítmicas eran DAI, Frax, Ampleforth, Empty Set Dollar y Magic Internet Money, según WESTON, G.: «List of Top 5 Algorithmic Stablecoins», *101 Blockchains*, <https://101blockchains.com/top-algorithmic-stablecoins/>.

26 Por ejemplo, *Golem* (GLM) facilita el acceso a la potencia de cálculo de otros ordenadores [<https://www.golem.network/>] y *Filecoin* (FIL) a la capacidad de almacenamiento de datos de otros dispositivos electrónicos [<https://filecoin.io/>].

llamados *tokens* híbridos porque combinan características de dos o incluso las tres categorías expuestas. En *segundo* término, estas categorías solamente se centran en los criptoactivos fungibles, si bien existen los *tokens* que son únicos y no fungibles con otros criptoactivos (*Non-Fungible Tokens* o NFT). Por *último*, no puede descartarse que la evolución de los criptoactivos lleve a la creación de otras categorías o subcategorías, como ha sucedido con las *stablecoins* dentro de las criptomonedas.

El Reglamento MiCA, por un lado, establece un concepto legal de criptoactivo y, por otro, introduce su propia clasificación de los *tokens*, que solo coincide parcialmente con la señalada clasificación tradicional.

El Reglamento MiCA define legalmente el criptoactivo como «*una representación digital de un valor o de un derecho que puede transferirse y almacenarse electrónicamente, mediante la tecnología de registro distribuido o una tecnología similar*» [artículo 3.1.5) MiCAR][27].

El precepto que delimita el ámbito de aplicación del Reglamento MiCA (artículo 2) nos permite realizar una primera clasificación de los criptoactivos que distingue entre los que están incluidos y los que se encuentran excluidos de su regulación. Posteriormente, los *tokens* comprendidos en el ámbito de aplicación del Reglamento se dividen en tres categorías, cada una de las cuales presenta diferencias en el régimen aplicable.

---

27 Con anterioridad, la Autoridad Bancaria Europea (ABE/EBA) había definido el criptoactivo como «*un activo que: a) depende principalmente de la criptografía y de la DLT o de una tecnología similar como parte de su valor percibido o inherente, b) no está emitido ni garantizado por un banco central o una autoridad pública, y c) puede utilizarse como medio de intercambio y/o con fines de inversión y/o para acceder a un bien o servicio*» (EBA: «Report with advice for the European Commission on crypto-assets», 9 enero 2019, <https://eba.europa.eu/eba-reports-on-crypto-assets>). A su vez, la Autoridad Europea de Valores y Mercados (AEVM/ESMA) también había ofrecido un concepto de criptoactivo, considerándolo como «*un tipo de activo privado que depende principalmente de la criptografía y de la tecnología DLT o similar como parte de su valor percibido o inherente*», configurándolo como «*toda representación digital de un interés, que puede tener un valor, un derecho a recibir un beneficio o a realizar funciones específicas o puede no tener un propósito o uso específico*», y destacando que no están emitidos por un banco central (ESMA: «Advice on Initial Coins Offerings and Crypto-Assets», ESMA50-157-1391, 9 enero 2019, <https://www.esma.europa.eu/sites/default/files/library/esma50-157-1391_crypto_advice.pdf>. Como se ha señalado, las autoridades supervisoras europeas habían desarrollado definiciones de alcance muy amplio y armonizado, ancladas en dos elementos fundamentales: el carácter privado del bien y el uso de la criptografía y la tecnología DLT/*blockchain* o similar como estructura de datos sobre la que se soporta (PwC: «El impacto regulatorio de la Propuesta MiCA», 2021, pág. 6, <https://www.pwc.es/es/auditoria/assets/impacto-regulatorio-mica-en%20los-criptoactivos.pdf>).

2.1. Criptoactivos excluidos del ámbito de aplicación del Reglamento MiCA

El Reglamento MiCA deja fuera de su ámbito de aplicación, por un lado, a los criptoactivos que sean únicos y no fungibles con otros *tokens* (artículo 2.3 MiCAR) y, por otro, a varios tipos de criptoactivos que caen dentro del ámbito regulador de otras disposiciones de la Unión Europea (artículo 2.4 MiCAR), entre los que cabe destacar a los que se consideren instrumentos financieros [letra a)], por su especial aptitud para ser objeto de una ICO.

En este caso, la principal dificultad estriba en determinar cuándo los criptoactivos ofrecidos han de ser considerados instrumentos financieros, ya que esta última calificación comporta que no se les aplique el Reglamento MiCA, sino la normativa (más exigente) del mercado de valores (p.ej., la necesidad de elaborar un folleto informativo de la emisión o de cumplir con las reglas de conducta exigidas en el régimen de los mercados e instrumentos financieros).

El propio legislador europeo es consciente de dicha dificultad, ya que en el artículo 2.5 del Reglamento MiCA establece que la Autoridad Europea de Valores y Mercados (AEVM/ESMA), a más tardar el 30 de diciembre de 2024, emitirá directrices sobre las condiciones y los criterios para la consideración de los criptoactivos como instrumentos financieros[28]. Sin embargo, hasta que esto no se produzca, parece conveniente realizar algunas reflexiones básicas al respecto a partir de la experiencia norteamericana y del concepto de instrumento financiero establecido en la propia normativa europea.

a) En Estados Unidos la cuestión de si un criptoactivo queda sujeto a la normativa del mercado de valores se resuelve aplicando el test de *Howey*, así denominado porque fue utilizado por primera vez en el caso *SEC v. W.J. Howey Co.*, resuelto en 1946 por el Tribunal Supremo (*Supreme Court*). Según este test, existe un contrato de inversión (*investment contract*) sometido a aquella normativa cuando concurren de forma simultánea los siguientes cuatro requisitos: (i) existencia de una inversión de dinero; (ii) en una empresa en común; (iii) con la expectativa de obtener un beneficio; y (iv) que deriva del esfuerzo empresarial de terceros[29].

---

[28] *Vid.* ESMA: «MiCA Implementing Measures», <https://www.esma.europa.eu/esmas-activities/digital-finance-and-innovation/markets-crypto-assets-regulation-mica>.

[29] SEC v. W.J. Howey Co., 328 U.S. 293 (1946). La empresa *Howey* vendía parcelas donde se habían plantado cítricos a compradores de Florida, que luego arrendaban la tierra a *Howey*. El personal de la empresa se ocupaba de las plantaciones y vendía la fruta en nombre de los propietarios, repartiéndose ambas partes los ingresos. La mayoría de los compradores no tenían experiencia en la agricultura y no estaban obligados a ocuparse ellos mismos de la tierra. La *Securities and Exchange Commission* estadounidense (SEC) ejerció acción contra *Howey* porque no había registrado las transacciones,

Aplicando el test de *Howey*, en el año 2017 la SEC consideró que la venta de *tokens DAO* a cambio de la criptomoneda *Ether* vulneraba la normativa federal de valores[30]. Este informe de la SEC constituyó un auténtico punto de inflexión por lo que respecta a las ICOs, ya que fue la primera vez en el que un supervisor financiero –y, además, uno de los más importantes– calificaba abiertamente a los criptoactivos como *securities* y consideraba que su emisión queda sujeta a las disposiciones del mercado de valores. Con anterioridad, los supervisores de medio mundo –incluidos la SEC americana y la europea ESMA– se habían limitado a publicar documentos de advertencia donde, por un lado, se informaba a los inversores de los diversos riesgos asociados a la inversión en criptomonedas y, por otro, se conminaba a los emisores a ser cautelosos con las ICOs ante la posibilidad de que los criptoactivos emitidos pudieran ser valores negociables o instrumentos financieros sujetos a la normativa del mercado de valores[31].

---

tal y como exigía la normativa del mercado de valores norteamericana. El Tribunal determinó que los acuerdos eran contratos de inversión sujetos a esta normativa del mercado de valores. La sentencia entendió que los compradores de las plantaciones de cítricos consideraron que las transacciones eran valiosas principalmente porque la mano de obra y la experiencia eran proporcionadas por otros. Los compradores solo necesitaban invertir capital para acceder a un flujo de ingresos, en concreto las ganancias generadas por dichas plantaciones. De acuerdo con el test de *Howey*, esto calificaba los contratos de compraventa como contratos de inversión, y por tanto la operación debía ser registrada en la SEC de acuerdo con la normativa del mercado de valores de los Estados Unidos.

30 *Vid.* el informe en SECURITIES AND EXCHANGE COMMISSION (SEC): «Report of Investigation Pursuant to Section 21(a) of the Securities Exchange Act of 1934: The DAO», Release nº 81207, 25 julio 2017, <https://www.sec.gov/files/litigation/investreport/34-81207.pdf>; y para un comentario del mismo ELZWEIG, B. & TRAUTMAN, L.J.: «When Does a Non-Fungible Token (NFT) Become a Security?», *Georgia State University Law Review*, 39, 2023, págs. 295-336, espec. 314-330. En lo que ahora interesa, *The DAO* fue una ICO que consiguió recaudar aproximadamente 150 millones de dólares. El proyecto estaba concebido como un vehículo de inversión en el que (i) los inversores recibían DAO *tokens* a cambio de la criptomoneda *ether*; (ii) estos *tokens* les permitían proponer y votar en qué proyectos basados en tecnología *blockchain* debían invertirse las cantidades obtenidas mediante la ICO; y (iii) también les daban derecho a percibir los beneficios que pudieran dar estas inversiones. La emisión llamó la atención del supervisor estadounidense cuando, un par de meses después de haberse producido, se produjo el robo de criptomoneda *ether* en *The DAO* por valor de más de 70 millones de dólares, motivada por una vulnerabilidad interna del código que articulaba la inversión. *Vid.* SIEGEL, D.: «Understanding the DAO Attack», *Coindesk*, 25 junio 2016 (actualizado: 13 enero 2023), <https://www.coindesk.com/understanding-dao-hack-journalists>.

31 *Vid.* en el caso de la *European Securities and Markets Authority*, los comunicados «ESMA alerts investors to the high risks of *Initial Coin Offerings* (ICOs)», 13 noviem-

b) En el caso de la Unión Europea, y según el artículo 3.1.49) del Reglamento MiCA, para determinar cuándo un criptoactivo constituye un instrumento financiero debemos acudir a la Directiva de Mercados e Instrumentos Financieros del año 2014, más conocida como MiFID II[32]. No obstante, esta Directiva no ofrece un concepto de instrumento financiero, sino una mera lista de los valores, contratos y otros instrumentos que tienen esta condición. En efecto, el precepto de la Directiva que establece las definiciones se limita a señalar que por instrumento financiero se entiende «*los instrumentos especificados en el anexo I, sección C*» [artículo 4.1.15) MiFID II]. Y en este anexo nos encontramos, no con un concepto unitario de instrumento financiero, sino con la señalada lista de los que tienen esta condición (incluyendo los valores negociables, los instrumentos del mercado monetario, las participaciones en instituciones de inversión colectiva, contratos de derivados o derechos de emisión).

Esta indefinición conceptual conduce a que cada Estado miembro haya utilizado distintos criterios para transponer el concepto de instrumento financiero a su ordenamiento jurídico. Así, por ejemplo, en el caso de España, el artículo 2.1.a) de la *Ley 6/2023, de 17 de marzo, de los Mercados de Valores y de los Servicios de Inversión* introduce una noción general de valores negociables inexistente en MiFID II[33]. En consecuencia, a la hora de definir si un *token* digital debe ser considerado un *security token*, deberemos tener en cuenta los conceptos de «valor negociable» o de «instrumento financiero» que haya podido formular el Estado miembro cuya ley resulte aplicable a la ICO en cuestión, que también se denomina Estado miembro de origen [*cfr.* artículos 3.1.33) MiCAR y 4.1.55) MiFID II][34].

---

bre 2017, ESMA50-157-829, y «ESMA alerts fims involved in *Initial Coin Offerings* (ICOs) to the need to meet relevant regulatory requirements», 13 noviembre 2017, ESMA50-157-828. Ambos se encuentran disponibles en la página web <https://www.esma.europa.eu/press-news/esma-news/esma-highlights-ico-risks-investors-and-firms#:~:text=ESMA%20is%20alerting%20investors%20of,them%20for%20a%20prolonged%20period>.

32 *Vid. Directiva 2014/65/UE del Parlamento Europeo y del Consejo, de 15 de mayo de 2014, relativa a los mercados de instrumentos financieros y por la que se modifican la Directiva 2002/92/CE y la Directiva 2011/61/UE.*

33 Se entiende como valor negociable «*cualquier derecho de contenido patrimonial, cualquiera que sea su denominación, que, por su configuración jurídica propia y régimen de transmisión, sea susceptible de tráfico generalizado e impersonal en un mercado financiero*».

34 *Vid.* ESMA: «Advice in Initial Coin Offerings and Crypto-Assets», Report, ESMA50-157-1391, 2019, <https://www.esma.europa.eu/document/advice-initial-coin-offerings-and-crypto-assets>. Aunque sea previo al Reglamento MiCA, un análisis de-

Como es lógico, todo ello dificulta notablemente determinar cuándo los criptoactivos objeto de una ICO tienen la consideración de instrumentos financieros. La cuestión parece que solo puede resolverse caso por caso, a partir del análisis de las características y funcionamiento de los *tokens* emitidos, para comprobar si pueden encuadrarse en alguna de las clases listadas en dicho anexo I, sección C, de la MiFID II, tal y como vienen precisadas por la ley nacional correspondiente. Y es evidente que esta resolución no es baladí, ya que, si los *tokens* se consideran instrumentos financieros, se les aplica la normativa del mercado de valores[35], que al menos en el ámbito de la Unión Europea resulta más gravosa que el Reglamento MiCA en cuanto a los requisitos que deben cumplirse[36].

De hecho, en España, parece que puede seguir recurriéndose a los criterios fijados por la CNMV en el año 2018 para determinar si un *token* debe considerarse valor negociable. Estos criterios son: (1) «*que los tokens atribuyan derechos o expectativas de participación en la potencial revalorización o rentabilidad de negocios o proyectos o, en general, que presenten u otorguen derechos equivalentes o parecidos a los propios de las acciones, obligaciones y otros instrumentos financieros incluidos en el artículo 2*» de la Ley del Mercado de Valores; o (2) «*en el caso de tokens que den derecho a acceder a servicios o a recibir bienes o productos, que se ofrezcan haciendo referencia, explícita o implícitamente, a la expectativa de obtención por el comprador o inversor de un beneficio como consecuencia de su revalorización o de alguna remuneración asociada al instrumento o mencionando su liquidez o posibilidad de negociación en mercados equivalentes o pretendidamente similares a los mercados de valores sujetos a regulación*»[37]. Sin embargo, poco después la CNMV matizó este segundo criterio señalando que «*se considera adecuado excluir de la consideración*

---

tallado de si los criptoactivos constituyen o no valores negociables o instrumentos financieros para el Derecho de la Unión Europea, puede verse en HACKER & THOMALE: «Crypto-Securities Regulation...", *cit.*, págs. 663-687.

35 Estas emisiones suelen denominarse *Security Token Offering* (STO). *Vid.* FOZ GIRALT, X.: «STO: ¿puede una empresa financiarse emitiendo tokens de forma regulada?», Nota Técnica ODF nº 41, junio 2019, descargable en <https://www.iefweb.org/es/publicacion-odf/sto-puede-una-empresa-financiarse-emitiendo-tokens-de-forma-regulada/>.

36 La aplicación de la normativa del mercado de valores de la Unión Europea supone, por ejemplo, que estas emisiones (i) queden sujetas a la obligación de elaborar un folleto informativo que contenga toda la información necesaria para que pueda adoptarse la decisión de inversión, (ii) caigan bajo el ámbito de aplicación de MiFID II o (iii) puedan encuadrarse entre los fondos de inversión alternativa. *Vid.* HACKER & THOMALE: «Crypto-Securities Regulation...», *cit.*, págs. 654-656.

37 *Vid.* estos criterios en CNMV: «Consideraciones de la CNMV sobre "criptomonedas" e "ICOs" dirigidas a los profesionales del sector financiero», 8 febrero 2018, págs. 2-3, <https://www.cnmv.es/loultimo/comunicadocnmv_ico_es%20final.pdf>.

como valor negociable aquellos casos en los que no quepa razonablemente establecer una correlación entre las expectativas de revalorización o de rentabilidad del instrumento y la evolución del negocio o proyecto subyacente»[38].

Por tanto, y teniendo en cuenta estos criterios, podemos concluir que, en términos generales, los *tokens* objeto de una ICO serán considerados valores negociables (i) cuando atribuyen derechos de membresía en la sociedad o empresa emisora, como por ejemplo derechos de voto, a participar en los beneficios o a percibir un interés periódico; o bien (ii) si la oferta explicita que existe una expectativa de apreciación del valor de los *tokens* en función de la evolución positiva del negocio o proyecto; o aún (iii) en caso de que constituya instrumento de promoción del *token* la liquidez que deriva del hecho de que sea negociable en un mercado equivalente o similar a los mercados de valores regulados. En cualquier caso, para determinar la naturaleza del criptoactivo debe prevalecer su sustancia sobre la forma o denominación que se le confiera[39].

La complejidad de la cuestión aumenta si tenemos en cuenta que los criptoactivos o *tokens* permiten vehicular múltiples contenidos[40] y, por tanto, en la práctica podemos encontrarnos con la existencia de un buen número de criptoactivos híbridos que combinan caracteres que podrían configurarlos como un instrumento financiero (p.ej., al incorporar una expectativa de beneficios) con otros que los alejan de esta condición (p.ej. el derecho a obtener un bien o servicio del emisor)[41]. En este caso, creemos que deben aplicarse los mismos criterios, de modo que el *token* será un instrumento financiero si, aunque solo sea como parte de su contenido, atribuye derechos de membresía, perspectivas explícitas de revalorización o promete liquidez derivada de la negociación en mercados equivalentes a los regulados de valores.

Con todo, y como ya hemos dicho, el problema de determinar cuándo un criptoactivo constituye a la vez un instrumento financiero debería simplificarse cuando la AEVM/ESMA elabore la guía que contenga los criterios y

---

38 *Vid.* la matización del criterio en CNMV: «Criterios en relación con las ICOs», 20 septiembre 2018, pág. 2, <https://cnmv.es/docportal/fintech/criteriosicos.pdf>.

39 *Vid.* HACKER & THOMALE: «Crypto-Securities Regulation...», *cit.*, págs. 686-687, para quienes, no obstante, sostienen que «[g]*eneralmente, la piedra de toque para la aplicabilidad de la regulación de valores de la UE debería ser si los tokens prometen a sus poseedores la participación en los flujos de efectivo futuros generados por el proyecto en curso (o liquidado/vendido). Cuando este no sea el caso, la mera posibilidad de una apreciación del valor no debería ser suficiente para equiparar estos tokens con acciones, deuda titulizada u opciones, es decir, con valores*» (traducción propia).

40 *Vid.* por todos, SANDEI: «Le initial coin offering ...», *cit.*, pág. 394, para quien los *tokens* emitidos en una ICO se prestan a «*veicolare qualsiasi contenuto*».

41 *Vid.* HACKER & THOMALE: «Crypto-Securities Regulation...», *cit.*, págs. 681-684.

condiciones que deben concurrir en los *tokens* para calificarlos como instrumentos financieros. En este sentido, el considerando (14) del Reglamento MiCA señala que «[a] *fin de garantizar una delimitación clara entre, por una parte, los criptoactivos incluidos en ámbito de aplicación del presente Reglamento y, por otra, los instrumentos financieros, debe encomendarse a la AEVM que emita directrices sobre los criterios y las condiciones para la consideración de los criptoactivos como instrumentos financieros*». Y el artículo 2.5 del propio Reglamento dispone que «[a] *más tardar el 30 de diciembre de 2024, la AEVM [...] emitirá directrices* [...] *sobre las condiciones y los criterios para la consideración de los criptoactivos como instrumentos financieros*»[42].

2.2. Criptoactivos regulados por el Reglamento MiCA

El Reglamento MiCA divide los criptoactivos sujetos a su ámbito de aplicación en tres clases distintas, a cada una de las cuales atribuye un régimen jurídico (parcialmente) diferente:

a) Los *tokens* o fichas referenciadas a activos (*assed-referenced tokens*) [Título III, artículos 16 a 47]. Son definidos como «*un tipo de criptoactivo que no es una ficha de dinero electrónico y que pretende mantener un valor estable referenciado a otro valor o derecho, o a una combinación de ambos, incluidas una o varias monedas oficiales*» [artículo 3.1.6) MiCAR][43].

b) Los *tokens* o fichas de dinero electrónico (*e-money tokens*) [Título IV, artículos 48 a 58]. Son «*un tipo de criptoactivo que, a fin de mantener un valor estable, se referencia al valor de una moneda oficial*» [artículo 3.1.7) MiCAR].

c) Los criptoactivos distintos de fichas referenciadas a activos o fichas de dinero electrónico (y que no queden excluidos de su ámbito de aplicación, como los que se consideren instrumentos financieros o los conocidos como NFT o *Non-Fungible Tokens*). Curiosamente, pese a que está configurada como una categoría residual, el Reglamento no regula este tipo de criptoactivos en último lugar, como cabría esperar, sino que su régimen jurídico es el que se encuentra el primero en el texto legal (Título II, artículos 4 a 15). Es común afirmar que en esta última categoría se incluyen los tradicionalmente denominados *utility tokens*, que como se ha dicho han sido los criptoactivos más utilizados para fi-

---

42 *Vid.* «MiCA implementing measures», <https://www.esma.europa.eu/esmas-activities/digital-finance-and-innovation/markets-crypto-assets-regulation-mica>.

43 Un ejemplo de este tipo de criptoactivos es *Digit* (DGX), que está respaldado por una cantidad equivalente de oro físico almacenado en una bóveda segura.

nanciar la creación de *startups*, y por ello son los que centrarán nuestra atención. Estos *tokens* son los que dan acceso a un bien o un servicio prestado por el emisor [*cfr.* artículo 3.1.9) MiCAR] que normalmente el propio emisor está desarrollando[44].

En el caso de las fichas referenciadas a activos y de las fichas de dinero electrónico, el Reglamento MiCA establece un régimen de autorización *ex ante*, atribuyendo la competencia al Estado miembro de origen del emisor y con efectos para todo el territorio de la Unión Europea («pasaporte comunitario»)[45].

En cambio, se entiende que los criptoactivos distintos de fichas referenciadas a activos o fichas de dinero electrónico (las fichas de consumo o *utility tokens*) suponen un menor riesgo tanto para sus titulares como para la estabilidad financiera[46] y, en consecuencia, su emisión no está sujeta a un régimen de autorización previa, sino a su mera notificación a la autoridad de supervisión del Estado miembro del emisor (con posterior notificación a las autoridades de los Estados miembros donde se vaya a presentar la oferta pública)[47]. Como hemos dicho que los estudios indican que estos *tokens* han sido hasta ahora los más usados como fórmula de financiación empresarial, en el resto del trabajo nos centraremos a precisar cuáles son los principales requisitos que para su emisión exige el Reglamento MiCA desde la perspectiva de la protección de sus adquirentes. En este sentido, y como también se ha advertido, no hay que olvidar que uno de los objetivos principales del Reglamento MiCA es la pro-

---

44 Como estos productos normalmente adoptan la forma de una aplicación informática, estos *tokens* a veces se han denominado *app tokens. Vid.* ROHR, J. & WRIGHT, A.: «Blockchain-Based Token Sales, Initial Coin Offerings, and the Democratization of Public Capital Markets», *Cardozo Legal Studies Research Paper* nº 527, 4 octubre 2017, pág. 12, <https://ssrn.com/abstract=3048104>.

45 Según el artículo 3.1.33) del Reglamento MiCA, el Estado miembro de origen del emisor es, en el caso de fichas referenciadas a activos, «*el Estado miembro donde tenga su domicilio social*» [apartado d)] y, en el caso de fichas de dinero electrónico, «*el Estado miembro en el que esté autorizado como entidad de crédito* [...] *o como entidad de dinero electrónico*» [apartado e)].

46 *Vid.* por todos, PwC: «El impacto regulatorio...», *cit.*, pág. 16; y NOVELLA GONZÁLEZ DEL CASTILLO, E.: «El futuro Reglamento europeo para un mercado de criptoactivos», en *Criptoactivos. Retos y desafíos normativos* (coord.: Moisés Barrio Andrés), Wolters Kluwer, 2021, págs. 117-133, espec. pág. 123.

47 En el caso los criptoactivos distintos de las fichas referenciadas a activos o fichas de dinero electrónico, el Estado miembro de origen del oferente será: (a) el Estado miembro en el que tenga el domicilio social, si este se encuentra en la Unión Europea; (b) el Estado miembro donde tenga alguna sucursal, si no tiene el domicilio social en la Unión pero sí una o más sucursales; o (c) el Estado miembro donde vaya a ofertar los criptoactivos, si está establecido en un tercer país y no tiene ninguna sucursal en la Unión [artículo 3.1.33), letras a), b) y c) MiCAR].

tección de los titulares de los criptoactivos que regula, en particular cuando son minoristas o «consumidores»[48].

3. LOS CRIPTOACTIVOS DISTINTOS DE LAS FICHAS REFERENCIADAS A ACTIVOS Y DE LAS FICHAS DE DINERO ELECTRÓNICO

Como acabamos de ver, una de las principales preocupaciones del legislador europeo en la emisión y admisión de negociación de los *utility tokens* es proteger debidamente a sus adquirentes o inversores, en especial cuando se trata consumidores. A nuestro juicio, los cuatro ejes fundamentales alrededor de los cuales gira esta protección son (i) la elaboración y publicidad de un *white paper* [infra 3.1.], (ii) la campaña publicitaria [infra 3.2.], (iii) la salvaguardia de los fondos de los inversores [infra 3.3.] y (iv) el derecho de desistimiento [infra 3.4.].

3.1. El libro blanco o white paper

El elemento de protección fundamental de los inversores parece ser el *white paper* o libro blanco que tiene que elaborar el emisor u otro oferente de los *tokens*[49]. El Reglamento MiCA prohíbe ofertar al público *utility tokens* si no se ha elaborado, notificado y publicado un libro blanco cuyo objetivo primor-

---

48 *Vid.* los considerandos (1) a (6) del Reglamento MiCA para una visión de sus objetivos generales, entre los cuales destaca la protección de los adquirentes de los criptoactivos.

49 Es habitual que la operación de oferta al público de *tokens* se desarrolle en cuatro fases distintas. En *primer* lugar, una fase informativa que suele consistir, por un lado, en la publicación de un *white paper* donde se explican las características de la operación y de los *tokens* emitidos y, por otro, en actividades de *marketing* a través de diversos canales (p.ej., redes sociales, chats privados, fórums, etc.). En *segundo* término, una fase de preventa de los *tokens* («pre-ICO»), donde se venden a inversores concretos a un precio ventajoso. En *tercer* lugar, la fase de oferta al público en general, es decir, la ICO propia y verdadera, en la que el emisor indica la dirección digital a la que el inversor suscriptor debe remitir la contraprestación (que puede ser en moneda fiat, pero que más habitualmente consiste en criptomoneda). Esta fase se asocia a un *smart contract* que, si se alcanza el importe mínimo establecido (*soft cap*), producirá el cambio automático entre el *token* y la respectiva contraprestación, y en caso contrario, restituirá los fondos a los inversores. Por *último*, la fase del *listing*, por la que los *tokens* son admitidos en una plataforma de negociación (*exchange*) que actúa como intermediario de operaciones de compraventa. *Vid.* sobre las fases del proceso, EUROPEAN PARLIAMENT RESEARCH SERVICE: «Understanding initial coin offerings...», *cit.*, pág. 4; y también CASARRUBEA: «Il ruolo del *white paper*...», *cit.*, págs. 224-225.

dial es ofrecer información sobre el emisor y/u oferente, la naturaleza del proyecto que quiere financiar y las características de los *tokens* que se ofrecen [artículo 4.1.b), c) y d) MiCAR][50]. En este sentido, es fácil advertir que el libro blanco tiene un papel similar al que cumple el folleto en las ofertas públicas de venta de valores. De este modo, intenta equilibrarse o, al menos, minimizarse uno de los principales riesgos que se han asociado al fenómeno de los ICOs: la asimetría informativa entre el emisor y el adquirente (minorista) de los *tokens*[51].

---

50 Con anterioridad al Reglamento MiCA y pese a la ausencia de regulación, ha venido siendo habitual que el emisor elaborara un *white paper* o libro blanco de forma voluntaria (*vid.* BOREIKO, D. & SAHDEV, N.K.: «To ICO or not to ICO. Empirical analysis of Initial Coin Offerings and Token Sales», 2018, pág. 10, <https://ssrn.com/abstract=3209180>, señalando que solo una cuarta parte de los ICOs examinados carecen de libro blanco). Ello resulta lógico por cuanto para atraer inversores hay que explicarles el proyecto, y si se busca alcanzar al mayor número de sujetos posible, la forma más sencilla de conseguirlo es mediante la elaboración de un documento donde conste dicha información. Con todo, la falta de regulación hacía que en la práctica la forma y contenido de los diferentes libros blancos fuera muy dispar (*vid.* sobre estas diferencias, IOSCO: «Investor Education on Crypto-Assets. Final Report», FR12/2020, diciembre 2020, pág. 10, <https://www.iosco.org/library/pubdocs/pdf/IOSCOPD668.pdf>; y con mayor detalle, ZETZSCHE, D.A.; BUCKLEY, R.P:, ARNER, D.W. & FÖHR, L.: «The ICO Gold Rush: It's a scam, It's a bubble, It's a super challenge for regulators», 2018, pág. 11, <https://ssrn.com/abstract=3072298>), de modo que el documento no siempre ofrecía a los potenciales adquirentes de los criptoactivos todas las informaciones necesarias para conocer el alcance y riesgos de la inversión, sino que más bien estaba pensado como mero instrumento de *marketing* para la promoción de la operación (*vid.* CASARRUBEA: «Il ruolo del *white paper...*», *cit.*, pág. 227).

51 El riesgo derivado del déficit informativo del inversor ha sido puesto de manifiesto desde las primeras advertencias realizadas por las autoridades supervisoras en relación con las ofertas iniciales de monedas. *Vid.* p.ej., «ESMA alerts investors to the high risks of *Initial Coin Offerings* (ICOs)», 13 noviembre 2017, ESMA50-157-829; <https://www.esma.europa.eu/sites/default/files/library/esma50-157-828_ico_statement_firms.pdf>; «(SEC) Statement on Cryptocurrencies and Initial Coin Offerings», 11 diciembre 2017; <https://www.sec.gov/news/public-statement/statement-clayton-2017-12-11>; «IOSCO Board communication on concerns related to Initial Coin Offerings (ICOs)», 18 enero 2018, IOSCO/MR/01/2018, <https://www.iosco.org/news/pdf/IOSCONEWS485.pdf>; o «Comunicado conjunto de la CNMV y del Banco de España sobre "criptomonedas" y "ofertas iniciales de criptomonedas" (ICOs)», 8 febrero 2018, <https://www.cnmv.es/loultimo/notaconjuntariptoes%20final.pdf>. Además, la relevancia del problema de la asimetría informativa ha sido puesta de manifiesto por numerosa doctrina. *Vid.* por todos, CHEN, K.: «Information asymmetry in initial coin offerings (ICOs): Investigating the effects of multiple cannel signals», *Electronic Commerce Research and Applications*, 36, 2019, Article 100858; y CHOD, J. & LYANDRES, E.: «A Theory of ICOs: Diversification, Agency, and Information Asymmetry», 2020, <https://ssrn.com/abstract=3159528>.

El Reglamento MiCA detalla tanto el contenido como la forma de redacción del libro blanco, y también establece algunas emisiones en las que no resulta necesaria su elaboración.

a) En primer lugar, el Reglamento MiCA detalla cuál ha de ser el contenido mínimo del libro blanco (artículo 6 y Anexo I). Por un lado, determina este contenido *en positivo*, especificando qué informaciones debe incluir y cómo deben ser redactadas. En este sentido, destacan las advertencias de riesgo, complejidad y de liquidez previstas en el artículo 6.5 MiCAR, para informar al potencial inversor que el criptoactivo «*puede perder su valor total o parcialmente*», «*puede no ser siempre negociable*», «*puede no ser líquido*», «*puede no ser canjeable por el bien o servicio prometido*» y no está cubierto por los sistemas de garantía de depósitos ni de indemnización de los inversores previstos por la normativa europea. Por otro, se introduce una delimitación del contenido *en negativo*, para impedir que el libro blanco contenga afirmación alguna sobre el valor futuro del criptoactivo (con la excepción de la declaración ya indicada de que puede perder total o parcialmente su valor) [artículo 5.4 MiCAR]. Con esta prohibición el legislador comunitario quiere impedir que se ofrezca al potencial adquirente la imagen de que los criptoactivos se emiten como instrumentos de inversión que con su revalorización le permitirán obtener una ganancia. Dada la extensión que puede (y suele) tener el libro blanco, resulta un acierto que se obligue a incluir un resumen (*executive summary*) que, en formato claro, completo y legible, «*proporcionará, de forma sucinta y sin tecnicismos, información relevante acerca de la oferta pública del criptoactivo*» (artículo 6.7 MiCAR). Con la lectura de este resumen el potencial adquirente puede adquirir una información básica sobre la naturaleza del proyecto y las características de los criptoactivos que se emiten para su financiación. Con todo, el propio resumen ha de advertir de sus limitaciones precisando que «*el potencial titular debe basar su decisión de compra del criptoactivo en el contenido de la totalidad del libro blanco de criptoactivos, y no únicamente en el resumen*» [artículo 6.7.II.b) MiCAR]. Igualmente, y para evitar equívocos, este resumen debe especificar que la oferta pública del criptoactivo no constituye una oferta o invitación a adquirir instrumentos financieros [artículo 6.7.II.c) MiCAR].

b) En cuanto a la forma de redacción del libro blanco, bastará con que efectuemos tres observaciones. La *primera* es que, como no podía ser de otro modo, se exige que esa redacción sea imparcial, clara, concisa, comprensible y no engañosa (artículo 5.2 MiCAR). En *segundo* lugar, el documento será redactado, al menos, en una lengua oficial del Estado miembro de origen o «*en una lengua de uso habitual en el ámbito de las finanzas internacionales*», con el objetivo de no obstaculizar el uso de la lengua inglesa, muy habitual en la redacción de los *white papers* elaborados hasta ahora de manera voluntaria (artículo 5.9 MiCAR). Por *último*, se otorga a ESMA, en colaboración con la Autoridad Bancaria Europea, la facultad de elaborar formularios, formatos y plantillas de libro blanco normalizados, a través de normas técnicas de ejecución que deberían presentarse a más tardar el 30 de junio de 2024 (artículo 5.11 MiCAR).

c) El Reglamento MiCA establece algunas emisiones en las que la elaboración del libro blanco no es necesaria (artículo 4.2 MiCAR). En términos generales, estas exenciones pueden agruparse en torno a dos situaciones: por un lado, aquellas de pequeñas dimensiones (p.ej., una oferta dirigida a menos de 150 personas por Estado miembro o que no exceda de un millón de euros en el periodo de doce meses); por otro, aquellas que se dirigen exclusivamente a inversores cualificados (y en las que solo estos inversores pueden ser titulares de los criptoactivos). En estos casos, el Reglamento MiCA solo exime de la elaboración, notificación y publicación del libro blanco, pero no de las demás obligaciones que exige para la emisión de los *utility tokens* (p.ej., las previstos en el artículo 14 MiCAR, que incluyen la actuación con honestidad, imparcialidad y profesionalidad o, entre otros, el mantenimiento de un trato equitativo de los titulares de criptoactivos que se encuentren en las mismas condiciones). Además, se afirma que la exención del libro blanco no dispensa al emisor de observar la normativa nacional y europea de tutela del consumidor, cuando el adquirente de los *tokens* tenga esta condición[52].

El libro blanco debe notificarse a la autoridad competente del Estado miembro de origen del emisor u oferente de los *tokens*, al menos 20 días hábiles antes de la fecha de su publicación (artículo 8, apartados 1 y 5, MiCAR). Basta con que se efectúe esa notificación, sin que el legislador europeo haya previsto la aprobación previa por parte de dicha autoridad ni los Estados miembros puedan exigirla (artículo 8.3 MiCAR). De hecho, el artículo 6.3 MiCAR exige que el libro blanco contenga en la primera página, de forma clara y destacada, la siguiente declaración, que deberá ser reproducida literal-

---

52 *Vid.* CASARRUBEA: «Il ruolo del *white paper...*», *cit.*, pág. 233. La aplicación de esta normativa de consumo, junto con otras (p.ej., en España, el Código Civil y la Ley 34/2002, de 11 de julio, de servicios de la sociedad de la información y de comercio electrónico), ya había sido defendida con anterioridad al Reglamento MiCA, cuando las emisiones carecían de regulación: *vid.* HACKER & THOMALE: «Crypto-Securities Regulation...» *cit.*, pág. 675; o PACHECO JIMÉNEZ, M.N.: «De la tecnología blockchain a la economía del token», *Revista de la Facultad de Derecho de la Pontificia Universidad Católica del Perú*, 83, 2019, págs. 61-87, espec. pág. 79.

mente: «*Este libro blanco de criptoactivos no ha sido aprobado por ninguna autoridad competente de ningún Estado miembro de la Unión Europea. El oferente del criptoactivo es el único responsable del contenido de este libro blanco de criptoactivos*». Con ello parece cerrarse incluso la posibilidad de que dicha autoridad realice una mera revisión formal del libro blanco para formular observaciones y solicitar cambios si no incluye el contenido mínimo legalmente exigido.

Esa responsabilidad del oferente, ya sea el emisor u otro sujeto como una plataforma de negociación, queda consolidada frente a los potenciales adquirentes de los *tokens* a través de la declaración exigida por el artículo 6.6 del Reglamento MiCA. Según este precepto, el libro blanco debe contener una declaración del órgano de dirección del oferente que, de una parte, confirma que el libro blanco de criptoactivos cumple los requisitos del citado Reglamento y, de otra, afirma que, según el leal saber y entender de dicho órgano, la información que presenta es imparcial, clara y no engañosa y no incurre en ninguna omisión que pueda afectar a su contenido.

El oferente y los miembros de su órgano de administración, dirección o supervisión responden frente a los titulares de los criptoactivos de cualquier pérdida que estos sufran como consecuencia de los defectos informativos que presente el libro blanco, y que provoquen que no sea completo, imparcial o claro, o bien que sea engañoso. Las limitaciones o exclusiones contractuales de esta responsabilidad civil carecen de efectos jurídicos (artículo 15, apartados 1 y 2, MiCAR). Con todo, la norma más controvertida es la que atribuye a los titulares del criptoactivo la prueba de que, por un lado, el oferente ha infringido sus deberes informativos y, por otro, que esta vulneración ha afectado a su decisión de compra del criptoactivo (artículo 15.4 MiCAR). La doctrina ha señalado que la imposición de la carga de la prueba al titular del criptoactivo debilita la tutela de la parte de las ICOs más necesitada de protección[53], y cuestiona que no se introduzcan diferencias en función del tipo de *token* ofrecido. En particular, se defiende que los criptoactivos cuya emisión no requiere autorización previa, como los *utility tokens*, deberían suponer que fuera el oferente quién tuviera que probar la exactitud y completitud del libro blanco[54].

La notificación a la autoridad competente debe ir acompañada de una explicación de los motivos por los que el criptoactivo no debe considerarse un instrumento financiero excluido del ámbito de aplicación del Reglamento MiCA, ni tampoco una ficha de dinero electrónico o una ficha referenciada a

---

53 *Vid.* GIUDICI, P. & FERRARINI, G.: «Digital offerings and mandatory disclosure: a market-based critique of MiCA», en *Digital Finance in Europe: Law, Regulation, and Governance* (ed.: Emilios Avgouleas y Heikki Marjosola), De Gruyter, 2022, págs. 87-108, espec. págs. 105-107.

54 *Vid.* CASARRUBEA: «Il ruolo del *white paper*...», *cit.*, págs. 251-252.

activos (artículo 8.4 MiCA). Por tanto, se requiere un proceso de *autoevaluación* de la naturaleza del activo efectuada por el propio emisor u oferente, con el fin de clarificar a la autoridad competente el encuadre del *token* emitido dentro de la compleja taxonomía de los criptoactivos.

También cabe señalar que el libro blanco deberá ser publicado en la página web de la entidad oferente «*con una antelación razonable y, a más tardar, en la fecha de inicio de la oferta pública de esos criptoactivos o de su admisión a negociación*». Además, debe mantenerse disponible en dicho sitio web «*mientras los criptoactivos estén en manos del público*», es decir, más allá del momento en que concluye el plazo para su suscripción y mientras estén «en el mercado», cualquiera que sea su frecuencia y volumen de transmisión (artículo 9.1 MiCAR).

Mientras la oferta pública se encuentre vigente o el criptoactivo esté admitido a negociación, el libro blanco será modificado cuando haya un nuevo factor significativo o un error o una inexactitud sustanciales que puedan afectar a la evaluación de los criptoactivos. El libro blanco modificado y los motivos que originan los cambios serán notificados a la autoridad competente del Estado miembro de origen, como mínimo siete días antes de publicarlo. A su vez, el Estado miembro de origen notificará el libro blanco modificado a las autoridades competentes de los Estados de acogida, así como también a la AEVM/ESMA. El libro blanco modificado será publicado en la página web del oferente, lo que sin embargo no supone la supresión de la versión o versiones anteriores. Todas las versiones del libro blanco, anteriores y vigente, siguen constando en la web, aunque esta última deberá marcarse como versión aplicable. En el caso del libro blanco vigente, esta constancia en la web del oferente se mantendrá, aunque haya finalizado el periodo de oferta pública, mientras los criptoactivos estén en manos del público. En cambio, las versiones anteriores del libro blanco solo deben permanecer a disposición del público durante un plazo de diez años a partir de su publicación, debiendo advertir que han dejado de ser válidas y dirigir mediante hipervínculo a la versión vigente del documento (*cfr.* artículo 12 MiCAR).

3.2. La campaña publicitaria

Una vez elaborado y publicado el libro blanco, el oferente puede iniciar la campaña publicitaria para promover la adquisición de los criptoactivos. Las comunicaciones publicitarias suelen llevarse a cabo por una pluralidad de medios, mediante el uso de las redes sociales. Así, es habitual que se produzca un contacto directo entre los promotores del proyecto y los inversores potenciales mediante herramientas como *Telegram*, se hagan publicaciones en foros de debate en línea especializados en criptoactivos como *Bitcoin Talk*, o se efectúen anuncios a través de cuentas activas en redes sociales tradicionales como *Facebook* o *Instagram*[55].

3.2.1. La no aplicación del artículo 247 de la Ley del Mercado de Valores y Servicios de Inversión y de la Circular 1/2022 a los utility tokens

Ante la notoriedad e importancia que habían ido adquiriendo las ofertas públicas de criptoactivos, en el año 2021 el legislador español modificó el entonces vigente Texto Refundido de la Ley del Mercado de Valores[56] para atribuir a la Comisión Nacional del Mercado de Valores el control de «*la publicidad de criptoactivos u otros activos e instrumentos presentados como objeto de inversión*», y conferirle la facultad de desarrollar mediante circular, «*entre otras cuestiones, el ámbito subjetivo y objetivo y las modalidades concretas de control a las que quedarán sujetas dichas actividades publicitarias*» (artículo 240 bis TRLMV, introducido por el Real Decreto-ley 5/2021, de 12 de marzo). Este desarrollo se materializó en la Circular 1/2022, de 10 de enero, de la Comisión Nacional del Mercado de Valores, relativa a la publicidad sobre criptoactivos presentados como objeto de inversión. La ahora vigente Ley 6/2023, de 17 de marzo, de los Mercados de Valores y de los Servicios de Inversión (LMVSI), mantiene aquella competencia en manos de la Comisión (artículo 247) y, por tanto, también la vigencia de la Circular que la desarrolla.

No obstante, después de la entrada en vigor del Reglamento MiCA, estas disposiciones solamente son aplicables a la publicidad de criptoactivos que tengan la consideración de instrumentos financieros, esto es, principalmente a los que se han denominado *security tokens*. En primer lugar, porque la aplicación directa del Reglamento MiCA desplaza las disposiciones nacionales que regulan los criptoactivos ya incluidos en el ámbito de la norma europea. Y, en segundo término, porque tanto el artículo 247 LMVSI como la Circular 1/2022, limitan su ámbito de aplicación a la publicidad de criptoactivos «*como objeto de inversión*» o «*que sean objeto de inversión*».

En particular, aquellas normas españolas no resultan aplicables a los *utility tokens*, que son los que centran nuestro trabajo. Y ello por cuanto el artículo 3.1 de la Circular 1/2022 considera que un criptoactivo se ofrece como posible objeto de inversión «*cuando se promueva su adquisición o se haga cualquier*

55 Además, algunos agregadores *online* de datos de ICOs ofrecen servicios de calificación para *tokens* utilizando paneles de supuestos expertos (p.ej., *ICOBench*). *Vid.* EUROPEAN PARLIAMENT RESEARCH SERVICE: «Understanding initial coin offerings...», *cit.*, págs. 4 y 8, nt. 10.

56 *Real Decreto Legislativo 4/2015, de 23 de octubre, por el que se aprueba el texto refundido de la Ley del Mercado de Valores.*

referencia a su rentabilidad, precio o valor, actuales o futuros, que pudiera sugerir una oportunidad de invertir en dicho criptoactivo», y en cambio el artículo 6.4 del Reglamento MiCA prohíbe que el libro blanco de los criptoactivos que sean distintos de fichas referenciadas a activos o fichas de dinero electrónico contenga afirmación alguna sobre su valor futuro (salvo la advertencia, en este caso obligada, de que el criptoactivo puede perder total o parcialmente su valor).

3.2.2. Las comunicaciones publicitarias de los utility tokens

En el caso de que se ofrezcan *utility tokens*, las comunicaciones publicitarias deben cumplir con lo dispuesto en el Reglamento MiCA, que sustancialmente contiene tres clases de reglas: de forma, de tiempo y de contenido. Veamos algunas de las más destacadas.

a) En cuando a los aspectos formales, se exige que las comunicaciones publicitarias, en *primer* lugar, sean claramente identificables como tales [artículo 7.1.a) MiCAR]; en *segundo* término, se inserten en el sitio web del oferente antes del inicio de la oferta pública de los criptoactivos; y *tercero*, permanezcan disponibles en dicha web durante todo el tiempo en que los *tokens* emitidos se encuentren en manos del público (artículo 9.1 MiCAR).

b) En el ámbito temporal, cabe destacar dos reglas. Por un lado, la comunicación publicitaria deberá ser notificada a las autoridades competentes del Estado miembro de origen del oferente con una antelación mínima de 20 días hábiles a la fecha de publicación del libro blanco (artículo 8, apartados 2 y 5, MiCAR). En esta comunicación tendrá que señalarse los Estados miembros en cuyo territorio se pretende ofrecer los *tokens* publicitados, denominados Estados miembros de acogida (artículo 8.6 MiCAR). El Estado miembro de origen comunicará a los Estados miembros de acogida la oferta pública prevista, y estos podrán solicitar que se les notifique la comunicación publicitaria que se va a realizar (artículos 8, apartados 2 y 6, MiCAR). Por otro, la publicidad de los criptoactivos no podrá difundirse antes de que se haya publicado el libro blanco, cuando este sea exigible, sin perjuicio de la posibilidad del oferente de realizar prospecciones de mercado (artículo 7.2 MiCAR)[57].

---

[57] En términos generales, las prospecciones de mercado son interacciones entre un vendedor de criptoactivos y uno o más inversores o suscriptores potenciales, antes del anuncio de la operación, destinadas a evaluar el interés que puede generar la posible operación, su precio, volumen y estructura. Las prospecciones de mercado tienen una gran relevancia en el ámbito del abuso de mercado, ya que, bajo ciertas

c) Y, por lo que respecta al contenido, el Reglamento MiCA impone unas reglas que afectan al contenido general de la comunicación publicitaria y otras que exigen que incluya informaciones específicas. En cuanto a las primeras, es preciso que la publicidad de los *utility tokens* sea imparcial, clara y no engañosa [artículo 7.1.b) MiCAR], así como también coherente con la información que figure en el libro blanco [artículo 7.1.c) MiCAR]. Si pasamos ahora a las informaciones específicas, las comunicaciones publicitarias han de indicar, en primer lugar, que se ha publicado el libro blanco, así como la dirección del sitio web, un número de teléfono y una dirección de correo electrónico del oferente [artículo 7.1.d) MiCAR]. En segundo término, han de advertir que la comunicación publicitaria no ha sido revisada ni aprobada por ninguna autoridad competente, de modo que el oferente es el único responsable de su contenido [artículo 7.1.e) MiCAR].

3.3. La salvaguardia de los fondos de los inversores

En una ICO puede existir un plazo más o menos prolongado entre el momento en que el suscriptor o adquirente de los *tokens* remite la contraprestación (en moneda fiat o criptomoneda) al oferente y el momento en que este último entrega al primero los criptoactivos suscritos o adquiridos. Esto hace que sea necesario establecer medidas de control y salvaguardia de los fondos que constituyen aquella contraprestación, a fin de que los suscriptores o adquirentes de los *tokens* tengan la garantía de su devolución cuando la oferta pública sea cancelada por cualquier motivo. Máxime cuando, como es común afirmar, la ausencia de tales medidas puede dar lugar –y así ha sucedido en el pasado– a situaciones de fraude en que el emisor o el oferente se han apropiado de la citada contraprestación sin entregar a cambio los *tokens* o criptoactivos a los suscriptores o adquirentes[58].

---

condiciones, permiten comunicar información privilegiada [*cfr.* artículo 11 del Reglamento (UE) nº 596/2014 del Parlamento Europeo y del Consejo, de 16 de abril de 2014, sobre el abuso de mercado; y en desarrollo, el Reglamento de Ejecución (UE) 2016/959 de la Comisión, de 17 de mayo de 2016; y el Reglamento Delegado (UE) 2016/960 de la Comisión, de 17 de mayo de 2016]. *Vid.* al respecto, REISBERG, A.: «Article 11: Market soundings», en *Market Abuse Regulation. Commentary and Annotated Guide* (eds. Marco Ventoruzzo & Sebastian Mock), Oxford University Press, 2017, págs. 297-308.

58 *Vid.* en torno a estos fraudes, por todos, LIEBAU, D. & SCHUEFFEL, P.: «Cryptocurrencies & Initial Coin Offerings: Are They Scams? – An Empirical Study», *The Journal of the British Blockchain Association*, Vol. 2, Issue 1, 2019, págs. 1-7; VELASCO ALCALDE, J.: «Estafa de inversores y criptodivisas», *Revista Aranzadi de Derecho y Nuevas Tecnologías*, 54, 2020, versión digital; y HORNUF, L.; KÜCK, T. & SCHWIENBACHER, A.:

El mecanismo de control y salvaguardia previsto por el Reglamento MiCA consiste en que la contraprestación obtenida durante la oferta pública sea custodiada por tercero, que será una entidad de crédito si esa contraprestación consiste en moneda fiat, o bien un proveedor de servicios de custodia y administración de criptoactivos por cuenta de clientes si se trata de otros criptoactivos (artículo 10.3 MiCAR)[59]. Por tanto, la custodia no solo se atribuye a

---

«Initial coin offerings, information disclosure, and fraud», *Small Business Economics*, 58, 2022, págs. 1741-1759.

59 El Reglamento MiCA solo permite prestar servicios de criptoactivos en la Unión Europea, por un lado, a «*una persona jurídica u otra empresa que haya sido autorizada como proveedora de servicios de criptoactivos*» y, por otro, a diversos tipos de entidades financieras que hayan sido autorizadas para prestar servicios de criptoactivos (p.ej., entidades de crédito, empresas de servicios de inversión, entidades de dinero electrónico, etc.) [*cfr.* artículo 59.1 MiCAR]. Por otro lado, se consideran servicios de criptoactivos los siguientes: (a) la custodia y administración de criptoactivos por cuenta de clientes; (b) la gestión de una plataforma de negociación de criptoactivos; (c) el canje de criptoactivos por fondos; (d) el canje de criptoactivos por otros criptoactivos; (e) la ejecución de órdenes relacionadas con criptoactivos por cuenta de clientes; (f) la colocación de criptoactivos; (g) la prestación de servicios de transferencia de criptoactivos por cuenta de clientes; (h) la recepción y transmisión de órdenes relacionadas con criptoactivos por cuenta de clientes; i) el asesoramiento en materia de criptoactivos; y j) la gestión de carteras de criptoactivos [artículo 3.1.16) MiCAR]. Como puede observarse, se trata de adaptaciones de los servicios y actividades de inversión y de los servicios auxiliares tipificados ya en el ecosistema regulatorio europeo de los mercados financieros. *Vid.* TAPIA HERMIDA, A.J.: «Desafíos en la regulación y supervisión de los criptoactivos en la Unión Europea y en España», *Revista de Derecho del Mercado de Valores*, 28, 2021, pág. 16, conclusión cuarta. Para ser autorizados, los proveedores de servicios de criptoactivos deben cumplir con una serie de requisitos generales de carácter prudencial (p.ej., recursos propios suficientes, sistemas de gobernanza efectiva, mecanismos para prevenir el abuso de mercado, etc.) y otros específicos en función del servicio o servicios de criptoactivos que vayan a prestar. En el caso de la custodia y administración de criptoactivos por cuenta de clientes, que se define como «*la guarda o el control, por cuenta de clientes, de criptoactivos o de los medios de acceso a esos criptoactivos, en su caso en forma de claves criptográficas privadas*» [artículo 3.1.17) MiCAR], quienes presten este servicio tendrán que cumplir con lo dispuesto en el artículo 75 MiCAR. En particular, (i) establecerán una política de custodia que incluya normas y procedimientos internos para garantizar la guarda o el control de dichos criptoactivos; (ii) celebrarán un contrato con sus clientes para especificar sus obligaciones y responsabilidades, donde se describa el servicio que se ofrece, los sistemas de seguridad utilizados o, entre otros extremos, las comisiones, gastos y cargos aplicados por la prestación del servicio; (iii) llevarán un registro de las posiciones abiertas a nombre de cada cliente y correspondientes a los derechos de cada cliente sobre los criptoactivos; (iv) facilitarán a sus clientes, al menos una vez cada tres meses y cuando el cliente de que se trate lo solicite, un estado de posición de los criptoactivos registrados a nombre de dichos clientes; y (v) velarán por que, en el registro distribuido, los criptoactivos de sus clientes se mantengan separados de sus propios

una persona distinta del propio emisor u oferente, sino que se deja en manos de una entidad profesional en el manejo y protección del tipo de contraprestación entregada por el suscriptor o adquirente de los *tokens* ofertados.

El plazo durante el cual se mantiene esta custodia por tercero profesional difiere según si se ha fijado o no plazo para la oferta pública. En el caso de que sea una ICO en que la suscripción de los *tokens* deba realizarse en un plazo determinado, el oferente debe publicar en su sitio web el resultado de la oferta pública dentro de los 20 días hábiles siguientes al fin de dicho plazo (artículo 10.1 MiCAR), momento a partir del cual procederá a la entrega de los *tokens* en los *wallets* de los suscriptores y consiguiente recepción de los fondos o criptoactivos que han quedado custodiados por la entidad de crédito o el proveedor de servicios de criptoativos.

Dentro de estos casos donde el plazo se ha determinado hay que comprender el caso en que la oferta pública se refiera a una ficha de consumo o *utility token* que proporcione acceso a bienes y servicios que aún no existan o no estén operativos. Y ello por cuanto, en este caso, el Reglamento MiCA prohíbe que la oferta pública exceda de los doce meses a partir de la fecha de publicación del libro blanco (artículo 4.6 MiCAR)[60].

En otro caso, si la oferta pública carece de plazo y, por tanto, la posibilidad de suscripción de los *tokens* está permanentemente abierta[61], la custodia por las entidades indicadas se mantiene hasta que haya expirado el derecho de desistimiento de los titulares minoristas (artículo 10.4 MiCAR). Como se verá en el epígrafe siguiente, esta expiración se produce transcurridos 14 días naturales desde el día en que el titular minorista se comprometa a adquirir los criptoactivos (artículo 13.1 MiCAR) y, por tanto, hasta este momento no podrá liberarse la contraprestación que ese titular minorista haya entregado. Esta previsión legal resulta lógica por cuanto hasta que finalice el plazo para desistir el titular minorista tiene derecho de reembolso de todo pago efectuado para la suscripción o adquisición de los *tokens* (artículo 13.2 MiCAR).

---

criptoactivos. *Vid.* PARACAMPO, M.T.: «Los proveedores de servicios de criptoactivos entre antiguos y nuevos players», en *Dinero digital y gobernanza TIC en la UE* (dir. María del Carmen Pastor Sempere), Thomson Reuters Aranzadi, 2022, págs. 149-172; y HOBZA, M. & VONDRÁČKOVA, A.: «Crypto-Asset Services under the Draft MiCA Regulation», *Charles University in Prague Faculty of Law Research Paper* nº 2021/III/4, 6 diciembre 2021, <https://ssrn.com/abstract=3984355>.

60 Además, el hecho de que se modifique el libro blanco no supone el reinicio o la ampliación de este plazo de doce meses: *cfr.* artículo 12.8 MiCAR.

61 En este caso, el artículo 10.2 MiCAR exige que los oferentes publiquen en su sitio web, al menos mensualmente, el número de unidades de criptoactivos en circulación.

En el caso de que el suscriptor carezca de derecho de desistimiento (p.ej., por tratarse de un inversor cualificado), ha de entenderse que la custodia de la contraprestación finaliza en el momento en que el oferente le entregue los criptoactivos en el *wallet* correspondiente, ya que a partir de este momento carece del derecho a su reembolso pasando a asumir el riesgo de la inversión efectuada.

3.4. El derecho de desistimiento

El último eje fundamental de protección del inversor es el reconocimiento del derecho de desistimiento a favor de los titulares minoristas que adquieran *utility tokens*, ya sea directamente del oferente o a través de un proveedor de servicios de criptoactivos que los coloque por cuenta del oferente. El derecho de desistimiento tiene una duración de 14 días naturales desde el día en que tales titulares se comprometan a adquirir dichos *tokens*[62].

Queremos hacer cuatro precisiones en torno a este derecho, tal y como está regulado en el artículo 13 del Reglamento MiCA.

a) En *primer* lugar, el derecho a desistir se atribuye solo a los «*titulares minoristas*», debiendo acudir al concepto que de los mismos nos ofrece el propio Reglamento MiCA, que considera como tal a «*toda persona física que actúe con fines ajenos a su actividad comercial, negocio, oficio o profesión*» [artículo 3.1.37) MiCAR]. Esto significa que carecen del derecho a desistir los denominados «*inversores cualificados*», que son «*las personas o entidades enumeradas en los puntos 1 a 4 de la sección I del anexo II de la Directiva 2014/65/UE*» (MiFID II) [artículo 3.1.30) MiCAR][63]. Es decir, los que pueden considerarse clientes profesionales por naturaleza, en

---

[62] El reconocimiento de este derecho resulta relevante porque, hasta ahora, tan solo un número muy reducido de tokens ofrecía la posibilidad de desistimiento. Y lo hacían mediante contratos inteligentes programados para que los titulares pudieran devolver los *tokens* sin intervención del emisor. *Vid.* LIMA, DEVINCENZI & MAZZUCCHI: «MiCA Explained...», *cit.*, pág. 14.

[63] Sustancialmente, estos inversores cualificados son (i) diversos tipos de entidades que deben ser autorizadas o reguladas para operar en los mercados financieros; (ii) grandes empresas, a partir de ciertos requisitos de tamaño en relación con el total del balance, el volumen de negocios o los fondos propios; (iii) los gobiernos nacionales y regionales, así como algunos organismos supranacionales e internacionales; y (iv) otros inversores institucionales cuya actividad como empresa es invertir en instrumentos financieros. Estos inversores no pueden ser considerados «*titulares minoristas*» ni siquiera cuando hayan solicitado un trato no profesional, ya que no cumplirán con la definición de ser personas físicas que actúan con fines ajenos a su actividad comercial, negocio, oficio o profesión.

los que se presume que poseen la experiencia, conocimientos y la cualificación necesarios para tomar sus propias decisiones de inversión y para valorar correctamente los riesgos inherentes a dichas decisiones (*cfr.* también artículo 194.1 de la Ley 6/2023, de 17 de marzo, de los Mercados de Valores y de los Servicios de Inversión). En cambio, los clientes profesionales por solicitud de la sección II del anexo II de la MiFID II, pese a su *expertise* en el ámbito inversor, ostentan derecho de desistimiento si, además, pueden ser considerados como «titulares minoristas» *ex* artículo 3.1.37) del Reglamento MiCA, por ser personas físicas que actúan con fines ajenos a su actividad comercial, negocio, oficio o profesión[64].

b) En *segundo* término, a fin de asegurar el correcto desarrollo de una oferta pública de criptoactivos limitada en el tiempo, el titular minorista no puede ejercer el derecho de desistimiento una vez finalizado el plazo de suscripción. En caso de que exista, este periodo de suscripción deberá constar en el *white paper*, pero no se establece un plazo mínimo ni máximo, por lo que queda a entera libertad del emisor de los *tokens*[65]. Y, por otro lado, el derecho de desistimiento no nace cuando los criptoactivos se admiten a negociación antes de su adquisición por el titular minorista, puesto que, en tal caso, el precio de esos criptoactivos depende de las fluctuaciones del mercado [*vid.* considerando (17) del Reglamento MiCA].

c) En *tercer* lugar, los efectos del ejercicio del derecho de desistimiento son los habituales, esto es, la devolución al titular minorista (i) sin demora indebida y, a más tardar, en un plazo máximo de 14 días desde que comunica su voluntad de desistir; (ii) de todos los pagos que haya

---

64 En el ámbito de la MiFID II, los clientes que no tengan la condición de profesionales «por naturaleza» pueden, en cualquier caso, solicitar ser tratados como profesionales, si reúnen ciertas condiciones que permiten suponer su competencia, conocimientos y experiencia inversora (p.ej., en cuanto a operaciones realizadas en el mercado de valores, valor de su cartera de instrumentos financieros o cargos profesionales que haya ocupado en el sector financiero) y, además, sean debidamente informados y tomen conciencia de las medidas de protección de que quedarán privados al ser tratados como inversores profesionales. *Vid.* en general, sobre los criterios para la calificación de los clientes como profesionales, a partir de MiFID II y de su normativa delegada, LOONEN, T. y PATTISELANNO, R.: «The effectiveness of MiFID provisions for professional clients: a critical review», *Journal of Financial Regulation and Compliance*, 28(1), 2019, <https://www.researchgate.net/publication/332830259_The_effectiveness_of_MiFID_provisions_for_professional_clients_a_critical_review>.

65 Del artículo 10.4 del Reglamento MiCA se desprende que la ICO puede carecer de plazo, en cuyo caso parece que permanecerá abierta hasta que se coloquen todos los *tokens* emitidos.

tenido que efectuar, incluidos los gastos de la operación. Se prevé que el reembolso se efectúe a través del mismo medio de pago empleado por el titular minorista en la operación inicial, salvo que consienta para que se haga de otra forma (y siempre que el reembolso así efectuado no suponga ninguna comisión ni coste para el titular minorista). Esta previsión no es baladí por cuanto en muchas ocasiones la adquisición de los *tokens* en la ICO no se realiza a través de moneda fiat, sino mediante criptomonedas como *Bitcoin*, *Ether*, o *Ripple*, por citar solo tres de las más conocidas y utilizadas.

d) *En fin*, la existencia del derecho de desistimiento obliga a los emisores o a los oferentes de los *tokens* a prever la posibilidad de su ejercicio en los *smart contracts* asociados a la emisión de los criptoactivos. En concreto, dado que la cadena de bloques no admite la posibilidad de revertir o retroceder las operaciones ya validadas, el desistimiento tendrá que articularse mediante una transacción inversa del *token*[66].

4. A MODO DE CONCLUSIÓN

Los avances tecnológicos han abierto nuevas vías de financiación empresarial, como sucede con las *initial coin offerings* u ofertas públicas de criptoactivos (ICOs), que vienen siendo utilizadas sobre todo por las PYMES y, en particular, por las empresas emergentes o *startups* para financiar las primeras fases del proyecto. Con todo, después de que en el año 2018 este mecanismo de financiación alcanzara cifras asombrosas, lo cierto es que a partir de entonces ha disminuido mucho tanto el número de ICOs que se realizan como los fondos que recaudan.

Ante la falta de regulación de estas operaciones, las autoridades supervisoras de los mercados financieros de numerosos países han emitido advertencias en las que ponen de manifiesto los riesgos que presenta la inversión en criptoactivos. Sin embargo, desde la perspectiva de las empresas que buscan financiación, esa ausencia de regulación también ha sido vista como una oportunidad, ya que hace que la operación sea más ágil y flexible en comparación con la carga regulatoria que tienen otras (p.ej., las ofertas públicas de venta de valores o el *crowdfunding*).

Igualmente, ha jugado a favor de las ICOs la pluralidad y diversidad de derechos y prestaciones que pueden incorporar los *tokens*. No obstante, estas

---

66 *Vid.* al respecto, GARRIDO, J.M.: «Digital Tokens: A Legal Perspective», *IMF Working Paper* nº 2023/151, 28 julio 2023, pág. 50, <https://www.imf.org/en/Publications/WP/Issues/2023/07/28/Digital-Tokens-A-Legal-Perspective-537041>.

múltiples posibilidades de configuración dificultan tanto la determinación de la naturaleza jurídica de los criptoactivos como su sistematización y distribución en categorías homogéneas. A su vez, estos problemas de taxonomía y clasificación entorpecen la labor de determinar, ante la falta de una regulación expresa, cuál es el régimen jurídico que debe aplicarse a la emisión de los criptoactivos.

La Unión Europea ha decidido regular la emisión y prestación de servicios sobre criptoactivos a través del Reglamento relativo a los mercados de criptoactivos (Reglamento MiCA), publicado en el Diario Oficial de la Unión Europea el 9 de junio de 2023, pero que no resultará plenamente aplicable hasta el 30 de diciembre de 2024. Sin embargo, este Reglamento no supone una regulación integral de los criptoactivos, desde el momento en que deja fuera de su regulación tanto a los no fungibles (*Non-Fungible Tokens* o NFT) como a los que tengan la consideración de instrumentos financieros.

Precisamente, uno de los problemas más importantes consiste en determinar cuándo los *tokens* emitidos mediante una ICO pueden ser considerados instrumentos financieros, ya que ello supone que se les aplique la normativa del mercado de valores, que no solo está más consolidada que la relativa a los criptoactivos, sino que resulta más rigurosa. Este problema encuentra una solución más simple en los Estados Unidos, a través de la aplicación del llamado *Howey Test*, que en la Unión Europea, dado que en este último territorio el concepto de instrumento financiero obedece a un sistema de lista y, además, no es objeto de unificación total al estar previsto en una Directiva (MiFID II). Consciente de la existencia del problema, y de que el Reglamento MiCA no lo resuelve, se ha previsto que la Autoridad Europea de Valores y Mercados (AEVM/ESMA) emita directrices sobre las condiciones y criterios para la consideración de los criptoactivos como instrumentos financieros.

Los criptoactivos regulados por el Reglamento MiCA se dividen en tres categorías, a cada una de las cuales se atribuye un régimen jurídico (parcialmente) diferente: (i) las fichas referenciadas a activos, (ii) las fichas de dinero electrónico y (iii) los criptoactivos distintos de los dos anteriores (y que entren dentro del ámbito de aplicación de aquel Reglamento). Estos últimos son conocidos como *utility tokens* y han sido los más utilizados hasta ahora en el ámbito de las ICOs. Pese a este mayor uso, al considerar que presentan un menor riesgo para la estabilidad financiera y la integridad del mercado que las otras dos categorías, están sujetos solamente a un régimen de notificación previa al Estado miembro de origen, sin que sea necesario obtener la autorización previa a su emisión.

En el caso de la emisión y admisión a negociación de los *utility tokens*, la preocupación principal del legislador comunitario ha sido proteger al adquirente o titular de estos criptoactivos. Con este fin, ha contemplado diversas medidas tuitivas que pueden agruparse en cuatro categorías: (i) las previsiones de elaboración, notificación y publicidad sobre el libro blanco (*white paper*), como documento informativo básico para comprender y entender los criptoactivos objeto de la oferta pública; (ii) las exigencias que rodean la campaña publicitaria mediante la cual se promociona la adquisición de los *tokens*, basada en los principios de imparcialidad, claridad y veracidad; (iii) las cautelas sobre la salvaguardia de los fondos de los inversores, que, con el fin de evitar fraudes, serán custodiados por un tercero profesional mientras el adquirente de los criptoactivos tenga derecho a su devolución; y (iv) el establecimiento de un plazo para que los titulares minoristas puedan desistir de la adquisición de los *tokens*, sin incurrir en coste alguno y sin estar obligados a aducir razones.

No obstante, el Título del Reglamento MiCA que regula la emisión de estos criptoactivos distintos de fichas referenciadas a activos o fichas de dinero electrónico, no resulta aplicable hasta el 30 de diciembre de 2024 (artículo 149.2 MiCAR)[67].

La regulación europea de los criptoactivos ha sido dictada y las medidas para su emisión, admisión a negociación y prestación de servicios han quedado definidas, al menos en su alcance básico. Y es que debemos tener en cuenta que el avance que supone esa regulación de los criptoactivos mediante el Reglamento MiCA será presumiblemente completado con los actos de ejecución y los actos delegados que adopte la Comisión Europea, de acuerdo con la habilitación que le otorga el artículo 139 MiCAR.

El tiempo evaluará la viabilidad, aptitud y eficacia de la nueva normativa, esto es, juzgará y pondrá de manifiesto sus aciertos y sus errores. Precisamente, el Reglamento MiCA ha previsto la elaboración en el futuro de diversos informes para investigar, poner de manifiesto y analizar esas enseñanzas temporales. En *primer* lugar, y como ya es habitual, la propia Unión Europea evaluará la eficacia del Reglamento MiCA, a partir de la elaboración de un doble informe de la Comisión Europea que, en su caso, irán acompañados de una propuesta de reforma legislativa (artículo 140 MiCAR). En *segundo* término, se ofrecerán datos periódicos de la situación del sector de los criptoactivos a través de un informe anual que deberá elaborar la AEVM/ESMA (artículo 141 MiCAR). Por *último*, en un campo tecnológicamente novedoso y en el que la evolución se produce rápidamente, se considera necesario que la Comisión presente un informe sobre los últimos desarrollos en materia de criptoactivos, que se acompañe también, si procede, de una propuesta legislativa (artículo 142 MiCAR).

---

[67] Excepto los artículos 6.11, 6.12 y 14.1.II, que regulan las facultades de desarrollo de ESMA, que resultan aplicables a partir del 29 de junio de 2023 (artículo 149.4 MiCAR).

5. BIBLIOGRAFÍA

ACKERMANN, E.; BOCK, C. & BÜRGER, R.: «Democratising entrepreneurial finance: the impact of crowdfunding and initial coin offerings (ICOs)», en *Contemporary developments in entrepreneurial finance* (eds.: Alexandra Mortiz, Joern H. Bliock, Stephan Golla y Arndt. Werner), Springer, 2020, págs. 277-308.

ADHAMI, S.; GIUDICI, G. & MARTINAZZI, S.: «Why Do Businesses Go Crypto? An Empirical Analysis of Initial Coin Offerings», *Journal of Economics and Business,* 2018, <https://ssrn.com/abstract=3046209>.

ANNUNZIATA, F.: «La disciplina delle trading venues nell'era delle rivoluzioni tecnológica: dalle criptovalute alla distributed ledger technology», *Orizzonti del Diritto Commerciale* 2018/3, 49 págs.

BOREIKO, D. & SAHDEV, N.K.: «To ICO or not to ICO. Empirical analysis of Initial Coin Offerings and Token Sales», 2018, <https://ssrn.com/abstract=3209180>.

CAMPINO, J.; BROCHADO, A. & ROSA, A.: «Initial coin offerings (ICOs): Why do they succeed?», *Financial Innovation,* 8(1), 2022, 35 págs.

CASARRUBEA, S.: «Il ruolo del *white paper* sulle offerte al pubblico di cripto-attività alla luce della proposa MiCA», *Orizzonte del Diritto Commerciale* 2022/1, págs. 215-253.

CHEN, K.: «Information asymmetry in initial coin offerings (ICOs): Investigating the effects of multiple cannel signals», *Electronic Commerce Research and Applications,* 36, 2019, Article 100858.

CHOD, J. & LYANDRES, E.: «A Theory of ICOs: Diversification, Agency, and Information Asymmetry», 2020, <https://ssrn.com/abstract=3159528>.

CNMV: «Consideraciones de la CNMV sobre "criptomonedas" e "ICOs" dirigidas a los profesionales del sector financiero», 8 febrero 2018, <https://www.cnmv.es/loultimo/comunicadocnmv_ico_es%20final.pdf>.

CNMV: «Criterios en relación con las ICOs», 20 septiembre 2018, <https://cnmv.es/docportal/fintech/criteriosicos.pdf>.

EBA: «Report with advice for the European Commission on crypto-assets», 9 enero 2019, <https://eba.europa.eu/eba-reports-on-crypto-assets>.

ELZWEIG, B. & TRAUTMAN, L.J.: «When Does a Non-Fungible Token (NFT) Become a Security?», *Georgia State University Law Review,* 39, 2023, págs. 295-336.

ESMA: «Advice on Initial Coins Offerings and Crypto-Assets», ESMA50-157-1391, 9 enero 2019, <https://www.esma.europa.eu/sites/default/files/library/esma50-157-1391_crypto_advice.pdf>.

EUROPEAN PARLIAMENT RESEARCH SERVICE: «Understanding initial coin offerings. A new means of raising funds based on blockchain», julio 2021, <https://www.europarl.europa.eu/thinktank/en/document/EPRS_BRI(2021)696167>.

FIEDLER, I. & LENNART, A.: «Chapter 7. Stablecoins», en *The Emerald Handbook on Cryptoassets: Investment Opportunities and Challenges* (eds.: Kent Baker, Hugo Benedetti, Ehsan Nikbakht & Sean Stein), Emerald Publishing, 2023, págs. 93-106.

FOZ GIRALT, X.: «STO: ¿puede una empresa financiarse emitiendo tokens de forma regulada?», Nota Técnica ODF nº 41, junio 2019, <https://www.iefweb.org/es/publicacion-odf/sto-puede-una-empresa-financiarse-emitiendo-tokens-de-forma-regulada/>.

GARRIDO, J.M.: «Digital Tokens: A Legal Perspective», *IMF Working Paper nº* 2023/151, 28 julio 2023, <https://www.imf.org/en/Publications/WP/Issues/2023/07/28/Digital-Tokens-A-Legal-Perspective-537041>.

GIUDICI, P. & FERRARINI, G.: «Digital offerings and mandatory disclosure: a market-based critique of MiCA», en *Digital Finance in Europe: Law, Regulation, and Governance* (ed.: Emilios Avgouleas y Heikki Marjosola), De Gruyter, 2022, págs. 87-108.

HACKER, P. & THOMALE, C.: «Crypto-Securities Regulation: ICOs, Token Sales and Cryptocurrencies under EU Financial Law», *European Company and Financial Law Review*, 15, 2018, págs. 645-696.

HIJAS CID, E.: «Bitcoins: algunas cuestiones jurídicas», *El Notario del Siglo XXI*, 66, 2016, <https://www.elnotario.es/index.php/hemeroteca/revista-66/6525-bitcoins-algunas-cuestiones-juridicas>.

HOBZA, M. & VONDRÁ☒KOVA, A.: «Crypto-Asset Services under the Draft MiCA Regulation», *Charles University in Prague Faculty of Law Research Paper* nº 2021/III/4, 6 diciembre 2021, <https://ssrn.com/abstract=3984355>.

HORNUF, L.; KÜCK, T. & SCHWIENBACHER, A.: «Initial coin offerings, information disclosure, and fraud», *Small Business Economics*, 58, 2022, págs. 1741-1759.

IOSCO: «Investor Education on Crypto-Assets. Final Report», FR12/2020, diciembre 2020, <https://www.iosco.org/library/pubdocs/pdf/IOSCOPD668.pdf>.

JIMÉNEZ, D.: «La implantación del Bitcoin como moneda de curso legal», *Cointelegraph*, 21 mayo 2022, <https://es.cointelegraph.com/news/the-implementation-of-bitcoin-as-legal-tender>.

KAUR, G.: «ICO Vs. IPO: Diferencias clave», *Cointelegraph*, 24 febrero 2024, <https://es.cointelegraph.com/learn/ico-vs-ipo-key-differences>.

LIEBAU, D. & SCHUEFFEL, P.: «Cryptocurrencies & Initial Coin Offerings: Are They Scams? – An Empirical Study», *The Journal of the British Blockchain Association*, Vol. 2, Issue 1, 2019, págs. 1-7.

LIMA, E.; DEVINCENZI, L. & MAZZUCCHI, D.: «MiCA Explained: The EU crypto-asset law», 2ª edición, *XReg Consulting*, 13 junio 2023, <https://www.xreg.consulting/articles/mica-explained-the-eus-new-crypto-asset-law-2nd-ed>.

LOONEN, T. y PATTISELANNO, R.: «The effectiveness of MiFID provisions for professional clients: a critical review», *Journal of Financial Regulation and Compliance*, 28(1), 2019, <https://www.researchgate.net/publication/332830259_The_effectiveness_of_MiFID_provisions_for_professional_clients_a_critical_review>.

MARTÍNEZ NADAL, A.: «Las denominadas criptomonedas estables: principales aspectos de su régimen jurídico en la propuesta MiCA», en *Dinero digital y gobernanza TIC en la UE* (dir.: María del Carmen Pastor Sempere), Thomson Reuters Aranzadi, 2022, págs. 57-90.

MAUME, P., MAUTE, L. & FROMBERGER, M. (eds.): *The Law of Crypto Assets, A Handbook*, C.H. Beck, 2022.

MOMTAZ, P.P.: «Initial Coin Offerings», *Plos One*, 15(5), 2020, <https://doi.org/10.1371/journal.pone.0233018>.

MOMTAZ, P.P.; RENNERTSEDER, K. & SCHRÖDER, H.: «Token offerings: a revolution in corporate finance?», 2019, <https://ssrn.com/abstract=3346964>.

NAKAMOTO, S.: «Bitcoin: A Peer-to-Peer Electronic Cash System», 2008, <https://bitcoin.org/bitcoin.pdf>.

NOVELLA GONZÁLEZ DEL CASTILLO, E.: «El futuro Reglamento europeo para un mercado de criptoactivos», en *Criptoactivos. Retos y desafíos normativos* (coord.: Moisés Barrio Andrés), Wolters Kluwer, 2021, págs. 117-133.

OECD: «Initial Coin Offerings (ICOs) for SME Financing», 2019, <https://www.oecd-ilibrary.org/fr/finance-and-investment/initial-coin-offerings-icos-for-sme-financing_ee35cc9a-en>.

OFIR, M. & SADEH, I.: «Ico vs. ipo: empirical findings, information asymmetry, and the appropriate regulatory framework» *Vanderbilt Journal of Transnational Law*, 53(2), 2020, págs. 525-614.

PACHECO JIMÉNEZ, M.N.: «De la tecnología blockchain a la economía del token», *Revista de la Facultad de Derecho de la Pontificia Universidad Católica del Perú*, 83, 2019, págs. 61-87.

PARACAMPO, M.T.: «Los proveedores de servicios de criptoactivos entre antiguos y nuevos players», en *Dinero digital y gobernanza TIC en la UE* (dir. María del Carmen Pastor Sempere), Thomson Reuters Aranzadi, 2022, págs. 149-172.

PASTOR SEMPERE, M.C.: «Criptodivisas: ¿una disrupción jurídica en la eurozona?», *Revista de Estudios Europeos*, 70, julio-diciembre 2017, págs. 295-329.

PRASAD, E.S.: *The Future of Money: How the Digital Revolution Is Transforming Currencies and Finance*, Harvard University Press, 2021.

PwC: «El impacto regulatorio de la Propuesta MiCA», 2021, <https://www.pwc.es/es/auditoria/assets/impacto-regulatorio-mica-en%20los-criptoactivos.pdf>.

REISBERG, A.: «Article 11: Market soundings», en *Market Abuse Regulation. Commentary and Annotated Guide* (eds. Marco Ventoruzzo & Sebastian Mock), Oxford University Press, 2017, págs. 297-308.

ROHR, J. & WRIGHT, A.: «Blockchain-Based Token Sales, Initial Coin Offerings, and the Democratization of Public Capital Markets», *Cardozo Legal Studies Research Paper* nº 527, 4 octubre 2017, <https://ssrn.com/abstract=3048104>.

RUF, A.: «Gold on a Blockchain? What, how and why?», 16 mayo 2020, <https://fintech-magazine.com/venture-capital/gold-blockchain-what-how-and-why>.

SANDEI, C.: «Le initial coin offering nel prisma de'll ordinamento finanziario», *Rivista di Diritto Civile*, 66(2), 2020, págs. 391-416.

SECURITIES AND EXCHANGE COMMISSION (SEC): «Report of Investigation Pursuant to Section 21(a) of the Securities Exchange Act of 1934: The DAO», Release nº 81207, 25 julio 2017, <https://www.sec.gov/files/litigation/investreport/34-81207.pdf>

SIEGEL, D.: «Understanding the DAO Attack», *Coindesk*, 25 junio 2016 (actualizado: 13 enero 2023), <https://www.coindesk.com/understanding-dao-hack-journalists>.

TAPIA FRADE, A.: «Las ofertas públicas de criptoactivos distintos de fichas referenciadas a activos o fichas de dinero electrónico como medio alternativo de financiación en la propuesta de Reglamento MiCa», *La Ley Mercantil*, 99, 2023, versión digital, La Ley 1281/2023.

TAPIA HERMIDA, A.J.: «Desafíos en la regulación y supervisión de los criptoactivos en la Unión Europea y en España», *Revista de Derecho del Mercado de Valores*, 28, 2021.

VELASCO ALCALDE, J.: «Estafa de inversores y criptodivisas», *Revista Aranzadi de Derecho y Nuevas Tecnologías,* 54, 2020.

WESTON, G.: «List of Top 5 Algorithmic Stablecoins», *101 Blockchains,* 1 julio 2022, <https://101blockchains.com/top-algorithmic-stablecoins/>.

YERMACK, D.: «Chapter 2 - Is bitcoin a real currency? An economic appraisal», en *Handbook of Digital Currency. Bitcoin, Innovation, Financial Instruments, and Big Data* (ed.: David Lee Kuo Chuen), Academic Press, 2015, págs. 31-43.

ZETZSCHE, D.A.; BUCKLEY, R.P:, ARNER, D.W. & FÖHR, L.: «The ICO Gold Rush: It's a scam, It's a bubble, It's a super challenge for regulators», 2018, <https://ssrn.com/abstract=3072298>.

El contrato de factoring como instrumento de financiación de startups. Un regreso a los orígenes del contrato

DANIEL BENÍTEZ RODRÍGUEZ[1]

RESUMEN. Una de las primeras dificultades en las que se encuentra toda *startup* es la obtención de financiación para el desarrollo del proyecto empresarial. La especial situación en la que se hayan estas empresas de nueva creación y, habitualmente, en sectores emergentes, han promovido el auge de formas alternativas de financiación (*bussiness angels, crowdfunding,* fondos de capital, ayudas públicas, etc.). Todo ello, como si las formas tradicionales de financiación les fueran totalmente ajenas.

El presente trabajo tiene por objeto analizar cómo un contrato tan habitual en el tráfico mercantil como el *factoring* puede servir de mecanismo de financiación de una *startup*. Como se verá, no solo considero que puede configurarse el contrato como una forma de financiación viable y adaptada a las especificidades de una *startup* sino que, esta función, supone, en parte, un retorno a los orígenes del contrato.

La financiación de la *startup* mediante el *factoring* aporta dos bondades. Por un lado, la posibilidad de que un tercero especializado intervenga en la gestión del crédito de la mercantil, descargando a ésta de la carga administrativa que ello supone y aportando conocimiento del mercado y los clientes de la *startup*. Por otro lado, en tanto que el *factoring* sin recurso no comporta endeudamiento, mantener las ratios de endeudamiento de la *startup* inalteradas y, con ello, permitiendo que ésta acuda a los mecanismos tradicionales de financiación.

PALABRAS CLAVE. Factoring, startup, financiación, crédito.

ABSTRACT. One of the first difficulties every startup encounters is obtaining funding for the development of the business project. The special situation in which these newly created companies find themselves, often in emerging sectors, has promoted the rise of alternative forms of financing (business angels, crowdfunding, venture capital funds, public aid, etc.). All of this, as if traditional forms of financing were completely foreign to them.

The purpose of this paper is to analyze how a contract as common in commercial transactions as factoring can serve as a financing mechanism for a startup. As will be seen, I not only consider

---

[1] Profesor asociado del Departamento de Derecho privado, Universidad Abat Oliba CEU. Capítulo realizado dentro del proyecto PID2021-128762NB-I00 financiado por el Ministerio de Ciencia e Innovación (Agencia Estatal de investigación) y cofinanciado por la Unión Europea: "Financiación no bancaria para start-ups: riesgos y remedios jurídico-privados".

that the contract can be configured as a viable form of financing adapted to the specificities of a startup, but this function also represents, in part, a return to the origins of the contract.

Financing a startup through factoring offers two advantages. On one hand, it allows a specialized third party to intervene in the management of the company's credit, relieving it of the administrative burden this entails and providing knowledge of the market and the startup's customers. On the other hand, since non-recourse factoring does not involve debt, it maintains the startup's debt ratios unchanged, thereby allowing it to access traditional financing mechanisms.

KEYWORDS. Factoring, startup, funding, credit.

SUMARIO. 1. EVOLUCIÓN HISTÓRICA DEL *factoring*. **2.** APROXIMACIÓN AL CONCEPTO DE LA OPERACIÓN DE *factoring*. **3.** NATURALEZA JURÍDICA DE CONTRATO DE *factoring*. **4.** CLASES DE *factoring*. **4.1.** *Factoring propio o sin recurso.* **4.2.** *Factoring impropio o con recurso.* **4.3.** *Factoring con financiación.* **5.** EL *factoring* COMO MECANISMO DE FINANCIACIÓN DE STARTUPS. **6.** BIBLIOGRAFÍA. **7.** JURISPRUDENCIA.

1. EVOLUCIÓN HISTÓRICA DEL *FACTORING*

Para dar respuesta a la cuestión que planteo he de remontarme, en primer término, al origen del *factoring* pues, como se verá, la propuesta que concluye este artículo es, precisamente, una vuelta al origen de la figura.

Para tratar el origen del *factoring* hemos de trasladarnos al s. XVII y las colonias británicas en América para descubrir la figura del *commercial factor*[2]. Las dificultades del comercio transatlántico, caracterizado por el precario sistema de transporte desde y hacia América, las grandes distancias, el desconocimiento del mercado de destino de las mercaderías, los problemas de liquidez de las mercaderías atendiendo al tiempo que transcurría entre su expedición, la venta y percepción del precio, los riesgos meteorológicos, etc., llevaron a los comerciantes británicos a recurrir a la figura de representantes-depositarios en los mercados de destino de las mercancías. Estos representantes (*commercial factors*) recibían la mercancía titularidad del empresario y se encargaban de su comercialización en destino.

El representante del empresario ubicado en la gran urbe expandía el comercio de los productos por los nuevos territorios, respondiendo, las más de las veces, del riesgo de impago[3], actuando a crédito del empresario, contra una comisión o porcentaje de la venta.

---

2 No obstante, señalan algunos autores que el *factoring* es una evolución o desarrollo moderno de los contratos de comisión de cobranza, ya previstos en los Códigos decimonónicos, citando como prueba de ello el artículo 273 del Código de Comercio. En este sentido, PIÑOLETA ALONSO, L.M., "Contrato de facturación o "factoring", en *Contratos Mercantiles,* Capítulo decimosexto, Tirant lo Blanc, Valencia, 2020, p. 359.

3 En este sentido se apunta a la posición del factor como "*star del credere*", constituyéndose en garante del cobro a cambio de la oportuna comisión. En este sentido, EIZA-

De la función inicial de distribuidor, el *commercail factor* pasó a prestar otros servicios complementarios al empresario como son la información sobre la evolución del mercado, la selección de la clientela, garantizar la solvencia de los compradores y conceder anticipos a cuenta de la mercancía confiada para la venta. Los anticipos eran bidireccionales, es decir, tanto los que podía otorgar el factor al cliente en cuya solvencia confiaba como el anticipo que del precio de la mercancía hacía el factor al empresario. Esta segunda forma de anticipo conllevó el reconocimiento al factor de un privilegio, denominado "*Lien*" -carga o gravamen-, sobre las mercancías que recibía para su distribución.

Con estas nuevas funciones el *commercial* factor se configuraba como un eje del comercio de ultramar, asentando éste de forma estable y más allá de las operaciones esporádicas de comercio o expediciones comerciales puntuales.

El auge inicial del *factoring* no tardó en entrar en declive en el momento en que las dificultades que motivaron su aparición se fueron desvaneciendo. Ello permitió que fuera el propio empresario quien asumiera las funciones, tanto de distribución como de captación de clientes y apertura de nuevos mercados. Funciones estas que habían venido siendo ejecutadas por el *commercial factor*. El establecimiento del principal en los, ya no tan, nuevos mercados supusieron una competencia casi letal para esta nueva forma de representación comercial compleja.

Ello, no obstante, el *factoring* no desapareció, sino que mutó para convertirse en el contrato que hoy conocemos. El factor pasó a desarrollar labores de investigación de mercado, valoración de éste, tratamiento selectivo de la clientela, gestión del cobro de los créditos derivados de la compraventa de mercaderías, anticipación del importe de las ventas al empresario y asunción de la garantía de la solvencia de los compradores. El *factoring* dejó de ser una figura de representación más o menos compleja del empresario y se convirtió en una forma de inteligencia de mercado y función financiera al servicio del empresario. Notas que lo caracterizan en la actualidad, adoptando un relevante valor financiero. Con ello se pasó del *commercial factor* al *finance factor*.

Esta nueva función fue especialmente relevante -contribuyendo a su expansión- con motivo de la crisis monetaria y bancaria vivida en Estados Unidos entre los años 1931 y 1933. Las restricciones crediticias impuestas a las entidades bancarias conllevaron un aumento considerable de la demandada de los servicios de los factores, adoptando estos la industria de la financiación que la banca no podía asumir. Es probablemente en este momento cuando

---

GUIRRE BERMEJO, J.Mª de., "Factoring", *Revista de Derecho Mercantil*, (187), Civitas, 1988, p.3.

se patentiza de forma más intensa la habilidad del *factoring* como forma de financiación alternativa.

La función financiera contribuye a distinguir, con más claridad, las dos grandes tipologías de *factoring* que se desarrollaron en el mercado norteamericano. Por un lado, el conocido como *Colonial Factoring*, aquel por el que el factor recibía y vendía la mercancía, realizando una función de distribución. Por otro, el *Old Line Factoring* por el que el factor pasaba de ser un distribuidor de las mercancías de su principal para convertirse en un cesionario de los créditos surgidos de la actividad mercantil de éste, llevando a cabo una función de gestión, financiación y asunción de riesgos de insolvencia[4].

A pesar del éxito y expansión en el continente americano, no es hasta la década de los sesenta que el *factoring* arriba al continente europeo de la mano de los bancos norteamericanos que inician sus operaciones a través de sociedades filiales y sucursales. El desarrollo del *factoring* en Europa no fue ni rápido ni sencillo. A la ausencia de las causas que propiciaron su nacimiento y expansión en el continente americano había que sumar, por un lado, que la falta de regulación generaba preocupación y desconfianza; por otro lado, que la existencia de productos financieros como los seguros de crédito y el descuento bancario, ampliamente difundidos en el mercado y con funciones -algunas- concurrentes al *factoring*, propiciaron una escasa aceptación inicial. En España el factoring arranca su andadura a mediados del siglo XX, pudiéndose identificar en Cataluña el germen de la industria con la constitución de las sociedades International Factors Española, S.A., Transfactor, S.A., y Heller Factoring Española, S.A.

No obstante, lo anterior, la realidad es que desde la década de los setenta la evolución y el incremento en el tráfico jurídico mercantil del *factoring* no ha cesado, haciendo de éste un habitual entre los operadores con altos volúmenes de operaciones efectuadas con pago diferido.

2. APROXIMACIÓN AL CONCEPTO DE LA OPERACIÓN DE *FACTORING*

Cualquier aproximación al concepto requiere, necesariamente, identificar los rasgos esenciales de la figura. Como hemos expuesto de forma precedente, la evolución histórica del *factoring* ha hecho que sus rasgos varíen en función de la finalidad para la cual éste se proyecta y las necesidades que pretenden satisfacerse con su empleo.

---

[4] CIFREDO ORTIZ, P. *El contrato de factoring en el concurso de acreedores*, Tirant lo Blanch, Valencia, 2022, pp. 38 y 39.

Desde el momento en que el *factoring* deja de ser un contrato cuya finalidad esencial es la expansión comercial del principal, pasa a dibujar un perfil propio que se sustantiviza en las actividades financieras y de cobranza. El factor deja de ser un captador de clientes y se convierte en un gestor del cobro de los créditos representados por las facturas emitidas por el principal. En este punto, la actividad se desarrolla de dos formas sustancialmente. Bien a través de la cesión de los créditos representados por las facturas emitidas o bien mediante la entrega de las facturas representativas de los créditos a los solos efectos de la comisión de cobranza.

Siguiendo a DE IZAGUIRRE[5] podemos definir el contrato de *factoring*, en el estado actual, como aquel que ofrece al empresario (titular primitivo del crédito) un conjunto de servicios de naturaleza contable y administrativa, así como prestaciones financieras y de garantía, que permiten a las empresas transferir la gestión y el cobro de los del crédito dimanantes de su actividad mercantil y, eventualmente, transferir el riesgo de insolvencia de los deudores, gozando al propio tiempo de financiación y asistencia comercial. Otros autores[6] lo definen como una operación financiera consistente en la cesión al factor de créditos comerciales (provenientes de bienes muebles, de prestación de servicios o de realización de obras) a cambio de un importe convenido en términos relativos, con o sin unos márgenes de variación (descuento sobre el nominal de los créditos) en función de las características, más una retención sobre el volumen del crédito vivo, o disposición discrecional hasta un límite en función del importe y consideración de los créditos cedidos. GARCÍA SOLÉ[7] señala que se trata de un contrato empresarial, ampliamente extendido en nuestra práctica mercantil, que consiste en la prestación de distintos servicios económicos-financieros, administrativos y crediticios por parte de una Entidad de Crédito a una empresa, generalmente fabricante o distribuidor de bienes, y que giran en torno a la figura jurídica de la cesión de créditos empresariales.

La Dirección General de Tributos ha venido a definir el contrato de factoring como aquel contrato por el cual un empresario (el cedente) transmite los créditos comerciales de que es titular frente a su cliente a otro empresario

---

5 De EIZAGUIRRE BERMEJO, J.Mª., *op. cit.*, p. 5.

6 AZNAR DOMINGO, A., y HERNÁNDEZ GARCÍA, P., "Los contratos atípicos: especial consideración al contrato de factorin y engieneering", *Actualidad Civil*, 12, diciembre de 2021, 8.

7 GARCIA SOLÉ, F., "Factoring con recurso y con financiación (comentario a la TS S 11 de febrero de 2003)", *Diario La Ley*, *5756*, 8 abril 2003, p. 1608.

(la sociedad de *factoring*, cesionario o factor), que se compromete a cambio a prestar una serio de servicios respecto de dichos créditos[8].

Como es de ver, para la Dirección General, el concepto de *factoring* lleva implícita la cesión del crédito, cesión que, como he apuntado, no es un carácter esencial de la figura desde el momento en que el *factoring* podrá ejecutarse para la gestión de la mera cobranza, en cuyo caso no será necesaria la cesión del crédito a cobrar.

Por su parte, el artículo 577-10 de la Propuesta de Código Mercantil[9], establece que:

Por el contrato de factoraje un operador de mercado, el proveedor, se obliga a ceder uno o varios créditos frente a sus clientes de los que sea o pueda ser titular en el futuro, a un empresario, el factor, que, a cambio de los intereses y comisiones que se pacten, asume, respecto de los créditos cedidos, la gestión de su cobro, pudiendo también asumir las obligaciones siguientes, financiar al proveedor, asumir el riesgo de insolvencia de los deudores. Asimismo, el factor podrá asumir otras obligaciones tales como la llevanza de la contabilidad, realizar estudios de mercado o investigar y seleccionar la clientela.

Por lo que a sus características principales respecta podemos decir que, el primer rasgo caracterizador, y a la vez distintivo de la tipología de *factoring*, es la cesión o no del crédito por parte del principal. En caso de cesión, es el propio factor quien, desde ese momento, se convierte en acreedor del deudor cedido. A falta de cesión, el factor opera como mero representante, mandatario, del principal contra un porcentaje o comisión del crédito a cobrar, como precio del mandato o, en su caso de, la prestación de servicios correspondiente.

Ya con cesión o sin cesión, se identifica una tipología de *factoring* (*factoring* con financiación, como diré más adelante) en la cual el factor concede al principal anticipos sobre las facturas en el momento de su entrega, convirtiéndose en financiador de éste[10], siendo posible que el factor asuma el riesgo de la cobranza, cuando el *factoring* actúa en su modalidad propia o sin regreso. En caso contrario, es decir, que el riesgo de cobranza lo mantenga el principal, estaremos ante un *factoring* en modalidad impropia o con retorno. En consecuencia, un segundo carácter distintivo de la tipología del *factoring* será la aportación de financiación o no al principal. Carácter que al propio tiempo

---

8 Resolución 1/2004, de 6 de febrero, de la Dirección General de Tributos, sobre el tratamiento de los contratos de «factoring» en el Impuesto sobre el Valor Añadido.

9 Propuesta de la Sección Segunda, de Derecho Mercantil, del Anteproyecto de Ley de Código Mercantil tras el Dictamen del Consejo de Estado (marzo 2018).

10 La financiación como tal se producirá, bien mediante el pago del precio de la cesión del crédito, bien mediante la anticipación, propiamente dicha, de los importes a percibir por el empresario al vencimiento del crédito.

nos avoca a un tercero cual es la asunción o no del riesgo de insolvencia del cliente.

El esquema expuesto y del que se desprenden las variantes clásicas del *factoring* -con o sin anticipo de fondos, con o sin recurso o regreso-, es el que llega a Europa desde las primeras manifestaciones en la década de los setenta, con las tres funciones básicas: de prestación de servicios -con mayor o menor amplitud-, de financiación y de garantía.

Es importante en este punto señalar que como consecuencia de la propia historia evolutiva del *factoring*, según la modalidad de éste, en ocasiones resulta difícil distinguir con claridad y precisión las funciones propias del factor de las del banquero. Y esto es así porque, como he expuesto, en un momento determinado de la historia económica norteamericana, el *factoring* se convierte en un mecanismo de financiación ante la restricción del crédito. Mecanismo financiero que, subsistiendo en la actualidad a través del anticipo de los créditos dados en comisión de cobranza o cedidos, llevan a que la actividad de factor venga restringida a las entidades y establecimientos financieros de crédito.

Por lo que a los sujetos intervinientes respecta, como es sabido, la relación de *factoring* se articula a través de un principal, titular de los créditos y empresario, y un factor que, por razón de política legislativa deberá ser un banco, una entidad financiera o bien una entidad especializada conforme a lo dispuesto en el artículo 6 de la ley 5/2015, de 27 de abril, de fomento de la financiación empresarial. Junto al factor y empresario cedente se distingue, en la relación triangular que constituye el *factoring*, el deudor cedido. Es decir, los clientes del cedente cuyo crédito gestiona el factor o cesionario, en su caso.

3. NATURALEZA JURÍDICA DE CONTRATO DE *FACTORING*

Determinar la naturaleza del contrato de *factoring* para determinar la viabilidad de éste como mecanismo de financiación de startups, resulta esencial. La atipicidad motiva, más si cabe que en el caso de las figuras nominadas, la necesidad de su caracterización.

Desde una perspectiva positiva no es posible determinar la naturaleza jurídica del contrato si no es con recursos a los caracteres o actividades -prestaciones- a ejecutar por el factor. Por ello, para delimitar la naturaleza jurídica del contrato, resulta esencial recurrir a la doctrina y jurisprudencia[11].

---

[11] En este sentido lo apunta la Resolución 1/2004, de 6 de febrero, de la Dirección General de Tributos, sobre el tratamiento de los contratos de «factoring» en el Impuesto sobre el Valor Añadido: [...] si bien ha de señalarse que el mismo no está definido

El contrato de *factoring* es un contrato atípico, consensual, bilateral, oneroso, complejo y mixto, conmutativo, de tracto sucesivo y de naturaleza colaborativa, en el que se identifican como principales funciones la gestión, la garantía y, cada vez con más habitualidad, la financiación. La doctrina califica al contrato de *factoring* como contrato mercantil[12].

En relación con su naturaleza jurídica, la Sentencia del Tribunal Supremo de 31 de mayo de 2007[13] concluye que

El contrato de *factoring* es una relación atípica, difícil de ser objeto de una definición integradora y de ordinario cumple una triple función de servicios que sirve para identificar dicha relación negocial. La primera es la de gestión por la que la sociedad del *factoring* se encarga de llevar a cabo aquellas actividades que permitan el cobro de los créditos incluidos en el contrato y que corresponden al cliente. La segunda puede revestir condiciones de garantía en cuanto actúa sobre créditos previamente aprobados y la sociedad de factoring viene a asumir el riesgo de la insolvencia de los deudores cedidos. La tercera es propiamente financiación, y se refiere a la actividad de financiación, pues la empresa de factoring anticipa al empresario-cliente el importe de los créditos transmitidos, mediante el porcentaje que actúa como precio y de este modo se facilita la liquidez y operatividad comercial.

4. CLASES DE *FACTORING*

Partiendo de la atipicidad del contrato de factoring y de la multiplicidad de actuaciones que pueden encomendarse al factor, toda clasificación tiene por objeto, únicamente, revelar las formas más usuales o estandarizadas del contrato. Es precisamente la elasticidad del contrato lo que permite proyectarlo, como hago en este trabajo, como un mecanismo útil para la financiación de startups.

Como he expuesto, atendiendo a las funciones más usuales del contrato (gestión, garantía y financiación), podemos establecer las siguientes clases de contratos de *factoring*, reiterando que éstas ni constituyen una lista cerrada ni el programa obligacional que puede trazarse en cada una de las clases está totalmente determinado. De hecho, es habitual el estudio del contrato de *factoring* desde los distintos modelos estándares utilizados por las principa-

---

legalmente, por lo que su delimitación ha de realizarse sobre la base de la doctrina y la jurisprudencia.

12 CHULIÁ VICENT, E., y BELTRÁN ALANDETE, T., *Aspectos Jurídicos de los Contratos Atípicos I,* Tercera edición actualizada, Bosch, Barcelona, 1996, p. 27.

13 (TOL1.081.750) *Tribunal Supremo, Sala Primera, Recurso 2168/2000.*

les entidades de *factoring* como patrón o modelo. Ello nos revela que resulta impropio hablar del contrato como tal y que, en cierto modo, resultaría adecuado referirse al contrato como el contrato de *factoring* según el actor correspondiente.

Con independencia de las características propias de cada una de las clases que veremos, la gestión del crédito constituye un común denominador de todo contrato de *factoring14*. Por gestión entendemos todas las actuaciones de índole administrativas que, por cuenta propia o ajena, el factor lleva a cabo en relación con el crédito. Entre las funciones más habituales encontramos las de contabilización, seguimiento, supervisión, investigación de mercado, aceptación, cobro y liquidación de los créditos objeto del contrato de *factoring*. Mediante las labores de gestión que lleva a cabo el factor se simplifica la administración del cobro que debe efectuar el cedente, traspasando éstas a un empresario especializado y capaz de asumir de forma eficiente la gestión masiva de créditos[15]. Con ello, el cedente se libera de la necesidad de contar con los medios materiales y humanos necesarios, asumiéndolos de forma más eficiente el factor, constituyéndose un proceso de descentralización o especialización en la gestión de créditos. Esta delegación supone, desde el prisma de las startups un aliciente para la utilización del *factoring* toda vez que dota de eficiencia a la estructura de la nueva empresa, pudiendo destinar los recursos humanos y materiales -normalmente escasos en este tipo de empresas- al desarrollo del objeto social, prescindiendo de labores administrativas de escaso valor añadido para la mercantil.

4.1. Factoring propio o sin recurso

El *factoring* propio o sin recurso[16] es aquel en el que el factor asume el riesgo de insolvencia del deudor cedido, es decir, aquél en que el factor otorga al principal, cedente, la garantía del cobro del crédito. Como he expuesto an-

14 AZNAR DOMINGO, A., *op. cit.*, p. 12.

15 PIÑOLETA ALONSO, L.M., *op. cit.*, p. 359.

16 Respecto de la denominación señala EIZAGUIRRE BERMEJO, J.Mª de, "Las visicitudes del 'factoring' en la jurisprudencia y en la legislación recientes", *Revista de Derecho Mercantil*, 250, 2003, p. 1400: "Las expresiones "*factoring*" sin o con recurso" procedentes de ordenamientos extraños deben acomodarse a nuestro tecnicismo jurídico consagrado, valiéndose, en su lugar, de *factoring*, sin o con regreso. Si la jurisprudencia, y muy en especial el Tribunal Supremo, en su cometido de dar acogida a figuras atípicas, fuese sensible a tal planteamiento y cuidara debidamente dicho extremo, doctrina y formularios rectificarían inmediatamente el denunciado desajuste terminológico".

teriormente, la garantía del cobro del crédito forma parte del contenido más primitivo del contrato o, si se quiere, de la modalidad originaria.

Ante el impago del deudor cedido, como es sabido, el factor no tiene la posibilidad de recurrir o regresar frente al cedente, pues el convenio entorno al contrato de *factoring* produce plenos efectos translativos de la titularidad del crédito[17]. En parte, por cuanto la cesión del crédito ha sido -o debería haber sido- el resultado de una previa aprobación de la bondad de éste por el factor, quien como experto asume el riesgo de la actuación. A mayor sea el eventual riesgo de impago del deudor cedido, mayor será la comisión o interés que aplicará el factor sobre el crédito por la asunción del riesgo.

Nótese que, como regla general, la garantía opera respecto de la imposibilidad de cobro y no respecto de la existencia o eficacia del crédito, respecto de lo que, salvo pacto en contrario, respondería el cedente en el marco del régimen de responsabilidad propio del contrato de *factoring*, en lo que a los efectos de la cesión del crédito se refiere, todo ello, conforme a lo dispuesto en el artículo 1529 Código Civil.

La garantía podrá ser, en función del pacto alcanzado, por todo o parte del crédito y salvo que se asuma también una función financiera, el factor no anticipará importe alguno, sino que satisfará el precio de la cesión al vencimiento del crédito, momento en el que, con independencia del cobro o no, deberá responder frente al cedente. La naturaleza jurídica de la obligación de garantía que asume el factor en el crédito sin recurso es, en última instancia, la propia de un contrato de garantía por el que, una de las partes, el garante, llegado el momento de cumplimiento de la obligación por el deudor cedido y ante el incumplimiento de ésta, deberá abonar al cedente el importe convenido. En todo caso, el importe que el factor abonará al cedente será el nominal del crédito menos los intereses y comisiones que se hubieren pactado, siendo éstos el precio de la garantía.

Siempre y cuando el precio (comisión) que perciba el factor no agote el margen comercial de la stratup cesionaria, esta modalidad se presenta como un mecanismo ideal para la financiación de la empresa ya que, si bien la comisión puede reducir la rentabilidad, la garantía permite asegurar las previsiones de ingresos, especialmente relevantes en la senda de crecimiento y consolidad en la que se ven envueltas de forma recurrente este tipo de empresas.

---

17 CABREJAS GUIJARRO, Mª. M., "Contrato de factoring: modalidades (con recurso y sin recurso). Efectos en la transmisión de créditos", *Revista Práctica de derecho. Comentarios y casos prácticos*, 2006, p. 53.

4.2. Factoring impropio o con recurso

En esta segunda modalidad, el factor no asume el riesgo de insolvencia del deudor, siendo el cedente quien, de resultar el deudor insolvente, deberá correr con el riesgo. En atención a lo dispuesto en los artículos 1529 y 1530 del Código Civil así como 348 del Código de Comercio, el pacto de recurso deberá estar expresamente previsto en el contrato suscrito.

Las consecuencias de la insolvencia del deudor cedido variarán en función de si el factor ha anticipado, o no, todo o parte del crédito cedido, en cuyo caso deberá el cedente reembolsar el importe adelantado por el factor. Es decir, si el *factoring* con recurso ha actuado, a su vez, como de financiación.

Asimismo, el cedente deberá asumir las comisiones pactadas que se devenguen en favor del factor en pago de los servicios prestados para la gestión del crédito.

Nótese que el recurso -regreso- no guarda relación con el hecho de que el *factoring* haya comportado la cesión del crédito o únicamente el traslado de éste a efectos de gestión del cobro. Las consecuencias son distintas, no por la cesión, sino por el hecho de haber o no adelantado el factor todo o parte del importe del precio al cedente. En caso de que el *factoring* haya comportado la cesión del crédito y el precio haya sido abonado al tiempo de la cesión, el *factoring* con recurso conllevará una resolución del contrato de cesión con las consecuencias que las partes hubieran previsto y, en todo caso, con restitución de las prestaciones recíprocamente entregadas (precio y crédito).

Respecto del *factoring* impropio, ha señalado el Tribunal Supremo en Sentencia de 2 de febrero de 2001[18] que

El factoring con recurso en que los servicios prestados por el factor consisten en la administración y gestión de los créditos cedidos por el cliente, al que puede ir unido o no un servicio de financiación, modalidad ésta en que la cesión de los créditos cumple la misma función económica que el contrato de descuento, configurándose la cesión como una gestión de cobro.

Nótese que de lo anterior se desprende que el Tribunal Supremo entiende esta modalidad cuando implica cesión como una forma de cesión condicionada al buen fin del crédito. Cuestión esta que, entiendo, no empece la conclusión anterior.

---

[18] (TOL4.964.658) *Tribunal Supremo, Sala Primera, Recurso 26/1996*. Respecto de la diferencia entre el contrato de factoring y el de descuento bancario véase (TOL4.927.743) Tribunal Supremo de 11 de febrero de 2003, *Tribunal Supremo, Sala Primera, Recurso 2105/1997*.

4.3. Factoring con financiación

El *factoring* con financiación es aquel en el que el factor anticipa todo o parte del importe de los créditos cedidos al cedente, proporcionando a éste liquidez inmediata y haciendo, como expone GALLEL BOIX[19], de las ventas a corto plazo, ventas al contado.

Como he expuesto anteriormente, el origen financiero del *factoring* se remonta a la crisis bancaria de los años treinta en Estados Unidos, donde la restricción del crédito llevo a asumir la función financiadora a los factores comerciales, ampliando sus servicios a este campo para procurar la liquidez de sus clientes, principales. De lo que fuera una función excepcional se ha hecho una de las funciones principales del *factoring* en España, como apunta con recurrencia la jurisprudencia[20].

En aquellos casos en los que el factor financia al empresario mediante la anticipación del crédito, la cesión podrá llevarse a cabo con o sin retorno o garantía. Es decir, el factor avanzará el pago del crédito al principal y al tiempo asumirá el riesgo de insolvencia o, por el contrario, avanzará el pago del crédito al principal pero no asumirá el riesgo de insolvencia de modo que, llegado el vencimiento del crédito e impagado por el deudor cedido, podrá el factor reclamar al empresario el importe adelantado.

Podemos señalar que, el *factoring* con financiación, propiamente dicho, sería el *factoring* con recurso pues, en el momento en que se produce el adelanto de la parte correspondiente del crédito sin la posibilidad de que el factor repita la insolvencia del deudor frente al empresario, estaremos, ciertamente, ante el pago del precio del crédito que en ese momento se cede, sin perjuicio de las consecuencias que el impago del crédito puedan producir en el marco de la cesión en función de los pactos alcanzados entre cedente y cesionario.

En otro caso, cuando el factor no adelanta todo o parte del crédito al empresario estaremos ante un contrato de *factoring* sin financiación o al vencimiento. En este caso, las prestaciones a ejecutar por parte del factor se circunscribirán a las propias de la gestión del crédito y su cobro por cuenta del empresario o principal.

---

19 GALLEL BOIX, J., "El Contrato de Factoring" en *Derecho Concursal Bancario. Referencia expresa a los contratos bancarios y su aplicación teórica y práctica en sede concursal. Texto adaptado a la Ley 38/2011, de 10 de octubre, de reforma de la Ley Concursal,* Tirant lo Blanc, Valencia, 2012, p. 137.

20 (TOL7.782.061) *Audiencia Provincial de Madrid, Sección Primera, recurso 321/2004* o (TOL4.927.743) *Tribunal Supremo, Sala Primera, recurso 2105/1997.*

5. EL *FACTORING* COMO MECANISMO DE FINANCIACIÓN DE *STARTUPS*

Expuestas las diferentes (principales) formas del contrato de *factoring*, es momento de analizar cómo éste puede constituir un interesante mecanismo de financiación para las startups.

A tal efecto, no podemos desconectar el *factoring*, contrato atípico, de su sustrato, la cesión del crédito o créditos objeto del mismo.

Esta cesión del crédito en términos de transferencia, de transmisión del derecho, distingue las dos grandes vertientes o formas del contrato de *factoring*, el que tiene por objeto la mera gestión del crédito y su cobro (contabilización, seguimiento, etc.) y el que tiene propiamente la función de transmitir el derecho de crédito en sí, pasando a ser el factor un nuevo acreedor del deudor cedido.

Podemos, cierto es, distinguir una forma hibrida cuando nos enfrentamos a la cesión en garantía y a la cesión en pago. Dejaremos estas formas de cesión y tipología de *factoring* de lado (en mi opinión, mal calificadas de *factoring*).

Nos centraremos en las cesiones que tienen por objeto la transmisión del crédito operadas a través de contratos de *factoring*, pues son éstas las auténticas formas por las que el *factoring* tima un papel financiador. Papel o función que no es ni exclusivo ni excluyente, más al contrario, de otras funciones del contrato, o prestaciones habituales a ejecutar por el factor como son la gestión del crédito.

En este punto, el *factoring* se desdobla en dos modalidades básicas, el propio o sin retorno y el impropio o con retorno. *Factoring* cuyo objeto, en ambos casos, podrán ser tanto créditos presentes como futuros, siendo que por futuros nos referimos tanto a los derivados de relaciones jurídicas existentes y que están sujetos a término o condición o simplemente la relación obligatoria de la que dimanan se halla en ejecución o pendiente y futuros como propios de relaciones obligatorias pendientes de existir.

Nos vamos a quedar en este segundo caso, en el *factoring* ya con recurso ya sin recurso, de créditos futuros[21], en el sentido de relaciones obligatorias, contratos, pendientes de nacimiento, de perfeccionamiento.

---

[21] En relación con la cesión de créditos futuros, se ha planteado cierta discusión doctrinal en torno a si ésta era o no posible, atendiendo al tenor del artículo1.529 del Código Civil, por lo que a la existencia del crédito respecta, superada la discusión, me remito al respecto a ROCA GUILLAMÓN, J., "*El contrato de factoring y su regulación por el Derecho Privado español*", Editoriales de Derecho Reunidas, cop, Madrid, 1997, p. 60

Es aquí donde el objeto del *factoring*, y con ello el objeto de la cesión es una *emptio spei*. De forma que, en aquellos supuestos en los que el *factoring* es sin retorno estamos ante la cesión de la esperanza, la "factorización" de la esperanza de crédito. Y esto es precisamente una *star-up*, una esperanza empresarial.

Creo que este es el punto donde el *factoring* puede alcanzar su mayor expresión como mecanismo de financiación de nuevos proyectos empresariales. Ahora bien ¿quién asume el riesgo de adquirir eventuales créditos futuros anticipando el precio? Quien arriesgue lo hará, probablemente, por un precio (con un descuento o comisión) que pueda llevar a hacer del coste inasumible para el empresario en el corto plazo o inviable para el futuro del negocio financiado.

Nótese que lo que estoy proponiendo es hacer de un contrato conmutativo un contrato aleatorio. Y esta aleatoriedad es la que justifica la intervención que a continuación expondré.

Ese riesgo que, expuesta la cuestión como he hecho hasta ahora hace inviable en la práctica el modelo, puede mitigarse a través de la participación del factor en la gestión del negocio. Participación asimilable al de las entidades financieras o fondos de inversión en los contratos de préstamo, en los que se las faculta para asesorar, visar o autorizar determinadas actuaciones del deudor que pueden poner en riesgo su solvencia y con ello el reembolso del crédito o buen fin de la inversión. Las entidades de *factoring* han actuado de forma histórica como asesores de sus clientes en la selección de clientes y están especializadas en el análisis del riesgo crediticio. La función que propongo, en consecuencia, no le es ajena y únicamente debería completarse con una intervención en el propio negocio de la startup, bien a través de personal especializado en éste bien a través del auxilio de terceros -como de forma habitual hacen entidades financieras y fondos de inversión- en la supervisión del concreto negocio desarrollado por la mercantil.

Esta intervención no debe constituir óbice en el desarrollo del negocio, sino convertirse en una forma de colaboración que ayude a la startup a reducir el riesgo, no solo crediticio, sino también del propio negocio y de la toma de decisiones.

El *factoring* nació como una forma de colaboración entre un agente, conocedor de un mercado y sus intervinientes, y un empresario que, desconociendo dicho mercado, pretendía explotar éste a través de la comercialización de sus productos. La unión de la experiencia y especialización de uno y otro hicieron del *factoring* un modelo de éxito. Eso es precisamente lo que estoy

---

y MOLL DE MIGUEL, S., "*El contrato de cuenta corriente. Una concepción unitaria de sus diferentes tipos*", Instituto de Estudios Bancarios y Bursátires, Bilbao, 1977, p. 355.

proponiendo, una vuelta a esa forma de colaboración, ahora más sofisticada, a cambio de una comisión. Comisión que, evidentemente, dependerá del riesgo que asuma el factor.

6. BIBLIOGRAFÍA

AZNAR DOMINGO, A., y HERNÁNDEZ GARCÍA, P., "Los contratos atípicos: especial consideración al contrato de factorin y engieneering", *Actualidad Civil,* 12, diciembre de 2021.

CABREJAS GUIJARRO, Mª. M., "Contrato de factoring: modalidades (con recurso y sin recurso). Efectos en la transmisión de créditos", *Revista Práctica de derecho. Comentarios y casos prácticos,* 2006

CHULIÁ VICENT, E., y BELTRÁN ALANDETE, T., *Aspectos Jurídicos de los Contratos Atípicos I,* Tercera edición actualizada, Bosch, Barcelona, 1996.

CIFREDO ORTIZ, P. *El contrato de factoring en el concurso de acreedores,* Tirant lo Blanch, Valencia, 2022.

EIZAGUIRRE BERMEJO, J.Mª de., "Factoring", *Revista de Derecho Mercantil,* (187), Civitas, 1988.

EIZAGUIRRE BERMEJO, J.Mª de, "Las visicitudes del 'factoring' en la jurisprudencia y en la legislación recientes", *Revista de Derecho Mercantil,* 250, 2003.

GALLEL BOIX, J., "El Contrato de Factoring" en *Derecho Concursal Bancario. Referencia expresa a los contratos bancarios y su aplicación teórica y práctica en sede concursal. Texto adaptado a la Ley 38/2011, de 10 de octubre, de reforma de la Ley Concursal,* Tirant lo Blanc, Valencia, 2012.

GARCÍA ENTERRÍA, J., *Contrato de factoring y cesión de crédito,* Civitas, Madrid, 1995.

GARCIA SOLÉ, F., "Factoring con recurso y con financiación (comentario a la TS S 11 de febrero de 2003", *Diario La Ley, 5756,* 8 abril 2003.

MOLL DE MIGUEL, S., "*El contrato de cuenta corriente. Una concepción unitaria de sus diferentes tipos",* Instituto de Estudios Bancarios y Bursátires, Bilbao, 1977.

PIÑOLETA ALONSO, L.M., "Contrato de facturación o "factoring", en *Contratos Mercantiles,* Capítulo decimosexto, Tirant lo Blanc, Valencia, 2020.

ROCA GUILLAMÓN, J., "*El contrato de factoring y su regulación por el Derecho Privado español*", Editoriales de Derecho Reunidas, cop, Madrid, 1997.

ROLIN, S., "*El factoring",* Pirámide, Madrid, 1975.

7. JURISPRUDENCIA

(TOL4.964.658) *Tribunal Supremo, Sala Primera, Recurso 26/1996.*

(TOL4.927.743) *Tribunal Supremo, Sala Primera, recurso 2105/1997.*

(TOL1.081.750) *Tribunal Supremo, Sala Primera, Recurso 2168/2000.*

(TOL7.782.061) *Audiencia Provincial de Madrid, Sección Primera, recurso 321/2004.*

La función de las garantías en la financiación de las startups

ABEL VEIGA COPO[1]

RESUMEN. Las garantías juegan un papel crucial en la financiación de las *startups*. Estas empresas, debido a su necesidad de financiación rápida y eficiente, requieren un marco efectivo para las garantías.

La búsqueda de la eficiencia de la garantía debe tener en cuenta diversos aspectos. En primer lugar, su valor, ya que se discute si la constitución de una garantía real genera valor para el patrimonio del deudor o solo para el acreedor. También es preciso tomar en consideración su flexibilidad o ductilidad, dado que un excesivo formalismo de las garantías tradicionales puede reducir su funcionalidad en el contexto económico moderno. En fin, hay que mencionar que ciertas formas de garantía, como el pacto comisorio, el pacto marciano o la venta con reserva de propiedad, ofrecen un abanico funcional y económico para el mercado del crédito.

Las garantías reales proporcionan al acreedor un derecho de preferencia frente a otros acreedores del deudor, a la vez que permiten una ejecución preferente y la eventual inmunidad en ciertos procedimientos concursales. Con todo, hay que valorar el conflicto entre los intereses del acreedor garantizado y los acreedores ordinarios, especialmente en situaciones de insolvencia.

Las garantías deben adaptarse a las necesidades del mercado moderno, ofreciendo flexibilidad y eficiencia. Esta evolución de las garantías mobiliarias es esencial para la financiación de startups.

PALABRAS CLAVE. *Startups*, garantías, eficiencia, ejecución, adaptación.

ABSTRACT. Guarantees play a crucial role in the financing of startups. These companies, due to their need for rapid and efficient financing, require an effective framework for guarantees.

The search for the efficiency of the guarantee must consider various aspects. Firstly, its value, as it is discussed whether the constitution of a real guarantee generates value for the debtor's assets or only for the creditor. It is also necessary to consider its flexibility or ductility, as excessive formalism of traditional guarantees can reduce their functionality in the modern economic context. Finally, it should be mentioned that certain forms of guarantee, such as the commisory pact, the Marcian pact, or the sale with reservation of ownership, offer a functional and economic range for the credit market.

---

[1] Catedrático de Derecho Mercantil de ICADE- Universidad Pontificia de Comillas. Capítulo realizado dentro del proyecto PID2021-128762NB-I00 financiado por el Ministerio de Ciencia e Innovación (Agencia Estatal de investigación) y cofinanciado por la Unión Europea: "Financiación no bancaria para start-ups: riesgos y remedios jurídico-privados".

Real guarantees provide the creditor with a preferential right over other creditors of the debtor, while allowing preferential execution and potential immunity in certain insolvency proceedings. However, it is important to assess the conflict between the interests of the secured creditor and ordinary creditors, especially in insolvent situations.

Guarantees must adapt to the needs of the modern market, offering flexibility and efficiency. This evolution of movable guarantees is essential for the financing of startups.

KEYWORDS. Startups, guarantees, efficiency, execution, adaptation.

SUMARIO: **1.** INTRODUCCIÓN. **2.** BUSCANDO LA EFICIENCIA DE LA GARANTÍA. **3.** EL PODER DE AGRESIÓN DEL ACREEDOR, ¿QUÉ VALOR JUEGA EN EL ESCENARIO CONFLICTUAL DEL CRÉDITO? **4.** BIBLIOGRAFÍA.

1. INTRODUCCIÓN

No podemos ignorar, que sea quien fuere el destinatario último de una financiación, la garantía juega un rol primordial. Y en esto las startups no son una excepción. Al contrario, la necesidad de financiación rápida, eficiente, productiva y el dinamismo que acompaña la filosofía genética de las mismas, exige un marco efectivo y sobre todo útil, al analizar la función de la garantía. Hoy como ayer, y más allá de la etiología del acreditado y su posible adscripción a un marco u otro, pero, sobre todo, societario, el fundamento de toda garantía real, sea mobiliaria o no, no es otra que la de asegurar e inmunizar frente a toda pretensión patrimonial, incluso personal, el derecho del acreedor[2]. Y hacerlo en todo escenario, en y ante cualquier situación, concurra quién concurra. Tanto frente al riesgo de incumplimiento como frente al de insolvencia. Riesgo al que no es ajeno una startup. Máxime cuando el papel que los inversores juegan en las startups difiere de otras sociedades, y donde la dependencia del "equity" es un signo diferenciador de primer orden. La importancia de mecanismos como la *venture debt* o el uso mismo de las garantías reales para levantar deuda encuentra un escenario óptimo cuando hablamos de startups. Piénsese que una garantía de primer orden para estas empresas son las cuentas a cobrar o los derechos de crédito en general.

No puede negarse que, como en cualquier ordenamiento, el nuestro es más proclive a ciertas reacciones y, sobre todo, tratar de actuar en marcos preventivos de cara a una efectiva, que no efectista a la postre, tutela patrimonial del crédito. Y los rasgos tipificadores de las startups ahondan en esta dimensión. Otra cuestión bien diversa, es si hoy, en un momento donde las reestructuraciones empresariales parecen que han opacado absolutamente el

---

2 Sugerente el interrogante enunciativo de BIGUS/LANGER/SCHIERECK, "Warum gibt es Kreditsicherheiten?", Kredit und Kapital, 2005, vol. 38, Heft 4, pp. 573 y ss.

derecho concursal, lo cuál no es así, es plantearse esa funcionalidad, ese dinamismo así como el verdadero valor de una garantía si no fuere por el excesivo blindamiento e inmunización con el que el legislador, desde siempre, las ha revestido y que, incluso hoy, que tanto se habla de clases de acreedores y de arrastres, el verdadero valor que, en este no nuevo, pero sí imperante al menos académica y metafóricamente escenario, han de cumplir o, simplemente, seguir cumpliendo las garantías.

La clave y la fuerza de la garantía no es hacerlo frente al deudor, sino frente al resto de acreedores, potenciales tenedores de un conflicto de interés con el acreedor prendario o hipotecario[3]. Hasta aquí nada nuevo, ni en la arena sustantiva, ni tampoco en la procesal. A la que habría que unir la otra gran cualidad innata a la garantía real, el privilegio, o como lo cualitativo y personal creditual se une a lo sustantivo y real contractual. La pregunta es obvia, ¿cómo analiza, cómo sintetiza el crédito una entidad financiera de cara a acreditar una startups y cómo viabiliza su proyecto de negocio y su vinculación a parámetros que van desde una horquilla difusa de dinamismo, rapidez y tecnología?

Sea cual sea el objeto de la garantía, desde la volatilidad de los créditos en una prenda de créditos hasta la solidez de una garantía fiduciaria. Pero ¿es lo mismo o hemos de entender lo mismo por función que por fin o finalidad de una garantía?, ¿y por el valor de la garantía? Máxime desde el ángulo de la eficiencia económica más que desde el de descubrir o trazar los perfiles jurídicos y técnicos de las figuras garantorias en cuestión. Y ello al margen de un contexto actual en el que la función propia de seguridad ya no cubre, quizá, el rol clásico que un día despertaron las garantías[4]. ¿Está o sigue en crisis el sistema de garantías reales hoy día?

Su falta de ductibilidad y flexibilidad, el excesivo formalismo, la distonía con la situación económica y los nuevos modelos e instrumentos que la tecnología financiera crea, ¿acaso no está acentuando una pérdida de funcionalidad de las figuras más clásicas y ancladas en viejos esquemas formales rígidos

---

3 Como bien señala PICOD, *Droit des sûretés*, 3ª ed., Paris, 2016, p. 1 : "Lorsque les créances sont à exécution immédiate, elles disparaissent aussitôt qu´elles sont nées. Mais quand l´exécution est différée, le créancier court un risque d´inexécution et cherchera buen souvent des garanties de paiement. En ce sens, le droit des sûretés est intimement lié ay crédit auquel il ajoute la sécurité : il n´y a pas de crédit sans sûreté et d´économie moderne sans crédit."

4 Nos habla de "fractura evidente y profunda respecto a la dinamicidad de la moderna realidad económica" de las garantías reales, AMICI, "*Credit crunch*, obbligazione negativa e garanzia del credito. Itinerari della clausola di *negative pledge* nel diritto privato italiano", VEIGA (DIR.), Cizur Menor, 2021.

y atemporales?[5] Es claro que el marco que ofrece hoy la financiación de las startups exigen una mayor permeabilidad tanto de aquélla como de las garantías y las funciones de ésta. Un cambio, hasta cierto punto, de actuación, no solo de mentalidad.

La garantía tiene una lógica, una lógica económica que, amén de la intrínsecamente jurídica, subyace a la relación de garantía[6]. Un escenario conflictual, de búsqueda de tutelas, de blindamientos, de prelaciones y ejecuciones dinámicas, cuando no, de meras posibilidades de aprehensibilidad del bien objeto de la garantía a través de clásicas figuras ahora remozadas y rescritas, pactos comisorios, marcianos, negocios fiduciarios, etc., que replantean, sin duda, la función y el perfil de la garantía.

---

5 Por esta vía ya apuntaba en su momento BISCONTINI, *Assunzione di debito e garanzia del credito*, Napoli, 1993, p. 16.

6 Una lógica que, como bien ha condensado KATZ, "An economic analysis of the guaranty contract", U. Chi. L. Rew., 1999, vol. 66, pp. 47 y ss., y que se centra en tres claro interrogantes, a saber, primero, ¿por qué un acreedor preferiría hacer un préstamo garantizado en lugar de uno no garantizado? La respuesta no es tan obvia como podría parecer a primera vista, dado que la competencia del mercado por las condiciones crediticias tiende a ajustar la tasa de interés que paga un prestatario individual para reflejar el riesgo de incumplimiento específico que presenta. En segundo lugar, dado que soportan el riesgo residual de incumplimiento del deudor, ¿por qué los garantes preferirían garantizar préstamos en lugar de otorgar préstamos directamente, renunciando así a la oportunidad de ganar pagos de intereses que podrían ayudar a compensar el riesgo que soportan? En tercer lugar, incluso si es eficiente que un acreedor proporcione fondos y otro proporcione un seguro contra incumplimiento, ¿por qué las partes preferirían implementar este arreglo a través de la forma triangular de una garantía, en lugar de simplemente hacer que el primer acreedor le preste al segundo? ¿Este último presta al prestatario final? dado que soportan el riesgo residual de incumplimiento del deudor, ¿por qué los garantes preferirían garantizar préstamos en lugar de otorgar préstamos directamente, renunciando así a la oportunidad de ganar pagos de intereses que podrían ayudar a compensar el riesgo que asumen? En tercer lugar, incluso si es eficiente que un acreedor proporcione fondos y otro proporcione un seguro contra incumplimiento, ¿por qué las partes preferirían implementar este arreglo a través de la forma triangular de una garantía, en lugar de simplemente hacer que el primer acreedor le preste al segundo? ¿Este último presta al prestatario final? dado que soportan el riesgo residual de incumplimiento del deudor, ¿por qué los garantes preferirían garantizar préstamos en lugar de otorgar préstamos directamente, renunciando así a la oportunidad de ganar pagos de intereses que podrían ayudar a compensar el riesgo que asumen? En tercer lugar, incluso si es eficiente que un acreedor proporcione fondos y otro proporcione un seguro contra incumplimiento, ¿por qué las partes preferirían implementar este arreglo a través de la forma triangular de una garantía, en lugar de simplemente hacer que el primer acreedor le preste al segundo? ¿Este último presta al prestatario final?

Ahí radica el valor de una garantía. Pero también el nuevo esquema funcional que hoy preside la lógica de las garantías reales. Una lógica que está obligando a desprenderse de viejos y clásicos esquemas mentales y estructurales frente a las concepciones clásicas de las garantías reales y al cuestionamiento mismo de prohibiciones y limitaciones que han imperado tradicionalmente en la dogmática. Pues, cuál es entonces la tipología de clientes que atesora una startup y como puede emplearse como garantía los ingresos futuros?[7]

Hoy, priman, sobre todo y por encima de todo, modelos amplios, extensivos, holísticos y rotativos de las garantías mobiliarias, no muy distantes al patrón o estela que en su momento y, todavía ahora, marca o traza el artículo 9 UCC (*Uniform Commercial Code*) y donde el esquema es bifronte y decidido a la vez, a saber, superar el antagonismo que siempre ha persistido sobre la atribución al acreedor de un derecho real de garantía -prenda- y y el que se centra en la transmisión al acreedor de la propiedad del bien al acreedor del bien u objeto dado en garantía. Una época donde el impacto de la crisis económica derivada de la crisis del covid-19 dificultará el cumplimiento de muchas obligaciones o financiaciones y donde las garantías deberán reconfigurar su función y finalidad en base a la flexibilidad y anchura de objetivos[8].

Y desde esta premisa, no necesariamente excluyente, se arma hoy día el nuevo esquema de garantías mobiliarias y en el que figuras cuestionadas otrora, como el pacto comisorio -en verdad vetado para la adquisición dominical de la garantía inmobiliaria no tanto para la mobiliaria-, el pacto marciano, la venta con reserva de propiedad o de dominio, pacto de retrocesión, o supues-

---

7 Se preguntan GÓNZALEZ-GALLARZA/PUJOL, "Las "startups" y el endeudamiento: garantías reales sobre los futuros ingresos del negocio", [https://www.garrigues.com/es_ES/noticia/startups-endeudamiento-y-garantias-reales-futuros-ingresos-negocio]: ¿cómo hacer cuando todavía no existe contrato entre la empresa y sus clientes y estos últimos no han sido además identificados individualmente (piénsese en masas de potenciales clientes)? Nos encontramos con una *startup* que sabe bien la tipología de clientes a los que quiere dirigirse y el tipo de servicio que les quiere ofrecer, pero no ha concluido los desarrollos tecnológicos imprescindibles u otros requisitos para operar. ¿Habría manera de movilizar sus ingresos futuros ofreciéndolos en garantía a cambio de financiación para concluir esos desarrollos?Para ello, sería jurídicamente necesario perfeccionar con el "cliente" un contrato o constituir una relación jurídica al amparo de la cual, en el futuro y cuando sea operativamente posible, los servicios serán prestados y facturados. Obsérvese que cabe introducir y jugar aquí con la figura de un distribuidor que actúe entre la *startup* y los clientes finales y con el que sí quepa sentarse a concebir ese contrato o relación.

8 Una de las últimas aportaciones la de CILENTO, *Il credito nelle crisi. Garanzia, sofferenze e regolazione bancaria*, Napoli, 2020, donde el autor italiano radiografía extraordinariamente la realidad del momento vigente, donde el contexto de la crisis creditual sitúa su foco en la garantía y las dificultades de cobro.

tos de *sale and lease back*, etc., abren un enorme abanico funcional y económico para el mercado del crédito[9]. Y es que no podemos seguir rechazando que el fin de garantía es causa idónea, necesaria y suficiente para sostener la transmisión de la propiedad tanto inmobiliaria como mobiliaria. Por aquí ha ido, sin ambages innecesarios, ni fisuras superfluas, la Directiva de garantías financieras de 2002 y que serían sin embargo transpuesta en no pocos ordenamientos europeos conforme a sus cánones o esquemas poco rupturistas de garantías mobiliarias.

Un esquema donde una de sus abscisas clave viene de la mano del derecho internacional privado y la ley aplicable y en donde la armonización de reglas es perentoria[10]. Mas, ¿es ésta la función económica que cumple o debe cum-

---

[9] Clarificador sobre la naturaleza de la reserva, y esa tríada de posturas doctrinal que lo han encuadrado entre condición suspensiva, resolutoria, o función de garantía, véase, RODRÍGUEZ-ROSADO "La reserva de domínio: um intento de clarificación", 8 de octubre de 2020, [blog https://almacendederecho.org/la-reserva-de-dominio-un-intento-de-clarificacion] cuando asevera: "... buen resumen de todas estas posiciones y declaraciones se encuentra en la Sentencia de Tribunal Supremo de 24 de julio de 2012, que declara que: *"la reserva de dominio da lugar a la coexistencia temporal sobre el mismo objeto de dos posiciones jurídico-reales de tipo dominical que son simultáneas, compatibles y recíprocamente recortadas en su contenido: la del vendedor y la del comprador*". Y esta misma construcción, tendente a elevar la posición del comprador reconociéndole una expectativa de derecho que ya goza de protección autónoma, ha sido acogida igualmente por la Dirección General de los Registros y del Notariado en sus resoluciones de 12 de mayo de 2010 y 10 de enero de 2018, que también reinterpretan en ese sentido la tesis de la condición suspensiva. Como han apuntado antes otros autores, la aceptación de esta versión renovada de la tesis de la condición suspensiva es la que da respuesta a los problemas que puede plantear la reserva de dominio: permite aceptar la construcción clásica de la figura, que ya hemos visto es la que encaja en su perfil institucional, a la vez que salva los problemas que pueden surgir en caso de concurso del vendedor, enajenación por éste a un tercero o embargo por sus acreedores. Ciertamente, el Tribunal Supremo la ha diseñado fundamentalmente para salvar este último caso, pues es el único de entre los tres que hasta la fecha se le ha presentado. Pero no cabe duda de que el modelo explicativo así creado podría también aplicarse a los otros. De hecho, el artículo 201 de la Ley (artículo 723 TRLC) una norma aparentemente dirigida a solucionar problemas de Derecho internacional privado parece asumir justamente ese modelo al compatibilizar claramente la consideración de la reserva de dominio como una condición suspensiva con una configuración del derecho del comprador que le permite adquirir la propiedad pese al concurso del vendedor. Con ello brinda un fuerte punto de apoyo para sostener que el legislador ha asumido una tesis que dota de respuesta adecuada y coherente a todos los problemas que suscita la figura. Sólo queda ya confiar en que la doctrina española vaya asumiendo lo que es *communis opinio* más allá de nuestras fronteras."

[10] Buena muestra el trabajo de COHEN, "The private internacional law of secured transactions: rules in search of harmonization", Law and Contemporary Problems, 2018, vol. 81, pp. 203 y ss., sobre todo a partir de la p. 207 y ss., donde se aborda la

plir únicamente en su caso, toda garantía?, ¿o debe cumplir otras conexas y concomitantes?, ¿acaso no cumple el préstamo o la financiación garantizada con prendas o hipotecas, u otras figuras, una función ética, al igual que lo hace el crédito bancario?[11] Puede, empero, ¿hablarse de una eventual función social en las garantías?

Otra cuestión bien diferente es, en cambio, la utilización o tergiversación de ciertas garantías, como las financieras, que fueron creadas para los mercados financieros y que, curiosamente, han desembocado en virtud de la exclusión voluntaria que casi ningún estado ha ejercido, en una garantía extendida entre la banca no financiera y las empresas o sociedades mercantiles[12]. Se

---

perfección de la garantía y la ley aplicable entre la ley modelo y el art. 9 UCC. También MOONEY Jr., "Choice-of-law rules for secured transactions: an interest-based and modern principles-based framework for assessment", Uniform. L. Rev., 2018, vol. 22, pp. 842 y ss.

11 Pionero en este campo, sobre todo en analizar la conexión entre el bienestar y la provisión de crédito así como valorar la dimensión ética del crédito bancario, HOPT, "Rechtspflichten der Kreditinstitute zur Kreditversorgung, Kreditbelassung und Sanierung von Unternehmen – Wirtschafts- und bankrechtliche Überlegungen zum deutschen und französischen Recht", Zeitschrift für das gesamte Handelsrecht, 1979, Vol. 143, pp. 139 y ss., abriendo la funcionalidad del crédito a otros ámbitos, DAHAN/SIMPSON, "Legal efficiency for secured trasactions reform: bridging the gap between economic analysis and legal reasoning", Penn. St. Int. L. Rev., 2009, vol. 27, nº 3, article 5, pp. 623 y ss., señalando: "A relatively simple indicator of the success of a secured transactions law reform (or primary motive for undertaking the secured transactions law reform) would be the subsequent increase in the volume of secured lending. This is a crude and narrow indicator, inadequate by itself. The intended function of the secured credit market may be more than just to boost the amount of credit granted against security. It may also include, for example, opening up credit to new sectors of society, encouraging new housing construction, or allowing privately-funded infrastructure projects".

12 Premonitoriamente, se interrogaba en los años ochenta, RUDOLPH, "Können die Banken ihre Kreditsicherheiten "vergessen"?", Kredit und Kapital, 1982, vol. 15, pp. 317 y ss., y en p. 322 decía: "En la teoría neoclásica de la financiación no suele utilizar este criterio, sino que postula un registro más completo de las posiciones crediticias de los acreedores. Si los acreedores se comportan de manera racional y si se asumen las condiciones que se suelen asumir para suponer un mercado de capitales perfecto, se puede demostrar que la póliza de garantía de una empresa prestataria es irrelevante para su valor de mercado. Esta es una afirmación que podría formularse como una tesis de irrelevancia colateral en analogía con la tesis de irrelevancia de Modigliani y Miller sobre la relación capital/deuda: El riesgo que se reduce a favor de un acreedor mediante la colateralización de su posición crediticia se traslada inevitablemente a otro acreedor al mismo tiempo. En el caso de un mercado de capitales perfecto, las diferencias de riesgo de las distintas posiciones se reflejan exactamente en su precio de mercado, con la consecuencia de que cualquier distribución de riesgos entre los acreedores querría conducir a un valor de mercado global igual del capital de la deuda."

crea, a la postre, más allá del cometido legal, una garantía que, sin ninguna justificación material, alcanza los contornos excepcionales en el ámbito de la insolvencia y europeo.

Una de las claves pasa por calibrar y resituar el ámbito real de la concesión de crédito y el otorgamiento de garantías, un ámbito o marco que dista de ser un mercado perfecto, dado que, de otro modo, llegaríamos al silogismo de que otorgar garantías en un mercado perfecto sería un juego de suma cero[13]. Los perdedores compensan a los ganadores, y los deudores no ganan nada otorgando garantía o seguridad. Otra cuestión es medir el impacto de la garantía en el coste final del crédito concedido[14].

¿Cuáles son los beneficios del crédito garantizado, dado que no hay beneficios en un mercado perfecto?[15] ¿Cuál es, en suma, el coste de ese crédito y su onerosidad para el deudor y si en verdad se reducen los costes de transacción y específicamente los de supervisión del patrimonio del deudor incluso para éste y el resto de acreedores?[16] ¿Cuál es, en suma, el perjuicio para el

---

13 Véase el monográfico dirigido por los profesores EIDENMÜLLER/KIENINGER, *The future of secured credit in Europe*, European Company and Financial Law Review, 2008, donde se incluyen los informes y debates presentados en la conferencia "El futuro del crédito garantizado en Europa" en Múnich del 12 al 14 de julio de 2007 marco que tuvo como objetivo llevar el debate a una nueva etapa explorando la necesidad y las posibles vías para crear un Derecho europeo de garantías reales. La primera parte examina, desde una perspectiva económica y de derecho comunitario, el caso de la legislación europea sobre crédito garantizado y el enfoque legislativo que debe adoptarse. La intención en la segunda y tercera parte es analizar con más detalle las decisiones que tendrán que tomar los legisladores europeos al diseñar una ley europea de crédito garantizado. La segunda parte se enfoca en transacciones garantizadas que involucran bienes muebles corporales (tangibles), mientras que la tercera parte considera categorías de garantías que pueden requerir reglas especiales.

14 Nos recuerda ARRUÑADA, *Instituciones del intercambio impersonal. Teoría y método de los registros públicos*, Cizur Menor, 2013, p. 81 como en muchos países añadir una garantía hipotecaria a un préstamo sólo reduce ligeramente el tipo de interés. La principal razón radica en que pueden aparecer distintos propietarios e hipotecas anteriores una vez que el préstamo ha sido concedido. Y el interrogante es claro, "¿por qué tantos países son incapaces de proporcionar un apoyo institucional efectivo a las hipotecas?". El autor trae a colación las enormes dificultades sobre transacciones en propiedades embargadas en Estados Unidos tras la crisis de las ejecuciones hipotecarias de 2010 al desconocer quiénes eran los verdaderos titulares.

15 Tomamos prestado este interrogante de SCHWARTZ, "The Continuing Puzzle of Secured Debt", Vand. L. Rev., 1984, vol. 37, pp. 1051 y ss., p. 1091.

16 Pensemos en la relevancia que para las garantías en las operaciones financieras tienen los bienes inmateriales, patentes, marcas, amén de toda la propiedad intelectual. Una buena radiografía teórica en GOODMAN/LEVITIN, "Bankruptcy law and the cost of credit: the impact of cramdown on mortgage interest rates", J. L. & Econ., 2014, vol. 57, nº 1, pp. 139 y ss.; y desde un punto de vista empírico, MANN, "Cre-

deudor *versus* el beneficio para un acreedor que exige sobre garantías, que condiciona incluso la futuridad de los créditos o flujos de caja del deudor y que al mismo tiempo ante una situación de insolvencia puede llegar a ser absolutamente inmune al procedimiento concursal mismo?[17], ¿qué rol juegan las garantías en una situación de *deepening insolvency18*?

Y, ¿cuál es, en definitiva, la posición del acreedor no garantizado frente al que reúne una garantía real y, además, un privilegio en el concurso?[19] Piénsese de otra parte que, no pocos ordenamientos regulan una insolvencia estratégi-

---

ditor rights and innovation: evidence from patent collateral", Journal of Financial Economics, 2018, vol. 130, nº 1, pp. 25 y ss., donde analiza como las patentes están garantizando una financiación significativa de la deuda, contribuyen la prenda sobre patentes a la financiación de la innovación. En 2013, el 38% de las empresas patentadoras de EE. UU. habían pignorado sus patentes como garantía, y estas empresas realizaron el 20% de los gastos de investigación y desarrollo y de las patentes en Compustat. Utilizando las decisiones de los tribunales como fuente de variación exógena en los derechos de los acreedores, el autor concluye que las empresas patentadoras aumentaron la deuda y gastaron más en I + D cuando se fortalecieron los derechos de los acreedores con las patentes. Posteriormente, estas empresas exhibieron un aumento gradual en la producción de patentes y el uso de patentes como garantía.

17 Nos recuerda WESSELS, "The voice of the creditor", *El acreedor en el derecho concursal y preconcursal a la luz del texto refundido de la ley concursal*, [VEIGA COPO (Dir.)], Cizur Menor, 2020, pp. 361 y ss., p. 361 "If we are discussing the creditors´role in insolvency proceedings, we primarily look at the right of a creditor to receive payments on its outstanding claim, be it though the channel of the insolvency process. However, a creditor has a wider position with regard to its debtor. In matters of restructuring and insolvency in Europe many creditors have the right to be involved in a decision-making process in insolvency or restructuring proceedings".

18 Obligada la referencia a FRANKLIN, "Deepening insolvency: what it is and why it should prevail", NYU Journal of Law and Business, 2006, vol. 2, pp. 435 y ss.

19 En este punto y, buscando ese mercado perfecto de la garantía y el privilegio frente a la insolvencia, no podía ser más explícito, RUDOLPH, "Können die Banken ihre Kreditsicherheiten "vergessen"?", cit., p. 323 al señalar: "En caso de quiebra, una vez cubiertos los gastos de la quiebra y las deudas de la misma, deben satisfacerse ciertas reclamaciones preferentes antes de que se distribuyan los bienes restantes a los acreedores. Bajo la suposición de un perfecto mercado de capitales, los costos y deudas de la quiebra deben ser ignorados. Lo que queda son los créditos preferentes, en términos de volumen, especialmente los créditos fiscales del Estado, que tienen prioridad sobre los créditos de los acreedores comunes. Es típico de estas reivindicaciones preferentes que no se determine un precio de mercado para ellas; por lo tanto, no se incluyen en el cálculo del valor de mercado del capital prestado y, por lo tanto, del valor de mercado de la empresa. Si -como recomendación finalmente trivial de Scott- la totalidad de los bienes del deudor se entregan a los acreedores como garantía, se les da prioridad sobre los créditos "privilegiados" del código de quiebras, que no contribuyen al valor de mercado de la empresa".

ca, entre la inminente y la actual y en donde la anticipación busca, ante todo, una refinanciación oportuna y que no erosione el patrimonio del deudor[20].

O pensemos en el supuesto que el acreedor garantizado no tutela ni una ni dos, sino varias garantías reales, y en las que, más allá de si podemos o no afirmar la antieconomicidad o ineficiencia per se que provoca el apalancamiento a favor de un único acreedor la garantía de los principales activos del patrimonio en una suerte de encadenamiento a su favor, ¿es lícito que el *ius distrahendi* se haga efectivo simultáneamente frente a cualesquiera activos?, ¿es proporcional y justa esta situación?[21] ¿acaso no estamos en el ámbito de las sobregarantías y la exigencia abusiva de un sacrificio desproporcionado para el deudor?[22] ¿A qué intereses debe responder esta situación, esto es, favorece a otros acreedores infragarantizados y tiene el acreedor primigenio que tiene constituidas varias garantías a su favor, renunciar a favor del resto de acree-

---

[20] Sobre estas insolvencias estratégicas, vid., EIDENMÜLLER, "Strategische Insolvenz: Möglichkeiten, Grenzen, Rechtsvergleichung", ZIP, 2014, pp. 1197 y ss., y donde señala p. 1202: "Hence, the interests and incentives of creditors in this instance differ significantly. Nobody has to accept that his or her claim shall be reduced in a forum different from that which was contractually agreed or would be available under the non-insolvency rules of the applicable international civil procedure regime. Further, nobody has to accept a claim modification based on laws and regulations different from the law governing his or her claim. To the contrary, the legitimate expectations of the creditors with respect to the dispute resolution forum and applicable law must be respected".

[21] Un buen banco de pruebas nos lo ofrece la doctrina de la *equity* anglosojana a través de la *marshalling*, esto es, cuando un acreedor detenta dos o más garantías reales, esta doctrina exige que busque satisfacción en aquella garantía en la que es único titular y liberando frente a otros acreedores esos activos y procurando que éstos puedan tener satisfacción. Otra cuestión es si hay o no concurrencia de acreedores sobre un mismo bien con diferentes acreedores o si el acreedor primigenio lo es único en todas y cada una de las garantías constituidas y no es ya una cuestión de prioridad de rangos sino de prioridad electiva de sobre qué activos ejecutar. Vid. BEALE/BRIDGE/GULLIFER/LOMNICKA, *The law of security and title-based financing*, 2ª ed., Oxford, 2012, pp. 562 y 562.

[22] A sensu contrario sí saltan las alarmas cuándo ese sacrificio desproporcionado se infiere o se dice inferir a un acreedor con garantía real que se ve arrastrado en un convenio o acuerdo de refinanciación. Véase sobre el valor en estos casos de la garantía, si bien a tenor del dado por la norma concursal, el artículo de CARRASCO, "El valor de la garantía real y el sacrificio desproporcionado en los acuerdos de refinanciación del RD Ley 4/2014", Análisis GA&P, 2014, Marzo, pp. 1 y ss., quién en p. 4 destaca "un sacrificio es desproporcionado cuando el acuerdo de refinanciación obliga a los acreedores discrepantes a soportar un dividendo concursal inferior a la cuota de liquidación que les hubiera correspondido de haberse llegado directamente a la venta de los activos del concurso. Ningún acreedor está obligado a sacrificarse más allá de su cuota hipotética de liquidación para sostener la continuidad de una empresa insolvente."

dores todo poder de agresión o preferencia de cobro en aras de no caer en una situación de sobregarantías que, curiosamente la practica prodiga y cobija recurrentemente?[23]

La sentencia del Supremo de 27 de enero de 2020 aborda precisamente esta hipótesis de sobregarantía en una situación de hipoteca y fianza. El foco de la discusión es si, además, la fianza, era o no una cláusula más en la contratación del préstamo hipotecario.

Y en otro plano de ideas, ¿cuáles han de ser las consecuencias de conceder a determinados acreedores profesionales, más sofisticados e informados, un privilegiado derecho de ejecución tanto endo como extraconcursalmente sobre todos los bienes o activos de una empresa cuando se permiten figuras holísticas, *omnibus* o sobre créditos futuros?[24], ¿debería existir un límite máximo de privilegio o causa de preferencia negocial sobre el valor de la garantía cuando recae sobre bienes futuros o derechos?, ¿acaso la limitación del valor razonable y detracción de la 1/10 parte de las garantías tiene efecto alguno?[25]

---

23 Interesante la reflexión sobre este tema de CORDERO, *Tratado de los derechos de garantías*, I, [CARRASCO/CORDERO/MARÍN], 3ª ed., Cizur Menor, 2015, p. 648, cuando asevera: "El acreedor sobregarantizado no tiene más deber moral de considerar los intereses del resto de acreedores con garantía subordinada que el que pudiera tener frente al deudor común, liberándole de otros acreedores garantizados y dejándole en franquía un activo libre de gravamen".

24 Y aunque volveremos sobre estas figuras, el debate se centra ahora no tanto en ese abuso o no, cuanto en la intrínseca proporcionalidad que, a la postre, despliegan o deberían hacerlo, las garantías reales. Une a esta simbiosis, la lógica del espacio de libertad negocial del sector crediticio, CHIANALE, *Evoluzione e prospettive nel sistema delle garanzie reali*, Torino, 2020, p. 21 que atribuye a la banca la condición de "statuto personale di *primo potenziale escussore* su tutti i beni mobili e credito di impresa", quedando sustraído el concedente de todo espacio de libertad negocial en el sector crediticio. Es más, para el autor italiano semejante prebenda puede chocar al ser una situación de monopolio como primer potencial ejecutor sobre el patrimonio del deudor, con la libertad de la iniciativa económica protegida por el art. 41 de la constitución italiana que comprende también el recurso al mercado del crédito en plena libertad, algo que estas garantías impiden y coartan.

25 Muy críticos nos mostramos en su momento al analizar el art. 94.5 LC, VEIGA, "Garantías, privilegios y valores razonable o menos razonables de las garantías en el concurso de acreedores", RDCyP, 2017, nº 26, pp. 35 y ss. Sostiene CARRASCO, "El valor de la garantía real y el sacrificio desproporcionado", cit., p. 3: "Es preciso que al menos en una décima parte de su cuantía el crédito resultante del acuerdo se encuentre infragarantizado y que en conjunto no aumente la proporción de crédito privilegiado sobre crédito ordinario que el crédito o créditos tuviesen con anterioridad al acuerdo. En consecuencia, si el conjunto del crédito antes del acuerdo estuviera completamente garantizado o sobregarantizado, los acreedores habrán de renunciar a garantías o insuflar crédito nuevo no garantizado y, en general, los acreedores intervinientes no podrán mejorar su posición relativa respecto de la hipotética cuota de

¿existe limitaciones o deberían limitarse la proporcionalidad de las garantías y el crédito privilegiado en aras a no devaluar más la *par condicio creditorum*?[26]

Como sabemos, el acreedor con privilegio especial y significativamente el prendario o sobre base mobiliaria, puede en la norma concursal no solo ser absolutamente inmune al propio procedimiento (bienes afectos y no necesarios, garantías financieras, pacto comisorio-marciano, ejecución el mismo día del auto que declara el concurso, etc.), cuánto que, constante el concurso, incluso ex artículos 209 y ss., del texto refundido, no solo acudir al expediente de la subasta (que conforme al RDL de 28 de abril de 2020, sobre medidas procesales y organizativas para hacer frente al Covid, artículo 15.2 ha de ser necesariamente extrajudicial) sino también a través de mecanismo de venta directa o de transmisiones con subsistencia de la garantía, cuando no, daciones en y para pago del acreedor. La norma explícitamente permite la enajenación en cualquier estado del concurso de bienes y derechos afectos a privilegio especial[27].

2. BUSCANDO LA EFICIENCIA DE LA GARANTIA

¿Genera valor por sí misma la constitución de una garantía real para el patrimonio del deudor, o solo para el del acreedor?[28], ¿y una garantía rígida y

---

liquidación concursal del deudor. Pero también podrán renunciar al carácter privilegiado de su crédito por encima de este techo, aunque de hecho pudiera ocurrir que el crédito se satisfaría por entero con el valor de la garantía si ésta fuese ejecutada. Obsérvese que el fresh money que pueda haberse concedido con el acuerdo puede estar garantizado, pero no podrá producirse una cross-collateralizatión de crédito viejo."

26 Referente el estudio de la proporcionalidad en las garantías reales, el trabajo de GIOVA, *La proporzionalità nell´ipoteca en el pegno*, Napoli, 2012. También MIGLIACCIO, *Parità di trattamento e concorso dei creditori*, Napoli, 2012.

27 PICOD, *Droit des sûretés*, cit., p. 12 y ss., analiza la interinfluencia y penetración entre el derecho de los negocios y los procedimientos de insolvencia. Y señala como el proceso de insolvencia afecta a la garantía real, así, en p. 13 : "soit elles modifient le rang des garanties et privilèges, soit elles instituent à l´intérieur même de ces rocédures de nouvelles priorités en créant des privilèges, tels que celui de conciliation. Là aussi, la techique juridique da la sûreté est mise au service de l´économie: il s´agira notamment d´inciter les créanciers à jouer le jeu de la conciliation en leur octroyant un nouveau privilége, de la même façon que l´on encourage les créanciers dits de la procédure à soutenir l´activité de l´entreprise après le jugement d´ouverture".

28 Como bien señala KATZ, "An economic analysis of the guaranty contract", cit., p. 63 el debate se centra en el criterio de la eficiencia económica, es decir, de maximizar el superávit neto, monetario o de otro tipo, que resulta de la transacción. En la mayoría de las transacciones comerciales, las partes están motivadas en gran parte por la

poco dinámica? ¿Y una garantía sobre una marca no registrada pero que goza de prioridad de uso y notoriedad? ¿acaso no genera un valor para el titular, para el licenciatario de haberlo o para el acreedor prendario? ¿Y una garantía personal cuál la fianza? La fianza aun cuando puede tener un origen convencional, legal o judicial, en todo caso se trata, de una institución de garantía de naturaleza personal.

Esa función de garantía del cumplimiento de una obligación ajena se cumple mediante la constitución de un nuevo vínculo obligatorio, distinto, aunque accesorio de la obligación principal, que está dotado de contenido propio, y que cuenta con su propia y específica causa de garantía, sometiendo al patrimonio del fiador a la eventual acción ejecutiva del acreedor en caso de que el deudor principal, garantizado, no cumpla su obligación. En este sentido se ha afirmado que el fiador no es deudor de la obligación garantizada, sino de la suya propia (aunque subordinada al interés del acreedor en obtener la satisfacción de la prestación debida por el obligado principal), lo que excluye la posibilidad de entender que exista una única relación obligatoria con dos deudores (el obligado principal y el fiador). De esta configuración surgen las dos notas que caracterizan principalmente la fianza: la accesoriedad y la subsidiariedad. La primera responde a la existencia de una dependencia funcional de la obligación accesoria respecto de la principal (por razón de la finalidad de garantía de aquella), que si bien no provoca que dichos vínculos obligacionales nazcan y subsistan sin llegar a confundirse, identificarse o reducirse en un único vínculo, sí determina su participación o integración en una relación contractual o negocial compleja por la interdependencia causal existente entre la obligación principal y la garantía fideiusoria, dada la accesoriedad de ésta respecto de aquella.

Dentro de ese esquema la subsidiariedad mencionada es elemento típico de la fianza, en el sentido de que el fiador, en principio, solo debe cumplir su obligación en caso de que el deudor incumpla la suya. Al servicio de dicha subsidiariedad está el denominado beneficio de excusión y orden, en virtud del cual el acreedor no puede compeler al fiador al pago "sin hacerse antes excusión de todos los bienes del deudor" (art. 1830 CC). Pero siendo de esencia en la fianza dicha subsidiariedad (como resulta con claridad del propio art. 1820 CC, pues el fiador se obliga "a pagar o cumplir por un tercero, en el caso de no hacerlo este"), de forma que el incumplimiento del deudor es presupuesto necesario para el ejercicio del derecho de reclamación del acreedor frente al fiador, por el contrario el citado beneficio de excusión es renunciable por el fiador.

---

perspectiva de ganancia económica y tienen la oportunidad de planificar sus arreglos cuidadosamente y con la ayuda de asesores profesionales".

En cierto sentido, acaso es cierto que el hecho de la obtención de financiación, aun a costa de asegurar ésta con garantías reales que afectan todo o lo mejor del patrimonio del deudor, ¿genera per se una revalorización del patrimonio del deudor siempre que la misma cree o aporte un valor adicional y positivo al patrimonio?[29] Un aumento de valor que reduce exponencialmente el riesgo de insolvencia o insuficiencia patrimonial y por tanto refuerza las expectativas, cuando no derechos del resto de titulares crediticios, ordinarios en su mayor parte y que no han descontado, o podido descontar *ex ante* el riesgo de insuficiencia ni de proveerse tampoco de garantías reales[30].

---

29 Sostiene CHIANALE, *Evoluzione e prospettive*, cit., p. 29 al referirse al estatuto personal privilegiado que se puede atribuir al acreedor, como "il settore delle garanzie reali mobiliari per finanziamenti alle imprese ora presenta un ulteriore stadio evolutivo. Il debitore (o un terzo datore) può concederé contrattualmente a un singolo soggetto uno status personale privilegiato vincolando il proprio patrimonio, in tutto o in parte, in suo favore per l´eventualità che egli divenga creditore, anziché un semplice diritto reale di garanzia con prelazione su beni e crediti. Questo *status* culmina nel soddisfacimento delle pretese creditorie sui beni vincolati anche mediante al loro appropriazione stragiudiziale. Il pegno non possessorio, si è visto, è lo strumento che sta consentendo un simile epocale cambiamento. La struttura proprietaria della garanzia reale derivata dal diritto romano si trasforma in un ampio complesso di poteri esercitabili ratione personae dal creditore direttamente sul patrimonio mobiliare d´impressa del debitore o del terzo datore". Sobre el uso social de la garantía mobiliaria ya se pronunciaban en su momento HARRIS/MOONEY, "A property-based theory of security interests: taking debtor´s choices seriously", Va. L. R., 1994, vol. 80, pp. 2021 y ss., p. 2023. Para los autores norteamericanos se ha producido un aumento de los estudios que han sometido garantías mobiliarias a un examen más detallado, a menudo con la ayuda de economía, en un debate continuo sobre si el crédito garantizado es socialmente útil y, si es así, cómo. Aunque la literatura más reciente es considerablemente más rigurosa que la anterior, suena un poco a cuestiones familiares que reflejan la fascinación por, si no siempre, la preocupación sobre los efectos distributivos que conlleva el otorgamiento de la garantía.

30 No les falta razón a JACKSON/SCOTT, "La naturaleza del concurso: un ensayo sobre compartir los riesgos concursales y el acuerdo entre acreedores", Themis, 2002, nº 45, pp. 25 y ss., p. 28: "Debido a que las clases más bajas (capital, y comúnmente acreedores generales) obtienen tan poco en la liquidación que sigue a un procedimiento concursal, generalmente quieren que el deudor continúe en el negocio. Según esto, por lo menos una clase, y tal vez otras, esperan recuperar una mayor parte de su pretensión si a un deudor insolvente se le da la oportunidad de recuperarse en lugar de ser liquidado apresuradamente. Estas clases frecuentemente (y muchas veces con éxito) usan mecanismos legales para demorar la liquidación de negocios deudores. Por otro lado, los acreedores cuyas pretensiones están bien protegidas por garantías generalmente prefieren el retorno cierto de una pronta liquidación. Después de todo, la posición empresarial de un deudor insolvente puede deteriorarse, así como mejorar, y si se deteriora, un menor valor de activos puede quedar disponible para los acreedores garantizados. Los acreedores vienen a la negociación con sus prioridades legales intactas. Es lógico entonces, comenzar asumiendo que la insolvencia es un

Y a sensu contrario, ¿a dónde nos encamina la sobregarantía y la desproporción de garantías o activos apalancados? Significativa en este punto a la sentencia del Supremo de 27 de enero de 2020 cuando analiza ante un préstamo donde además lleva arrogado una fianza, y su análisis cuando el deudor es consumidor y afirma:

"En concreto, en el presente caso de un crédito hipotecario con pacto de afianzamiento, esta valoración sobre la desproporción entre las garantías pactadas (en concreto respecto de la fianza) y el riesgo asumido por la entidad acreditante, ha de realizarse teniendo en cuenta diversos factores, como los siguientes: a) el importe de la totalidad de las cantidades garantizadas por todos los conceptos mediante la hipoteca (capital, intereses y costas), b) la tasación de los inmuebles hipotecados, c) las cantidades no cubiertas por dicha cifra de responsabilidad por la hipoteca (vid. v.gr. las limitaciones que respecto de los intereses de demora impone el art. 114 LH), d) las limitaciones que impone la legislación del mercado hipotecario en cuanto a la proporción máxima entre la tasación de los inmuebles hipotecados y el capital prestado, e) la solvencia personal de los deudores (arts. 1911 CC y 105 LH), f) la correlación entre las mayores garantías y el menor tipo de interés remuneratorio pactado en el crédito como compensación a la disminución del riesgo para el acreedor (vid. art. 4.1 de la Directiva 93/13/CEE, que permite tener en cuenta no solo todas las cláusulas del contrato sino también las de "otro contrato del que dependa", incluyendo las relativas al precio, pues como señala uno de los considerandos de la Directiva, si bien "la apreciación del carácter abusivo no debe referirse ni a cláusulas que describan el objeto principal del contrato ni a la relación calidad/precio de la mercancía o de la prestación", sin embargo "en la apreciación del carácter abusivo de otras cláusulas podrán tenerse en cuenta, no obstante, el objeto principal del contrato y la relación calidad/precio"), g) su ajuste o no a su normativa específica (disposición adicional 1.18ª LGDCU: "[...] Se presumirá que no existe desproporción en los contratos de financiación o de garantías pactadas por entidades financieras que se ajusten a su normativa específica"), h) el riesgo de depreciación del inmueble hipotecado (por razón de daños materiales, limitaciones urbanísticas u otras), etc."

Ahora bien, ¿incrementa o no, *per se*, la constitución de una garantía real el riesgo en el resto de acreedores, significativamente ordinarios o, por el contrario compensa este generando un valor, eso sí, siempre y cuando el resultado de esa financiación logre un activo o un valor positivo que compense el coste y externalidad de constitución de la garantía[31]?, ¿supone la garantía un

---

riesgo previsible - uno que sería asumido individualmente por los varios demandantes. El cálculo de este riesgo podría haber influenciado las decisiones de los acreedores individuales respecto de solicitar garantías y si fuera así, en qué términos.

31 No es éste un debate estéril ni tampoco cerrado, así como tampoco son neutrales los enfoques o paradigmas desde los que se analizan, sean éstos funcionales o económicos del derecho. En nuestra doctrina este debate lo han suscitado en ambos sentidos, tanto GARRIDO, *Garantías reales, privilegios y par condictio. Un ensayo de análisis fun-*

vehículo para superar el conflicto entre acreedores y deudor?[32], ¿hace acaso lo mismo una prenda *omnibus* o global o sobre la globalidad del patrimonio presente y futuro del deudor apalancando éste en una suerte de depedencia económica y financiera total e impidiendo acudir a otras alternativas diferentes de financiación?[33]

Vivimos una época donde la lupa se sitúa en lo eficiente, diríamos incluso que en la dinámica del eficientismo, una etapa de desarrollo teórico y dogmático que ha basculado hacia la economía de la deuda más que de los ingresos en la dinámica de la circulación de la riqueza, tanto mobiliaria, sobre todo, como de otros activos[34]. Otra cuestión es la optimización y eficiencia real de ese valor que se presupone a toda garantía si la misma ha sido seleccionada

---

cional, Madrid, 1999, pp. 61 y ss., teoría que también mantuvo CARLSON, «On the Efficiency to Secured Lending», *Va. L. Rev,* 1994, nº 80, pp. 2179 y ss., p. 2194, quien reniega de ese conflicto entre garantizados y ordinarios, dado que aquéllos introducirían valor del que disfrutarían éstos, y que acuñaría la expresión de relación simbiótica entre ambos tipos de acreedores. En cambio, BERMEJO, *Créditos y quiebra,* Madrid, 2002, pp. 110 y ss., sí apunta ese conflicto y traslado del riesgo del crédito garantizado sobre los créditos ordinarios y que provoca un incremento proporcional de su riesgo y reducción de su valor. Eso sí, señalando como no se puede analizar esta situación como si fuera un supuesto de imposición no consentida de costes a los acreedores ordinarios, y ello porque la probabilidad de que existan créditos garantizados es una circunstancia que cualquier acreedor puede anticipar y descontar en el diseño de su crédito, sea elevando tipos de interés, exigiendo garantías personales, etc. En este sentido véase el fuerte anclaje del derecho norteamericano en este debate, significativamente autores como ADLER, «Bankruptcy and Risk Allocation», *Cornell L. Rev.,* 1992, nº 77, pp. 439 y ss., p. 441; SCHWARTZ, «Taking Security Rights Seriously», *Va. L. Rev.,* 1994, vol. 80, pp. 2073 y ss., p. 2077.

32 Por esta vía apuntaba RUDOLPH, cit., 325 al sostener que la garantía del préstamo en tal escenario sólo podría ser un vehículo para la redistribución de riesgos del acreedor, cuyo valor - al menos con perfecto mercado de capitales - debe ser cero.

33 Nos recordaba RUDOLPH, cit., p. 324 como el valor del mercado de un crédito no privilegiado, sin garantía, era bien distinto al que no tenía privilegio: "Der Marktwert ist maximal, wenn die bevorrechtigten Forderungen zu den am wenigsten bevorrechtigten Forderungen gemacht werden."

34 Clave en este punto el artículo de IULIANI, "Il diritto privato tra crisi economica ed "economia del debito": dinamiche della giustizia e autonomia privata", Riv. crit. dir. priv., 2017, pp. 341 y ss., y en donde ese mercado de bienes ha basculado hacia el de la deuda más que hacia el de los ingresos. Sobre el eficientismo en la literatura del *law and development,* vid., FIORENTINI, *Il pegno,* Trattato dei diritti reali. Diritti reali di garanzia, V, Milano, 2014, pp. 5 y ss.

y valorada eficientemente *ex ante35*. Pero acaso el ordenamiento y la práctica ¿no conoce las garantías "glissantes" o escurridizas?[36]

Pero, ¿de qué eficiencia hablamos y para quiénes en el ámbito del mercado del crédito y cuáles para una sociedad deudora y que necesita financiación y donde la concesión del crédito garantizado puede llegar a ser abusiva por las sobregarantías desproporcionadas e "ineficientes" que se exigen?[37] Exponente de esta situación, -ineficiente- sin duda, la sentencia del Supremo de 4 de noviembre de 2019, en un supuesto, además, de sustitución unilateral del ob-

---

35 Época donde la dualidad no viene tanto por la movilidad o rigidez del contrato, cuanto por el *status* del que gozan las partes o alguna de ellas en la relación jurídica. No cabe duda que, el ámbito de las garantías mobiliarias es un ámbito hoy en ebullición, en redifinición incluso de paradigma. Cobran todo su sentido las palabras de RESCIGNO, Premessa, I contratti in generale, Trattato dei contratti, [RESCIGNO/ GABRIELLI (Dirs.)], 2ª ed., Torino, 2011, p. LIII, al señalar: "il ritorno allo status viene inteso nel senso che per ogni settore di attività i contratti sono destinati a modellarsi secondo tipi e discipline che rispecchiano la posizione sociale delle parti".

36 Sobre las mismas en nuestra doctrina, BUSTO LAGO, *Las garantías personales atípicas en el ordenamiento jurídico español*, Cizur Menor, 2006, p. 166 y en donde la clave pasa por aceptar que el montante definitivo de la garantía no se fije de forma total y determinada a la hora de su constitución o emisión, sino que se admite el pacto en función del cuál éste se reduce progresivamente en función del grado de ejecución de la obligación garantizada.

37 Sobre un concepto de eficiencia, CHEFFINS, *Company law: theory, structure and operation*, Oxford, 1997, pp. 5 y 6: "A key way in which rational actors can increase their joint welfare is through voluntary exchange. ... Furthermore, an economist would characterize the outcome as efficient. This might seem an innocuous description, **but it is important to clarify how economists define efficiency**. When a company manager uses the term, he is probably referring to productive efficiency, which involves accomplishing an outcome at the lowest possible cost. On the other hand, an economist will usually be thinking about allocative efficiency, which relates to the distribution of scarce resources. The concern will be whether assets are being employed in their most highly valued use. If they are, then economists say the resources in question are being used efficiently. Exchanges between individual transactors are potentially an effective medium for increasing allocative efficiency. Parties acting rationally will not agree to enter into a bargain unless each individual involved anticipates being made better off by proceeding. An exchange therefore should increase the personal utility of all concerned and should transfer resources to more highly valued uses. While individual bargains have significant efficiency properties, economic theory has more to say about the aggregate impact of transactions. This occurs through the study of markets. In economic terms, a market is a forum in which those offering to buy and sell products or services interact". Espectacular el artículo sobre ineficiencia de las leyes de ARRUÑADA, "Malas leyes. Aplicación al derecho concursal", *El acreedor en el derecho concursal y preconcursal a la luz del texto refundido de la ley concursal*, Cátedra Uría Menéndez-ICADE de regulación de los mercados, [VEIGA (Dir.)], Cizur Menor, 2020, pp. 53 y ss., sobre todo, pp. 75 y ss.

jeto prendario se produce una solicitud de nulidad del negocio jurídico, una suscripción de acciones de una entidad bancaria sobre la que recae la nueva prenda. De tal modo que la prenda venía condicionada a la adjudicación de acciones, tras haberse constituido inicialmente sobre determinados plazos fijos, habiéndose cancelado uno de ellos y con su importe se suscribieron las acciones que fueron pignoradas. La garantía constituida sobre el nominal del plazo fijo era sustituida posteriormente por la pignoración de las acciones, con la anulación de la compraventa de las acciones.

El hecho de que éste goce de un poder inmediato y directo (absolutidad e inmediatez) sobre el bien o derecho objeto de la garantía (incluso sobre un valor global y heterogéneo de bienes y activos que pueden mutar hasta un momento determinado), pudiendo utilizarlo, disponer, enajenarlo en ciertas modalidades de garantías mobiliarias, así como una tutela preferencial y privilegiada en el más estricto de los conceptos, le confiere un poder de agresión y realización en sintonía con el debilitamiento simultáneo de las pretensiones de otros acreedores, salvo que estuvieran por rango y tiempo en posición preferente[38].

Conciliar, al hablar de eficiencia, el razonamiento económico con el jurídico en el ámbito de las garantías no es fácil, al contrario, no son pocas las resistencias de los acreedores ante los cambios de escenarios o marcos de garantías[39]. Pero sí una cuestión fáctica, funcional, donde se busca la solidez,

---

38 Sobre el valor de la posesión y su contenido en la prenda, véase CARPI MARTÍN, "Contenido: derechos y obligaciones. Extinción", *Tratado de derecho civil. Las garantías,* I. Vol. 1, [PRATS ALBENTOSA (Dir.)], Madrid, 2016, pp. 683 y ss., p. 690 donde además en función del tipo posesorio del acreedor prendario se perfilan con mayor precisión las facultades y obligaciones reconocidas en el Código civil.

39 Imprescindible el trabajo de DAHAN/SIMPSON, "Legal efficiency for secured trasactions reform", cit., quiénes en p. 628 explican las resistencias incluso de los propios bancos a reformas y creación de nuevas garantías, así aseveran: "It sometimes comes as a surprise that resistance to the introduction of an efficient secured transactions law comes from the persons who could be expected to derive the most benefit from it. Banks, lenders and other creditors who give input at the drafting stage will not always be favourably disposed to the reform, or to some of the features that are precisely designed to make it efficient. They may require some persuading that from their perspective the proposed changes will be preferable to the existing market practice. The lure of increased credit activity may be tempered by fears of increased competition and lower margins. The problem may be compounded if the persons giving input are not the managers who are capable of understanding the broad economic picture but representatives from the legal department who are more concerned at how to document a transaction than its justification in a wider context. Even bankers may not understand all the reasons underpinning the reform. In one country recently, provisions in the draft pledge law designed to facilitate taking security for syndicated loan were struck out because of opposition from bankers who did not understand

la inmunidad de la garantía que, en no pocos ordenamientos y prácticas pasa por la utilización funcional de la propiedad o la apropiación del bien garantizado como baluartes de toda garantía real[40].

O pensemos en el rol o papel que juega y puede jugar o incluso se ve arrastrado el acreedor con garantía en un proceso de restructuración, por no decir nada ya de un procedimiento estrictamente concursal[41]. Polivalencia funcional de la garantía teñida, sin duda, pero también, sin ambages, de eficiencia económica y razonamiento legal[42]. Ahora bien, cómo medir el techo del valor de la garantía y cómo el posible perjuicio a un sacrificio proporcionado por el arrastre o desproporcionado, en definitiva, tendrá su respuesta en el ordenamiento, máxime en un procedimiento concursal o preconcursal.

Tampoco podemos ignorar que la magnitud de esa eficiencia viene de la mano de un eficaz instrumento, la ejecución, sea ésta individual lo sea en un escenario de concurrencia conflictual de múltiples acreedores y en los que poder hacer frente al incumplimiento de la obligación con una ejecución o venta del bien garantizado o incluso una apropiación del mismo que no expropiación de valor[43]. Escudriñar, indagar ese extremo afecta sin duda a la

---

what a syndicated loan was, or assumed that it was undesirable or unnecessary in the local market".

40 No le falta razón a CHIANALE, *Evoluzione*, cit., p. 27 cuando sostiene: "la funzione assolta da una garanzia reale comporta quindi l´applicazione di una disciplina unitaria e prescinde dalla qualificazione

41 En este punto, véase el claro artículo de AZOFRA VEGAS, "El acreedor con garantía real en los procesos de reestructuración", *El acreedor en el derecho concursal y preconcursal a la luz del texto refundido de la ley concursal* eestructuración", [VEIGA COPO (Dir.)], Cizur Menor, 2020, pp. 195 y ss., autor que centra su foco en tres situacione: (1) cuando se le pretende imponer una cancelación o modificación de sus garantías reales, (2) ante el trance de la dación en pago y, (3) cuando se trata de un acreedor real dotado de garantías financieras.

42 Sostine con razón CHIANALE, *Evoluzione*, cit., p. 27 todo sistema jurídico que adopta un criterio funcional de las garantías debe regular la oponibilidad de las garantías al concurso de acreedores del deudor interviniendo sobre el diverso "esito" tradicionalmente unido a la diferencia entre el derecho real de garantía y la propiedad: si prevalace la función de garantía, no hay razón para conceder, frente al concurso del deudor, una mayor tutela al acreedor asistido por la propiedad en garantía respecto a aquel asistido por un tradicional derecho real de garantía.

43 Nos recuerda RUDOLPH, cit., p. 326 a través de un ejemplo poco realista como "No hay una manera más fácil para una empresa de cumplir con sus obligaciones de crédito que distribuir todos sus activos como dividendos a sus accionistas, dejando a los acreedores con una cáscara vacía". Y señala: "La solvencia no tiene por qué ser una norma de comportamiento ético, que puede estar unido a la persona del prestatario. Más bien, la solvencia puede interpretarse como la consecuencia de un comportamiento decidido del prestatario, y este comportamiento dependerá a su vez del comportamiento del banco".

consistencia y existencia del crédito y la predisposición de los bancos o entidades financieras a prestar dinero[44].

Y llevando el razonamiento a sus últimas consecuencias, un análisis e implementación funcional de las garantías acaba diluyendo al menos en el ámbito objetivo de las garantías reales mobiliarias la dualidad entre derechos reales y derechos de créditos. Todos entran en su ámbito objetivo de actuación. Pero verdaderamente ¿puede afirmarse que una garantía real es eficiente frente a un proceso concursal y en este caso, ¿cómo lo es?[45] Y dando una vuelta de tuerca más, ¿cabe en un acuerdo de reestructuración cancelar una garantía real, sea ésta mobiliaria, con o sin base registral, sea una garantía inmobiliaria?[46] ¿cabe convertir esa deuda garantizada con prenda en otro instrumento financiero de rango, características o vencimiento distintos del primigenio? ¿Y los acreedores con garantías real disidentes?[47]

---

44 Concluyen DAHAN/SIMPSON, cit., p. 637 como la ineficiencia jurídica no sólo puede reducir el beneficio económico que podría resultar de otra manera de la ley (por ejemplo, un tipo de interés más bajo para un préstamo garantizado en comparación con el de un préstamo no garantizado), también puede tener un efecto disuasorio. Esto es particularmente pertinente para los factores en los que el impacto económico es difícil de medir. Si el proceso legal es complejo o toma mucho tiempo, o si hay incertidumbre, los potenciales jugadores puede que nunca pasen del umbral de decisión y no proceder con la transacción.

45 Y aunque volveremos sobre esta cuestión, nos recuerda CORDERO, *Tratado de los derechos de garantías*, I, 3ª ed., cit., p. 649, "el interminable y estéril debate sobre si, en *términos teóricos*, los derechos (reales) de garantía son eficientes o ineficientes socialmente ante una situación de concurso, y en la que partidarios de una respuesta negativa suelen enfatizar estas consecuencias adversas que las garantías producen en la masa de acreedores, costes que no son debidamente compensados a quienes lo sufren". La voz más crítica sin duda, y no exenta de razón, sobre esa eficiencia y justicia, CARRASCO PERERA, *Los derechos de garantías en la Ley concursal*, Cizur Menor, 2009, pp. 44 y ss.

46 Destaca AZOFRA VEGAS, "El acreedor con garantía real en los procesos de reestructuración", cit., p. 201 el enorme potencial "*reestructurador*" de la conversión de la deuda en cualquier otro instrumento financiero con características, rango o vencimiento distintos de aquéllos que tuvieran los créditos orginarios. Reconoce como la cancelación puede ser precisa, por ejemplo, para facilitar la enajenación de los bienes o derechos gravados en aquellos casos en los que el valor real del *collateral* haya descendido por debajo de la responsabilidad máxima hipotecaria o pignoraticia.

47 Aunque estrictamente no fue una cancelación de garantía real, en el caso Eroski, el auto del Juzgado de lo Mercantil nº 2 de Bilbao, de 13 de febrero de 2015, el acreedor con garantía real disidente experimentó una degrafación del valor de su garantía, al permitirse la ampliación del círculo de acreedores garantizados, pese a la oposición clara y manifiesta del acreedor con garantía real. Y es que, a la postre, toda ampliación por la fuerza de los créditos garantizados por la hipoteca de la que gozaba el acreedor disidente a la larga y sobre todo, en el escenario de incumplimiento de un acuerdo de refinanciación, termina perjudicándole.

Garantías eficientes que optimicen la facilidad de la ejecución son pieza clave en el engranaje tanto inicial como definitivo de una garantía[48]. La utilización de criterios de eficiencia jurídica proporciona una base para salvar la brecha entre el análisis económico y el razonamiento jurídico. Mas ambos extremos, a saber, buenas y eficientes garantías y facilidad de ejecución[49]; ¿aminoran el coste del crédito garantizado? ¿Y el riesgo sistémico?

Mas ¿cuál es el valor de una empresa en funcionamiento en situación de insolvencia y qué cabe esperar de las garantías sobre los principales activos de la misma?[50] Acaso ¿tiene o ha tenido interés un acreedor garantizado en pedir tempestivamente el concurso necesario?, ¿verdaderamente tiene un afán conservativo en la continuidad y conservación de la empresa o en caso de un concurso solutariamente acabe en convenio, atrae una quita y una espera al acreedor garantizado suficientemente y, probablemente con una sobregarantía?

¿Es eficiente la inmunidad y el blindamiento que la propia norma concursal y la de garantías financieras blinda y proporciona al acreedor con garantía real para que se despoje de las mismas y participe en el concurso llegando a

---

48 Nos ofrece un estudio analítico, pero también leximétrico, con el objetivo de mejorar la comprensión de la ejecución de los préstamos bancarios en la Unión Europea, STEFFEK, "Enforcing Bank Loans in the European Union. A Comparative and Leximetric Analysis", *Festschrift für Klaus J. Hopt zum 80. Geburtstag am 24. August 2020*, [GRUNDMANN/MERKT/MÜLBERT (Edis.)], Berlin, 2020, pp. 1219 y ss.

49 Se preguntan por un concepto de eficiencia jurídica, DAHAN/SIMPSON, "Legal efficiency for secured trasactions reform", cit., p. 633, ¿qué entendemos por "eficiencia jurídica"? Lo usamos como indicador de la medida en que una ley y la forma en que se utiliza proporciona los beneficios que se pretendía conseguir. Miramos el concepto contra el fondo de la legislación sobre operaciones garantizadas porque preferimos vincularla a nuestra experiencia en los países en transición, pero creemos que es capaz de mucho una aplicación más amplia.

50 Señalan JACKSON/SCOTT, "La naturaleza del concurso", cit., p. 27 y 28 el valor de la empresa en marcha no excede el valor de liquidación en todos los casos. El asumir un mayor valor de la empresa en marcha depende de la existencia de dos factores: los activos del deudor deben valer más si permanecen unidos que si son separados y vendidos, y los prospectos a largo plazo del deudor deben ser mejores que los prospectos a corto plazo. Cuando cualquiera de estos factores no se dé, el bienestar del total del grupo aumentará con una pronta liquidación del deudor, en contraposición a un procedimiento colectivo en el cual algunos intereses pueden obtener mayores ganancias a expensas de otros. Una justificación principal para la ley concursal entonces es proveer incentivos a los demandantes para que cada uno de ellos individualmente, así como a nivel grupal, encuentre óptimo ya sea esperar o cobrar inmediatamente, dependiendo de las realidades empíricas subyacentes y los intereses de los demandantes como grupo. Cualquiera sea el curso que la ley fomente a las partes a tomar, el objetivo principal necesariamente será el maximizar el bienestar total del grupo. El dilema, sin embargo, es que la ley no puede asegurar que los intereses de cualquier grupo particular de demandantes coincidan con los intereses del conjunto.

un convenio o subsumiéndose en la liquidación concursal y no por sus propias vías individuales de ejecución exógenamente al procedimiento de insolvencia? No se olvide que, entre los costes de la garantía, está precisamente el de haber descontado el control de comportamiento conductual y monitoreo de su actividad tanto ante concursal como constante el procedimiento[51].

Pero ¿qué ocurre si no existe un mercado verdaderamente competitivo donde las tasas de recuperación no fueran elevadas, así como los tiempos de ésta fueran excesivamente dilatados máxime si los mecanismos de ejecución de garantía son lentos y poco dinámicos amén de costosos? ¿Cuánto tiempo se tarda en realizar una ejecución de una garantía y cuál es su coste? Acaso ¿difiere la cualidad del deudor y del objeto dado en garantía?

Pensemos en el vigor y fortaleza que una garantía como la transmisión fiduciaria acaba deparando[52]. Y donde ya nadie ignora la función de garantía ínsita a la misma, causa además suficiente e idónea para la transmisión/adquisición de la propiedad, pero, ¿puede ocurrir lo mismo dentro de esa pretendida flexibilidad con una venta con pacto de retro y que busque análoga función?[53] ¿Y la función de garantía que irradia una enajenación a la

---

51 Nos recuerda CORDERO, *Tratado de los derechos de garantía*, cit., p. 650 como los partidarios de las garantías y su eficiencia en el concurso arguyen que toda restricción de los efectos de la garantía en el concurso es de efecto perverso, pues el acreedor se pondrá a cubierto de los rigores del concurso mediante el procedimiento de constituir sobregarantías desproporcionadas al valor de su crédito.

52 Obligada la referencia a autores como ANELLI, *L´alienazione in funzione di garanzia*, Milano, 1996, quién en p. 89 subraya que la esencia de la estipulación comisoria puede sintetizarse en la «predisposizione di una modalità di estinzione alternativa e secondaria del credito mediante il trasferimento (passaggio) al creditore della proprietà della cosa costituita in pegno o oggetto di ipoteca: tale effetto traslativo, in funzione satisfattiva, è programmato e stabilito già prima del verificarsi dell'inadempimento, al momento della costituzione della garanzia (...) Si tratta di una regolamentazione ex ante della fase patologica del rapporto obbligatorio: questo è, all'essenza, il fenomeno negoziale cui la legge disconosce validità»; CIPRIANI, "La cessione di crediti a scopo di garanzia tra patto commissorio e patto marciano", Riv. dir. imp., 2010, pp. 123 y ss.; también GIGLIOTI, "La cessione del credito a scopo di garanzia: profili sistematici", Studi in memoria di Giovanni Gabrielli, I, Napoli, 2018, pp. 1059 y ss.; o la monografía de la profesora SALVATORE, *Trasferimenti di proprietà tra garanzia del credito e liquidazione dei beni*, Napoli, 2018. Clásico en la doctrina italiana el trabajo de VARRONE, *Il trasferimento della proprietà a scopo di garanzia*, Napoli 1968.

53 No alberga duda de esta finalidad, para quién "la vendita con patto di riscatto costituisca l'archetipo dei trasferimenti a scopo di garanzia", SCOZZAFAVA, "Note in tema di alienazione a scopo di garanzia", Contratto e impresa, 2006, nº 2, pp. 16 ss., donde p. 29 ss. afirma "ivi anche l'affermazione secondo la quale il patto commissorio «non esprime un principio generale, da cui possa desumersi che i trasferimenti a scopo di garanzia sono vietati»). Sostiene por su parte, D´AMICO, "Alienazioni a scopo di garanzia", *I contratti per l´impresa*, [GITTI/MAUGERI/NOTARI (a cura di)],

postre comisoria?[54] No cae en saco roto en no pocas legislaciones la estructura propietaria y de aprenhesibilidad que a la postre puede desempeñar la garantía[55]; si bien no debemos obviar que esta evolución se hace fundamental

---

I, Bologna, 2012, pp. 585 y ss., p. 592: "E, invero, se si conviene che il concetto tecnico di «garanzia» presuppone la (pre-) esistenza di un rapporto obbligatorio «garantito», allora deve riconoscersi che non tanto è vero che alla vendita con patto di riscatto inerisce necessariamente una funzione di «garanzia», ma piuttosto è vero solo (e al limite) che tale tipo di operazione potrebbe (astrattamente) assumere anche questa funzione; ma esclusivamente a condizione (si badi bene) che il rapporto obbligatorio preesista alla vendita medesima e questa (accompagnata dalla clausola di riscatto) sia effettuata prima della scadenza del debito".

54 Sobre el fundamento conceptual y práctico de la función de garantía en la enajenación o "alienazioni commisorie", vid., MOSCOGIURI, "L´esdibitazione nell´attuazione del patto marciano disciplinato dall´art. 48-bis T.U.B.", Orizzonti del diritto commerciale, 2019, nº 1, pp. 151 y ss., sobre todo, p. 176 cuanso sostiene: "la costruzione del patto commissorio come alienazione in garanzia, sia quella del patto configurato nei termini del contratto con esclusiva funzione solutoria, sembrano contenere una verità di fondo. Se così si può dire, l'errore sta nel considerare le due concezioni come alternative, cioè non conciliabili l'una con l'altra. In realtà, entrambe le funzioni, intese per ora genericamente, sembrano coessenziali alla stipulazione commissoria, tanto che parte della dottrina più recente ritiene le due causae – solvendi e cavendi – coesistenti, in maniera simultanea o, eventualmente, consecutiva. Può dirsi, anzi, che le due funzioni sono in rapporto di vicendevole implicazione. Ma occorre chiarire questo punto, perché una conclusione sincretistica, alla fine, risulterebbe semplicemente ambigua, se non intrinsecamente erronea, e forse priva di ogni utilità pratica e sistematica. Posto che le espressioni funzione di garanzia e funzione solutoria hanno una forte carica di indeterminatezza, può essere utile, per non cadere nelle trappole di una terminologia polisensa, seguire le riflessioni condotte sulla figura della cessione del credito. Un banco di prova estremamente sensibile in quanto, notoriamente, tale cessione può svolgere l'una o l'altra finalità, propriamente intese sotto il profilo della fondamentale connotazione funzionale del negozio".

55 Una excelente retrospectiva en RODRÍGUEZ-ROSADO, "La transmisión de propiedad en garantía en Alemania y los problemas para su aceptación en derecho español", Revista de Derecho Civil, 2017, vol. IV, nº 3, pp. 63 y ss., y en donde especifica p. 87 las mayores dificultades para entender la figura en su relación con el traspaso posesorio, así, señala: "El problema mayor que presenta la transmisión de propiedad en garantía en el sistema alemán, y lo que ha ocasionado mayores controversias, es la percepción de que la figura constituye un fraude a la regla que exige traspaso posesorio en la prenda. Para entender bien la cuestión hay que tener en cuenta que la fiducia de garantía alemana se da fundamentalmente sobre bienes muebles –bien puede decirse que una transmisión de propiedad en garantía sobre inmuebles es en Alemania un supuesto de escuela–. Y que la práctica la hizo surgir para permitir la creación de una garantía mobiliaria que no exigiese traspaso posesorio, como lo exige siempre la prenda (§ 1205 BGB). Trasmitiendo la propiedad en garantía, lo cual está permitido también mediante constituto posesorio –lo que no cabe para la prenda–, se consigue una figura que cumple la función de una prenda, con ciertas relajaciones en cuanto a sus modos de funcionamiento –recuérdese la libertad de pacto

y esencialmente en el marco financiero y bancario en tanto acreedores sofisticados, profesionales y sin que sufran *a priori* las rémoras de una asimetría informativa a la hora de descontar objetivamente los riesgos de insolvencia o incumplimiento del deudor[56].

Acaso, ¿se facilitan las ejecuciones financieras de las entidades profesionales sobre todo en función de la tipología del deudor, sea este pequeño empresario o incluso individual, sea una sociedad por ejemplo cotizada?[57] No todos los deudores a priori, al menos, son tratados igual a la hora de la ejecución de sus garantías, tampoco en la concesión del crédito habida cuenta que su capacidad de negociación es sumamente diferente. ¿Qué margen tiene un consumidor, qué margen un empresario individual o un autónomo y qué margen un grupo de empresas cuya matriz cotiza?

Se ajusta el préstamo o la financiación a las necesidades y preferencias del deudor, así como la garantía que se concede (sobregarantía en no pocos casos) cuando estamos ante una pequeña empresa o micro, o un empresario

---

de la forma de ejecución–, y claros riesgos para el garante, pero que le permite a ese garante-transmitente, normalmente deudor, seguir en posesión de la cosa mientras disfruta del crédito."

56 Ya indagaban esta vía, HARRIS/MOONEY, cit., p. 2024 cuando señalaban: "examines the creation of security interests as a subset of the law governing private property. The well-accepted rights of property owners-to use and freely and effectively to alienate their property and to be secure in their ownership-form the basis of our normative theory of secured transactions. Like broader theories of property law, which generally validate the decisions of debtors to transfer their property outright, our theory general validates the decisions of debtors to transfer their property for collateral purposes. And like the broader theories, our theory respects personal autonomy and freedom of contract. In developing our theory, we seek to put to rest any general skepticism about the value of security interests and biases against the creation and effectiveness of security interests. Alternatively, we hope to elicit from the skeptics a more explicit and principled critique of security". Esto ha llevado a CHIANALE, *Evoluzione*, cit., p. 19 a sostener que una similar evolución estructural de la garantía real se "staglia la sempre maggiore specificità della posizione del creditore bancario, che di tale evoluzione appare essere il principale, se non addirituta l´unico beneficiario. Lo sviluppo attuale delle garanzie reali mostra così l´ipocrisia che si cela nella definizione unitaria abitualmente data del *ceto creditorio*, che in realtà va scomposto in differenti categorie, sulle quali primeggia il finanziatore bancario".

57 No alberga dudas en su estudio a nivel de la UE, STEFFEK, "Enforcing Bank loans", cit., p. 1224, cuando señala "Member States facilitate the enforcement of bank loans most against corporate debtors, somewhat less against entrepreneurs organised as sole traders and partnerships and least against consumers". Y en p. 1225 sostiene: "Las diferencias en la facilidad de ejecución en relación con los distintos tipos de deudores son potencialmente pertinentes para la fijación del precio del crédito."

individual, ¿o solo lo hace cuando estamos ante grandes corporaciones?[58] Y ahora llevémoslo al terreno de los perímetros de la insolvencia y las dificultades de tesorería en acuerdos de reestructuración y de refinanciación. En hipótesis la igualdad ejecutoria debería evitar la agravación del coste del crédito y, de paso, la distorsión en los mecanismos de concesión y acto seguido de constitución de las garantías[59]. Prima y rige, a priori una visión academicista de la eficiencia de las garantías reales en el marco de un concurso, pero, cu-

---

[58] Sobre estos temas véase el estudio empírico de ajustes de preferencias y costes entre prestamistas y prestatarios en función de la posición y tipo de deudores en un portentoso estudio sobre si el derecho de contratos evita o es mejor solución que el concurso de acreedores que realizaron WARREN/WESTBROOK, "Contracting out of Bankruptcy: An Empirical Intervention", Harvard Law Review, 2005, vol. 118, pp. 1197 y ss. Este artículo se basa en datos de un amplio estudio empírico de casos de quiebras comerciales para arrojar serias dudas sobre dos de las premisas fundamentales necesarias para respaldar las afirmaciones de que la ley de quiebras debe ser reemplazada por procedimientos predeterminados establecidos por contrato. Se han hecho varias propuestas para privatizar el proceso de quiebra por contrato. Los defensores de estos enfoques contractualistas asumen que las estructuras predeterminadas negociadas en el mercado reducirán los costos de transacción y mejorarán los resultados posteriores al incumplimiento. Si bien estas propuestas necesariamente afectan materialmente los intereses de terceros, sus proponentes sugieren dispositivos que pretenden hacer ese proceso eficiente y no redistributivo. Una premisa subyacente a un enfoque contractual es que los terceros pueden ajustar sus precios y condiciones para tener en cuenta los efectos de los contratos de quiebra propuestos. Investigaciones anteriores han puesto en duda esta premisa al identificar categorías de acreedores involuntarios e inadaptados que no pudieron hacer tales ajustes. Este artículo cuantifica por primera vez esa crítica, mostrando que en la mayoría de las quiebras comerciales hay muchos acreedores involuntarios o inadaptados. En segundo lugar, las teorías contractuales suponen necesariamente que muchas o la mayoría de las quiebras comerciales implican relativamente pocas reclamaciones, porque numerosos reclamos, especialmente los pequeños, impondrían costos de transacción que son lo suficientemente sustanciales como para hacer imposible la negociación individual o incluso el ajuste unilateral por parte de cada acreedor. De hecho, los datos revelan que el caso típico de quiebra empresarial presenta muchas reclamaciones que son demasiado pequeñas para ser ajustadas. Estos datos demuestran que un sistema contractualista probablemente producirá ineficiencias sustanciales, incluida una redistribución de la riqueza a las partes de los contratos de quiebra propuestos. Los datos respaldan la superioridad de un modelo de ley de quiebras que proporciona una infraestructura colectiva irrenunciable para la resolución de un problema económico multipartidista.

[59] Nos recuerda CORDERO, *Tratado*, cit., p. 650 como los partidarios de las garantías y su eficiencia en el concurso arguyen que toda restricción de los efectos de la garantía en el concurso es de efecto perverso, pues el acreedor se pondrá a cubierto de los rigores del concurso mediante el procedimiento de constituir sobregarantías desproporcionadas al valor de su crédito.

riosamente, nadie ha elaborado una construcción dogmática-empírica con el peso o solidez que refute una visión contrapuesta.

Ya a finales de los setenta autores norteamericanos se preguntaban ¿por qué la ley permite la financiación garantizada en primer lugar? Dicho de otra manera, ¿por qué la ley permite que un deudor prefiere algunos acreedores sobre otros asegurando sus demandas, en lugar de que requiera que todos los acreedores compartan el patrimonio del deudor?[60]

Figuras y estructuras en las que, pese a su desconocimiento en general presentan en el mercado del crédito y la garantías dos cualidades extrínsecas capitales, a saber, fiabilidad y rápida ejecución solutoria. Seguridad en su constitución, preservación del valor de la garantía mobiliaria con o sin rotación o mutabilidad a lo largo de toda la relación jurídica y, finalmente, maximización eficiente de las estructuras ejecutivas (sean expropiatorias *per se*, aprehensibles, o a través de mecanismos de subasta)[61].

Ahora bien, sí debemos interrogarnos si un préstamo garantizado encuentra su escenario ideal en una ejecución individual o por el contrario en una colectiva como es un concurso de acreedores y máxime en ordenamientos en los que se facilita, como el español, la salida y hasta cierto punto la inmunidad absoluta (salvando para aquellos bienes necesarios al concurso y a la continuidad de la actividad en ese plazo de un año o si se aprueba un convenio)[62].

---

60 Estas eran preguntas o interrogantes que se planteaban JACKSON/KRONMAN, cit., p. 1146 y donde además argüían: "" [E]ven assuming there is no principled objection to debtor-created preferences of this sort, what explains the widespread use of secured financing, and why do some classes of creditors typically finance on a secured basis and others on an unsecured one?"; por su parte, HARRIS/MOONEY, cit., p. 2026 vieron como estas preguntas pueden explicar lo que es, en el mejor de los casos, una confusión, y en lo peor es un error metodológico, que se encuentra en gran parte de la literatura sobre eficiencia. Como muchos antes que ellos, Jackson y Kronman examinaron el fenómeno del crédito garantizado en el contexto de sus efectos distributivos, específicamente, sus efectos sobre el rendimiento esperado a los acreedores no garantizados de un deudor insolvente.

61 Como bien señala AZOFRA VEGAS, "El acreedor con garantía real en los procesos de reestructuración", cit., p. 203 a propósito de la evolución de los institutos preconcursales, el valor del crédito garantizado no está en la mera existencia de la garantía real, sino en su valor. Y el momento relevante para la apreciación del valor de la garantía real, en sede de homologación de AR, es el momento de la suscripción de la refinanciación, la solicitud y concesión de la homologación, siendo irrelevante lo que suceda después.

62 Defiende STEFFEK, "Enforcing Bank loans", cit., p. 1225 quién se interroga y concluye: "¿Encuentran los bancos un mejor entorno jurídico en la ejecución individual que en la colectiva? Las respuestas de los Estados Miembros muestran un patrón notable agregado a nivel de la Unión Europea. Los bancos encuentran la aplicación más ventajosa para los créditos garantizados y no garantizados en los procedimientos

Otra cuestión será dirimir si esos bienes entregados con función de garantía generan o no rendimientos óptimos en ese interin. Como lo es también el reforzamiento para todo acreedor de recuperar los créditos a través de la fuerza de la autonomía contractual. Es en estos dos ámbitos por los que ahora transcurre la eficiencia o su búsqueda, al menos, de las garantías modernas y dinámicas. Más fiabilidad y confianza en ciertas figuras y blindamiento de la autonomía contractual de cara a ejecuciones inmediatas y sin problemas de tutela conflictual frente a otros acreedores.

Destierro de rigideces, pero también, de abstracciones dogmáticas que hasta el presente prácticamente han acogotado el dinamismo y la ingeniería financiera a la hora de crear nuevos productos, modernas figuras. Y entre ellos, el viejo problema o anatema, la publicidad. Un sistema de publicidad que hoy, en pleno auge de las nuevas tecnologías y el sistema de cadena de bloques, puede llevar a una nueva dimensión las exigencias de la publicidad, con mayor certeza, indelebilidad, garantía y extensión al ser fácil el acceso que evite el genuino problema de la publicidad, su clandestinidad y opacidad para el mercado y el crédito[63].

De otra parte, no podemos obviar como ya desde el desarrollo normativo de las garantías financieras, tras la directiva pertinente, han vuelto a primer plano, incluso superando ciertos vetos tanto ideológicos como dogmáticos, el pacto comisorio y marciano, no tanto ya en el ámbito puramente ejecutivo, cuanto el constitutivo y funcional de una garantía real mobiliaria.

---

de insolvencia. Hay poca variación en cuanto al tipo de deuda (garantizada o no garantizada). Lo que importa más bien es que la ejecución tenga lugar en un procedimiento de insolvencia colectiva. Centrándonos más bien en el tipo de deuda, la peor situación para todos los tipos de deudores es, con mucho, la ejecución individual de un préstamo sin garantía".

63 En este punto, véase el estudio-seminario, del profesor AKSELI, "Blockchain and the Uncitral model law on secured transactions: a question of compatibility", IGKK, 11 de abril de 2019, donde se abordó el uso potencial de una plataforma de libro mayor distribuido basada en blockchain como un registro de derechos de garantía, así como su interacción con los principios de la Ley Modelo de la CNUDMI sobre Transacciones Garantizadas ('MLST'). Este tipo de tecnología tiene el potencial de revolucionar la efectividad de terceros de las garantías mobiliarias. En este proceso, los principios modernos del MLST podrían desempeñar un papel fundamental en la reducción del costo del crédito y la expansión de la inclusión financiera de las pequeñas empresas y las personas. El Seminario sostiene que la tecnología blockchain y el libro mayor distribuido a través de la desintermediación tienen las características necesarias para descentralizar y agilizar el registro de garantías reales. La tecnología también puede respaldar la constitución de garantías mobiliarias sobre activos digitales. Estos activos incluyen cuentas por cobrar denominadas como criptomonedas, unidades denominadas criptomonedas, tokens basados en blockchain que representan documentos negociables y tokens basados en blockchain que representan valores.

Sin ir más lejos, habla abiertamente la sentencia de Casación italiana de 28 de enero de 2015, n. 1625, del "*effetto salvifico*" del pacto marciano, toda vez que el acreedor restituye al deudor incumplidor el excedente de valor entre los bienes y el crédito con la valoración imparcial llevada a cabo en el momento del incumplimiento[64]. Todos estos institutos y estructuras -no todas homogéneas ni uniformes per se- gozan además de un perímetro privilegiado y de inmunización en caso de concurso de acreedores tanto en el procedimiento como en la ejecución[65]. Causas de garantía junto a causas solutorias conviven en los nuevos esquemas y figuras de garantía.

En nuestra jurisprudencia, clara la resolución de la DGRN de 26 de diciembre de 2018 que consideró válido en el supuesto de una hipoteca naval el procedimiento extrajudicial de venta mediante "pacto marciano"[66]. Hace ya tiempo que la doctrina ha terminado por orillar la vieja argumentación de que la única y verdadera razón de la prohibición era proteger al deudor de un potencial enriquecimiento del acreedor[67].

---

64 Igualmente, la sentencia de Cass. de 21 de enero de 2016, n. 1075, que podemos encontrar en Nuova giur. civ., 2016, pp. 911 y ss. Para la sentencia de Casación, es preciso que las partes, en aras de restablecer el equilibrio sinalagmático prevean "mecanismos objetivos y procedimientales que permitan la verificación "di congruenza" entre el valor del bien objeto de la garantía, que viene definitivamente adquirido por el acreedor y la entidad del crédito" por lo que en caso de incumplimiento las partes prevén "*un procedimento volto alla stima del bene, entro tempi certi e con modalità definite, che assicurino la presenza di una valutazione imparziale*".

65 Son muchas las variedades y subtipos, así para el pacto marciano, véase entre otros, DOLMETA, "Alla ricerca del "marciano utile", Riv. Dir. Civ., 2017, nº 1, pp. 818 y ss.; LUMINOSO, "Patto marciano e sottotipo", Riv. Dir. Civ., 2017, nº 1, pp. 1398 y ss.

66 Resolución publicada el 28 de enero de 2019 y en donde la registradora del Registro de Bienes Muebles II de Tenerife llegó a denegar la inscripción de este pacto de ejecución extrajudicial con base en el argumento de carencia de cobertura legal de acuerdo con el artículo 141 de la Ley 14/2014, de 24 de julio, de Navegación Marítima (la "Ley de Navegación Marítima") y su remisión al procedimiento de ejecución de bienes hipotecados o pignorados previsto en la Ley 1/2000, de 7 de enero, de Enjuiciamiento Civil (la "LEC"). La DGRN sostiene la validez del "pacto marciano" como mecanismo de venta en privado del objeto dado en garantía sin la necesidad de intervención de un notario o autoridad judicial (siempre que se reúnan los requisitos mínimos), en consonancia con el criterio más reciente a este respecto adoptado por el Tribunal Supremo (vid. sentencias de 24 de junio 2010 y 21 de febrero de 2017), todo lo cual contribuye a flexibilizar el procedimiento de venta extrajudicial. Esta última sentencia del Supremo de 21 de febrero de 2017, denegó la inscripción del pacto comisorio al entender que no incluía un "procedimiento objetivable de valoración de la adquisición", por lo que a senso contrario, de haberse incluido dicho mecanismo, el pacto hubiera sido considerado válido.

67 No son pocas las regulaciones que arrinconan el pacto comisorio. Así, la ley de 2 de abril de 2015, n. 44, del ordenamiento italiano que regula el préstamo vitalicio

Otra cuestión es canalizar y focalizar la esencia y finalidad última del objeto de estas figuras. Pues, ¿acaso hacen menos oneroso el coste del crédito al gozar de unas garantías que tienen expeditas e incólumes las vías ejecutivas de un modo inmediato?[68] La funcionalidad de estas figuras enerva los inconvenientes ejecutivos[69].

Y aquí es donde, la doctrina debe y tiene que acudir, solícita y neutra, a la hora de marcar y construir la esencia y perfil de estos institutos y su inserción

---

hipotecario, señala en palabras de CHIANALE, *Evoluzione*, cit., p. 36 "il finanziatore concede al consumatore ultrasessantenne un mutuo, con capitalizzazione annua di interessi e spesse, e con rimborso integrale in única soluzione alla morte del finanziato (oppure in caso di alienazione del bene, oppure ancora in presenza di determinati evento pregiudizievoli per il creditore stabiliti dal regolamento di attuazione); il mutuo deve essere garantito da ipoteca di primo grado su in immobile residenziale; in assenza di rimborso entro i dodici mesi dalla norte del finanziato (o dal trasferimento del bene, oppure ancora da un evento pregiudizievole), il finanziatore vende l´immobile al prezzo di mercato, come da apposita pericia indipendente, trattiene le Somme ricavate dalla vendita per estinguere il prestito, e versa agli eredi l´eventuale eccedenza tra il prezzo incassato ed il debito, per capitale, interessi e spese; l´importo del debito residuo non può superare il ricavato della vendita dell´immobile, cosicché gli eredi del finanziato non sono mai chiamati a sopportare il rischio di un debito che viene a superare il valore del bene, salvo intendano comunque conservare la proprietà dell´immobile".

68 En la doctrina norteamericana se sostuvo que la creación de security interests imponía costes a los terceros, producía resultados ineficientes, pero que también producía en palabras de JACKSON/KRONMAN, "Secured Financing and Priorities Among Creditors", Yale Law Journal, 1979, vol. 88, pp. 1161 y ss., p. 1154, una reducción del coste para el acreedor garantizado desde la óptica de supervisar el comportamiento del deudor, algo que beneficiaba también al propio deudor y al resto de acreedores. Por su parte SCHWARTZ, "The Continuing Puzzle of Secured Debt", Vand. L. Rev., 1984, vol. 37, pp. 1051 y ss., p. 1091 argumentó que, en un mercado perfecto, acreedores garantizados cobrarían un interés más bajo debido a los menores riesgos resultantes de la recepción de garantías, mientras que el costo del crédito no garantizado (es decir, la prima de riesgo que el deudor debe pagar) se elevaría de manera que coincidiera exactamente con los ahorros obtenido mediante la entrega de una garantía al acreedor garantizado. De este modo, otorgar garantías en un mercado perfecto es un juego de suma cero. Los perdedores compensan a los ganadores, y los deudores no ganan nada constituyendo seguridad. Pero, como todo el mundo reconocería, los deudores dan garantías en el mundo real. Así, el "rompecabezas" de la deuda garantizada debe responder: ¿Cuáles son los beneficios del crédito garantizado en el mundo real, dado que no hay beneficios en un mercado perfecto? Y concluye: "[C]reditors (i) can learn of and react to the existence of security; (ii) can calculate risks of default reasonably precisely; (iii) are risk-neutral; and (iv) have homogeneous expectations respecting default probabilities."

69 No le faltaba razón a CANDIAN, *Le garanzie mobiliari*, cit., p. 54 cuando aseveraba que no "non vi è alcuna seria differenza tra la concessione di una garanzia ed un atto di disposizione della proprietà".

pacífica o no en la familia del derecho real de garantía. Su reconocimiento no escapa como es óbice a su transcendencia en un procedimiento colectivo de ejecución y el juego o no del privilegio y la ejecución separada o apropiación directa del bien por el acreedor, incluso, tal y como es dable en el ordenamiento español, el mismo día en que se declara el concurso. Ventajas a la postre que terminan por enterrar o cuando menos petrificar un cada vez más erosionado principio de la *pars condicio creditorum70.*

El debate ya no se centra en si la ley ha de deparar soluciones miméticas para los acreedores, sean estos garantizados o no, a la hora de la ejecución o si ha de existir un idéntico marco legal, en función y al margen de quién sea el acreedor, sino en la eficiencia y en la facilidad constitutiva pero también ejecutiva de la garantía en caso de incumplimiento o insolvencia por parte del deudor[71].

En medio de un potencial y latente conflicto de interés, la prenda, tanto en su concepción clásica -rígida o hierática- como en la más moderna y dinámica creada al albur de las necesidades de un mercado que demanda figuras *ad hoc* y desembarazada de formalidades y costes, amén de viejos o rancios clichés, ofrece un blindamiento absoluto frente a otras pretensiones, tercerías, conflictos, etc., y lo hace vestida y arropada por un *ius distrahendi* que le dota de una ejecutividad ante el incumplimiento extraordinario, y por una privilegio o preferencia que la jerarquiza y autoinmuniza del resto de acreedores[72].

---

70 No más claro puede ser en este aspecto DOLMETTA, "Cessione di credito in garanzia e prelazione", Fall., 2016, nº 2, pp. 930 y ss.; también nuestro trabajo, VEIGA, Par conditio omnium creditorum *e insolvencia. Entre el mito y la realidad utópica,* Discurso ingreso Academia Colombiana de Jurisprudencia, Bogotá, 2016, pp. 12 y ss.

71 Sobre las distorsiones y los marcos legales entre préstamos garantizados y los no garantizados y el coste de los mismos, véase, STEFFEK, "Enforcing bank loans", cit., p. 1226 cuando señala: "Otherwise, the legal enforcement frameworks risk distorting the bargain between bank and borrower. Such distortion will eventually lead to banks preferring those types of loans that are preferred in enforcement. Put differently, if enforcement of unsecured loans is more attractive than enforcement of secured loans – in ways not connected to the intrinsic nature of the presence of security (or the lack thereof) – then unsecured loans will be offered at a lower cost to the borrowers and secured loans will only be available at a higher cost. This is disadvantageous, as the cost of debt finance should be informed by the negotiation between the parties and not the differences in enforcement frameworks."

72 No le falta razón a GABRIELLI, *Studi sulle garanzie reali,* Torino, 2015, p. 47 al sostener que una moderna connotación del derecho de los negocios impone operaciones de financiamiento cada vez más complejas y articuladas y determina para los operadores la necesidad de nuclear modelos contractuales capaces de satisfacer la exigencia, intensamente sentida para las garantías reales, de formas de garantía que – aún en el permanecer de la identidad normativa de la estructura formal del vínculo real – se encuentren en grado: de extenderse más allá del vínculo originario; de comprender

La autonomía contractual pasa a primer plano, desplazando, en cierto sentido, los acorchados mandatos del código. ¿Qué decir de las estructuras *initial margin* (IM) sobre operaciones de derivados y donde estas estructuras requieren y se crean como garantías mobiliarias muy similares a la prenda? La sofisticación y grado de tecnificación es creciente en los mercados financieros, sobre todo de derivados. Y en donde la clave pasa por definir las características de los activos que en operaciones sobre derivados deben tener las garantías, así como sus especiales requisitos de documentación y publicidad. La garantía variable -*Initial margin*- relativa a las posiciones tomadas en el mercado, exigible a todos los miembros y clientes del mercado con contratos abiertos registrados en sus cuentas son ejemplos de los derroteros por los que avanzan los mercados y las garantías que son exigibles para la perfección de ciertos contratos.

Pero la clave de bóveda de esa funcionalidad que preside hoy el derecho de garantías reales mobiliarias y que incluye a la transmisión de la propiedad con fines de garantía bascula o péndula sobre un eje dual claro, a saber, flexibilidad en el sentido de que la desposesión no es necesaria de un lado y, de otro lado, la flotabilidad o fluctuación del objeto de la garantía que puede mutar, transformarse, cambiar por otros bienes o activos[73]; y en donde lo verdaderamente capital es el valor de esos bienes y su preservación a lo largo de la relación, tanto en la fase estática de la garantía, como sobre todo, la dinámica,

---

y asegurar, en una única operación económica, todas las relaciones que puedan instaurarse entre el banco y el cliente; de operar una asimilación de los posibles objetos de la garantía real al interior de su estructura formal; y de mantener inalterado en el tiempo el valor y la eficacia originaria del vínculo, aún en presencia de modificaciones materiales de los objetos de la garantías. Una moderna concepción de las garantías reales debe por tanto concentrarse para considerar más bien el concreto haz de intereses que las formas particulares elegidas para efectivizarlo, puesto que, en razón de la creciente variedad y multiplicidad de las situaciones a regular, se exige una mayor elasticidad en la definición y configuración del supuesto de hecho.

73 Capital la sentencia de Casación italiana de 28 de mayo de 1998, n. 5264, Foro it., 1998, vol. 121, nº 9, pp. 2405 y ss., cuando sostine: "É legitimo il c.d. "pegno rotativo" che si realiza quando nella convenzione costitutiva della garanzia le parti prevedano la possibilità di sostituire i beni originariamente costituiti in garanzia, con la conseguenza che la sostituzione posta in essere non determina effetti novativi sul rapporto iniziale a condizione che le sostituzioni risultino da atti scritti aventi data certa, che avvenga la consegna del bene e che questo bene offerto in sostituzione abbia lo stesso valore di quello sostituito". Capitales las aportaciones de BORZI, "Brevi note sull´ammissibilità del pegno bancario "rotativo"", Riv. Dir. Comm., 1996, II, pp. 151 y ss.; CHINÉ, "Il pegno "rotativo"fra realtà e consensualità", Giur. it., 1996, I, nº 2, pp. 570 y ss.

pues será esa alteración o minusvaloración de la garantía la que puede activar el mecanismo de ejecución de la garantía real[74].

A ello ha de unirse, además, el esfuerzo regulatorio y sobre todo armonizador de organismos y entidades supraestatales e internacionales de cara a homogeneizar el paisanaje, más laberíntico y abstracto, que cómodo, flexible y armonioso que debería ser. Sirva como botón de muestra la regulación CNUDMI sobre garantías mobiliarias, o sirva el convenio de Ciudad del Cabo relativo a garantías internacionales sobre elementos de equipo móvil y sus protocolos[75].

---

74 Desde una dimensión económica hay quién ha visto en la evolución del crédito y las garantías, CHIANALE, *Evoluzione,* cit., p. 7 la adopción de una ideología sostenida por los corifeos del neoliberalismo de las finanzas globales: la concesión de crédito es positiva para la economía; esta precisa de garantías reales eficientes para el acreedor bancario y entre estas, sobre todo, la garantía mobiliaria no posesoria y también la garantía de créditos futuros, creados mediante un registro; la eficiencia impone la fácil constitución de la garantía, sin tantos formalismos e sin respetar la especialidad por bienes determinados, y la fácil ejecución de la garantía misma, destinada a desarrollarse en sede extrajudicial, también ecaso de procedimientos concursales. En análogo sentido, BRODI, *Il sistema delle garanzie in Italia: una lettura económica delle disposizioni in materia de privilegio, pegno e ipoteca,* Questioni di economia e finanza, Banco d´Italia, 2016, nº 356, septiembre, [https://www.bancaditalia.it/pubblicazioni/qef/2016-0356/QEF_356_16.pdf], quién en página 6 y desde una óptica económica advera: "si evidenzia l'esigenza di sfoltire le cause di privilegio, riservando tale forma di prelazione ai soli creditori involontari o poco sofisticati (cd. «non adjusting creditors»). Parallelamente, risulta opportuno rivisitarne la gerarchia interna, così da graduare l'importanza di ciascuna causa in modo più adeguato all'odierna realtà economica, creando, altresì, un database che consenta di tenere traccia della loro esistenza."

75 Sobre este último, véase por ejemplo, el análisis de RODRÍGUEZ DE LAS HERAS, "El convenio de Ciudad del Cabo relativo a garantías internacionales sobre elementos de equipo móvil y sus protocolos", *Textos internacionales sobre garantías mobiliarias: reflexión y análisis,* [JÉREZ (Coord.)], Madrid, 2017, pp. 61 y ss., p. 63 donde recuerda los problemas a los que se enfrentó este convenio. "De un lado, armonizar soluciones y elaborar reglas uniformes ante la patente disparidad en el tratamiento jurídico y la propia concepción de las diversas fórmulas de garantías en el Derecho Comparado. De otro lado, gestionar esta divergencia de enfoques jurídicos en las operaciones transfronterizas en relación con bienes de equipo de inherente movilidad o débil conexión territorial (objetos aeronáuticos, material rodante ferroviario, equipo espacial). Para ello, se crea un concepto autónomo, unitario y funcional de garantía internacional para el que se establece un marco uniforme de sencillas reglas de prioridad, remedios para los casos de incumplimiento y medidas ante supuestos de insolvencia y se constituye un sistema registral propio para asegurar la oponibilidad a terceros e instrumentar el régimen de prioridad".

El valor es ahora una pieza esencial al jugar como criterio de determinación y determinabilidad de la garantía[76]. Pero dentro de ese valor, el rol que juega la autonomía de la voluntad no alejada de la ya de por sí autotutela satisfactiva que el ordenamiento, no solo endoconcursal sino también exógenamente, brinda el derecho patrimonial de cualquier país, escapa a las exigencias inciertas que, a priori deberían predicarse de la razonabilidad y la proporcionalidad tanto en la constitución de las garantías como en su esencia y contenido[77].

El nuevo eje de discusión no es tanto el de la autonomía de la voluntad *versus* numerus clausus o taxatividad de garantías reales existentes, cuanto la ecuación autonomía de la voluntad *versus* autotutela o autoprotección ejecutiva de la garantía y, por ende, blindamiento o inmunización del acreedor. Ahí radica la eficiencia de los nuevos modelos o la propia evolución de las garantías mobiliarias. Una eficiencia que ha roto los viejos corsés y abraza una concepción funcional, amplia y extensiva de las garantías bajo cuyo paraguas encaja sin tapujos la transmisión de la propiedad o transmisión fiduciaria siempre que el valor de la garantía y el crédito garantizado se preserva en la fase dinámica o de realización de aquellas.

3. EL PODER DE AGRESIÓN DEL ACREEDOR, ¿QUÉ VALOR JUEGA EN EL ESCENARIO CONFLICTUAL DEL CRÉDITO?

Las garantías reales sujetan específica, directa e inmediatamente determinados bienes, quienquiera que sea su poseedor, al cumplimiento de una obligación[78]. La sujeción de bienes concretos al poder de agresión del acreedor

---

76 Sobre el rol del valor como criterio de determinación del objeto de una prenda no posesoria, OCCORSIO, *Pegno non possessorio: uno studio su oggetto della garanzia e poteri del creditore*, Napoli, 2019, pp. 87 y ss.

77 Sostiene MARINO, "Il pegno non possessorio quale strumento funzionale all´autotutela satisfattiva del creditore: profili evolutivi", 15-12-2018, [https://blog.ilcaso.it/news_754/15-12-18/Il_pegno_non_possessorio_quale_strumento_funzionale_all%E2%80%99autotutela_satisfattiva_del_creditore-_profili_evolutivi]: "La centralità del ruolo assegnato all'autonomia privata nella creazione di nuovi modelli di garanzia funzionali alle esigenze del mercato **ha costituito senza dubbio il principale snodo del lungo (ed ancora non compiuto) percorso evolutivo nel sistema delle garanzie reali.** Recentemente una nuova svolta è data dai rapporti tra autonomia privata e autotutela esecutiva i quali evidenziano che il pegno è sempre più funzionalizzato alla tutela del credito determinando, così, una trasformazione anche delle tutele esecutive: quelle coattive cedono il passo all'autotutela esecutiva consensuale".

78 Proporcionan una gran seguridad al acreedor, ya que los bienes sobre los que inciden pueden ser objeto de agresión cualquiera que sea la persona que ostente su titularidad, cfr., CABANILLAS SÁNCHEZ, voz: «garantía», *EJB*, II, Madrid, 1995,

con independencia del titular de los mismos es la característica distintiva de las garantías reales[79]. En las garantías reales el acreedor goza de un derecho de preferencia a satisfacer su crédito sobre otros acreedores del deudor. Por contra en las garantías personales, como ya hemos señalado, no existe un fenómeno de preferencia[80], ya que el acreedor no adquiere un derecho ejercitable frente a otros acreedores, sino que adquiere un derecho de crédito frente a un nuevo sujeto obligado[81]. Pero ¿cuál es en definitiva la función que cumple y ha de cumplir una garantía y cuál el valor de la misma? ¿confluyen valor del crédito con valor de la garantía? ¿Cuáles son los techos o topes de valor de garantía máxime en un escenario paraconcursal, como un acuerdo de refinanciación?[82] ¿Y cómo se calcularía ese valor si la garantía fuera ilíquida, o por mejor decir, si no existiera un mercado sobre el que referenciar el valor objetivo de los bienes garantizados? ¿Quid con la sobregarantía?

---

p. 3229; CHIRONI, *Trattato dei privilegi, delle ipoteche e del pegno,* vol. 1, Milano-Torino-Roma, 1917, p. 87: «il rapporto giuridico che contiene la garanzia reale, nasce e si svolge in relazione all'obbligazione garantita, ma con elementi proprii, in virtù di esso, il creditore al quale è data la securità, acquista un potere diretto, immediato sul valore generico della cosa in proporcione del valore del suo credito».

79 Sobre estos extremos en profundidad y entre otros, WEBER, *Kreditsicherheiten,* 5ª ed., München, 1997, p. 7; BÜLOW, *Recht der Kreditsicherheit,* cit., p. 4; GORLA, *Le garanzie reali, op. cit.,* p. 8, nuevamente sobre la función de las garantías reales y en particular de la prenda.

80 En la existencia de la preferencia radica la diferencia básica entre garantías reales y garantías personales, *vid.* SCHOLZ-LWOWSKI, *Das Recht der Kreditsicherung,* 7ª ed., Berlin, 1994, p. 42.

81 Para GARRIDO «Teoría», cit., p. 1801, el derecho que adquiere el acreedor en una garantía personal, no le confiere ninguna posición de superioridad frente a los acreedores del deudor original ni frente a los acreedores del garante.

82 CARRASCO, "El valor de la garantía real", cit., p. 2 aduce "El procedimiento legal de cálculo del valor de la garantía real introduce una ecuación que permite obtener el valor económico común de cualquier clase de garantía real. Tanto da que se trate de una hipoteca inmobiliaria, de una prenda sobre inventario mercantil o de una prácticamente desprovista de valor prenda sobre créditos futuros. Si cada una de estas garantías tuviera que ser gestionada "en bruto" en el seno del acuerdo de refinanciación, forzosamente habría que dividir a los acreedores con garantías reales en tantas clases como acreedores (o sindicato de acreedores) hubiera, porque sería casi inimaginable que se dieran dos garantías de consistencia equivalente. No se podría componer una clase respecto de la cual predicar la mayoría del 65% o del 80% a que se refiere el apartado 4, y cada uno votaría y compondría mayoría respecto de sí mismo como clase. Pero la reducción de la garantía a un valor cuantitativo cubierto por el privilegio permite que, dentro del valor de la garantía (que será mayor en el acreedor hipotecario y casi nulo en un acreedor pignoraticio sobre crédito futuro), todos los acreedores con privilegio especial puedan ser tratados de manera equivalente".

La peculiaridad de las garantías reales radica en que el derecho de preferencia queda restringido al producto de la ejecución de un bien o bienes determinados del patrimonio del deudor o, en su caso, de un tercero –principio de especialidad–.

Las garantías reales gozan de las virtualidades del derecho real, la inmediatividad –traducida en un poder directo sobre la cosa y, por ende, exteriorizada en la facultad de instar la venta de la cosa, caso de impago del principal, satisfaciendo el crédito con el precio obtenido–, y la reipersecutoriedad, indicativa de su eficacia *erga omnes*[83].

La garantía real constituye, por tanto, una institución jurídica compleja, en la que confluyen un derecho de preferencia y un derecho real[84]. El crédito queda reforzado por el derecho de preferencia, cuya conservación se asegura gracias al derecho real. El derecho a satisfacerse con preferencia frente a otros acreedores no es una mera consecuencia de la existencia de un derecho real, sino de un derecho de preferencia cuya eficacia es protegida por el derecho real[85]. Así, las garantías reales se basan en la especificación de un bien en el patrimonio del deudor sobre el que el acreedor adquiere el derecho a satisfacer su crédito de forma preferente[86].

La atribución del derecho de preferencia de que dispone un acreedor con garantía real, unido a la existencia de ese derecho real que puede afectar a terceros adquirentes de los bienes, justifican el establecimiento de requisitos formales específicos para la válida constitución y oponibilidad de las garantías reales. Se unen así los requisitos formales al principio de publicidad cuyo objetivo es alertar a los acreedores y terceros en general de la existencia de gravámenes y causas de preferencia sobre los bienes del deudor[87].

---

83 Un amplio estudio sobre estas virtualidades, así como el distinto significado que ambas tienen, la inmediatividad y el derecho a cobrar con preferencia, en BAIRD/ JACKSON, *Security Interests in Personal Property,* cit., pp. 66-76; BEBCHUK/FRIED, cit., p. 869, nota 8.

84 Categórico PICOD, cit., p. 278 al señalar: "le créancier est titulaire d´une sûreté réelle, il dispose d´une cause légitme de préférence … faisant exception à la règle de distribution par contribution".

85 Destaca GARRIDO, *Tratado de las preferencias del crédito,* Madrid, 2000, p. 66, la conveniencia en la necesidad de deslindar conceptualmente el derecho real contenido en las garantías reales y el derecho personal que representa la preferencia.

86 Las garantías reales producen una *destinación preferente de determinados bienes a la ejecución*. Cfr. MASTROPAOLO, *I contratti autonomi di garanzia,* Torino, 1989, p. 71.

87 Sobre la preferencia de los acreedores por las garantías reales sobre las garantías personales MAZEUD, *Leçons de Droit Civil,* III, Paris, 1963, p. 55; hay autores que se decantan por las reales, ya que las personales adicionan únicamente un nuevo deudor, pero no aseguran su solvencia, así MUÑOZ CERVERA, «Garantías mobiliarias», *op. cit.*, pp. 305-306; otros por las personales, como MARTÍNEZ-CALCERRADA Y GÓMEZ, «El

Sin lugar a dudas los actuales modelos de garantías mobiliarias, llamémosle prendas, llamémosles garantías financieras, incluso todos aquellos que se basan abiertamente en la transmisión fiduciaria de la propiedad, son fruto de una lenta, pero inexorable evolución en las últimas décadas y donde han confluido al tráfico no solo estas estructuras sino nuevos productos e instrumentos con avidez y riqueza circulatoria intrínseca, por lo que, simplemente el proceso es lineal y hasta cierto punto lógica, a saber, se han ido amoldando y modulando las estructuras viejas de la prenda a la fisonomía inmaterial de esos activos, bienes y derechos, normalmente de naturaleza incorporal y que son susceptibles de servir también como garantía.

Puede observarse, sin duda, la evolución que supuso, por ejemplo, todo el proceso desde finales de los ochenta, de desmaterialización o desincorporación de los títulos valores y, significativamente, de las acciones. Del título valor al derecho valor, si bien esta afirmación requiere y sugiere muchas connotaciones y no menos matices. Y en ese proceso, la propia forma de constitución de la garantía, el cálculo incluso diario del valor de la garantía máxime si cotizaba en un mercado bursátil, la no necesidad de traslado posesorio y un sustitutivo inmediato y con mayor valor y efecto, cual es la inscripción en un registro no necesariamente público y donde, la indisponibilidad no era un problema, amén del cambio legislativo que idea y regula formas expeditivas, dinámicas y ágiles de ejecución, han permitido amoldar un nuevo régimen de garantías tan flexible como dúctil y que, a la postre, ha servido de modelos para las nuevas garantías sobre depósitos, créditos, valores negociables y activos tales como derechos de emisión y un largo etcétera, de la más diversa índole.

El tráfico ha evidenciado que ciertos tipos de garantías se amoldan mal a los proyectos de los deudores, entorpeciendo su acceso al crédito. De poco sirve obtener financiación si, como garantía, se han de entregar bienes necesarios para la actividad de la empresa. Cercenar la productividad innata o dirigida y organizada por un empresario de un bien o conjunto de bienes es inoperativo, amén de ineficiente, situación que no encaja desde luego en un moderno derecho de garantías que busca evitar esta desposesión improductiva, simplificar y abaratar las formas constitutivas y agilizar y dinamizar el proceso ejecutivo, llegado el caso, de la garantía[88].

---

contrato de fianza y otras garantías personales en su tratamiento legal y jurisprudencial del TS», *La Ley*, nº 3043, 1992, pp. 1 y ss.

88 No más claro lo podía aseverar GABRIELLI, Studi, cit., p. 51 cuando señala como la función y la estructura formal del supuesto de hecho respondía a una exigencia entonces muy advertida por el derecho de los negocios y de los mercados financieros, pero para la cual faltaban instrumentos normativos y convencionales coherentes: la necesidad de superar en la garantía real la inmovilidad del objeto, y su fijeza en la

Figuras e institutos recogidos en codificaciones decimonónicas que apenas han sido revisadas y sobre todo actualizadas. Sirva de ejemplo, cómo no, la propia regulación civil de la prenda. Parapetada en otros parámetros y otras condiciones sociales y jurídicas pero que sería rebasada por la regulación y construcción de la prenda sin desplazamiento, o la más moderna y avanzada regulación de la figura en el libro quinto del Código civil catalán, así como la transposición de las garantías financieras y los nuevos ámbitos y prototipos negociales que la misma incluye.

El rápido desarrollo de la economía capitalista y el consiguiente recurso al crédito para favorecer la expansión industrial exigió nuevas formas de garantía, sobre todo mobiliarias que, sin implicar la desposesión del deudor, ni el entorpecimiento de su actividad y los inconvenientes que el traslado posesorio ocasionaba a los acreedores pudieran cumplir frente a éstos la función protectora propia de toda garantía[89]. Los propios acreedores perfilaron nuevos instrumentos de garantía más flexibles y modernos en respuesta a las necesidades crediticias[90].

No cabe duda de que, las garantías reales estaban llamadas a resolver un problema delicado, esto es, poner a disposición de la autonomía privada instrumentos en grado de asegurar la tutela del crédito dejando al deudor la posesión del bien, allí donde la hipoteca no puede jurídicamente llegar, en el ámbito de los bienes muebles no registrados. Bajo este prisma se confi-

---

función de garantía del crédito, cuando el objeto, por sus características ontológicas, asuma un rol importante ya sea en el ámbito del proceso productivo de la empresa, o en el mercado de capitales.

89 Para un análisis histórico de este proceso GILMORE, *op. cit.*, pp. 3 y ss.; nacen así una serie de figuras sobre bienes muebles, cuya disponibilidad permanece en el deudor (chattel mortgage, conditional sale, trust receipt, factor's lien, warehouse receipt), y sobre créditos surgidos por la venta de productos por parte del empresario (factoring, accounts receivable financing); Una figura curiosa la constituye la Negativklausel, sobre ella ver MERKEL, *Die Negativklausel*, Berlin, 1985, p. 4: «Die Negativklausel ist ein Kind der Kreditsicherungspraxis. Als Sicherungsvereinbarung ist sie in diesem Bereich weit verbreitet»; CHASSERY, «Le nantissement des pars sociales», *RTDC*, 1977, p. 436.

90 BRIGANTI, «Garanzie personali atipiche», *BBTC*, 1988, pp. 573-610, pp. 573-574, «Nel settore delle obbligazioni di garanzia si riscontra, infatti, una singolare "richezza inventiva" dell'autonomia privata, che ha dato origine a quella "gamma fantasiosa" di figure giuridiche che la dottrina è solita ricondurre alla categoria delle *garanzie atipiche* »; GRIPPO, «Garanzie atipiche e fallimento», *CeI*, 1986, pp. 377 y ss. El propio progeso de las técnicas credituales en expresión de MARTY/RAYNAUD/JESTAZ, *Droit civil*, cit., p. 8, ha provocado el nacimiento de garantías nuevas y a la larga ha generado que al convivir con las ya reconocidas legal y convencionalmente aparezcan las denominadas garantías ocultas, con el peligro de introducir cierta inseguridad en el sistema.

gurarían la prenda sin desplazamiento e hipoteca mobiliaria, en un intento de armonizar las normas a las exigencias de la realidad, especialmente de la actividad mercantil.

Lo que se gana en economicidad por el deudor, debía igualarse cuando menos, en seguridad crediticia[91]. Romper rigideces dogmáticas y vanos estereotipos sería el siguiente paso en una todavía no emprendida y necesaria actividad de recalificación y reconfiguración de todo el edificio de garantías en el ordenamiento jurídico. El reconocimiento indirecto que en su momento hizo la ley concursal de la prenda de créditos, al otorgarle una causa de preferencia de origen negocial, iría poco a poco, ayudando a completar un puzzle o rompecabezas ciertamente incompleto y todavía falto de una coherencia interna irrefutable.

Las garantías se fueron desarrollando progresivamente y extendiéndose a todo tipo de objetos, créditos y bienes futuros[92]. Un proceso inconcluso todavía. De este modo, el ámbito objetivo de las garantías se ha ampliado hacia bienes, objetos y derechos –al margen de los tradicionales objetos que servían de garantía (los valores mobiliarios, los efectos de comercio)–, como son las pignoraciones sobre saldos de cuentas corrientes, imposiciones a plazo fijo, certificaciones de obras, sobre derechos de crédito contra la Hacienda, derechos dimanantes de pólizas de seguro, así como prendas constituidas sobre

---

91 OLIVENCIA RUIZ, «Introducción a las garantías mobiliarias en el Derecho Mercantil», *Tratado de garantías en la contratación mercantil,* II-1, Madrid, 1996, pp. 21-54, p. 40, afirma cómo las limitaciones que supone la figura clásica de la prenda mobiliaria con desplazamiento de la posesión se unen a las que la autonomía de la voluntad encuentra en nuestro derecho en materia de derechos reales. De ahí que para la corrección de los inconvenientes que para el tráfico representa la desposesión del deudor pignoraticio, se haya abordado desde la legislación, que tiende a adaptar las normas a las exigencias de la realidad y, en especial, de la vida mercantil; GARCÍA-PITA LASTRES, «La hipoteca mobiliaria y la prenda sin desplazamiento», *Tratado de garantías en la contratación mercantil,* II-1, Madrid, 1996, pp. 149-331; BERCOVITZ, R., *La cláusula de reserva de dominio,* Madrid, 1971, p. 46, el derecho de prenda es el máximo exponente de la técnica jurídica puesta al servicio de los acreedores.

92 Así, TUCCI, *Garanzie sui crediti dell'impresa e tutela dei finanziamenti,* Milano, 1974, p. 161: «Di conseguenza, in tutti i paesi europei si assiste ad una continua erosione del principio della *par condictio creditorum* e nello stesso tempo ad uno svuotamento delle procedure esecutive, prima di tutto di quelle concorsuali, a vantaggio del creditore più forte che ha fornito all'impresa i maggiori finanziamenti»; GABRIELLI, *Il pegno anomalo,* Padova, 1990, p. 121: «... Quel sistema risulta attualmente anacronistico ed avulso dall'odierna, effettiva, realtà degli scambi commerciali e dalle sue esigenze economiche e funzionali, come ampiamente dimostra la crescente adozioni di tecniche e moduli alternativi a quelli classici del pegno e dell'ipoteca».

participaciones de un fondo de inversión[93]. En suma, derechos de crédito no incorporados a títulos[94]. Pero también han proyectado su sombra y su cobijo frente a otros activos igualmente inmateriales o incorporales como son por ejemplo derechos audiovisuales.

En algunos ordenamientos jurídicos, la evolución de las garantías ha culminado con la creación de garantías que gravan la totalidad de los bienes del deudor, sin que exista un derecho real que impida al deudor disponer de los bienes gravados. Así la *floating charge* del derecho anglosajón constituye la garantía más utilizada para la financiación de las sociedades mercantiles[95].

La garantía flotante es una forma de garantía que grava el patrimonio de una sociedad, y que se canaliza a través de dos fases: una, en que la garantía se halla dormida y en la que se puede producir una plena disposición de los elementos concretos que integran el patrimonio social, creándose incluso otras garantías con prioridad a la propia garantía flotante, y una segunda fase en la que la garantía se cristaliza y que funciona a partir de este momento de modo idéntico a lo que en nuestro ordenamiento se considera una garantía real[96]. Pero donde quizás son más llamativos los bríos de este afán evolutivo del derecho de garantía es en EE UU.

El artículo 9 del *Uniform Commercial Code* generaliza la garantía mobiliaria, configurando un *único derecho de garantía* que puede constituirse sobre toda clase de bienes muebles[97]. En este ordenamiento se destipifican los derechos

---

93 Sobre este último punto, si bien la legislación no atribuye explícitamente la calificación de título-valor a los certificados, sí lo ha hecho la doctrina, así POLO DÍEZ, «La admisión de valores a cotización oficial», en *Coloquio de Derecho Bursátil (Dic. 1967)*, Universidad de Bilbao, 1970, p. 59; a favor también MALO CONCEPCIÓN, «Prenda de participaciones en fondos de inversión», *Tratado de garantías en la contratación mercantil*, II-1, Madrid, 1996, p. 816.

94 Sobre esta cuestión es interesante el artículo de MUÑOZ CERVERA, «Negocios con finalidad de garantías sobre derechos de crédito no representados mediante títulos-valores», en *Negocios sobre derechos no incorporados a títulos-valores y sobre relaciones jurídicas especiales* (JIMÉNEZ SÁNCHEZ [Coord.]), Madrid, 1992, pp. 351 y ss.

95 Una de las últimas referencias reseñables es el trabajo de QUINN, "The crystallisation of floating charges: rethinking the conceptual framework", The Journal Of Corporate Law Studies, 2020, vol. 20, nº 1, pp. 179 y ss. clásica la aportación de WOOD, "The floating charge in Canada", Alberta Law Review, 1989, col. XXVII, nº 2, pp. 191 y ss.

96 Sobre la *floating charge vid.* entre otros VEIGA COPO, «Prenda *omnibus*, prenda rotativa de acciones y garantía flotante», *RDBB*, 82, 2001, pp. 33 y ss., p. 61.

97 ROJO AJURIA, «Las garantías mobiliarias. Fundamentos del Derecho de garantías mobiliarias a la luz de la experiencia de los Estados Unidos de América», *ADC*, 1989, pp. 717-811, p. 720: «El art. 9 UCC no surge de la nada, sino que es el fruto de una evolución jurisprudencial, legal y doctrinal de más de un siglo».

reales de garantía para refundirlos en la creación de un único y omnicomprensivo contrato y derecho de garantía sobre bienes muebles. El art. 9 prescinde de las distinciones formales, y se aplica a todas las transacciones cuya finalidad sea crear un derecho de garantía sobre bienes muebles y pertenencias. La generalización de la garantía mobiliaria se basa en razones de eficiencia económica con mínimos costes y global[98]. Garantía que, salvando mucho las distancias, sería en nuestro caso la hipoteca de establecimiento mercantil en su contenido máximo o accidental.

Falta aún por dar un paso más sagaz, más atrevido y siquiera definitivo. De romper viejos tabúes, viejos estigmas y tal vez recelos dogmáticos. Cohabitando con las garantías reales, las garantías personales, está la propiedad. Una propiedad que amén de la tradicional y vigorizada fuerza y función que cumple, también puede cumplir la función de garantía. La propiedad garantía, el negocio fiduciario, la venta en garantía, la propiedad retenida, la reserva de dominio, la prohibición de disponer.

Un nuevo *tertium genus* que debe o deberá convivir con las tradicionales garantías y viejos esquemas simples. Los dogmas de la posesión han sido superados, tal vez no otros. Y aquí los arquetipos negociales chocan con otro postulado. La publicidad de la garantía y el riesgo de constitución de garantías ocultas. Publicidad no en sentido positivo, sino negativo. En efecto, se señala al titular desposeído como un titular dominical o propietario que no puede disponer o enajenar el bien garantizado como libre de cargas o gravámenes. Ésa es la función que cumple la publicidad en nuestro ordenamiento.

Bien sea a través de la posesión, bien a través de la inscripción en un registro no siempre público, como sucede por ejemplo cuando se pignoran valores representado mediante anotaciones en cuenta, en los que el registro de detalle es privado. Nuestro ordenamiento todavía es tributario de equiparar el desplazamiento posesorio no sólo en el caso de las garantías mobiliarias,

---

98 Al respecto MILGER, *Mobiliarsicherheiten in Deutschen und im US-Amerikanischen Recht. Eine rechtsvergleichende Untersuchung,* Göttingen, 1982, pp. 46-47. Ya a finales del siglo pasado, ZITELMANN, «Die Möglichkeit eines Weltrechts», *Allgemeine Österreichische Gerichtszeitung* (Wien) 1888, Unveränderter Nachdruck, München und Leipzig, 1916, p. 35 señalaba cómo el tráfico de las naciones exigía una *Einheitlichkeit* de los derechos en algunos campos concretos; más recientemente preconizando en el campo de las garantías mobiliarias una mayor transparencia SEIF, *Der Bestandsschutz besitloser Mobiliarsicherheiten im deutschen und englischen Recht,* Tübingen, 1997, p. 2; SCHILLING, *Besitlose Mobiliarsicherheiten im nationales und internationalen Privatrecht,* München, 1985, p. 113.

como medida asegurativa de la eficacia de la garantía, sino como medida y función de publicidad[99].

El derecho de garantías, sobre todo de garantías reales, huye de las formas simples o simplificadas. Incluso de los encasillamientos codificadores. En efecto, los códigos decimonónicos regulan un tipo quizás el originario, el genuino, de garantía, pero la enorme variabilidad existente en el tráfico jurídico económico hace que las figuras más nucleares de las garantías se vean superadas por una realidad no exenta de cierta dosis de ingeniería y anhelo de superación de viejos anclajes que cercenan la esfera de poder o agresión sobre los bienes del acreedor. La evolución, –constante evolución y adaptación–, la búsqueda de mecanismos garantorios más perfectos, más moldeables y resistentes o inmunizados para las necesidades de los operadores financieros no ceja.

La renovación se abre paso, la anchura de sus requisitos, elementos esenciales, posesión o desposesión en caso de bienes muebles, publicidad registral o no, así como la multiplicidad de objetos, corporales o no, presente y futuros, meros proyectos y flujos de caja, etc., es cada vez mayor. La búsqueda de un óptimo equilibrio entre los costes de transacción e información y el robustecimiento de eficientes garantías que privilegien e inmunicen la posición creditual frente al resto de acreedores y no tanto frente al deudor se han convertido en el epicentro de toda garantía.

El acreedor incurre, pero también traslada, al coste del crédito a través de la garantía, en coste de búsqueda, de información ante las dudas que puede generar el deudor o solicitante de crédito, duda de la factibilidad de la operación, de los resultados alternativos en pro de una racionalidad armónica y conjunta a la vez. Incurre en costes de decisión y negociación ante las dudas que generar no atesorar toda la información suficiente sobre el deudor y sus resistencias, costes igualmente de monitoreo ante la incertidumbre o dudas que puede generar la proclividad mayor o menor al cumplimiento de resultados alternativos[100].

---

99 Conforme entre otros, BERMEJO GUTIÉRREZ, *Créditos y quiebra,* cit., pp. 100 y 101; sobre el papel y función de la posesión y la publicidad, imprescindible, MIQUEL GONZÁLEZ, *La posesión de bienes muebles,* Madrid, 1979, pp. 470 y ss.; sobre la función que el desplazamiento posesorio cumple como medida de aseguración de la eficacia material de la garantía, magistral, GUILARTE ZAPATERO, «Comentario al *artículo 1863* CC», *Comentarios al y compilaciones forales* (ALBALADEJO [Dir.]), XXIII, Madrid, 1979, pp. 395 y ss.

100 Sobre estos extremos y sin entrar bajo la égida clara del análisis económico del derecho son cuando menos atractivas las nociones de COLEMAN, *Riesgos y daños,* Madrid, 2010, pp. 138 y ss., y su análisis de los costes de las garantías, así como las distintas racionalidades que afloran, a saber, conjunta, de concesión e individual.

Los viejos estereotipos tanto decimonónicos como de los años cincuenta petrificados en los códigos o en la propia ley de hipoteca mobiliaria y prenda sin desplazamiento empiezan a hacer aguas, sino lo han hecho ya hace tiempo. Cada vez la práctica ha ido anunciando, amén de anticipándose, a la vez que modelando nuevos arquetipos y figuras extensivas, abarcativas de todo crédito, omnicomprensivas de toda fecha y, sobre todo, resistentes a toda vicisitud que pueda sufrir el patrimonio del deudor, significativamente el concurso de acreedores. En no pocas ocasiones el afán mimético ha implicado, como no podía ser de otra forma, que el atraer a nuestro ordenamiento, *recte,* praxis financiera, arquetipos o constructos jurídicos perfilados conforme a otros ordenamientos, menos causalistas que el nuestro y menos abigarrados quizás por la ortodoxia codicística.

Sirva como botón de muestra el claro pronunciamiento a propósito de una prenda rotativa, pegno rotativo, del a Corte de Casación italiana de 1 de julio de 2015[101]. En la misma existe un **Acuerdo de rotación de la prenda** que dice: El pacto de rotación de la prenda constituye un caso de formación progresiva que se origina a partir del acuerdo escrito y de determinada fecha de las partes, seguido de la reposición del objeto de la prenda, sin necesidad de más estipulaciones y con efectos aún remontándose a la entrega de la mercancía originalmente pignorada, siempre que la posibilidad de reposición esté expresamente prevista en el contrato constitutivo, y siempre que el bien ofertado como recambio no tenga un valor superior al remplazado; de ello se desprende, a los efectos de la acción de caducidad, que la continuidad de las renovaciones establece la génesis del derecho real de garantía en el momento de la estipulación original y no en la posterior de la reposición. Casación Civil, Sección I, Sentencia de 1 de julio de 2015, n. 13508 (Casación CED)[102].

---

101 Vid., a propósito de la misma, el comentario que hace a la sentencia VALERIO, "La sostituzione dell´oggetto non dà luogo a novazione: gli effetti della garanzia risalgono all´originaria pattizione", Diritto e Giustizia, 2 luglio 2015, [http://www.dirittoegiustizia.it/news/11/0000074430/La_sostituzione_dell_oggetto_non_da_luogo_a_novazione_gli_effetti_della_garanzia_risalgono_all_originaria_pattuizione.html]. De otra parte, como afirma AMBROSINI, cit., p. 13 respecto de la regulación dada por la ley 119/2016, la norma sulla rotatività non richiede che il "nuovo" bene oppegnorato abbia valore identico rispetto al precedente, in ciò discostandosi dall'approdo del dibattito giurisprudenziale in materia. Nell'ottica di bilanciamento degli interessi in gioco, tuttavia, viene opportunamente fatta salva la possibilità, per il creditore, di promuovere azioni conservative o inibitorie nel caso di abuso nell'utilizzo dei beni da parte del debitore o del terzo concedente il pegno".

102 En el apartado 3.1 la sentencia de Casación aduce: "Como se señala, entre estos últimos, en la sentencia 2456/2008, recordando las sentencias anteriores 4520/2004, 16914/2003, 10685/1999, el pacto de rotación de la prenda se implementa mediante un caso de formación progresiva que se origina en el acuerdo escrito, y de una fecha determinada de las partes, seguida de la reposición del objeto de la prenda,

El escenario buscado y pretendido es claro, garantías resistentes, inmunes, blindadas a favor y en exclusiva para un financiador. No importa el deudor ni su patrimonio, tampoco el interés del resto de acreedores máxime ordinarios. El conflicto o choque de intereses es claro. La ingeniería financiera y contractual al servicio de fórmulas eclécticas y pseudo constructivas que preferencie al mercado financiero del crédito. Las garantías clásicas o más tradicionales se han ido paulatina pero progresivamente fragmentado, diluyendo su núcleo de homogeneidad y adaptándose en definitiva a las permeabilidades que el tráfico y el rigor del crédito ha ido demandando. La flexibilidad de la garantía pese al riesgo de desnaturalización que lleva ínsita ha proporcionado sin embargo una mayor eficiencia y valor de utilidad en la misma.

Ganada ésta, se gana sin duda eficacia[103]. Pero esa flexibilidad, esa eficacia y esa seguridad ha ido perfilándose y tejiéndose a medida que los ámbitos del crédito también se han ido ensanchando, renovándose las figuras, reinventándose así mismas. En suma, hemos y estamos asistiendo en los últimos años a un incesante reinvento de las figuras crediticias y garantizadoras.

¿Qué decir de la evolución que ha experimentado la hipoteca?; piénsese en la posibilidad de una hipoteca recargable que se consagra legalmente en la *Ley 41/2007 (RCL 2007, 2221)*. Instituto que no está definido realmente en nuestro ordenamiento, que es mímesis, aunque no absoluta de la legislación francesa de 2006 pero que implica que se amplía el principal de un préstamo

---

sin necesidad de más estipulaciones y con efectos aún remontados a la entrega de los bienes originalmente pignorados, siempre que en el pacto constitutivo se prevea expresamente esta posibilidad de reposición, y siempre que el bien ofrecido como reemplazo no tenga un valor superior al reemplazado; de ello se desprende, a efectos de la exigibilidad de la acción de revocación concursal, que la continuidad de las renovaciones establece la génesis del derecho real de garantía en el momento de la estipulación original y no en el momento posterior a la sustitución. La sustitución constituye, por tanto, sólo el mecanismo de implementación de la rotatividad prevista, sin determinar ningún efecto novedoso de la relación y la certeza de la fecha, por lo tanto, debe referirse únicamente al acuerdo original que prevé la sustitución y no al escrito o escritos con los que el mismo en se implementa el concreto". Y en el 3.2 se asevera: "Al respecto, cabe señalar que el carácter rotativo de la prenda se debe encontrar de la misma forma que la escritura de constitución original (y en este caso este carácter es indiscutible), y sin tener en cuenta los movimientos posteriores, para lo cual sólo es necesario verificar que las garantías no sean de un monto superior al de los valores reemplazados, y para el resto, como se indicó anteriormente, no se requiere una fecha determinada para la escritura de reemplazo."

103 En este sentido, sobre la fortaleza de la eficacia de la garantía sin sacrificio o merma de los derechos del acreedor, *vid.*, entre otros, GRIMALDI, «La prenda en el derecho francés: derecho positivo y proyecto de reforma», *Garantías reales mobiliarias en Europa* (LAUROBA/MARSAL [Eds.]), Madrid, 2006, pp. 17 y ss., p. 21. También, cómo no, GOODE, *Legal Problems of Credit and Security*, 3ª ed., London, 2003, parágrafos, 5-65.

hipotecario que se ha ido amortizando en el tiempo hasta volver a sumar el importe primero concedido o una porción del mismo.

Como fácilmente es imaginable la garantía permanece vinculada íntegramente al préstamo con recarga, así como el grado o rango prelatorio que tenía. La cuestión, que será la pauta de discusión, es la fecha de la constitución, tal y como sucede con garantías sustitutivas de valor como son las prendas rotatorias de valores o instrumentos financieros[104].

¿Hasta dónde debería extenderse, si es que debe extenderse, el amparo prelatorio y garantizado del crédito hipotecario, o en su caso, prendario, antes de que el mismo se renueve, se recargue, se modifique en suma?, ¿es invariable, inmutable, inmune a las pretensiones del resto de acreedores que atacarán esta figura o tratarán de asimilarse a ella en sus comportamientos ante el riesgo? ¿se puede recargar, extender, en suma, todo tipo de crédito, sólo el hipotecario bancario tal y como se desprende de la Ley 41/2007?, ¿y el resto de créditos y pactos convencionales que estatuyesen semejante posibilidad?, ¿qué grado de resistencia presentan en un concurso de acreedores?

Formular una garantía global, flotante, rotativa o sustitutiva, sea una hipoteca, sea una prenda, incluso una prenda de créditos ha generado cuantiosos cuestionamientos doctrinales, no tanto sobre su validez o no, cuanto de las limitaciones que la misma debe o no tener en el derecho patrimonial y máxime en la tutela conflictual el crédito. Abordar cuestiones como la propia esencia de la extensión de una garantía como por ejemplo la hipoteca inmobiliaria a pertenencias que pueden ser objeto de otras figuras o institutos de garantía real es una cuestión que no está cerrada ni tampoco exenta de cierta polémica. No puede ignorarse la especial proclividad o ductilidad de ciertos bienes para ser objeto de diferentes garantías.

¿Qué sucede con la globalidad cuando de bienes y de valores, o nuevos valores que el objeto de las garantías sufre a lo largo de la vida de la relación creditual?, ¿cómo modela la garantía[105]?, ¿Cuál sería entonces el límite a las cláusulas o pactos unilaterales de extensión de ciertas garantías reales sobre

---

104 Uno de los mejores tratamientos que ha recibido la hipoteca recargable la encontramos en AZOFRA, «La hipoteca recargable: realidad o mito», *Diario La Ley,* número 7162, 27 de abril de 2009, pp. 1 y ss., para este autor podría utilizarse el término recarga para designar la extensión de una hipoteca existente a la cobertura de obligaciones diferentes de aquella para cuya seguridad se constituyó inicialmente (lo sean del mismo acreedor inicial, lo sean de uno nuevo).

105 Véase en la experiencia inglesa, y máxime respecto a la *floating charge* y el concurso las implicaciones que suponen a la hora de expandirse el *new value*. Un amplio desarrollo teniendo presente la legislación de insolvencias y, especialmente la *section* 245 y la experimentación de este *new value,* que normalmente se traduce en dinero, bienes, servicios, pago de deuda, etc., y la validez o no de la garantía flotante, en GOODE,

bienes que *a priori* escaparían de su aseguramiento?, ¿qué decir de una hipoteca inmobiliaria con semejante extensión sobre bienes muebles que pueden ser objeto de garantías mobiliarias con o sin desplazamiento de la posesión[106]?

Piénsese en esos supuestos de bienes que pueden ser absorbidos por la extensibilidad de una hipoteca inmobiliaria pero que al mismo tiempo pueden ser también objeto de una hipoteca mobiliaria y otros bienes objeto de una prenda sin desplazamiento. Ahí entran en juego la hipoteca de maquinaria industrial, las mercancías de una empresa, que pueden ser garantía propia o subsumirse por extensión en la sombra de la primera, hipotecas de establecimiento mercantil que gradúan su extensión y alcance en hasta tres niveles entre los que se incluye el derecho al arrendamiento, etc.

Es éste uno más de los múltiples problemas o complejas combinaciones que las tradicionales garantías empiezan a desarrollar. Qué decir cuando de créditos u obligaciones futuras determinadas, incluso indeterminadas, son objeto de esta extensión, de esta prolongación encadenada a una primera garantía. ¿Y la innata capacidad de fruición de algunos bienes muebles que están sujetos a garantía?

¿Quién soporta realmente la carga de una garantía global, el deudor o el resto de los acreedores ajenos al pacto y sin embargo afectados por el mismo? Legalmente y con basamento en el artículo 1532 del Código civil, amén de la Disposición Adicional 3ª de la Ley 1/1999, se ha admitido sin tapujos la cesión global de créditos, como también la venta de la totalidad de derechos, rentas o productos[107]. Si tomamos como muestra la posibilidad cierta de una pignoración global, no estamos haciendo otra cosa más que *uni acto* constituir en garantía un conjunto de créditos futuros del deudor que vendrán delimitados cualitativa y temporalmente, normalmente referenciados a un marco de actividad que es la que genera o hace nacer dichas obligaciones credituales. La particularidad es que el crédito nace sometido a pignoración, sin necesidad de constituir una nueva prenda a medida que los mismos surgen con ocasión de la actividad u objeto social del pignorante.

Principles of Corporate Insolvency Law, 2ª ed., London, 2005, pp. 484 y ss., parágrafos 11-111 a 11-119.

106 Sobre esta cuestión ya se ha pronunciado con claridad CORDERO LOBATO, «Prenda sin desplazamiento e hipoteca mobiliaria», *Garantías reales mobiliarias en Europa* (LAUROBA/MARSAL [Eds.]), Madrid, 2006, pp. 77 y ss., especialmente pp. 80 a 86.

107 Una de las primeras voces en pronunciarse, GARCÍA-CRUCES, «El contrato de *factoring* como cesión global de créditos futuros», *ADC*, 1989, vol. 2, pp. 377 y ss., especialmente pp. 396 y ss. Una de las voces más importantes a la vez que autorizadas sin duda, GARCÍA VICENTE, *La prenda de* créditos, Cizur Menor, 2006, pp. 167 y ss.

Como fácilmente es adivinable, los problemas que plantea la figura no son tanto su validez o licitud como la oponibilidad, máxime de fecha de nacimiento del crédito garantizado, frente a los eventuales acreedores del pignorante. A ello súmesele el halo de publicidad negativa u oculta que la figura puede llegar a tener. A medida que el crédito nace, éste ya está afecto a un derecho real de garantía. ¿qué juego depara una cláusula de globalización en un escenario de concurrencia de acreedores a los que se les impone la misma y que probablemente han ignorado?, ¿puede decirse que la misma es fuente de abuso o lesividad frente al resto de acreedores?, ¿cómo pueden descontar el riesgo de estas cláusulas de globalidad, de futuridad del crédito, otros acreedores si las mismas no necesitan de registro o inscripción?

Y, sobre todo, concursado el pignorante que a la vez es deudor del crédito que se garantiza, ¿qué sucede con los créditos futuros, que según la extensión y globalidad de la prenda nacen ya sometidos a la garantía?, ¿enerva el concurso de acreedores la inmunidad o impunidad de semejantes garantías, o el propio hecho del concurso se convierte en una situación que cercena la eficacia de la cláusula global? No es fácil ni se antojo sencillo tampoco responder cada uno de estos interrogantes.

La ingeniería financiera no debe quizás ampararlo todo y menos si el coste de sus exigencias no es tanto para el deudor cuanto para otros acreedores. Indudablemente hay que indagar en la esencia de esos créditos futuros, la causa de los mismos, las relaciones *inter partes,* la oponibilidad y su alcance real y efectivo. La incidencia del concurso sobre el deudor concursado y garante puede ser decisiva a la hora de configurar el alcance de estas garantías. Habrá que ver el origen de los créditos si responden a relaciones bilaterales sinalagmáticas o no, si la administración concursal las resuelve o facilita por el contrario, etc.[108].

Sin duda el cuestionamiento fundamental parte de una hipótesis racional, cual es, ¿hasta qué punto es lógico que un deudor decida o se vea compelido en la mayor parte de las ocasiones, a ceder la totalidad de sus créditos futuros frente a un mismo acreedor?, ¿puede «hipotecar» todo su patrimonio, presente y futuro?, ¿qué espacio le queda a lo que sin duda es más un principio

---

108 Como bien ha apuntado GARCÍA VICENTE, *La prenda de créditos,* cit., p. 167, las soluciones ofrecidas por distintos autores van desde los que consideran que ha de establecerse la oponibilidad al concurso de aquellos créditos que nazcan de relaciones obligatorias preexistentes a la declaración de concurso, y negársela a aquellos créditos puramente futuros, que nazcan de contratos celebrados después. Otros han vinculado la solución a la protección que merezca el acreedor prendario como acreedor garantizado que ha satisfecho íntegramente las obligaciones que derivan del contrato de financiación. Mas es concluyente el autor cuando señala cómo ninguna de estas soluciones se compadece en nuestro derecho positivo.

genérico, utópico que real, de la responsabilidad patrimonial universal –idea valor cual la *par condictio creditorum* –?

¿Es lícito en consecuencia modular o atemperar restrictivamente al menos respecto a la totalidad de acreedores el principio de la responsabilidad patrimonial universal?, ¿qué papel o protagonismo va a tener entonces? Y a pesar de que nada dice el derecho positivo y más el Código civil en este ámbito, sí del juego de los artículos 634 y 635 que limitan en interés del propio donante lo que puede ser donado, al prohibir a la donación global de su patrimonio, *mutatis mutandis,* sería éste un punto al menos de reflexión acerca de si la cesión limitada, nada decimos de la dominical, de los créditos futuros del deudor debe o no limitarse o restringirse.

A nuestro entender el riesgo de semejantes cláusulas es, amén de que la misma puede convertirse en abusiva por el peligro de aseguramiento, el desvalijamiento del propio patrimonio del deudor, la *Ausplenderung* del derecho alemán. Los costes de monitoreo, o de agencia en todo caso, del acreedor se reducen a cero, dado que es la totalidad del patrimonio, o de una buena parte del mismo, el que *de facto* y de futuro pasa a ser controlado y garantizado a favor de un acreedor que se inmuniza frente a las pretensiones del resto de acreedores presentes y sobre todo futuros del deudor. Pensemos un momento en el *project finance* como mecanismo de financiación de grandes proyectos de inversión que pivota fundamentalmente tanto en la capacidad para generar flujos de caja como en la rentabilidad de los proyectos y en los que la prenda abarca o monopoliza la integridad del flujo de caja de una sociedad.

4. BIBLIOGRAFÍA

ADLER, B.E., "Bankruptcy and Risk Allocation", *Cornell L. Rev.*, 1992, nº 77, pp. 439 y ss.

AKSELI, O., "Blockchain and the Uncitral model law on secured transactions: a question of compatibility", IGKK, 11 de abril de 2019.

AMICI, F., "*Credit crunch,* obbligazione negativa e garanzia del credito. Itinerari della clausola di *negative pledge* nel diritto privato italiano", VEIGA (DIR.), Cizur Menor, 2021.

ANELLI. F., *L´alienazione in funzione di garanzia,* Milano, 1996.

ARRUÑADA, B., *Instituciones del intercambio impersonal. Teoría y método de los registros públicos,* Cizur Menor, 2013.

ARRUÑADA, B., "Malas leyes. Aplicación al derecho concursal", *El acreedor en el derecho concursal y preconcursal a la luz del texto refundido de la ley concursal,* Cátedra Uría Menéndez-ICADE de regulación de los mercados, [VEIGA (Dir.)], Cizur Menor, 2020, pp. 53 y ss.

AZOFRA VEGAS, F., "La hipoteca recargable: realidad o mito", *Diario La Ley,* número 7162, 27 de abril de 2009, pp. 1 y ss.

AZOFRA VEGAS, F., "El acreedor con garantía real en los procesos de reestructuración", *El acreedor en el derecho concursal y preconcursal a la luz del texto refundido de la ley concursal* eestructuración", [VEIGA COPO (Dir.)], Cizur Menor, 2020.

BAIRD, D.G & JACKSON, T.H., *Security Interests in Personal Property,* Foundation Press, 3ª ed., 2002.

BEALE, H, BRIDGE, M, GULLIFER, L. & LOMNICKA, E., *The law of security and title-based financing,* 2ª ed., Oxford, 2012.

BERCOVITZ, R., *La cláusula de reserva de dominio,* Madrid, 1971.

BERMEJO GUTIÉRREZ, N., *Créditos y quiebra,* Madrid, 2002.

BIGUS, J., LANGER, T., & SCHIERECK, D., "Warum gibt es Kreditsicherheiten?", Kredit und Kapital, 2005, vol. 38, Heft 4, pp. 573 y ss.

BISCONTINI, G., *Assunzione di debito e garanzia del credito,* Napoli, 1993.

BORZI, U., "Brevi note sull´ammissibilità del pegno bancario "rotativo"", Riv. Dir. Comm., 1996, II, pp. 151 y ss.

BRIGANTI, E., "Garanzie personali atipiche", *BBTC,* 1988, pp. 573-610.

BRODI, E., *Il sistema delle garanzie in Italia: una lettura económica delle disposizioni in materia de privilegio, pegno e ipoteca,* Questioni di economia e finanza, Banco d´Italia, 2016, nº 356, septiembre, [https://www.bancaditalia.it/pubblicazioni/qef/2016-0356/QEF_356_16.pdf].

BÜLOW, P., *Recht der Kreditsicherheit,* 10ª ed., C.F. Müller, 2021.

BUSTO LAGO, J.M., *Las garantías personales atípicas en el ordenamiento jurídico español,* Cizur Menor, 2006.

CABANILLAS SÁNCHEZ. A., Voz: "garantía", *EJB,* II, Madrid, 1995.

CANDIAN, A., *Le garanzie mobiliari,* Giuffrè, 2001.

CARLSON, D.G., "On the Efficiency to Secured Lending", *Va. L. Rev,* 1994, nº 80, pp. 2179 y ss.

CARPI MARTÍN, R., "Contenido: derechos y obligaciones. Extinción", *Tratado de derecho civil. Las garantías,* I. Vol. 1, [PRATS ALBENTOSA (Dir.)], Madrid, 2016, pp. 683 y ss.

CARRASCO PERERA, A., "El valor de la garantía real y el sacrificio desproporcionado en los acuerdos de refinanciación del RD Ley 4/2014", Análisis GA&P, 2014, Marzo, pp. 1 y ss.

CHASSERY, J., «Le nantissement des pars sociales», *RTDC,* 1977, pp. 435 y ss.

CHEFFINS, B.R., *Company law: theory, structure and operation,* Oxford, 1997.

CHIANALE, A., *Evoluzione e prospettive nel sistema delle garanzie reali,* Torino, 2020.

CHINÉ, G., "Il pegno "rotativo"fra realtà e consensualità", Giur. it., 1996, I, nº 2, pp. 570 y ss.

CHIRONI, G.P., *Trattato dei privilegi, delle ipoteche e del pegno,* vol. 1, Milano-Torino-Roma, 1917.

CILENTO, A., *Il credito nelle crisi. Garanzia, sofferenze e regolazione bancaria,* Napoli, 2020.

CIPRIANI, N., "La cessione di crediti a scopo di garanzia tra patto commissorio e patto marciano", Riv. dir. imp., 2010, pp. 123 y ss.

COHEN, E., "The private internacional law of secured transactions: rules in search of harmonization", Law and Contemporary Problems, 2018, vol. 81, pp. 203 y ss.

COLEMAN, J., *Riesgos y daños,* Madrid, 2010.

CORDERO LOBATO, E., *Tratado de los derechos de garantías,* I, [CARRASCO/CORDERO/MARÍN], 3ª ed., Cizur Menor, 2015.

CORDERO LOBATO, E., «Prenda sin desplazamiento e hipoteca mobiliaria», *Garantías reales mobiliarias en Europa* (LAUROBA/MARSAL [Eds.]), Madrid, 2006, pp. 77 y ss.

D´AMICO, G., "Alienazioni a scopo di garanzia", *I contratti per l´impresa,* [GITTI/MAUGERI/NOTARI (a cura di)], I, Bologna, 2012, pp. 585 y ss.

DAHAN, F., & SIMPSON, J., "Legal efficiency for secured trasactions reform: bridging the gap between economic analysis and legal reasoning", Penn. St. Int. L. Rev., 2009, vol. 27, nº 3, article 5, pp. 623 y ss.

DOLMETTA, A.A., "Cessione di credito in garanzia e prelazione", Fall., 2016, nº 2, pp. 930 y ss.

DOLMETTA, A.A., "Alla ricerca del "marciano utile", Riv. Dir. Civ., 2017, nº 1, pp. 818 y ss.

EIDENMÜLLER, H., "Strategische Insolvenz: Möglichkeiten, Grenzen, Rechtsvergleichung", ZIP, 2014, pp. 1197 y ss.

EIDENMÜLLER, H. & KIENINGER, E.M., *The future of secured credit in Europe,* European Company and Financial Law Review, 2008.

FIORENTINI, F., *Il pegno,* Trattato dei diritti reali. Diritti reali di garanzia, V, Milano, 2014.

FRANKLIN, T.K., "Deepening insolvency: what it is and why it should prevail", NYU Journal of Law and Business, 2006, vol. 2, pp. 435 y ss.

GABRIELLI, E., *Il pegno anomalo,* Padova, 1990.

GABRIELLI, E., *Studi sulle garanzie reali,* Torino, 2015.

GARCÍA-CRUCES GONZÁLEZ, J.A., «El contrato de *factoring* como cesión global de créditos futuros», *ADC,* 1989, vol. 2, pp. 377 y ss.

GARCÍA-PITA LASTRES, J.L., «La hipoteca mobiliaria y la prenda sin desplazamiento», *Tratado de garantías en la contratación mercantil,* II-1, Madrid, 1996, pp. 149-331.

GARCÍA VICENTE, J.R., *La prenda de* créditos, Cizur Menor, 2006.

GARRIDO GARCÍA, J.M., *Garantías reales, privilegios y par condictio. Un ensayo de análisis funcional,* Madrid, 1999, pp. 61 y ss.

GARRIDO GARCÍA, J.M., *Tratado de las preferencias del crédito,* Madrid, 2000.

GIGLIOTI, F., "La cessione del credito a scopo di garanzia: profili sistematici", Studi in memoria di Giovanni Gabrielli, I, Napoli, 2018, pp. 1059 y ss.

GIOVA, S., *La proporzionalità nell´ipoteca en el pegno,* Napoli, 2012.

GÓNZALEZ-GALLARZA, R. & PUJOL, A., "Las "startups" y el endeudamiento: garantías reales sobre los futuros ingresos del negocio", [https://www.garrigues.com/es_ES/noticia/startups-endeudamiento-y-garantias-reales-futuros-ingresos-negocio].

GOODE, R.M., *Legal Problems of Credit and Security,* 3ª ed., London, 2003.

GOODE, R.M., *Principles of Corporate Insolvency Law,* 2ª ed., London, 2005.

GOODMAN, J., & LEVITIN, A., "Bankruptcy law and the cost of credit: the impact of cramdown on mortgage interest rates", J. L. & Econ., 2014, vol. 57, nº 1, pp. 139 y ss.

GORLA, G., *Le garanzie reali dell'obbligazione,* Edizione Scientifiche Italiane, 2024.

GRIMALDI, M., «La prenda en el derecho francés: derecho positivo y proyecto de reforma», *Garantías reales mobiliarias en Europa* (LAUROBA/MARSAL [Eds.]), Madrid, 2006, pp. 17 y ss.

GRIPPO, G., «Garanzie atipiche e fallimento», *CeI,* 1986, pp. 377 y ss.

GUILARTE ZAPATERO, V., «Comentario al *artículo 1863* CC», *Comentarios al Código Civil y compilaciones forales* (ALBALADEJO [Dir.]), XXIII, Madrid, 1979, pp. 395 y ss.

HARRIS, S.L., & MOONEY, C.W. Jr., "A property-based theory of security interests: taking debtor´s choices seriously", Va. L. R., 1994, vol. 80, pp. 2021 y ss.

HOPT, K., "Rechtspflichten der Kreditinstitute zur Kreditversorgung, Kreditbelassung und Sanierung von Unternehmen – Wirtschafts- und bankrechtliche Überlegungen zum deutschen und französischen Recht", Zeitschrift für das gesamte Handelsrecht, 1979, Vol. 143, pp. 139 y ss.

IULIANI, A., "Il diritto privato tra crisi economica ed "economia del debito": dinamiche della giustizia e autonomia privata", Riv. crit. dir. priv., 2017, pp. 341 y ss.

JACKSON, T.H. & KRONMAN, A.T., "Secured Financing and Priorities Among Creditors", Yale Law Journal, 1979, vol. 88, pp. 1161 y ss.

JACKSON, T.H. & SCOTT, R.E., "La naturaleza del concurso: un ensayo sobre compartir los riesgos concursales y el acuerdo entre acreedores", Themis, 2002, nº 45, pp. 25 y ss.

KATZ, A.W., "An economic analysis of the guaranty contract", U. Chi. L. Rew., 1999, vol. 66, pp. 47 y ss.

LUMINOSO, A., "Patto marciano e sottotipo", Riv. Dir. Civ., 2017, nº 1, pp. 1398 y ss.

MALO CONCEPCIÓN, J.V., «Prenda de participaciones en fondos de inversión», *Tratado de garantías en la contratación mercantil,* II-1, Madrid, 1996.

MANN, W., "Creditor rights and innovation: evidence from patent collateral", Journal of Financial Economics, 2018, vol. 130, nº 1, pp. 25 y ss.

MARINO, R., "Il pegno non possessorio quale strumento funzionale all´autotutela satisfattiva del creditore: profili evolutivi", 15-12-2018, [https://blog.ilcaso.it/news_754/15-12-18/Il_pegno_non_possessorio_quale_strumento_funzionale_all%E2%80%99autotutela_satisfattiva_del_creditore-_profili_evolutivi].

MARTÍNEZ-CALCERRADA y GÓMEZ, L., «El contrato de fianza y otras garantías personales en su tratamiento legal y jurisprudencial del TS», *La Ley,* nº 3043, 1992, pp. 1 y ss.

MASTROPAOLO, F., *I contratti autonomi di garanzia,* Torino, 1989.

MAZEUD, J., *Leçons de Droit Civil,* III, Paris, 1963.

MERKEL, H., *Die Negativklausel,* Berlin, 1985.

MIGLIACCIO, E., *Parità di trattamento e concorso dei creditori,* Napoli, 2012.

MILGER, K., *Mobiliarsicherheiten in Deutschen und im US-Amerikanischen Recht. Eine rechtsvergleichende Untersuchung,* Göttingen, 1982.

MIQUEL GONZÁLEZ, J.M., *La posesión de bienes muebles,* Madrid, 1979.

MOONEY, C.W. Jr., "Choice-of-law rules for secured transactions: an interest-based and modern principles-based framework for assessment", Uniform. L. Rev., 2018, vol. 22, pp. 842 y ss.

MOSCOGIURI, F., "L´esdibitazione nell´attuazione del patto marciano disciplinato dall´art. 48-bis T.U.B.", Orizzonti del diritto commerciale, 2019, nº 1, pp. 151 y ss.

MUÑOZ CERVERA, M., «Negocios con finalidad de garantías sobre derechos de crédito no representados mediante títulos-valores», en *Negocios sobre derechos no incorporados a títulos-valores y sobre relaciones jurídicas especiales* (JIMÉNEZ SÁNCHEZ [Coord.]), Madrid, 1992.

OCCORSIO, V., *Pegno non possessorio: uno studio su oggetto della garanzia e poteri del creditore,* Napoli, 2019.

OLIVENCIA RUIZ, M., «Introducción a las garantías mobiliarias en el Derecho Mercantil», *Tratado de garantías en la contratación mercantil,* II-1, Madrid, 1996, pp. 21-54.

PICOD, Y., *Droit des sûretés,* 3ª ed., Paris, 2016.

POLO DÍEZ, A., «La admisión de valores a cotización oficial», en *Coloquio de Derecho Bursátil (Dic. 1967),* Universidad de Bilbao, 1970.

QUINN, J., "The crystallisation of floating charges: rethinking the conceptual framework", The Journal Of Corporate Law Studies, 2020, vol. 20, nº 1, pp. 179 y ss.RESCIGNO, Premessa, I contratti in generale, Trattato dei contratti, [RESCIGNO/GABRIELLI (Dirs.)], 2ª ed., Torino, 2011.

RODRÍGUEZ DE LAS HERAS, T., "El convenio de Ciudad del Cabo relativo a garantías internacionales sobre elementos de equipo móvil y sus protocolos", *Textos internacionales sobre garantías mobiliarias: reflexión y análisis,* [JÉREZ (Coord.)], Madrid, 2017, pp. 61 y ss.

RODRÍGUEZ-ROSADO, B., "La transmisión de propiedad en garantía en Alemania y los problemas para su aceptación en derecho español", Revista de Derecho Civil, 2017, vol. IV, nº 3, pp. 63 y ss.

RODRÍGUEZ-ROSADO, B., "La reserva de domínio: um intento de clarificación", 8 de octubre de 2020, [blog https://almacendederecho.org/la-reserva-de-dominio-un-intento-de-clarificacion].

ROJO AJURIA, L., «Las garantías mobiliarias. Fundamentos del Derecho de garantías mobiliarias a la luz de la experiencia de los Estados Unidos de América», *ADC,* 1989, pp. 717-811.

RUDOLPH, B., "Können die Banken ihre Kreditsicherheiten "vergessen"?", Kredit und Kapital, 1982, vol. 15, pp. 317 y ss.

SALVATORE, B., *Trasferimenti di proprietà tra garanzia del credito e liquidazione dei beni,* Napoli, 2018.

SCHILLING, T., *Besitlose Mobiliarsicherheiten im nationales und internationalen Privatrecht,* München, 1985.

SCHOLZ, H. & LWOWSKI, H.J., *Das Recht der Kreditsicherung,* 7ª ed., Berlin, 1994.

SCHWARTZ, A., "The Continuing Puzzle of Secured Debt", Vand. L. Rev., 1984, vol. 37, pp. 1051 y ss.

SCHWARTZ, A., «Taking Security Rights Seriously», *Va. L. Rev.,* 1994, vol. 80, pp. 2073 y ss.

SCOZZAFAVA, O., "Note in tema di alienazione a scopo di garanzia", Contratto e impresa, 2006, nº 2, pp. 16 ss.

SEIF, U., *Der Bestandsschutz besitloser Mobiliarsicherheiten im deutschen und englischen Recht,* Tübingen, 1997.

STEFFEK, F., "Enforcing Bank Loans in the European Union. A Comparative and Leximetric Analysis", *Festschrift für Klaus J. Hopt zum 80. Geburtstag am 24. August 2020,* [GRUNDMANN/MERKT/MÜLBERT (Edis.)], Berlin, 2020, pp. 1219 y ss.

TUCCI, G., *Garanzie sui crediti dell'impresa e tutela dei finanziamenti,* Milano, 1974.

VALERIO, F., "La sostituzione dell´oggetto non dà luogo a novazione: gli effetti della garanzia risalgono all´originaria pattizione", Diritto e Giustizia, 2 luglio 2015, [http://www.dirittoegiustizia.it/news/11/0000074430/La_sostituzione_dell_oggetto_non_da_luogo_a_novazione_gli_effetti_della_garanzia_risalgono_all_originaria_pattuizione.html].

VARRONE, C., *Il trasferimento della proprietà a scopo di garanzia,* Napoli 1968.

VEIGA COPO, A., «Prenda *omnibus,* prenda rotativa de acciones y garantía flotante», *RDBB,* 82, 2001, pp. 33 y ss.

VEIGA COPO, A., Par conditio omnium creditorum *e insolvencia. Entre el mito y la realidad utópica,* Discurso ingreso Academia Colombiana de Jurisprudencia, Bogotá, 2016, pp. 12 y ss.

VEIGA COPO, A., "Garantías, privilegios y valores razonable o menos razonables de las garantías en el concurso de acreedores", RDCyP, 2017, nº 26, pp. 35 y ss.

WARREN, E. & WESTBROOK, J.L., "Contracting out of Bankruptcy: An Empirical Intervention", Harvard Law Review, 2005, vol. 118, pp. 1197 y ss.

WEBER, J.A., *Kreditsicherheiten,* 5ª ed., München, 1997.

WESSELS, B., "The voice of the creditor", *El acreedor en el derecho concursal y preconcursal a la luz del texto refundido de la ley concursal,* [VEIGA COPO (Dir.)], Cizur Menor, 2020, pp. 361 y ss.

WOOD, R.J., "The floating charge in Canada", Alberta Law Review, 1989, col. XXVII, nº 2, pp. 191 y ss.

ZITELMANN, E., «Die Möglichkeit eines Weltrechts», *Allgemeine Österreichische Gerichtszeitung* (Wien) 1888, Unveränderter Nachdruck, München und Leipzig, 1916.

Guarantees in non-bank financing of start-ups

IGNACIO RAMOS VILLAR[1] & PEDRO ÁLVAREZ LOIS[2]

RESUMEN. El presente capítulo recoge la conferencia pronunciada en ESADE en diciembre de 2023 bajo el título "Las garantías en la financiación no bancaria de las start-ups", constando de dos partes.

La primera recoge la conferencia propiamente dicha, y tiene por objeto esbozar de forma general la particular problemática que plantea en España el régimen de las garantías en la financiación no bancaria de las start-ups -entidades que podríamos definir, a efectos del presente capítulo, como empresas de nueva creación, habitualmente bajo la estructura de sociedades limitadas, caracterizadas por un uso intensivo tanto de capital como de tecnología-, partiendo para ello del régimen tradicional que juegan las garantías en la financiación. Por su parte, la segunda tiene por objeto adentrarse en detalle en las garantías y la financiación de las start-ups desde una perspectiva económica.

En la primera parte, después de exponer a modo de introducción la evolución de la realidad empresarial hacia una creciente intangibilización, analizaremos la funcionalidad de la garantía tanto desde una perspectiva económica como jurídica. Posteriormente revisaremos los activos de los que dispone una start-up -donde la intangibilidad es la característica dominante-, pasando a continuación a exponer brevemente la problemática que plantea la constitución de garantías sobre activos intangibles.

En la segunda parte, tras exponer la compleja realidad económica a la que se enfrentan las start-ups, se amplía desde una perspectiva económica el análisis de la naturaleza de las start-ups, el proceso de financiación de las mismas, las razones detrás de la escasa tasa de supervivencia de las start-ups, las garantías como instrumentos de gestión de riesgos corporativos y su distinta tipología, y su análisis y evaluación en el contexto de la financiación de las start-ups.

Concluiremos finalmente exponiendo la necesidad de revisar el régimen actual de garantías, con el objetivo último de conseguir una mayor canalización de la financiación hacia las start-ups y una mayor tasa de supervivencia de las mismas.

PALABRAS CLAVE. Riesgo, financiación, garantías,

SUMMARY. This chapter recounts the lecture given at ESADE in December 2023 under the title "Guarantees in non-banking financing of *start-ups*" and which will be presented in two parts.

The first part summarizes the presentation offered at the conference and aims to outline in general terms the particular problems posed in Spain by the regime of guarantees in the non-banking financing of *start-ups. These* entities, that will be defined, for the purposes of this chapter as

1 Associate Professor. Comillas Pontifical University. CEO. Insight4.

2 Associate Professor. Carlos III University.

newly created companies, usually function as limited liability companies and are characterized by an intensive use of both capital and technology-, based on the traditional regime of guarantees in financing. The second section aims to look at the guarantees and the financing of *start-ups in detail, principally* from an economic perspective.

In the first part, after an introduction on the evolution of businesses which nowadays acquire a large portion of their value from intangible assets, the functionality of the guarantee will be analyzed from both an economic and a legal perspective The assets available to a *start-up* will be reviewed, focusing on intangibility as the predominant characteristic and the problems posed when implementing guarantees on intangible assets will then be explained.

In the second part, the focus will be on the complex economic reality faced by *start-ups* and an analysis of the nature of *start-ups* and the financing process, paying special attention to the reasons behind the low survival rate of *start-ups*. We will also look at the guarantees given to them as instruments of corporate risk management due to their different typology and then analyze and evaluate start- ups principally from a financial perspective.

Finally, we will conclude by stating the need to review the current structure of guarantees for start-ups with the ultimate aim of providing them with greater funding and thus allowing for a higher survival rate.

KEYWORDS. Risk, financing, securities, start-ups.

SUMMARY. I. GUARANTEES IN THE NON-BANKING FINANCING OF START-UPS. A FUNCTIONAL AND LEGAL PERSPECTIVEAS. **1.** INTRODUCTION. A PARADIGM SHIFT IN BUSINESS REALITY. **2.** THE FUNCTIONALITY OF THE GUARANTEE. **2.1.** *Collateral as a risk management mechanism.* **2.2.** *The guarantee from the perspective of the financier and the financed.* **2.3.** *The guarantee from an economic perspective.* **2.4.** *The guarantee from a legal perspective* **3.** THE ASSETS OF START-UPS. **4.** PROBLEMS WITH START-UP ASSET GUARANTEES. **4.1.** *Economic issues.* **4.2.** *Legal issues.* **II.** SECURITY IN THE FINANCING OF START-UPS. ECONOMIC PERSPECTIVE: RISKS, FINANCIAL GUARANTEES AND THE FUNDING OF START UPS. **1.** INTRODUCTION. **2.** THE NATURE OF START-UPS. **2.1.** *General features.* **2.2.** *Inherent risks.* **2.3.** *Valuation.* **2.4.** *Intangibles.* **3.** THE START-UP FUNDING PROCESS. **3.1.** *Sources and Instruments.* **3.2.** *The Funding Gap.* **3.3.** *Underinvestment.* **3.4.** *Empirical Analysis.* **4.** START-UP FAILURE. **4.1.** *Magnitude and Timing.* **4.2.** *Main Causes.* **4.3.** *Solutions.* **5.** CORPORATE RISK MANAGEMENT. **5.1.** *Rationale.* **5.2.** *Main Approaches.* **5.3.** *Risk transfer.* **6.** GUARANTEES: DESCRIPTION. **6.1.** *Credit Guarantee Schemes (CGS).* **6.2.** *Mechanics of CGS.* **6.3.** *Types of CGS.* **6.4.** *Public Sector.* **6.5.** *CGS in Spain.* **7.** GUARANTEES: ANALYSIS. **7.1.** *Economic Rationale.* **7.2.** *Design Issues.* **7.3.** *Innovative Instruments.* **8.** GUARANTEES: EVALUATION. **8.1.** *Dimensions.* **8.2.** *Empirical evidence.* **8.3.** *Limitations.* **III.** BY WAY OF CONCLUSION: PROPOSALS. IV. BIBLIOGRAPHY.

I. GUARANTEES IN THE NON-BANKING FINANCING OF START-UPS. A FUNCTIONAL AND LEGAL PERSPECTIVE[3]

1. Introduction. A paradigm shift in business reality

Since the emergence of companies as structures for the development of economic activity, the business world has continued to evolve and advance. This

---

3 Ignacio Ramos Villar.

evolution includes the progressive move towards intangible assets from which a business is composed. This trend can be observed both at international level - where the most highly capitalized listed companies in the world are no longer industrial, but technological companies comprised mainly of intangible assets such as data and processes[4] - and also at a national level - as can be observed, for example, in the hotel sector -.[5]

The functional and legal adaptation of guarantees for these developments has been clearly insufficient.

2. *The functionality of the guarantee*

2.1. Collateral as a risk management mechanism

Financing is essential from a structural point of view for any company, whether to cover either its investment or expenditure needs, both in the short and long term. This financing can be obtained through the different segments that make up the financial markets; in particular, the credit market - where financing is obtained through a credit institution – and the securities market - where the credit institution is replaced by the use of financial instruments[6]when obtaining capital. In both channels, the provision of guarantees by the financed party is structurally necessary[7] in order to obtain the financing, in so far as it allows the financier – the credit institution in the Credit Market, or investor in the Securities Market - to be exposed to less risk when dealing with the possible consequences of information asymmetry between financier and financed party, and also the risk of total or partial loss to which it is clearly exposed to when granting the financing.

---

4 The top four today are Apple, Google, Microsoft and Amazon, compared to IBM, ATT, Kodak and General Motors fifty years ago.

5 Where business models based on data, systems and platforms - such as AirBnB or Hotelbeds - far exceed the valuation of hotel business models based on direct or indirect ownership or management of establishments.

6 Homogeneous and fungible.

7 However, it should be remembered that the best guarantee is one that does not need to be provided.

2.2. The guarantee from the perspective of the financier and the financed

The need for and functionality of collateral is therefore based on its status as a counterparty risk management mechanism, fulfilling two essential purposes for both financier and financed:

- from the financier's perspective, it helps to identify and hedge the two basic manifestations of counterparty risk: default risk - that is, the financed party fails to meet all or part of its specific payment or delivery obligations during the duration of the contract - and insolvency risk - that the financed party fails to meet its payment or delivery obligations during the duration of the contract in the context of a widespread failure to meet its enforceable obligations (insolvency). From the perspective of the financed party, the goal is to lower the cost of financing.

2.3. The guarantee from an economic perspective

It should be taken into consideration that the actions mentioned above can be achieved providing the guarantees are met - ideally cumulatively –which include a number of characteristics seen from an economic perspective: Existence, economic value, stability, security, insensitivity, no-correlation and liquidity.

Firstly, security must be provided over an existing asset, i.e. a tangible asset which is vulnerable to the economic impact of traffic.[8]

Secondly, it must be an asset that has an economic value, i.e. that can see its value translated and measured into an economic amount in such traffic, thus providing a minimum common factor between the financing and the guarantee - the monetary value – which not only links the two parties but is also continuously adapting and changing over time[9].

This implies that the asset should, from an economic point of view, always enjoy stability in its valuation, including disruptive episodes to the normal functioning of the market in which the asset is traded.

As a consequence, it must be a safe asset, and assets whose value may fluctuate rapidly over time are generally not readily permitted. [10]

---

8 For example, in the case of mortgage financing, the real estate asset, and in the case of consumer financing for the purchase of a vehicle, the vehicle.

9 In cases where the amount financed at any given time is less than the economic value of the asset given as collateral, additional collateral may even be requested.

10 Following this logic, it is not surprising that in financial markets the assets that are considered the safest are money, gold and certain precious metals, and G-7 govern-

For this reason, the asset must be highly insensitive and unaffected by fluctuations in data, i.e. it must not be negatively impacted by the emergence of negative data which could directly or indirectly affect it and may result in a reduction in its value. This may also include, if applicable, its issuer.

This data insensitivity is closely linked to the need for the asset to be associated as little as possible with the entity providing the guarantee - the financed party - with entities within its group[11] , or with entities within its sector, country or geographical area.

Finally, economic value, stability and security are closely related to the importance of the asset being a liquid asset, which presupposes the existence of a market where the asset is traded[12] - ideally actively - and where its value can be determined as objectively as possible - through the concurrence of multiple purchase and sale orders on the same. In the event of counterparty risk materializing the financier can, once the asset given as collateral has been appropriated, administer it and convert it into cash, allowing for the financed party´s existing debt to be settled.

2.4. The guarantee from a legal perspective

Achieving the above requirements would be impossible without the introduction from a legal perspective of three key factors: Firstly, the existence of a right of aggression, secondly, the possibility of transferring ownership of the asset and taking control of it, and thirdly, priority over other creditors.

Firstly the right to aggression, the right - but not the obligation - upon the materialization of counterparty risk - either because there is a default on a payment, or a situation of insolvency (and subject in such cases to the legal rules of insolvency) - to exercise different levels of violence against the owner and holder of the asset in order to take ownership and control of the asset, so that the creditor can secure its economic value.

Such a right of aggression often implies the possibility of transferring ownership and taking control over the asset, which must be exercisable not only against the owner of the asset, but also against whoever has possession of the asset, which may well be in the form of a deposit.

Finally, the third is to be given the right of precedence, that is to say the possibility, in a situation where there are several creditors who may seek the asset or secure its value, to distance themselves from the other lenders in this

ment bonds.

11 For example, its matrix.

12 Or can be negotiated.

process and take precedence over them in the acquisition of ownership and control of the asset and in the consummation of its value. In order to be effective, this will usually require registering in the public register where the collateral, the beneficiaries of the collateral and the order of preference of the interested parties are recorded.

3. The assets of start-ups

A *start-up* has a marked difference in the composition of its assets when compared to those named as "traditional" companies.

The first is that the main and most important asset of a *start-up* are its **human resources**, understood as a team made up of a small group of people[13] with complementary profiles who have the same motivation, share the same vision in relation to the use (often disruptive and scalable), of new solutions in a specific market environment, and who usually find themselves in the same vital and crucial moment .

We can add to this a series of tools and resources - which, in contrast to "human resources" mentioned above, can be identified as" non-human" - and which include both tangible and intangible assets:[14]

- Tangible assets include equity shares, which are structured from the outset in favour of the *start-up*'s financiers so that they have not only pro rata and anti-dilution rights, but also preferential rights in the event of liquidation.
- Within intangibles there is a varied multiplicity which frequently includes:

  . a range of technological processes, which may comprise of, among others, systems – understood to be an integrated set of mutually dependent technological processes and resources including algorithms and codes.

  . a dataset –or list of objective factors-, which may be obtained or generated either directly by the *start-up* itself –and which covers proprietary data- or that acquired from third parties.

  . crypto-assets - or non-tangible virtual assets.

---

13 Without prejudice, of course, to the possibility of extending it as the project develops and its business viability is demonstrated.

14 Cf. the concept of "intangibility" referred to above.

. a range of data management technologies - including artificial intelligence -; and a set of intellectual property rights which, where possible, cover the above.

4. Problems with start-up asset guarantees

As indicated above, the provision of collateral plays a decisive role in obtaining financing in the credit and stock market channels. However, it should be noted that both are financing channels that are rarely accessible to a *start-up*, since for a credit institution to start financing a *start-up*, it is necessary for it to have already overcome its "growth" phase. In order to be admitted into the capital market, it has to be seen as being very close to what is identified in market terms as the "exit phase".

Therefore, non-bank financing plays an essential role in the financing of *start-ups*.

4.1. Economic issues

Establishing the guarantees of a *start-up*'s assets clearly clashes with the terms referred to in section 2.1 above.

If then it was implied that collateral should be provided for existing assets, it should be made clear that most of a *start-up*'s assets are susceptible to what is known as "disappearance". This can happen both actively - i.e. because someone directly or indirectly tries to take possession of the assets, which may include stealing the source codes, with fairly limited possibilities of their recovery - and passively - arising from the potential lack of maintenance of all the elements necessary for the very existence of the asset, both by the *start-up itself* and by those entities in which the assets are located[15] or in which the processes are executed -.

On the other hand, if the asset to which a guarantee relates to is to have economic value, this can be extremely difficult to determine, since their valuation usually depends on a number of factors external to the asset, including the maintenance cost referred to above.

In addition, they are not assets that enjoy the stability and security of a tangible asset, as their high volatility is compounded by the fact that they are

---

15 The data will usually be located in a data centre, which is very expensive to maintain - including in terms of energy - and to replace the physical media on which the data is stored.

assets susceptible to interruption not only due to issues inherent to the start-up, but also due to the intervention of various external factors such as the unavailability of data or within the process itself[16] , or even of a possible power outage.

We must also consider that they are highly information-sensitive assets, which can result in losses materializing very quickly.[17]

In addition, while a guarantee always seeks the lowest possible correlation between the asset and the entity providing it, the assets of a *start-up* are not only highly correlated with the start-up itself, but also often form part of an integrated system, which makes it difficult to appropriate them or even to use them outside the entire system of which they form part.

Finally, it should be taken into consideration that these are illiquid assets, with the absence not only of trading markets to determine their value at any given moment, but also to determine their value in the event of execution. Given this scenario, it is necessary to find an entity that could integrate the data, processes and the system which they form part of into its own platform in order to monetize them. The data and processes outside the system which they form part of may have little value or a value uncorrelated with the expected execution value.

4.2. Legal issues

This leads from a legal point of view to the fact that *start-ups*' intangible asset guarantees face a number of problems.

The first is the difficulty of exercising the right of aggression over the asset, derived both from the difficulty of locating the asset and, when it is located, getting access to it, which will very often not be immediate, but mediated through a third party or the system of a third party. The customary presence of extraterritorial factors can also be added as a difficulty in such cases.

Secondly, there is the difficulty of transferring ownership and taking control of the asset, derived both from the relocation of the asset and of the processes - which are rarely found in national territory. Also there is an extensive chain of intermediaries that can affect the exercise of ownership rights and possession of the assets, as well as access to and eventual takeover of the asset.

---

16 For example, Microsoft's systems crashed in July 2024.

17 Remember the case of the FTX crash, where the company went from a valuation of billions of Euros to zero in a matter of days.

And thirdly, the difficulty of guaranteeing the right of precedence, due to such basic issues as the absence of registers where *start-ups*' assets can be accessed and where any liabilities on them can be noted.

II. SECURITY IN THE FINANCING OF START-UPS. ECONOMIC PERSPECTIVE: RISKS, FINANCIAL GUARANTEES AND THE FUNDING OF START-UPS18

1. Introduction

It is a well-known fact that the majority of start-ups fail[19]. But some succeed, and a very small number succeed spectacularly. And it is the stories of the sometimes-vast wealth unlocked by the rare successes that drive entrepreneurs to embark on a start-up venture. Even though the odds are stacked against them, people still invest their time, effort and wealth pursuing their dreams. Start-ups are risky and thus any efforts to reduce the enormous risks facing start-up founders must increase the odds of ultimate success. Risk management, therefore, should be a key focus for entrepreneurs and their investors. In this paper, we argue that risk transfer, for instance through guarantee mechanisms, is an excellent tool for achieving this goal. Well-functioning financial markets play a central role in driving economic growth through their ability to spur entrepreneurship and innovation. Start-ups in their role as innovators and disruptors are an important contributor to economic growth and development (Audretsch 2006). Start-ups are also key actors addressing challenges that are global in nature and hence have strategic relevance to both emerging and developed markets (Nedayvoda 2021). For instance, by allocating capital to firms with the greatest potential to develop promising ideas, implement new processes and to commercialize new technologies. However, financial markets do not always function efficiently, particularly in situations where uncertainty is paramount Investing in start-ups is a high-risk high-return game, driven by a power law distribution and an incredibly high failure rate. The skewed nature of risk and return in start-up investment is well documented: over half of investments that even the most successful investors make fail entirely, while the majority of returns are generated by one or two extremely successful investments which are very hard to predict. Accordingly, investors need to pursue companies that can grow and scale at a stellar speed, but that, for

18 Pedro Álvarez Lois.

19 **See, for instance, Kotashev (2024) analysis at https://www.failory.com/blog/startup-failure-rate**

the same reason, could fail overnight. Even if this model is highly inefficient, it is not **clear** whether a different one is viable or conceivable (Mallaby, 2022. The challenge of making investments in the face of high uncertainty is compounded by the fact that the return from the innovation process is extremely uncertain Standard ways of evaluating projects are therefore extremely difficult, and it often requires specialized investors to take on such investments, particularly those backing young, start-up firms. The valuation of start-ups is challenging in the face of risk and uncertainty. These investors make judgements about whether to fund projects on the basis of their own heuristics. As a result, a "funding gap" emerges that creates underinvestment in innovation. Many potentially transformational ventures are not being pursued with the subsequent cost for the society (Hall and Lerner, 2010). There are several potential factors that could explain this fact. As pointed out by Kerr and Nanda (2015), the innovation process is inherently uncertain. This means that not only are the probabilities associated with outcomes unknown, but even the forms of the potential outcomes are not clear. From a financier's perspective, this makes it significantly harder to evaluate potential innovative projects that may require funding, particularly because often the only way to learn about the potential of a particular approach is to invest in it. This raises significant possibilities of financing constraints arising in the funding of start-ups. Financing radical innovation requires more than just capital. It requires a mindset of experimentation and ability to accept failure. New ideas often encounter difficulties when trying to enter the market due to the so- called "Valley of Death", which materialises during early innovation phases, marking the development from the stage of idea or invention to that of commercialisation. As noted by Ellwood et al. 2022, management research has drawn attention to the difficulties in securing finance at this phase, and how policymakers have tried to bridge this gap. And yet, even where governments have increased the availability of financing and management support for this critical phase, the challenge of crossing it and securing a first major commercialisation investment are clear.

Firms engaged in innovation tend to have a high percentage of intangible assets, where knowledge is embedded in the human capital of the firm's employees. As a result, start-ups tend to be collateral- poor, which effectively prevents them from using many traditional financing avenues, such as bank debt financing. Some of these companies, especially in the healthcare sector, do own intellectual property, but the values of their patents are often speculative and either difficult to establish and verify or not worth much should the company fail This is another factor that explains the high inherent risk associated with investment in start-ups. Recent technological advances, such as rapid prototyping and the advent of advanced simulation and prediction tools, including Artificial Intelligence as described in Agrawal et al. 2022, have lowered the cost of learning and experimentation. However, start-ups still face challenges since investors are particularly sensitive to how much capital it takes to achieve initial milestones and learn about its ultimate potential. It is thus necessary to design and implement a set of tools to de-risk these ventures and thus help to catalyse funding towards these start-ups and accelerate their transformation. Because of the unique challenges innovative start-ups face, where funding (or lack thereof) is a particularly critical aspect, it is necessary to develop new investment models and enhance current investment structures. Applying suitable risk management tools and techniques is also of paramount importance. The transfer of risk to those who can cope better and are more prepared for instance through insurance mechanisms or guarantee schemes, is likely to help overcome the underinvestment problem that constraints start-up growth and development. This is the main thesis presented in this paper.

2. The nature of start-ups

2.1. General Features

The definition of a start-up has been studied in many disciplines and defined from different perspectives (Baregheh et al. 2009). One can consider a start-up as a company working to solve a problem where the solution is not obvious, and success is not guaranteed. Start-ups typically involve a small team of founders and employees who are highly motivated to bring their idea to life. They often have limited resources, so they must be creative and resourceful to succeed. Typically, start- ups focus on solving a problem or creating something that has not been done before. They often involve developing a product or service with the potential to disrupt an existing market or create an entirely new one. A key feature of a start-up is that it is built on high uncertainty, has at its core innovation to create products and services which they hope will revolutionize the market. A start-up is thus an entrepreneurial venture that seeks to create something new or different. It is typically a business with a focus on innovation, risk-taking, and creativity. Accordingly, the initial stage of a start-up is creating an idea. Once an idea has been created it is important to validate it to ensure that there is a market for the product or service. This may involve conducting market research or testing the product with potential customers. One of the most important characteristics of a start-up is its culture. Start-ups tend to have an informal culture with an emphasis on creativity, collaboration, and risk-taking. This allows them to move quickly, adapt to change, and take advantage of opportunities when they arise (Freeman 2007). The attitude towards risk of start-ups is indeed one feature that distinguishes them from established companies. Established companies typically have a larger financial base and more resources available for operations and growth. These companies often have more experience in dealing with customers, suppliers, government bodies, and other stakeholders. Additionally, established companies often have more experience in managing employees as well as navigating corporate politics. Start-ups are more agile than established companies, allowing them to quickly adapt to changes in the market and respond to customer needs. Additionally, start-ups are often able to move quickly on new ideas without needing to go through the bureaucracy associated with larger organizations,

Consequently, start-ups can take risks that larger organizations are unwilling or unable to take due to their size and complexity. The ability of start-ups to assume risks is one of the reasons that makes these types of firms more innovative, disruptive, and ambitious. Start-ups tend to have a clearer focus on specific goals compared to established companies, which can lead to more targeted products and services that better meet customer needs. Start-ups usually have fewer resources than established companies, so they must make strategic investments in people, technology, and marketing to create a competitive advantage. Start-ups also tend to be more flexible than established companies when it comes to making decisions. This means they can respond more quickly and effectively to customer needs and market trends. They often use agile processes such as scrum and sprints that allow them to rapidly iterate products and services in response to customer feedback or changing conditions. Start-ups also tend to be nimbler than established companies due to their smaller size and fewer layers of bureaucracy. This allows them to adapt quickly when responding to changing market conditions or consumer behaviour. Start-ups can also be more creative because they have limited resources and must come up with creative solutions to problems that arise. A start-up is a company in its early stages of development. It traditionally refers to new companies that are still in the process of finding their niche, growing their customer base, and refining their business model. Moreover, start-ups are often associated with technology, but they can be found in any industry. In this regard, we can distinguish between high-growth firms and the so-called deep- tech start-ups. The latter are particularly relevant as they present some additional challenges that are worth considering (Romasanta et al. 2022)[20]. Specifically, deep-tech companies that are based on significant scientific discoveries or engineering advances. Instead of business model innovation, they leverage novel technologies as enablers of competitive advantage. Accordingly, many deep-tech companies are spin-offs or collaborators of research infrastructures and academic groups. Highly innovative companies have the potential to impact the world as fundamentally as the Internet

---

[20] Basilio (2022) provides a detailed analysis of deep-tech ecosystem in Spain.

did and are leading the so-called fourth wave of innovation -BCG (2021). These start-ups work in areas such as synthetic biology, artificial intelligence, advanced material, quantum computing and so forth. Highly innovative start-ups need extended development time to find their market. Unlike many digital companies that use agile and iterative development cycles to improve their offerings to match the market needs, deep-tech companies often require slow, sequential development cycles. This has led to assumptions that these companies come with higher risks.

2.2. Inherent Risks

Regardless of the type of investment, every investor is exposed to high risks when contributing capital to a start-up. This is evidenced by the low propensity for financing start-ups through conventional sources, such as banks, which take into consideration the absence of tangible assets and substantial cash flow. Following Silva et al. 2023, the main identified risks for investors in start-ups can be grouped in several dimensions: The external dimension is composed of risks investors cannot reduce or eliminate. The main types of these risk factors are market and political regulation. Market is related to the start-up's success uncertainty in the market and to the unforeseen competitive conditions which can affect the size, growth, and level of market demand. Furthermore, market risk is the possibility that the product/service has insufficient demand due to competition or entry barriers. One of the main reasons preventing start-ups from receiving funding is related to market risk, originating from the difficulty for investors in assessing the market potential for products that may not exist or the need to create a new market. In addition, there is the possibility the start-up does not prove to be scalable enough to reach pre-established goals having to demonstrate exponential growth in a short period. Thus, management, financial, and technical challenges tend to be greater when compared to traditional and more established companies. Moreover, the entry time into a highly competitive market can be decisive for an innovative company's success or failure; Therefore, start-ups are often characterized by short "windows of opportunity" and may not be successful if they enter the market too early or too late. The political–regulatory risk is related to the possibility of changes in government regulation impacting the start-up's business model, which raises investors' concerns due to the impossibility of management. However, an investor's perception of legal risk is directly proportional to the amount of capital invested in start-ups, as more legislation imposes high disclosure costs for start-ups. Investors can actively manage risks coupled with the internal dimension. In this vein, product risk relates to the possibility of an investor contributing capital to a project of uncertain quality. Thus, the product may not be accepted by the market, may not be competitive enough, or may result in costs higher than planned. Furthermore, the technology may not be appropriately tested and proven, and the development may take longer than expected; therefore, the product may be outperformed by competitors. Product risk is higher in start-ups because of the products' degree of novelty and developed services However, even though product risk is more pronounced in start-ups, investors with a solid background within the technology industry can add value to the start-up by mitigating product risk. Failures in implementing the product/service can increase the investor's exposure to product risk. Investors look for companies with a clear vision of developing products/services, which have already developed a functional prototype, and which have some market acceptance, as they are more protected from product risk. Product risk can be assessed considering the degree of novelty in the venture and the company's ambition. If we consider how new the start-up is, the risk is greater if the investment is spent on developing a new product (completely new, without considering improvements in existing products or improved models of other products). Considering the project ambition, the greater the investment to develop a new market or technology, the greater the product risk. As for valuation risk, start-ups generally lack a full range of tangible assets and a track record of consolidated performance. Thus, start-up valuation is complex because it depends heavily on the intangible assets' potential value. Therefore, traditional valuation methods are not fully applicable in this context, with the possibility of the investor obtaining an equity share at a valuation above the fair market value. Business model risk assumes the possibility that a start-up's business model is not sustainable in the long term. The business model must be viable and show potential for profitability. Actions related to strategy and business model development are less likely to generate conflicts between investors and founders. The human dimension is a very relevant risk factor in start-up success. In particular, agency risk which is caused by divergences in interests between investors (principals) and entrepreneurs (agents) resulting from bad faith, conflicting objectives, or lack of capacity. Differences between investors and entrepreneurs derive from information asymmetry, resulting in moral hazard and adverse selection. An asymmetry of information is verified when one side of the negotiation dominates more information, which can cause a moral hazard related to higher than normal risk-taking by the agent. Conversely, adverse selection can result in the investor choosing a bad alternative based on the asymmetric information obtained; thus, the investor cannot accurately observe the skills and capabilities of entrepreneurs during negotiations. In addition, the investor finds it difficult to conduct due diligence due to the high costs generated by the novelty and complexity of the technology, the product, and the market. Another risk for investors when financing a start-up is management, related to the inability of managers or founders to manage the start-up. Depending on the start-up's development stage, the management risk is more pronounced. In the early stages of the life cycle, management failures are identified as being more frequent compared to later stages, which can be explained by the founders' high technical knowledge, but insufficient knowledge related to management and sales. However, managers' lack of experience is not the main reason for not receiving investment, although more experienced entrepreneurs are more likely to receive funding. The ability of the management team to calculate and react well to risks, in addition to being attentive to details and market changes, positively affect a company's success. Start-ups managed by skilled entrepreneurs, with a history of success, in high-growth markets, and with the prospect of a considerable return on investment can minimize the risk of a total loss of investment. Start-up investors can barely sell their stakes to third parties, making liquidity very low. In this regard, there are two aspects of liquidity risk. The first aspect relates to the difficulty in exiting a business likely to go bankrupt, comprising of internal and external factors to the management team. In contrast, the second aspect is related to the exit from a successful investment, where investors prefer to leave when the market assigns a fair price to the business

2.3. Valuation

Start-up valuation is important since it is a key factor in attracting investment from venture capitalists, angel investors, and other sources of funding. Investors use a start-up's valuation to determine how much equity they will receive in exchange for their investment, as well as to evaluate the potential return on investment. A start-up's valuation is also important in determining the potential exit strategy for investors and founders. A start-up's valuation can also provide a competitive advantage in the market by signalling to customers, partners, and competitors that the company is financially stable and has the potential for long-term growth. A high valuation can also increase a start-up's credibility and brand recognition, which can help attract new customers, talent, and business opportunities. A start-up's valuation can also play a role in risk management, as it can help identify potential areas of weakness or vulnerability in the company's operations or financial structure. By monitoring changes in valuation over time, start-ups can better understand the risks and challenges they face and make informed decisions about how to mitigate them As discussed earlier, only a few companies and very few funds achieve impressive results, while the vast majority fail and do not even return the money to their original investors. To an investor, this can be attributed to two different factors: an identification problem – a poor ability to identify good deals – and mispricing, that is, paying too much for what the company is potentially worth. The identification problem is as relevant as that of mispricing but solved by every different investor through heuristics. A gut feeling is what almost every early-stage investor relies on, which is nothing more than pattern recognition based on previous experiences. The mispricing problem is a very serious one. Gornall and Strebulaev (2020) showed that most of the investments done by venture capitalists are completely detached from any fundamental and often can be significantly overvalued with respect to their ex-post real value. This is mainly due to a lack of quantitative robust valuation methods that can help to assign the right price to an early-stage company. Start-up valuations are intrinsically complex and are calculated based on a set of unique practices. As a result, even sophisticated institutional investors often report different valuations for the same company. In this context, start-up valuations are prone to mispricing as companies can inflate their valuations as much as they want to, when doing so is beneficial (Terovitis 2023). Such behaviour can be profitable because high valuations attract employees, business partners, and investors who create value at targeted firms at the cost of diverting resources away from better firms. As noted by Montanini 2020, traditional firm valuation methods, such as cost approach, income approach and market approach, do not generally work for start-ups. The main issue that limits the use of traditional valuation methods is the absence of typical information that is needed to help this function correctly There is no data on past revenue or cash flow (the company is newly started), there is often no market data (absence of comparable firms/transactions), companies' assets are intangible and difficult to evaluate in an objective way. For instance, with the market approach, the company's value is based on market multiples and refers to comparable multiples or transactions in the stock market. This approach is difficult to implement with newly created companies because multiples are generally based on profits or revenues, but in young companies these economic variables are often negative (usually start-ups record losses, not profits, and at the beginning revenues are very low). In addition, it is almost impossible to find comparable data in the market as every company has specific and not replicable features. A fundamental assumption for traditional valuation methods is the efficiency of the capital market. This hypothesis could be assumed in the case of public capital markets, where there are legal regulations that require a public company to show all relevant information to stakeholders. The situation is different in private capital markets where information asymmetry is higher, leading to an incorrect evaluation in the sense that prices in the market do not reflect the real value of companies. This generates an information reliability issue, which may explain why start-ups have difficulties getting funding (Nosfinget et al 2011). Considering the above, specific methods for start-up valuation are needed. It is essential to get adequate information which will result in a correct contextualization of the business reality. The company's value depends on two elements:

current activities and development opportunities. Information about growth opportunities and non-financial information is of great importance for start-up valuation. For instance, management team skills have been seen as crucial elements for the success of start-up companies. Accordingly, this type of non-financial information is considered essential in the valuation of many start-ups. Koseoglu 2023 provides an overview of these methods.

2.4. Intangibles

Intangibles, also known as intellectual capital or knowledge assets– such as business research and development (R&D), software, data, marketing and training – are an increasingly essential part of a companies set up and this is particularly so in start-ups.. Intangibles are much more important in today's knowledge-intensive, digital, service-intensive and globalised economy than they were in the past as discussed in Corrado et al., 2022. For some economies, aggregate intangible investment now dwarfs that of tangible assets as documented in Haskel and Westlake, 2017. Intangible assets pose characteristics that add to the general riskiness of start-ups. This being the case, it`s study is of great interest. Accordingly, it is first necessary to delineate the concept of an intangible asset. The OECD (2011) classifies three major categories of intangible assets: (i) computerised information such as software and databases; (ii) innovative property such as R&D results, copyrights, designs and trademarks; and (iii) economic competencies such as brand equity, firm-specific human capital, networks and organisational know-how. While intangible assets and intellectual property are critical to the growth aspirations of start-ups, their lack of concrete form, their inalienable features and the absence of functioning markets for them make their evaluation extremely challenging. As a result, the capital market might misallocate resources for investment because it prioritises as collateral tangible assets over intangibles. This issue is particularly pronounced in debt-financing because lenders usually view intangible assets as entailing higher risks (than physical or financial assets) due to their volatile salvage value upon liquidation. This makes them a less attractive option for lenders who are mindful that they may have to recover loan losses in the event of default. Innovative firms invest heavily in developing new technologies, business models, databases, and other intangible assets. However, most of these investments are not recorded as assets on balance sheets due to accounting conservatism. High uncertainty about the future benefits of R&D expenses is the rationale for the immediate expensing decision. As a result, the more resources a firm uses to develop intangible assets internally, the reported earnings look worse than the actual economic profits because the costs are expensed immediately rather than capitalized, even though intangible investments generate long-term benefits.

Accounting conservatism may make the asymmetric information issue more severe for intangible-intensive firms. One of the core questions in corporate finance and economics is understanding how firms finance innovation and what causes financing frictions and constraints. Asymmetric information is probably the most significant one. Intangible-intensive firms, such as start-ups, are more likely to be subject to information asymmetry, causing financing frictions when their business needs significant capital investment. Park (2021) test whether innovative firms that invest heavily in intangible assets are subject to more financial constraints than others. This study finds that intangible-intensive firms with proprietary information risk are more financially constrained than others and use the non-linear pay- offs in equity warrants to optimize their financing methods. Falato et al. (2020) shows that the rising importance of intangibles as a production input in US firms shrinks debt capacity and leads companies to hold more cash. Lim et al. (2020) points out that some intangible assets' high valuation risk and poor collateralizability discourage debt financing of intangible-intensive firms. However, identifiable intangible assets may support debt. They find a positive relation between identifiable intangible assets and leverage, especially in firms whose assets are primarily intangible, using market-based valuations of intangible assets data made available by changes in accounting standards on business combinations. According to Bajgar et al 2021, intangible assets may have disproportionately benefited the largest global firms versus start-ups and, thus, facilitated an increase in industry concentration. A crucial attribute of most intangible assets is that they are non-rival in nature and easily scalable. An invention or software can be applied in many different markets at low (and sometimes near zero) marginal costs. This gives an inherent advantage to large companies, which have the finance available to invest heavily in intangibles and the scale needed to recoup the incurred costs. Intangible assets drive competitive differentiation and may send a signal to stakeholders, especially finance providers, about innovative business models and growth potential. This consequently improves firms' ability to attract financial resources. Intangible assets can generate substantial cash flow, which is the primary determinant of a lender's credit assessment and decision making.

3. The start-up funding process

3.1. Sources and Instruments

Start-ups often have a vision of where they want to go and how they plan to get there. This includes creating a business plan, developing a product or service, finding funding, marketing and selling the product or service, and building a team of talented individuals to help them reach their goals. Financial constraints are particularly acute in the early and expansion stages of the life cycle of a company, when their business model is still untested. This includes start-ups that aim to disrupt entire industries by developing new products, services, and production processes. Their survival usually depends on their access to entrepreneurial finance in their early stages and subsequently to growth capital to scale up their businesses. The funding process is also significantly important for the start-up ecosystem because entrepreneurs with new ideas often cannot gain access to funds for growth. Start-up funding can come from a variety of sources, including angel investors, venture capitalists, and crowdfunding platforms. This is often a crucial stage in the start-up process, as it provides the necessary resources to help the business grow and expand. The financing of start-ups has been subject to significant changes as new funding sources have emerged and important advances in financial technology are transforming the way capital is intermediated. These developments affect companies in all stages of their life cycle, especially on the start-up phases when young firms face particularly severe financing challenges Following Cornelious 2020, in organizing a taxonomy for the funding of innovation, one can think of a matrix along two dimensions: 1) the company's age and maturity and 2) the position of funding in the company's capital structure. As far as the first dimension is concerned, six phases can be distinguished. In the seed phase, entrepreneurial start-ups usually do not generate revenue, and as they build their business, their cash flow becomes increasingly negative. In the early stage, companies are typically completing development, with products being in tested or through pilot schemes. In the expansion stage, companies are already producing and have growing accounts receivable and inventories. In the later stage, start-ups have already reached a stable growth rate. In the growth phase, companies begin to generate positive earnings. Finally, companies reach their mature phase. Companies typically have access to different forms of finance throughout their life cycle. Initially, the most common form is the entrepreneur's own resources, which may be provided as a personal loan from the entrepreneur, who then holds leveling equity claims in their firm. Additionally, start-ups may have access to resources from their family and friends, may receive government grants or philanthropic grants from foundations, or obtain funding through reward-based crowdfunding platforms. While many entrepreneurs would prefer to avoid borrowing or diluting equity by bringing on board external investors, their own resources are often insufficient to build their business in the absence of revenues. In the seed phase, cash flow is increasingly negative. Entrepreneurs must identify alternative funding sources. On the debt side, these generally include credit card debt, loans from microfinance institutions, crowdlending, venture debt, and government loans. On the equity side, VC is widely considered as the money of invention, which may be provided by independent VC firms or corporate venture capitalists. In several countries, governments themselves have become venture capitalists. Although VC remains the most important funding source for start-ups, in recent years the focus of VC investment has shifted from seed capital to expansion- and later-stage rounds. Several VC firms also provide growth capital to allow nascent companies to scale their businesses. Early-stage funding is also provided by angel investor groups and the emergence of Internet-based equity crowdfunding. Different forms of financing become available in their expansion and later stages. Apart from retained profits, banks are likely to become more willing to lend as companies have accumulated tangible assets and shown a viable business model. In the growth stage, companies may also gain access to non-traditional lenders, such as private credit funds. Similarly, external investors could include sovereign wealth funds, which have recently shown significant appetite for backing technology-driven companies At the same time, growth equity funds can provide significant amounts of capital, typically taking minority positions in a company. As companies reach their mature stage, the universe of available debt capital becomes even wider— at least in advanced economies with well-developed financial markets—encompassing leveraged loans, subordinated debt, mezzanine debt, and corporate bonds. Companies that decide to go public gain access to a broad investor base that includes both institutional and retail investors. Finally, as institutional investors have substantially increased their investments in private equity funds, this source has become increasingly important for companies seeking capital. In fact, in some markets, there are more private equity backed companies than publicly listed firms.

Distribution of startups in Europe in 2018, by source of financin

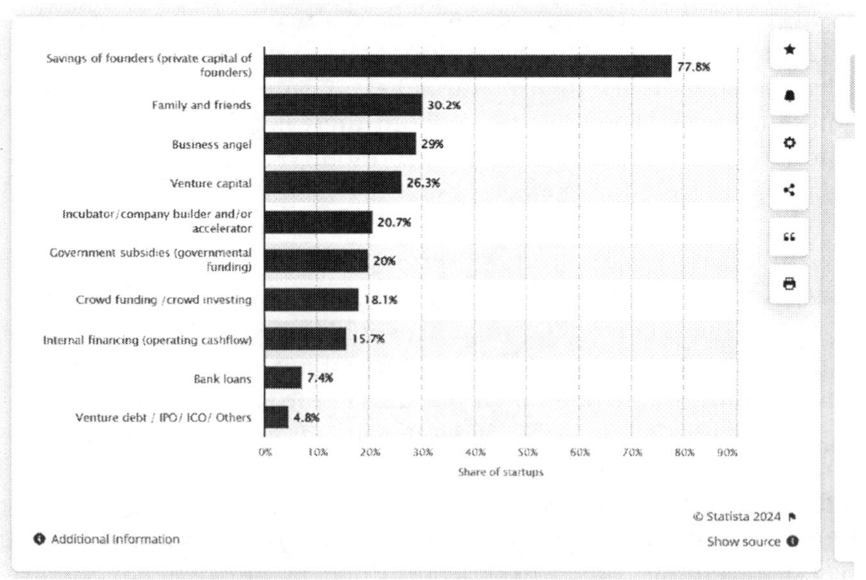

Figure 32. Average distribution of seed capital sources in Spain in 2022
Source: GEM-Spain APS 2022

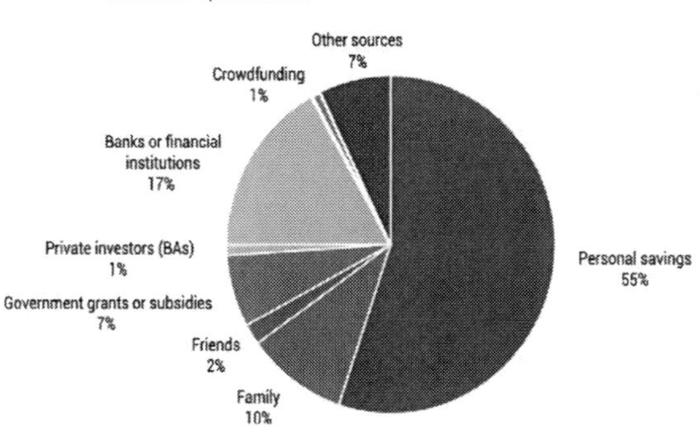

In 2022, as in previous years, more than half of the start-up capital of entrepreneurial projects came from personal savings on average. The other half is distributed among loans granted by banks and financial institutions (17%), help from family (10%) and other sources of residual financing. In Spain, neither private investors (business angels, BAs) nor crowdfunding have become established as usual sources of funding for entrepreneurial projects.

3.2. The Funding Gap

The growth of young innovative companies is often constrained by their lack of financing capabilities. Given their usually limited internal financing capacities, chances to survive, grow, create jobs, innovate, and provide tax revenues are constrained by their inability to raise external funds. In the absence of verifiable track records, weak tangible assets that could be pledged as collateral, high degrees of information asymmetry, and the typical uncertainty of innovative commercial opportunities, start-ups rarely qualify for "traditional" bank loans. This creates the so-called "funding gap" problem where the credit market fails to clear the demand for financing. Even though this phenomenon was originally discussed in the context of the loan market, it also affects the supply of equity. In fact, specialized early-stage investors, such as professional venture capital (VC) funds or business angels (BAs), only back rigorously selected companies. This is due to the own resource limitations and high return expectations of such investors. However, these funding alternatives are only appropriate for ventures in a handful of industries favoured by "the crowd". Furthermore, such entrepreneurial projects need to be easily comprehensible and cannot rely on strategies or technology that should not be disclosed. Consequently, many start-ups with viable business models may still have serious problems receiving financial backing. This phenomenon is often referred to as the "equity gap" (Wilson, 2018). Notably, a shortage in capital may also occur at later stages. In fact, start-up financing is usually staged and involves a series of funding rounds from smaller seed capital injections, moving on to more important capital contributions, e.g., by professional VCs. This structure is often called the "funding escalator", where investors generally position themselves in terms of the investment amounts, they are willing to provide. If, for some reason, a venture's current investors are not able to provide follow-on financing and the funds needed are below the level of what subsequent investors usually supply, then the funding escalator stalls. This exacerbates the equity gap and may yield a structural problem of insufficient capital supply for start-ups at higher levels of required funding. This is often called a "second equity gap", where more mature businesses might face funding difficulties for a second time after having survived through the first equity gap.

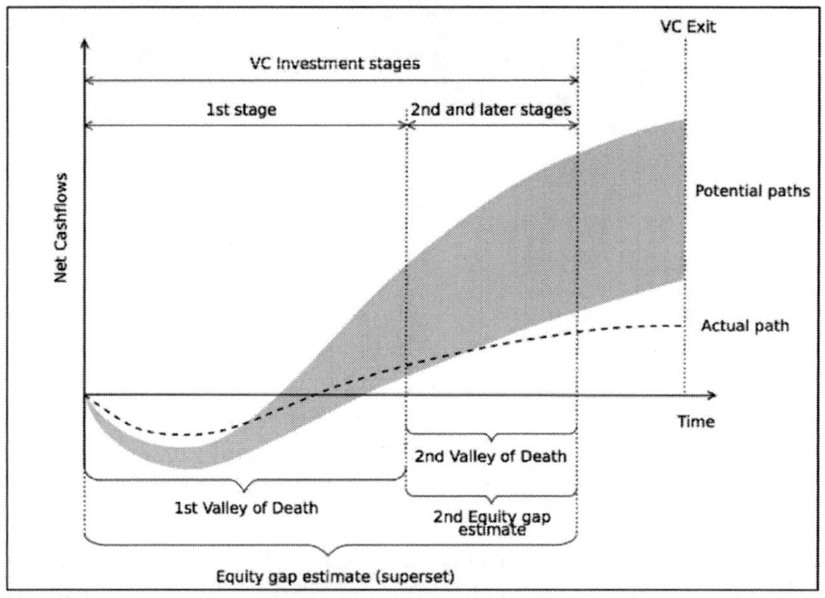

Fig. 1. Chart of the first and second equity gap.

Source: Wilson 2018

The equity gap describes the difference between the amount of (risk) capital that would be invested under conditions of well-informed and competitive markets and the amount of capital invested. It is an outcome of market failure arising from informational asymmetry issues when entrepreneurs have more knowledge than potential investors, when customer-bases, markets and technology are new and when potential investees have no or little credible track record. These problems are likely to be heightened in knowledge intensive firms which require greater sunk cost investment and are likely to take longer to generate revenue after product/service development since their customer bases and offerings are more complex and/or client specific and assets are intangible. The challenges are exacerbated in rapidly changing environments.

3.3. Underinvestment

As described in Section 1, start-ups have specific characteristics that make their financing more difficult than that of traditional companies. These characteristics include high information asymmetries, low pledgeability as collateral, and strong investment indivisibilities. Specifically, Asymmetry of information makes it more difficult for an external investor to evaluate the quality of and the risks associated with innovative projects, making the return on investment and the valuation of assets highly uncertain. The seminal paper by Stiglitz and Weiss (1981) shows how imperfect information can lead to two problems that result in a failure of the credit market allocation mechanism. The first is the problem of adverse selection. Since the 'quality' of the borrower is unknown to the bank, it is unable to offer a contract that reflects the respective specific level of risk. Increasing price (interest rate) affects the nature of the transaction since those prepared to pay high interest charges may on average be a worse risk for the bank. Adverse selection thus impedes the ability of markets to allocate credit using price by attracting high-risk borrowers. The second problem, moral hazard, reduces the ability of prices to clear lending markets because it influences the ex-post actions of borrowers as they may be incentivised by any increases in the cost of borrowing to switch to projects with greater risk. Moral hazard problems occur when limited liability in the event of default provides borrowers with an incentive to take up excessive risk. This means that in the presence of asymmetric information, banks are reluctant to use higher interest rates, because it reduces their equilibrium profits. Consequently, the rational response of the banks is to keep the supply of credit below the demand, rather than to increase the interest rate charged on loans. Furthermore, many innovative practices generate non-rival knowledge, which could be easily imitated by competitors or appropriated by the financier; it follows that intangible-intensive firms such as start-ups are reluctant to reveal their innovative ideas to capital market participants, further reducing the quality of the signal concerning these projects. Indeed, start-ups are less likely to generate sufficient profit and cash to meet lenders' assessment criteria about their debt repayment capacity. Lenders therefore usually rely on collaterals, which are pledged as a signalling device to reduce asymmetric information and screening costs. It also a strong signal that the entrepreneur believes the project is likely to succeed since only good risk borrowers may be prepared to put up collateral against a loan. However, the assets used by start-ups as collaterals are more likely to be illiquid since they are more firm-specific or even location specific, and may involve incomplete contracts; therefore, collateralisation appears to be a prerequisite for start-ups to access bank loans. Indeed, Beck et al. (2006), using the World Business Environment Survey, find that a high requirement for collateral is one of the most important factors impeding SMEs' motivation to apply for bank loans. Higher information asymmetry and lower collateralisation make the divergence between the internal and external costs of capital particularly large for start-ups. The necessity to rely heavily on internal finance could hence be an important obstacle to innovation, especially for start-ups, which often cannot access equity markets. Indeed, the complementarity among the various types of intangible assets, and between tangible and intangible capital, implies that large initial investments are needed for start-ups to achieve full potential, and many companies lack sufficient internal resources to sustain such sizeable fixed and often irreversible costs. One way that potential investors may try to overcome the severe information asymmetry problem in funding start-ups is by evaluating the signals sent by the entrepreneur and the venture: product type (new versus existing product), production technology (new versus existing technology), and the experience of the entrepreneur. These venture characteristics arguably contain valuable information to assess the prospects of initial start-ups in such a low information environment. Access to external financing also depends on investor protection against the opportunistic behaviours of entrepreneurs. Better investor protection increases the willingness of external investors to provide capital. Legal and institutional determinants of venture financing are very relevant. Nofsinger and Wang (2011) present a cross-country analysis allowing us to include individual levels of legal protection. However, formal laws regarding contract enforcement and property protection are not the only source of investor protection; they are also personally connected to the entrepreneurs. This is especially relevant when informal investors provide start-up capital because the entrepreneurs have strong incentives to protect their reputations within their social networks. The connection between the investor and the entrepreneur induces social norms of fairness and obligation. Overall, economic theory suggests that, in most cases, these problems may be overcome through investor monitoring, the allocation of contractual rights, the staging of capital, and risk-sharing solutions.

3.4. Empirical Analysis

According to Bankowska et al. (2020), based on data from the ECB Survey on Access to Finance of Enterprises (SAFE), financing gaps are more acute for firms using informal sources of finance. An important indicator derived from the SAFE dataset is the degree of financing gap, defined as the difference between the change in demand and in the availability of external financing. In the euro area, the financing gap has remained negative since 2014 for large companies and since 2015 for SMEs, meaning that the increase in need for external financing was smaller than the improvement in access to external funds. In 2019, the weighted net percentages were quite similar between large firms and SMEs (-3% and -4% respectively). Chart 11 plots the financing gap across the different clusters. The financing gap is larger for the group of firms using mostly loans granted by family or friends, or by related businesses (mixed – family or friends). On average, these are companies that are financially vulnerable, with little capacity to generate internal funds. Many of them are financially constrained.

Chart 11

Financing gaps across clusters for euro area firms

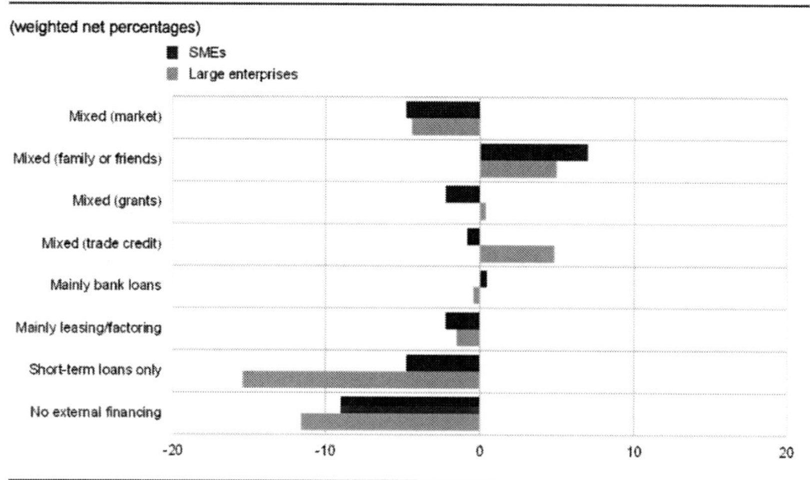

Source: ECB and European Commission survey on the access to finance of enterprises (SAFE) and authors' own calculations.

Notes: For the construction of the financing gap indicator, see Chart 17 in the SAFE report.

The financing gap indicator combines both financing needs and availability of bank loans, credit lines, trade credit, equity and debt securities at the firm level. For each of the five financing instruments, the indicator of the perceived change in the financing gap takes the value of 1 (-1) if the need increases (decreases) and availability decreases (increases). If enterprises perceive only a one-sided increase (decrease) in the financing gap, the variable is assigned a value of 0.5 (-0.5). The composite indicator is the weighted average of the financing gap related to the five instruments. A positive value of the indicator suggests an increasing financing gap. Values are multiplied by 100 to obtain weighted net balances in percentages.

Young and innovative firms were more frequently discouraged from applying for loans. The percentage of discouraged firms remained relatively stable throughout the period considered, while the rejection rate clearly declined and reached lows of 2% for SMEs and 1% for large companies in 2019.

Chart 4

Components of financially constrained firms by age and size

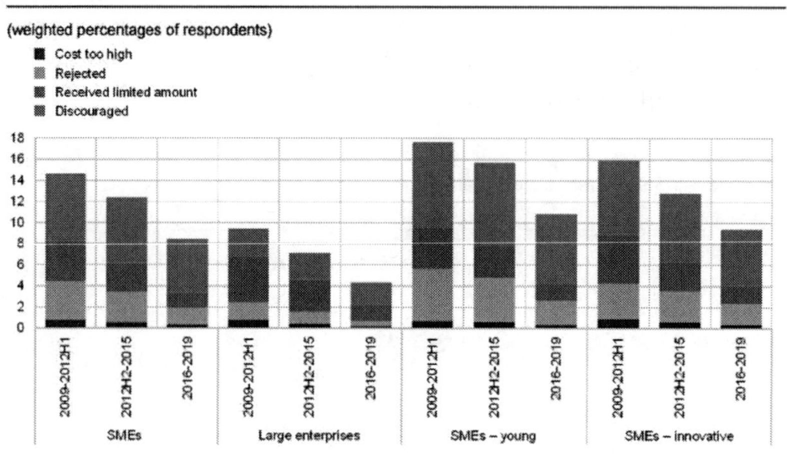

Source: ECB and European Commission survey on the access to finance of enterprises (SAFE). The latest observation included is for the period April-September 2019.

b) Euro area SMEs and large enterprises

(percentages of respondents)

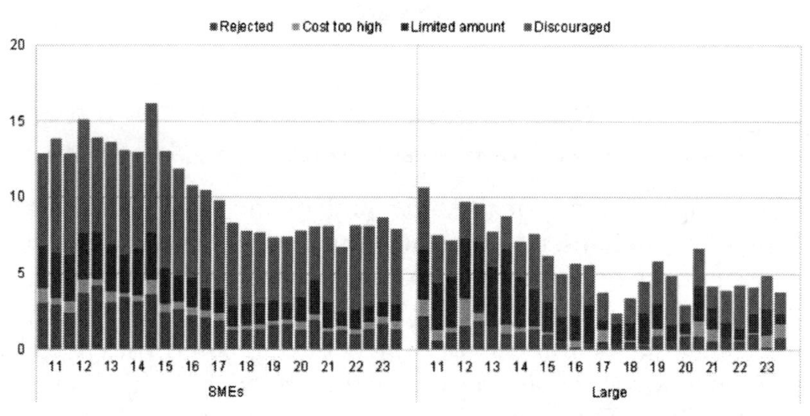

Base: Enterprises for which bank loans (including subsidised bank loans) are relevant. The figures refer to rounds 3 to 29 of the survey (March 2010-September 2010 to April 2023-September 2023).

Note: Financing obstacles are defined here as the total of the percentages of enterprises reporting (i) loan applications that were rejected, (ii) loan applications for which only a limited amount was granted, (iii) loan applications that resulted in an offer that was declined by the enterprise because the borrowing costs were too high, and (iv) a decision not to apply for a loan for fear of rejection (discouraged borrowers).

4. Start-up failure

4.1. Magnitude and Timing

Despite start-ups serving as drivers of innovation and competitiveness, they face difficulties surviving the market. Most start-ups fail, a few are relatively successful, and even fewer achieve expressive returns. This fact alone demands that entrepreneurs be keenly aware in advance, before launching, of all the things that could potentially go wrong, and make strenuous efforts to forestall them (Eisennmann 2021). In general, a start-up can be said to fail when it ultimately falls short of reaching product maturity and business metrics suitable for going to public markets and cannot attract an acquirer willing to buy the company at a valuation that would provide a return to all equity holders. A venture thus fails when it involuntarily becomes unable to attract new funding to reverse decline and implement distress turnaround plans; consequently, it cannot continue to operate under the current ownership and management. Failure is the endpoint at discontinuance (bankruptcy) and when it is reached, operations cease, and judicial proceedings take effect. The literature points to a high failure rate for start-ups compared to more established companies, with most start-ups declaring bankruptcy within five years of operation. Specifically, Cantamessa et al 2018 perform a detailed analysis which shows that 44% of start-ups managed to run the activity for approximately 2 to 3 years, and 28% between 3 and 5 years. However, 14% of start-ups failed in less than one year and only 14% survived more than 5 years. It must be pointed out that not all start-ups unable to reach a successful exit end up in bankruptcy. In fact, as pointed out in Pollman (2023), there are alternative ways to deal with these situations. Once a start-up founder, realizes that its current path is not working, it will often consider pivoting to a new business model or raising a round of funding from new investors. If those are not viable, a start-up will often try to find a buyer. Selling the company through an M&A deal is generally the first preference for most start-up participants in a venture that does not have a likelihood of continued lifespan as an independent venture-backed start-up. Failure generally acknowledges a negative connotation. The negative effects that business failure has on the economy, both in terms of monetary and social costs are manifest. However, there are potentially positive effects of learning and experience associated with business failure. Taking this to an extreme, Ries (2011) also refers to early-exits as opportunities to "fail fast and learn quickly" for less promising start-ups/business ideas. Consequently, he suggests that start-uppers pivot their initial business ideas and continue focusing on the main goal of a start-up, i.e., looking for a scalable and sustainable business model. From a temporal dimension, Cantamessa et al 2018 show that the two main reasons for failure before the first year of life are the lack of a business model and business development, respectively with 24% and 28%. Other reasons are running out of cash (24%), no traction (24%), and inexperienced management (12%). This result should not be surprising seeing that younger start-ups are mostly influenced by inexperience. During the second and the third year, the lack of business development (23%) starts to become less relevant than issues in the business model, which grows from 24% of the first year to 44%. In addition to these problems, start-ups deal with issues regarding product/market fit (24%) and the availability of money (20% of cases run out of cash). Concerning this last reason for failure, this plays an essential role in these years, because the first signals and results of negative business development begin to appear. Thus, if the business model does not work as well, compromising its profitability, together with other problems (e.g., the bad marketing and organization, failed pivot or the wrong customer segments, etc.), the economic sustainability of the model is more affected by cash running out. This is due both to a reduced investor attraction and to cash flow delays. Moving to the fourth and fifth years, a mistaken or absent business model remains a relevant cause of the start-up's failure. However, during this time interval, problems among founders begin to emerge, due to misalignment about the goals.

4.2. Main Causes

The causes of start-up failure are almost universal. There may be differences in order of importance, but in general, the drivers of failure are consistent across nations and over time. However, companies rarely die due to a single failure cause but by the interplay of multiple factors. According to CB insights (2021), the main reason for start-ups' failures is the lack of capital and frustrated attempts to raise new funds. This is likely to be the result of a series of causes. Cantamessa et al 2018 analysis show that the reasons for failure are a combination of no/ a wrong business model and lack of business development, which results in a premature cash flow problem. The inexperience of the management is underlined, and, in some cases, their failure is due to a missing product/market fit and a high cost of customers' acquisition.

Pisoni et al 2021 identify four main categories of causes of new venture failure. Namely, I) resources, with a specific focus on human and financial capital; II) strategic/managerial decisions; III) product- related aspects; and IV) contextual/environmental-related issues.

Business:

- No/a wrong Business Model. The business model is a representation of the way in which the firm creates value for its customers and captures part of this to generate profits. A business model is provisional, in the sense that it must be continuously evaluated and improved, based on feedback from the market and from the broader ecosystem where the start-up operates. Thus, the correct business model is rarely clear early on in emerging industries: entrepreneurs who have a good—albeit imperfect business model—but can learn and make it evolve, are those more likely to succeed.

- Wrong positioning in the market. The absence of a product/market fit is damaging the product/service itself and the success of the business model. In fact, the product/market fit means being in the right market with the right product or service capable to satisfy it.
- No product/market fit. A more severe case of wrong product/market fit occurs when the product or service can potentially satisfy needs or solve problems, but these are not perceived by the customers.
- Loss of the original vision. This case occurs when the founders of a start-up are too focused on the product, and its technical development and improvement, and end up losing their initial vision and customer orientation. Unfortunately, they realize the deviation from the original vision only when too close to failure.
- Wrong customer development. Customers comprise the heart of any business model. Each segment is characterized by a specific customer need, behaviour, and willingness to pay for the product or service offered. Thus, it is important to identify the different segments carefully and to take a conscious decision about which ones to serve, to focus on the right marketing campaign for the right customers. In fact, a good product or service sold to the wrong segment would not lead to a successful outcome.
- Bad marketing. This case refers to marketing campaigns that are not correctly conceived or executed.
- No traction. The term business traction refers to the progress of a start-up and the motion it gains as the business grows. Not having enough traction implies the start-up is unable to grow at sufficient speed, therefore losing competitive advantage and/or interest by investors and other stakeholders.

Product

- Lost focus on the product. This is related to the insufficient attention paid to product development. A start-up fails when it ignores a user's wants and needs, whether consciously or accidentally, and offers a user-an unfriendly product.

- Not feasible/sustainable. This subcategory includes issues related to the technical feasibility ignored by the start-up or which emerge later, making the design and the development of the product impossible
- Bad quality. This refers to more general problems related to the product and its quality. For example, these issues affect services or mobile applications (e.g., the product does not work well, there are bugs in the code, the mobile app is not responding as it should do, there are problems in the operations, etc.).
- Product did not evolve with the market. The product or service continues to fulfil the original need for which it was designed but the current market has changed. Thus, the functionality no longer fulfils the current customers' needs.

Environment:

- Competitors were more able. Often, a start-up deals with competitors that are extremely strong, that have a consolidated positioning with a relevant market share and access to distribution channels or to technologies, resources, and complementary assets. Thus, although the start-up offers a good product, these conditions make it difficult to acquire a significant portion of customer share.
- Too many competitors. The more fragmented market, characterized by a high number of competitors with small share does not allow new incomers to gain a relevant position.
- Investors not found. One of the main common reasons for running out of cash is due to a lack of investors' interest either at the seed follow-on stage or at any point in the process. This could be caused by a bad presentation of the product or service offered or connected to one of the previous categories.
- Lack of funding. The absence of investors is not the only reason for the start-up's failure. In fact, many start-ups deal with the problem of raising small amounts of investments, which are not enough for the development of the business, combined with poor organization of these resources.
- Political/Economic/Legal problems. The political and economic situation of the environment where the start-up operates could affect its success, due to regulations or economic conditions, influencing the willingness-to-pay off the potential customer segments. Moreover, in specific fields like the music industry or those where the copyright is highly critical, the legal challenges represent a reason for the start-up`s failure, due to the consequent expenditure on lawyers and royalties.

Customers

- Few Customers. This factor of start-up failure is related to the previous reasons, especially to wrong positioning, the maturity of the market and the competition effects or the positioning in a niche market, etc. All these reasons could determine the limited reach for many customers, which is not sufficient for the sustainability of the business.
- Problems in customer acquisition. Wrong marketing efforts could result in difficulty acquiring customers which is not balanced by the number of customers actually acquired.
- Disloyal customers. In recent years, customers have become more conscious of and drawn to the different promotions offered by competitors, increasing the level of competition and the risk of a continuous price-war that makes customers' loyalty fragile.

Organisation

Cash flow problems. This reason is normally correlated to one or more of the previous categories, as a consequence of bad management of resources and investments, bad business development, or a wrong customer, market study, etc.

- Inexperienced management. Frequently, the start-up founders have hard skills and very technical backgrounds with a lack of cross-domain and commercial knowledge. This can lead to a very well-developed product/service but the absence of a business model and subsequent business development.
- No/Wrong scaling. The decision of a start-up to undertake a systematic growth could reveal the threat of a failure, due to a difficult pivotal point or a premature scaling compared to the market situation, or to a higher working capital requirement than the scaling operation might need. Thus, the decision to scale should be taken after a deep study of the start-up`s position and situation to understand if the start-up is ready to manage higher volumes, how big the growth can be and if increasing volumes will also increase the profit.
- Bad organization. A start-up is usually a chaotic environment. Thus, rules must be applied and, roles, and tasks must be well organized and correctly assigned to each member of the team to manage all the activities efficiently. Moreover, one of the aspects related to the organizational issue is the location of the team.
- Problems with team. Disharmony within the team is one of the critical factors which may affect the success of a start-up, along with poor

communication between the co-founders and the team, or within the components of the team itself.

- Co-founder misalignment. Different backgrounds, qualifications, and specializations can create disagreements among co-founders and thus, cause bad decisions and bad management. These problems, if not solved, can eventually lead to a co-founder leaving or a start-up failing.
- Lack of business development. As mentioned above, a highly technical team risks having a lack of business development skills and thus, the absence of a commercial perspective, which includes the study of how to increase customer share, sales and profits, and make the business more profitable and self- perpetuating.

4.3. Solutions

The specific financing frictions faced by start-up firms imply that they might not be able to exploit their growth opportunities in full, and the higher cost of capital might deter the entry of new innovative firms. This section discusses policies that could contribute to closing the resulting financing gap by improving the provision of three sources of financing for firms: state finance, support to knowledge activities, equity-based and bank-based financing. Governments finance a portion of business sector investment in start-ups, either directly through transfers, grants and loans or indirectly through tax incentives. Government support schemes can help reduce the gap in the financing of these firms by allowing companies to invest in innovative activities with potentially relevant economy-wide positive spillovers. Direct government support for innovation can play an important role, often complementary to tax incentives, in reducing the financing gap in intangibles, and especially so with respect to young firms lacking alternative financing sources. Direct funding for R&D can come in several forms: grants given directly to the company, loans from a government agency (often with conditions as to when they must be repaid and/or forgiven), government loan guarantees, and government support to start-up firms. In addition to providing funds, government support entails a positive certification effect. To be selected, firms go through an official evaluation, which involves information disclosure reducing the information asymmetries faced by traditional financial intermediaries. The design of the support is again key to ensure its effectiveness. Beneficiary firms should be targeted based on their age and growth potential, reducing the risk of simply picking winners which would have been successful even without the support. Governments may provide direct funding to support young firms with respect to the assessment of the technical feasibility of their innovative projects, to ensure the conditions for commercialisation and access to consulting services, as well as to train entrepreneurs who may lack market and commercial expertise. In terms of financial markets, equity investors, who take a broader view on companies' growth opportunities and are relatively more willing to take risks, are the main suitable source of financing for start-ups. Venture capitalists play a key role in bridging the financing gap of young innovative firms, and the global shift towards an intangible-based economy further increases their relevance. Banks allocate loans based on screening procedures to identify companies that can service debt, using firms' physical and financial assets as collateral to reduce moral hazard and the risks inherent in the act of lending. This business model makes banks a priori ill-suited to support the needs of an intangible-intensive economy. Still, the potential for banks to finance intangible investments could be raised by considering a range of policy actions. Specifically, measures to increase the pledgeability of intangible assets as collateral and reduce information asymmetries between banks and intangible-intensive firms could help reduce the gap between internal and external financing that plagues investment decisions of innovative firms. Finally, well-designed insolvency frameworks may facilitate access to credit for high-productivity firms and the orderly restructuring or exit of those with a low productivity. The liquidation of start-ups can be susceptible to a relatively quick and significant value erosion, posing additional challenges for insolvency design. It follows that specific arrangements are required to increase creditors' chances of recovering the outstanding debt and improve the efficiency of insolvency processes. Firstly, given the complementarity between the various types of assets, liquidation should be carried out in bundles, to avoid the reduction in value associated with the loss of synergies across the various assets. Secondly, the peculiarities of start-ups also require retaining the associated skilled people to maximize the liquidation value. However, these arrangements imply a close collaboration and trust between the failing firm and its creditors, which may result in long proceedings, increasing uncertainty. In this context, start-ups may find it hard to bear the cost of dispute resolution mechanisms related to intangibles due to their lower administrative capacity, and targeted support might be needed, for instance, informal out-of-court procedures, which typically avoid the procedural complexities and timelines of court proceedings, are often associated with better outcomes (World Bank, 2018).

5. Corporate risk management

5.1. Rationale

Effective risk management is essential for the longevity and success of a start-up. It involves identifying and assessing various risks, including market, operational, financial, and compliance risks. Accordingly, if the objective of a firm is to maximize its value, risk management should be undertaken, if it increases the present value of the firm's expected cash flow. Therefore, a clear risk- management strategy does not seek to insulate firms completely from all kinds of risk. As soon as concerns such as those related to lower-tail outcomes enter the decision-making process, protection against default, and hence the management of specific risk, can make perfect sense (Stulz 2001). Theoretical arguments suggest that a firm's value can be increased through corporate hedging by exploiting capital market imperfections. As future cash flows are uncertain, internal funds that are used to finance growth opportunities often vary significantly (Froot et al 1993). As a result, in situations in which internal funds are insufficient to finance all positive NPV projects, a firm is either forced to cut back on its investment plan or to raise external equity or debt. External capital, however, is costly due to agency conflicts. More specifically, as creditors incorporate their expectations regarding bankruptcy and financial distress into their lending decisions, a non-zero probability of default induces them to demand higher yields on the company's debt. Although this enables them to obtain a fair value from their investment, it increases the firm's level of debt and thus decreases firm value. Corporate hedging can ensure that firms have sufficient internal funds to finance their profitable growth opportunities without having to raise costly outside capital. The flip side is that this reduces the discipline that capital markets impose on managers. Leveraged companies run the risk that their cash flows are not sufficient to meet all payment obligations in a timely manner and in full. Furthermore, even before a company files for bankruptcy, it may encounter indirect costs of bankruptcy if insolvency is expected in the near future. These costs are due to the reluctance of suppliers and customers to deal with the company, a distraction of management attention, risk premia reflected in higher management and employee compensation, and so forth. Direct costs of bankruptcy accrue in the actual bankruptcy procedure and pertain mainly to lawyers' charges. As corporate risk management decreases the likelihood of reaching these left-tail realizations by reducing the volatility of firm value, it lowers the expected costs of financial distress, hence increasing the firms value ex-ante Start-ups can recognize and leverage positive risks by identifying opportunities that align with their strategic goals. This involves thorough market research to spot trends and customer needs that match the start-up's capabilities. Balancing this with cautious planning requires a clear understanding of the start-up's capacity to manage potential setbacks. Start-ups should weigh the benefits against the risks, considering both short-term impacts and long-term goals. In this way, they can take calculated risks that drive growth while maintaining a safety net to protect against adverse outcomes.

5.2. Main Approaches

There are two broad categories that need to be distinguished when discussing the various options for risk management: Firstly, the firm needs to determine which approach or set of actions it wants to apply when managing risks, and secondly, the firm then has to choose a set of instruments to actually manage these risks. Specifically, a firm can do the following:

- Eliminate/Avoid: The firm can decide to eliminate certain risks that are not consistent with its desired financial characteristics or are seen as not essential. These risks can be either removed by selling them in the spot market or hedged by using derivative instruments such as futures, forwards, or swaps. Moreover, the bank can use portfolio diversification to eliminate specific risk. Additionally, it can decide to buy insurance in the form of options or actuarial insurance, for example, for event risks. Furthermore, the firm can choose to avoid certain risk types in advance by setting up certain business practices/ policies (e.g., underwriting standards, due diligence procedures, process control) to reduce the chances of certain losses and/or to eliminate certain risks ex ante.

- Transfer: For some risks the best response may be to transfer them. This might be achieved using conventional insurance, or it might be achieved by paying a third party to take the risk in another direction. The transfer of risk thus eliminates or (substantially) reduces risk by selling (or buying) financial claims (this includes both selling in the spot market and hedging via derivative instruments, as well as buying insurance.

- Absorb/Manage: Some risks must or should be absorbed and managed at the bank level, because they have one or more of the following characteristics: They cannot be traded or hedged easily; They have a complex, illiquid, or proprietary structure that is difficult, expensive, or impossible to reveal to others; They are subject to moral hazard.

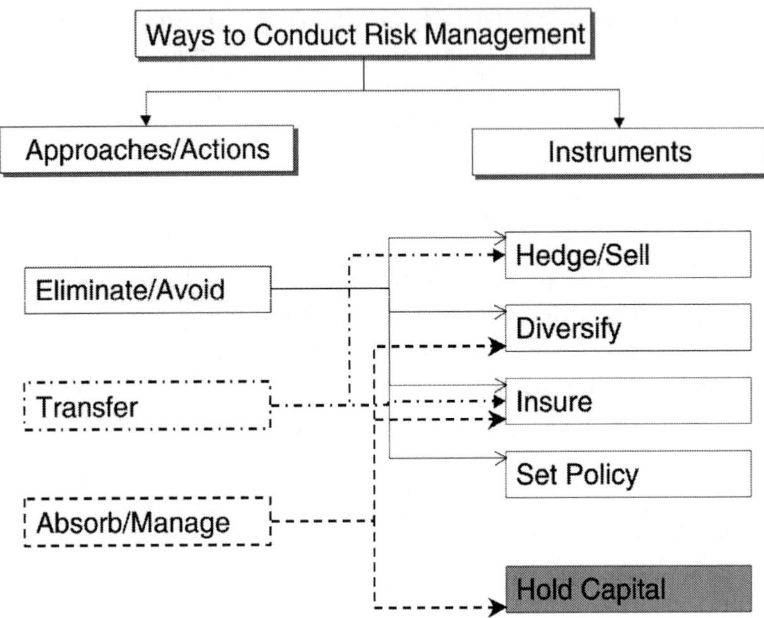

5.3. Risk Transfer

Risk transfer is a risk management technique that involves transferring the consequences, either financial, legal or other, to a third party, also known as the counterparty. The counterparty will assume the liabilities in negative circumstances in exchange for regular payments. The most common example of risk transfer is when individuals and companies transfer risk to insurance companies by purchasing insurance policies. The insurance companies collect regular payments that compensate them for the risk they have taken on. In a similar vein, guarantees could be seen as a method of risk transfer. The risk transfer market is premised on two fundamental mechanisms: the transfer of exposure from a single party to a broad group, and the sharing of losses by all those in the group. Risk transfer, as the name suggests, occurs when one party pays a second party a small, certain cost (e.g., a risk premium) in exchange for coverage of uncertain losses. Diversification, a spreading or diffusion of risk exposures, is a common technique of risk management that seeks to lower risk by combining exposures that are not related (correlated) to one another. Much of this work has its foundation in capital markets portfolio theory, which demonstrates how diversification permits the risk-averse investor to create portfolios that optimize various levels of risk and return. Risk pooling, a practical implementation of diversification and a fundamental mechanism of the risk management markets, is based on the idea that independent risks can be combined to reduce the overall level of risk. In addition to the law of large numbers and central limit theorem, pooling relies on correlation to measure how random variables, such as individual risk exposure units, relate to one another.

6. Guarantees: description

6.1. Credit Guarantee Schemes (CGS)

Financial Guarantees in general, and Credit Guarantee Schemes (hereafter CGSs) in particular, are a common means to transfer risk and thus a feature of financial systems across the world. In many countries, CGSs have existed since the beginning of the 20th century (Beck et al., 2010), but they have experienced unprecedented growth over the last several decades. By 2015, they were present in virtually every country in the world (Pombo 2015). The public sector has been a key force behind the propagation of credit guarantee schemes. Governments started to increase the use of guarantees as a way of channelling credit toward specific sectors, geographical regions, and firms (typically, small and medium enterprises, or SMEs) that tend to be financially constrained. Furthermore, public schemes have greatly expanded since the 2007–08 global financial crisis to boost private lending countercyclically. During the recent pandemic crisis, public credit guarantees were widely used in many countries as a fiscal-response measure, amounting to multi-trillion US$ in size (IMF, 2020). CGSs are used widely across economies as important tools to ease financial constraints for SMEs and start-ups. These firms are typically limited in their capacity to access credit because of under- collateralisation, limited credit history and, often, lack of expertise needed to produce sophisticated financial statements. Because of the information asymmetry that exists between the firm and the potential lender, the lender attributes a high risk of default to the borrower. In the absence of adequate collateral, this eventually results in a partial or negative response to the credit demand. The credit guarantee mechanism is a commonly used risk transfer instrument to overcome these constraints. 3 Risk transfer is commonly confused with risk shifting. To reiterate, risk transfer is passing on ("transferring") risk to a third party. On the other hand, risk shifting involves changing ("shifting") the distribution of risky outcomes rather than passing on the risk to a third party. For example, an insurance policy is a method of risk transfer. Purchasing derivative contracts is a method of risk shifting.

6.2. Mechanics of CGS

When a loan is guaranteed, a third party, known as the guarantor, promises to pay back to the creditor a part or the total amount of the loan if the borrower defaults. In exchange for providing the guarantee, the guarantor collects a fee from the creditor. Because the creditor faces lower risk when a loan is guaranteed, it can offer better lending conditions and requires lower collateral to guaranteed borrowers. Banks using guarantees can reduce their loan loss provisions, which increases profits and capital levels. The loan guarantee implies that, should the SME default, the CGS will reimburse a pre-defined share of the outstanding loan. This is the case of partial credit guarantees, which leave the lender with some of the risk. Variants to partial guarantees include the pari-passu, where lender and guarantor each absorb a fixed fraction of any loss, and the first loss, where the guarantor pays out on all the loss up to some fixed fraction of the total loan obligation. Guarantee societies usually examine the eligibility of firms, assess credit risk on an individual basis and decide whether the guarantee will be granted. They also assume non-payment and insolvency and directly manage default recovery activities. As the detailed information the guarantee institution has about its members is transferred to the bank, the relationship between borrowers and lenders can be improved to the extent that it represents an ex-ante positive signal to the bank about the creditworthiness of the firm]. This can favour the development of a longer-term trust-based relationship, also reducing the incidence of information asymmetries between SMEs and banks. Their consideration as a financial entity in some systems has important consequences for the company, as it implies, they are controlled by the national supervisor and thus ensures an optimum certification and weighting of guarantees in the context of the Basel Capital Accords. Their activity can be local, regional, or national.

6.3. Types of CGS

Depending on the ownership structure and role of shareholders in the management of the scheme, CGSs can be classified into three main typologies:

i. Public Guarantee Schemes.

ii. Public-Private (or mixed) Guarantee Schemes.

iii. Private Schemes.

Private guarantee schemes are generally managed by government related agencies, such as public guarantee banks, or by an administrative unit of a ministry. In some cases, the guarantee schemes are operated through agencies with participation by the private sector. These schemes are characterised by the direct participation of the private sector, SME organisations and banks in the funding and management of the scheme. Among these are mutual schemes, which are private societies created by borrowers in order to improve their access to finance. Mutual Loan-Guarantee Societies (from now on MGSs) are "collective initiatives by a number of independent businesses or their representative organizations. They commit to granting a collective guarantee to credits issued to their members, who in turn take part directly or indirectly in the formation of the equity and the management of the scheme". The role of the government is generally limited to the regulatory and legal framework and to the provision of financial assistance. Financial support comes either in the form of counter-guarantees or direct funding. Some governments also support MGSs by granting tax reductions, as in the case of Spain's Sociedades de Garantía Recíproca. MGSs tend to serve to a greater extent the smaller segment of the SME sector and generally play an active role in the process of evaluating applicants and granting credits. Besides providing loan guarantees, MGSs evaluate their members, assess their creditworthiness, express recommendations to lending institutions and are involved in the recovery of losses should the borrower default. Moreover, member firms are frequently involved in the management of MGSs. In fact, MGSs are characterised by strong ties with the local business community and territorial system. Being founded as an association of local firms, they typically have in-depth knowledge of the business cases under assessment. Often, member firms operate in a specific sector or value chain, which implies the MGS can rely on specific knowledge with regards to the sector and the prospects for development and investment by local firms. For this reason, MGSs have been considered effective in addressing the information asymmetries between the bank and the SME and are in a good position to assess the SME creditworthiness. The peer review process acts as a powerful mechanism for controlling risk and limiting opportunistic behaviour. As the MGS suffers a loss in the case of default, members have strong incentives to closely monitor their peers, which may prevent borrowers from excessively risky behaviour and increase the probability of loan repayment. Two mechanisms are usually mentioned to account for the good performance of loans guaranteed by MGSs in terms of repayment rate: peer selection, which mitigates adverse selection problems, and peer monitoring, which alleviates moral hazard and improves the enforcement of contracts. One mechanism is to reduce asymmetric information that is often cited in the existing literature by establishing a bank-borrower relationship. Relationship lending can mitigate information asymmetries by developing private or soft information, about for example, the creditworthiness, a firm's financial prospects and owner characteristics over time. This information can help to better assess the risk of the borrower and to decide whether to grant a loan to a firm and in which conditions.

A relationship that shares the provision of information and the creation of lending- relationships as a part of the overall learning process initiated by the provision of a guarantee from a guarantee bank. Credit guarantees are observed in private financial markets without explicit government support, as do their close cousins, credit derivatives. They emerge typically due to three main reasons.

- Firstly, because of differential information, as where the borrower's creditworthiness is better known by a well-capitalized guarantor than by the lender. The operation of mutual guarantee associations provides an illustration here, as does the guaranteeing of a supplier's borrowing by the purchaser.
- Secondly, as a means of spreading and diversifying risk, for example where the lender's portfolio is geographically concentrated, but the guarantor has a diversified portfolio.
- Thirdly, as a regulatory arbitrage. This can occur when an unregulated firm provides a guarantee allowing the lender to bring an otherwise insufficiently secured loan into compliance with regulatory requirements or other government programs or financial industry risk-rating practices and conventions. Another important case of regulatory arbitrage is when the guarantee premium is used to bring the total servicing charge for the loan above a regulated ceiling on lending interest rates and thus closer to a market-determined interest rate. Beyond risk transfer, guarantees are also relevant for beneficiary banks as instruments of capital management. Under the Basel III framework, and its European implementation governed by the Capital Requirements Regulation and Directive (CRR/CRD IV), banks are allowed to diminish the regulatory capital requirements for loans covered by guarantees (Chatzouz 2017).

6.4. Public Sector

Although these arguments imply that credit guarantee schemes would be able to emerge and develop privately with no state intervention, in many cases governments participate in these schemes, often directly. Public credit guarantee schemes typically take two forms. On the one hand, the state can set up and manage its own guarantee scheme. On the other hand, the government can partner with the private sector and establish a public-private guarantee scheme. In this case, the state can retain either a majority or a minority stake in the scheme. There are arguments supporting the view that on a pure private-sector basis the supply of credit guarantees would be below the socially optimal level. Anginer et al. (2014) argue that when lenders are risk averse, efficient provision of guarantees may not occur on a private sector basis due to collective action problems. Although the stakeholders are all aware of the problem, the lack of action comes from the misalignment of the private interests with those of the society. They also stress that the incentives for collective action are even weaker in economies with less developed financial systems. The state, on the contrary, is able to resolve the collective action frictions that get in the way of risk spreading. However, to achieve this objective, the state has to maintain the incentives for lenders to monitor projects efficiently, and to deter the borrower from excessive risk taking. This can be done by sharing the risk with the private sector. Countries across the world have adopted different models of public credit guarantees. In many countries, a single state agency provides the guarantees (examples include Chile, Estonia, Indonesia, the Republic of Korea, Thailand, and the United States). In other cases, public schemes can operate in a more decentralized manner. For example, in Japan, there are 51 state-run credit guarantee corporations under the umbrella of the Japan Federation of Credit Guarantee Corporations (JFG). In some countries, the state is not directly involved in granting guarantees. In the United Kingdom, the British Business Bank (BBB), a state-owned development bank, sets the eligibility criteria for firms applying for a guarantee and provides the funding. However, the BBB does not decide on guarantees applications, which is done directly by financial institutions. Other countries have opted for public-private guarantee schemes with different degrees of government participation. For instance, in France, credit guarantees are offered through an organization which is 90 percent owned by the state and 10 percent by banking groups. In Spain, guarantees are provided by private schemes. The state intervenes through the Compañía Española de Reafianzamiento (CERSA), which is a public institution that grants counter-guarantees to private schemes, provides tax reductions for their operations, and sets the coverage ratios of guarantees. Why should governments intervene in venture capital markets? The literature recognises two types of market failure arguments that are appropriate in the context of venture capital. The first relates to information asymmetry. Innovators or young high-tech firms know much more about their own capacities and the risks of the projects being developed than potential investors. The second market failure relates to externalities associated with R&D and innovation. Innovation and R&D related projects arguably generate significant social benefits (positive spillovers) Venture capital investors are deterred from investing in innovation and R&D because as they are unable to fully appropriate the returns from their investments there will be under-provision of innovation and hence unrealised social benefits. Both information asymmetry and externality-based market failures therefore provide a socially sub optimal outcome resulting in low levels of entrepreneurship. Hence this provides a justification for a public response through subsidising venture capital. But the rationales for government action are not always clear and the results not always positive Honohan (2010) argues that intervention could be justified slightly differently: as a means to kick start SME lending or for offsetting a credit crunch. The former is, in effect a 'learning by doing' argument. SME lending is not well developed because banks lack experience dealing with SMEs, hence face a lengthy loss-making start-up period. Eventually the lenders may acquire sufficient skill and information to continue to lend to the sector without the need for the credit guarantee. In the case of the latter, intervention can be justified when transitory increases in uncertainty lead to information deficiencies and market failure. In such contexts subsidizing the business cycle on a temporary basis might prove to be welfare enhancing. The expansion of such programs is viewed by some as a desirable middle ground to expand the risk- bearing role of the state while limiting the distortions resulting from its direct intervention in financial activities. However, the recent US experience has also been a useful reminder that public guarantees can be quite costly, in terms of both their fiscal implications and their impact on financial development and stability. The concerns derived from the fiscal costs of government guarantees are compounded by the fact that the conceptual foundations of these programs are quite shaky. Once a sufficiently broad welfare criteria is adopted (one that fully internalizes the fiscal cost of the guarantees and the way it is allocated among taxpayers), it becomes unclear why state guarantees are an adequate policy response to market failures and, more specifically, why a guarantee provided by the government can succeed in improving the equilibrium where markets failed. If guarantees are called for, why can't private market participants fill up the gap? EU Guaranteed Loan Programs SME loans guaranteed by the European Union (EU) through the European Investment Fund (EIF). In these loans, 50% to 75% of the principal potential losses are guaranteed by the EIF. The loans are implemented with selected financial intermediaries. The "Multiannual Programme for Enterprise and Entrepreneurship" (MAP) was launched in 2002, and by its successor, the "Competitiveness and Innovation Framework Programme" (CIP), which was launched in 2007. These programs have backed almost €25 billion in loans that have benefited hundreds of thousands of SMEs across Europe. EU guaranteed loan programs provide guarantees to financial intermediaries as part of the EU's strategy to support small businesses. Over the years, the EU has created several guaranteed loan programs (Brault and Signore, 2019). In each program, the EIF signs partnership agreements over a predefined period with selected credit institutions in member countries. The credit institutions in turn identify SME lenders who constitute a loan portfolio guaranteed by the EIF. Each loan is guaranteed up to a pre-specified portion of the principal and losses are capped for each loan portfolio. The first generation of EU guaranteed loans was launched in 1998 with a total of €2.4 billion in guarantees, which were used to support €6.2 billion of loans. The following generations grew larger and larger: the MAP-SMEG (2002–2008) provided guarantees of €4.7 billion, while the CIP-SMEG (2007–2013) offered guarantees of €7.3 billion. Through the Loan Guarantee Facility (LGF), the European Commission program for the Competitiveness of Enterprises and Small and Medium-sized Enterprises (COSME) funds guarantees and counter-guarantees to selected financial intermediaries (e.g., guarantee institutions, banks, leasing companies). In fact, under the COSME program, whose financial instruments are managed by the European Investment Fund (EIF), the European Commission incentivises financial intermediaries to provide better financing. The COSME-LGF operated from 2014 to 2020 on a similar scale.

6.5. CGS in Spain

As discussed in Corredera-Catalán, 2021, Spain has adopted a scheme based mainly on non-profit MGSs, which develops their activity under a private legal framework as financial entities and are supervised by the Bank of Spain. There are currently 18 MGSs (they are so-called Sociedades de Garantía Recíproca), 17 regional companies (one for each Spanish region), and one national and sectorial entity (working for the audiovisual sector). The first movement for a credit guarantee system in Spain started in the 1970s at the request of different business circles as a possible solution to the economic crisis, an environment characterized by high interest and a high default rate, that made it extremely difficult for SMEs to access finance.

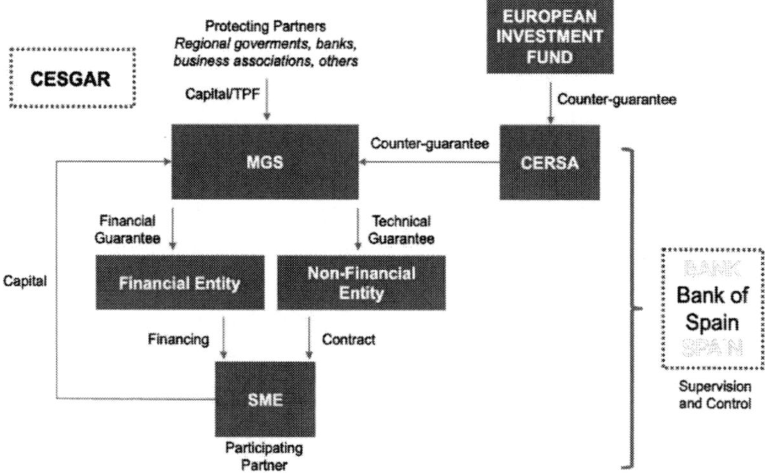

MGSs are associated with the Spanish MGS Confederation (CESGAR), which assumes the coordination, cooperation, defence, and representation of its associates while promoting all kinds of agreements with public and private institutions. Furthermore, the Spanish system of public support to MGSs is based mainly on counter-guarantees granted by CERSA (Compañía Española de Reafanzamiento, S.A.), an instrumental company of the central government that receives significant support from EU programs. The coverage rate (up to 80%) depends on policy priorities, such as innovation promotion, and types of operations, such as investments or working capital needs. A characteristic that distinguishes Spanish MGSs is that they mainly finance long-term business projects (more than 60% of operations have a term greater than 8 years). Furthermore, data shows that companies with fewer than 50 workers are the main beneficiaries of the guarantees, representing 86% of the outstanding risk. Martin-Garcia, (2021) show that that mutual guarantee schemes in the Community of Madrid allow for the relaxing of credit constraints, particularly in times of contraction-induced financial stress. Specifically, the authors find that (i) guarantees have a significant effect in turnover and investment; (ii) companies use these instruments to meet their growth objectives and slake their investment appetite, even though the instrument studied is not specifically designed to support investment or innovation and guarantees are often requested to strengthen working capital; (iii) the results may inform differential public policy design for specific areas of business; and (iv) guarantees act as countercyclical policies on both SMEs' turnover and investment. Jiménez et al. 2023 show that public guaranteed loans increases banks' lending to riskier firms, both overall and as a share of their total lending, especially for weaker banks.

7. Guarantees: analysis

7.1. Economic Rationale

Start-ups tend to find it very difficult to raise money due to asymmetric information, high default risk, and lack of collateral. For these reasons it is far more difficult for start-ups to access finance than it is for large enterprises. Lenders prefer to increase the flow of funds to larger firms as they are considered lower risk. To reduce the supply–demand gap in start-up finance, various governments and private initiatives have emerged to establish credit guarantee schemes. CGSs have been used in many countries and in various forms over the decades to increase the flow of funds to targeted sectors and segments of the economy, including SMEs. A CGS makes lending more attractive by absorbing or sharing the risks associated with it. A CGS can also increase the amount of funds lent to enterprises beyond its own collateral limits, because the guarantee itself is a form of collateral. A CGS can assume the additional role of loan assessor and monitor and thereby improve the quality of lending. But guarantee funds have a cost, which is paid by fees charged and/or subsidized by the government or a third-party institution. Asymmetries of information between banks and borrowers lie at the root of significant misallocation in credit markets. Due to the lack of information on individual borrowers, banks can cause the interest rate to become inefficiently high resulting in worthy borrowers being driven out of the credit market. Alternatively, borrowers with negative net present value projects could obtain financial support in the credit market by taking advantage of cross-subsidisation of borrowers with worthy projects. In both cases, the reason for market failure is that investors are unable to recognize the actual riskiness of borrowers and are forced to offer the same contract to borrowers with a different probability of success. Typically, informational problems are particularly severe for small and micro enterprises. Such firms have a short credit history, meet less rigorous reporting requirements and the availability of public information on them is scarce. On top of that, the difficulty of banks in assessing the creditworthiness of small borrowers often goes hand-in-hand with inadequate availability of collateralizable wealth from the latter. Lack of information and collateral are therefore universally seen as the main structural features explaining the reluctance of banks to lend to small enterprises, especially during economic downturns, with negative effects on industry dynamics, competitiveness and growth. In this context, in many countries around the world various types of loan guarantee funds have been created to help small and micro enterprises to gain easier access to the credit market. Frequently, these funds assume a mutual corporate structure in which artisans and other small entrepreneurs (or their associations of category) create a non-profit mutual society which acts as an intermediary with banks and provides associates with collateral, mobilizing their own contributions to the common fund.

7.2. Design Issues

To come to an optimal design, several parameters have to be decided on. Mostly, these parameters will impact on the one hand the prevalence of moral hazard in the relationship between the borrower and the lender, and on the other between the lender and the guarantor

- Loss-sharing. An important aspect of the guarantee agreement relates to the arrangements that distribute the losses in the case of the borrower's default. Risk sharing arrangements are crucial to adjust incentives to minimise moral hazard from the lenders' side. Loss-sharing arrangement can relate to the principal amount but can also include interests due and/or fees. They can be made at the level of the individual loan, or alternatively, at the level of the portfolio. At the individual loan level, there are two types of loss-sharing arrangements: in case of a pari passu guarantee, the guarantee scheme assumes a fixed share of the loss, irrespective of its size. Proceeds of potential subsequent debt recovery are shared according to the agreed loss-sharing ratio. In the case of a subordinate guarantee, however, recovered debt is first used to repay the lender. Only after the lender's losses have been fully repaid, will the recovered amount be used to refund the guarantor. At the portfolio level, one can distinguish between first-loss portfolio guarantees and second-loss portfolio guarantees. In the case of a first loss guarantee, the burden from defaults is fully assumed up to a predetermined tranche of losses, above which the guarantee scheme has no further obligation. Under second-loss guarantee arrangements, as the name suggests, the guarantor commits himself to cover a second tranche of losses.

- Coverage ratio. The design and pricing of credit guarantee products should also ensure that the transfer of credit risk from the lender to the guarantor does not lead to excessive risk-taking. If the bulk of the credit risk is taken by the CGS, lenders do not have incentives to carry out proper risk screening and credit monitoring (Honohan, 2010). Moral hazard issues between the lender and the guarantor can be minimised by deciding on the appropriate coverage ratio, which determines the share of the loan that is guaranteed. This guarantees that all parties –the lender and the guarantor, as well as the borrower – retain exposure to potential losses to ensure the repayment of the loan. Some programs follow innovative distribution practices in which the available guarantee amount is auctioned with lenders bidding on the coverage rate, where the lowest bid guarantee rates are served first. This practice reduces moral hazard issues that might arise in the relationship between the lender and the guarantor (Honohan, 2010).

- Guarantee assignment process. CGSs can be distinguished according to the role the scheme has in the guarantee assignment process. Three broad types of schemes exist which regulate the relationship between CGSs, banks and SMEs and establish the tasks undertaken by the scheme: retail, portfolio and wholesale guarantee systems. In retail guarantee systems, CGSs typically examine the eligibility of firms, assess the risk of credits on a case-by-case basis, and decide whether the guarantee will be granted. Assessing the credit risk on individual basis typically implies high administrative costs. Retail-type guarantees are more common among mutual schemes. In portfolio guarantees, the decision to grant a guarantee is not assessed on an individual basis. Rather, the decision of whether a guarantee is granted is based on some common characteristics such as the volume of the loan, a minimum level of creditworthiness based on financial statistics, the intended use of the funds and the geographic location of the firm or its industrial affiliation. This regime typically entails lower administrative costs. In wholesale guarantee systems, there is no direct relationship between the CGS on one side and the borrower and lender on the other. Typically, the role of CGSs is to provide counter-guarantees for non-banking intermediaries, often micro-credit institutions. In fact, in the case of micro-credit, transactions, costs implied by retail or portfolio assessment may be relatively high.

- Credit appraisal. Credit appraisal and debt recovery can be assigned to either the guarantor or the lender. In practice, it is the latter party that is usually made responsible for assessing the creditworthiness of the borrowers, as they often have the required infrastructure available. The same holds true for the debt recovery process. Although it is generally considered the most cost- effective solution, assigning these processes to the lender can be associated with an increase in moral hazard. It creates a principal-agency problem in its relationship with the guarantor as it might induce excessive risk-taking, or underinvestment in the credit-appraisal process itself.
- Pricing. Public CGSs, just like private CGSs, generate revenue through guarantee fees and administrative fees. In fact, many public CGSs strive for self-sustainability. Pricing is a crucial part of the guarantee design, as it affects the behaviour and incentive of borrowers. OECD (2012) lists two types of fee arrangements: up-front fees and annual fees. Guarantee fees should optimally be a function of the riskiness of the guaranteed project. The CGS should also determine who bears the guarantee fee, which can be either the borrower or lender. In addition, CGSs can charge administrative fees to cover the administrative costs associated with the guarantee activities. Sometimes guarantees are offered that do not carry an explicit fee, but come with the condition that the guaranteed intermediary has to increase lending volumes. Hence, the guarantee carries an implicit price, as the lender is required to carry additional risk. To ensure the public guarantor's efforts reach the final beneficiary, the scheme can contain provisions that the guarantee only kicks in after a predefined threshold is reached. Guarantee fees can moderate excessive use of guarantees on loans that would have been granted even in absence of a guarantee arrangement and therefore act as a first step towards ensuring additionality.
- Collateral requirements. In practice, external guarantees and collateral are often used ide by-side on the same loan, as having some 'skin in the game' through partial collateralisation can reduce the borrower's incentive to default. However, guarantees will not fulfil their policy role in broadening credit supply if they are used excessively as complementary protection on an already collateralised loan. Contractual stipulations containing caps on the level of collateralisation and the cost of taking up a guarantee can contribute to a balanced use of guarantees in combination with existing collateral and ensure that guarantees generate

additional lending. Moreover, in the case of a pari passu guarantee, recoveries from (additional) collateral need to be shared with the guarantor.

- Other operational characteristics. We cannot go into all details of guarantee schemes, but rather mention some additional operational characteristics that are relevant for the efficiency of a CGS. For example, an efficient and transparent claim management process that also provides appropriate incentives for loan loss recovery is important to build and maintain lenders confidence (World Bank, 2015). The precise circumstances under which a claim can be made should be clearly articulated in the contractual agreement between the CGS and the lender. The trigger conditions for claims should, for example, specify the maximum period after a missed payment. Lenders, however, should proactively explore alternative solutions, including rescheduling, to receive payment from the SME borrower.

7.3. Innovative Instruments

Despite their popularity, scholars are sceptical about the financial sustainability of CGSs. The quality of such a contract determines its sustainability and the effect on reducing SMEs' financial constraints. Normally, CGCs charge guarantee fees on SMEs, and this can be detrimental to SMEs' financing if the fees are unaffordable. On the contrary, a low guarantee fee would not provide sufficient funding for sustainable CGSs. Therefore, the pricing guarantee fee appropriately ensures sustainable CGSs. A disadvantage of most CGSs around the world is that the guarantee fee is fixed throughout the guarantee period without considering the applicant's ever-changing credit status. This practice of no constant monitoring afterwards undoubtedly causes severe moral hazard problems for insurers. In turn, higher default rates and larger amounts of honouring costs will negatively impact CGS viability. Although there have been attempts to establish a theoretically sound and practically reasonable model to estimate guarantee fees reflecting an applicant's credit status, there is still a lot that remains to be done in the pricing of guarantee fees. Therefore, insurers urgently need to pursue a reasonable and applicable method of adjusting guarantee fees according to applicants' risk dynamics throughout the guarantee period. To strengthen CGS, an innovative instrument called Equity for Guarantee Swap (EGS) has been proposed recently in countries such as China. An EGS is a three-party CGS agreement among a bank, an insurer/guarantee company, and an SME, where the SME obtains a loan from the bank and, if the SME defaults on the loan, the insurer must pay all the outstanding interest and principal to the bank. In return, the SME transfers part of the ownership as a form of guarantee fee, then the insurer will receive capital gain and dividend from the SMEs for compensation.

8. Guarantees: evaluation

8.1. Dimensions

There exists a large heterogeneity across schemes, along several dimensions, including regulatory framework, governance, funding, operational characteristics and risk management practices. This diversity makes comparative assessment particularly challenging. However, some common issues can be identified, based on general evaluation dimensions, recent trends and insights from studies undertaken on specific schemes. The literature identifies some key dimensions of evaluation (Pombo 2015): i. financial sustainability refers to the ability of the scheme to generate autonomously the net resources required for operating. In other terms, it indicates the degree to which the scheme depends on public funds, or the public subsidy component implied in its operations. ii. Financial additionality relates directly to the rationale for developing or supporting guarantee schemes, that is, to mitigate failures in financial markets, which prevent viable firms from obtaining funds. Financial additionality captures the increase in the flow of funds towards viable SMEs that can be attributed to the existence of the scheme. 30 iii. Economic additionality describes the effect of increased access to finance on overall economic welfare, as measured by changes in sales, employment, investment and innovation performance of the small businesses supported. At the aggregate level, the SME financing gap translates into reduced growth and lower economic welfare. Thus, at the macro level, economic additionality is measured by the effects on competitiveness and economic growth, considering both the indirect benefits of CGSs, including knowledge flows, learning and upgrading of financial skills, and their broad opportunity costs.

8.2. Empirical evidence

The assumption that additionality is the main evidence to prove the efficacy of Credit Guarantee Schemes is widespread. However, measuring additionality accurately is very difficult. This is mostly due to the fact that different forms of additionality can be identified. Besides the basic definition of providing additional loans, additionality can be defined as providing loans on a timelier basis, providing loans on more favourable terms, the supply of a broader financing package for SMEs or the inception or improvement of a bank-lender relationship. Moreover, the fact that lenders use guarantee schemes to shift distressed loans into a guaranteed portfolio cannot be excluded. In these cases, lenders have already provided loans to SMEs and merely use the guarantee scheme to reduce their risk. Because of their broad use worldwide, a substantial body of literature has studied the effectiveness of guaranteed loans at the firm level (see OECD 2017). Research findings about the existence of additionality, particularly economic additionality, are mixed although it is generally supportive. The Small Business Administration (SBA) guaranteed loans, available to SMEs in the US since the mid- 1990s, have attracted substantial interest. Evidence suggests that SBA guarantees are effective in increasing lending supply. In Canada, guaranteed loans offered under the Canadian Small Business Loans Act improved access to loans and created jobs in the beneficiary companies. In Italy, a causal relationship between public guarantees issued through the "Fund for Guarantee to SME" and recipients' higher debt leverage and lower debt costs has been observed. In Spain, receiving bank credit guaranteed by a mutual-guarantee society was found to result in higher growth in beneficiary firms' assets, sales, and sales-to-assets ratio. Moreover, during recessions, the effects of a growth in employment and in the sales-to-employee ratio.were observed The determinants of the credit spreads charged by UK banks on guaranteed loans, found that a higher incidence of guaranteed loans over the total amount of outstanding loans translated, on average, into a lower spread for beneficiaries. Similar results were obtained for Korea and Japan. Analysing the effect of SME guaranteed loan programs on the risk-taking of Japanese banks, resulted in findings that guaranteed loans were complements to non-guaranteed loans and that an increase in guaranteed loans was accompanied by an increase in non-guaranteed loans as well. Bertoni (2023) noted that the existing studies have devoted little attention to the timing and sustainability of the effect of guaranteed loans. This is a potentially important gap in the literature because the investments made by beneficiaries could take years to produce any visible benefit. A long term-horizon also allows us to determine whether the effects of guaranteed loans are temporary or whether they persist over time. Their analysis indicates that after receiving a guaranteed loan, beneficiaries grow more than otherwise similar companies in terms of sales, employees, and total assets, although with different time patterns. These effects remain significant and sizeable 10 years after the receipt of the loan. Bertoni et al. (2023) examine the effects of guaranteed loans on the ratio of intangible assets over total assets, which can be seen as a bland proxy for the innovativeness of firms. Intangible assets encompass investments in immaterial goods, which tend to be linked to, for example, innovations. The effect is positive across all macro-regions, consistently around +1%. The economic significance of this effect is high, since a one percentage point increase represents around one third of the average initial share of intangible-to-total assets in the sample. Important lessons can be learned from the existing literature on the impact of guaranteed loans on beneficiaries. First, the design of a guaranteed loan program influences its effectiveness in supporting beneficiary firms. Accordingly, results that hold for one program will not necessarily hold for another. Beck et al. (2010) suggest that the most successful schemes, at least in terms of lower loan defaults, seem to be those that use risk management tools (e.g., securitisation) and in which credit decisions are not made by a government agency. Incidentally, both these conditions are met by the European Investment Fund credit guarantee programs. The effectiveness of public guarantee schemes depends on the nature of the intermediary. To monitor the risk of default, many CGSs apply sophisticated scoring models that primarily analyse borrowers' financial data and, consequently, their repayment capacity. When borrowers are SMEs, however, the assessment of hard information (related to the analysis of balance sheet data) is not sufficient because these firms are informationally opaque. Thus, the management of soft information is highly relevant, and the risk assessment process must take into account the private actors involved in the guarantee process, i.e. financial intermediaries, because they are able to deal with soft information.

8.3. Limitations

Guarantees may also entail some potential costs. These may include channelling funds into companies that cannot make productive use of them; keeping companies alive that otherwise would exit from the market; crowding out alternative financing sources; creating deviations from the level playing field between companies that benefit from credit guarantees and those that do not; creating contingent fiscal liabilities. Guarantees provide debt holders (or investors) with an option to hedge while retaining ownership of the investment. In a frictionless world, a financial guarantee is a redundant security with no valuation consequences for the referenced firm. The instrument does, however, affect the traditional relationship between borrowers and debtholders and has implications for corporate financial management. One possible consequence of this separation is the creation of "empty creditors" that no longer have an economic interest in the efficient continuation of the debtor as a firm, which may lead such creditors to push the debtor into bankruptcy or liquidation even in situations when restructuring would be a more efficient solution. The empty creditor issue is modelled by Bolton and Oehmke (2011) in the context of credit-default- swaps (CDS), a form of credit insurance or guarantee. In their model, empty creditors are tougher during debt renegotiations. Hence, CDSs introduce gains by allowing debt holders not to commit to renegotiate debt unless the renegotiation terms are attractive enough for the debt holders. Empty creditors are often willing to push a firm into bankruptcy, even when renegotiation via an out-of- court restructuring would be socially efficient. An empirical study by Subrahmanyam et al. (2014) shows that CDSs lead to higher default rates for the referenced firms. In the Bolton and Oehmke (2011) model, the firm may fail to make payments on its debt for either of two reasons: (i) the firm does not generate sufficient interim cash flows sufficient to cover its contractual interest payment obligations (a "cash flow default"); or (ii) the firm's cash flows are sufficient to service its debt, but the firm prefers to use the cash for internal purposes instead of repaying its creditors (a "strategic default"). When firms cannot credibly commit to repay their debt (e.g., when their cash flows are observable but not verifiable) and payments are not legally enforceable, firms may choose to default on their debt to divert cash flows to themselves even when the cash flows are sufficient to service their contractual debt payment obligations. The possibility of strategic defaults has been widely recognized as a problem arising from incomplete corporate debt contracts.2 The risk that firms will engage in a strategic default increases the interest rate lenders will demand from such firms and reduces borrowers' debt capacities (Saretto and Tookes 2013). A more extreme version of this theory known as the "negative economic interest" problem is that hedged creditors may have an incentive to buy up a significant amount of a firm's debt, purchase protection in a much larger notional amount, and try and drive the firm into bankruptcy to make a net profit on its CDS protection purchases (Hu and Black 2008b). The widespread availability of guarantees as credit risk transfer instruments can potentially give investors an incentive to assume greater risks in their lending portfolios. According to Hakenes and Schnabel 2010, the easier it is for investors to protect themselves from the risk of borrower defaults, the more investors will have an incentive to originate larger and riskier loans. In other words, readily available credit risk transfer solutions can give rise to moral hazard and induce investors to make riskier lending decisions. Hence, guarantees can lead to another unintended externality for borrowers. According to the Morrison (2005) model, the existence of guarantees hinders optimal monitoring. Parlour and Winton (2013) also point out that debtholders may not be as vigilant in monitoring borrowers once their credit risks are hedged. Consequently, reduced monitoring by creditors may provide borrowing firms with more opportunities to increase risk-taking investments.

III. BY WAY OF CONCLUSION: PROPOSALS

The above exposition shows the inadequacy of the current collateral regime, noting that it is not designed with the specific circumstances of *start-ups* in mind, where the usual financing is not via the credit or securities markets, and where tangible assets are not usually found.

Updating the regime would be a key way of helping to increase the survival rate of *start-ups* – which is currently, as we have seen, very low. One of the main causes of project demise is the depletion of cash, caused both by the lack of cash generation and the absence of financing to cover temporary needs. Developing new collateral structures to monetize the value of a *start-up*'s non-tangible assets could help to increase *start-up* success rates. To achieve this, the following lines of work could be developed.

Firstly, by structurally updating the existing regime, which transcends both irrational expectations –resulting in the the extremely high valuations we see in *start-ups* - and also the use of personal guarantees - **which** are the only guarantees that lenders ask for.

Secondly, by thinking specifically about new, hitherto little-used, cash-flow-based guarantee structures.

Thirdly, by analyzing the figures and solutions that may already exist in comparative law, to see if they are sufficiently innovative in order to avoid simply importing and copying existing solutions from other legal systems - with the significant dysfunctionality that this may cause.

Fourthly, to consider the new possibilities offered by technological solutions, which by their very nature can offer novel ways of valuing intangible assets.

Finding a formula that makes it possible to determine, from a legal point of view, the value of the assets of *start-ups* and the effective possibility of transferring ownership, possession and control will be key to the development of structures that allow the creation of guarantees on the intangible assets of *start-ups*. ***Also,*** creating ways of financing that allow the development of entrepreneurial initiatives that meet the needs that, as a society, we are facing today and will face in the future.

IV. BIBLIOGRAPHY

AGRAWAL, A., GANS, J. & GOLDFARB, A. *Prediction Machines: The Simple Economics of Artificial Intelligence.* 2022.

ANGINER, D., DE LA TORRE, A., & IZE, A. "Risk-bearing by the state: When is it good public policy?". *Journal of Financial Stability*, 10, 76-86. 2014.

ARETZ, K. and BARTRAM, S.: "Corporate Hedging and Shareholder Value". *Journal of Financial Research*, Vol. XXXIII, No. 4, Pages 317–371. 2010.

ARROW, K., "Economic welfare and the allocation of resources for invention". In *The rate and direction of inventive activity: Economic and social factors*, 1962, pp. 609-626. Princeton University Press.

ATKESON, A. G., EISFELDT, A. L., & WEILL, P., O., "Entry and exit in otc derivatives markets". *Econometrica* 83(6), 2015, pp. 2231–2292.

AUDRETSCH, D. B., KEILBACH, M.C., & Erik E. LEHMANN. *Entrepreneurship and Economic Growth.* New York, 2006, Oxford University Press.

BAJGAR, M., CRISCUOLO, C., TIMMIS, J., "Intangibles and industry concentration: Supersize me". *OECD Science, Technology and Industry Working Papers*, 2021, issue 2021/12.

BAŃKOWSKA, K., FERRANDO, A. & GARCIA, J., "Access to finance for small and medium-sized enterprises since the financial crisis: evidence from survey data". *ECB Economic Bulletin*, 2020, issue 4/2020.

BAREGHEH, A., ROWLEY, J., & SAMBROOK, S., "Towards a multidisciplinary definition of innovation". *Management decision,* 2009, 47(8), 1323-1339. https://doi.org/10.1108/00251740910984578

BECK, T., KLAPPER, L.F., & MENDOZA, J.C., "The typology of partial credit guarantee funds around the world". *Journal of Financial Stability,* 2010, 6, 10–25. https://doi.org/10.1016/j.jfs.2008.12.003

CANTAMESSA, M., GATTESCH, V., PERBOLI, G., and ROSANO, M., "Startups' Roads to Failure". *Sustainability,* 2018, 10, 2346; https://doi.org/10.3390/su10072346

CB INSIGHTS. *The Top 12 Reasons Start-ups Fail.* 2021. Available online: https://www.cbinsights.com/research/startup-failure-reasonstop/

CHATZOUZ, M., GEREBEN, A., LANG, F. & TORFS, W., "Credit Guarantee Schemes for SME lending in Western Europe". *EIB Working Paper* 2017/02 and *EIF Working Paper* 2017/42. 2017.

CORNELIOUS, P., "Sources of funding innovation and entrepreneurship". Chapter 2. In: *The Global Innovation Index 2020.*

CORREDERA-CATALÁN, F., di PIETRO, F. & TRUJILLO-PONCE, A., "Post-COVID-19 SME financing constraints and the credit guarantee scheme solution in Spain". *Journal of Banking Regulation* ,2021, 22:250–260. https://doi.org/10.1057/s41261-021-00143-7

DEMMOU, L. & FRANCO, G., "Mind the financing gap: Enhancing the contribution of intangible assets to productivity". OECD Economics Department Working Papers, 2021, No. 1681.

DERINDERE KÖSEOĞLU, S., and PATTERSON, A., "Introduction to Start-up Valuation: From Idea to IPO". In *Sinem Derindere Köseoğlu Editor, A Practical Guide for Start-up Valuation. An Analytic Approach. Springer Nature Switzerland AG.* 2023.

EISENNAMNN, T. *Why Start-ups Fail: A New Roadmap for Entrepreneurial Success,* Currency, 2021.

EISFELDT, A., L., KIM, E., & PAPANIKOLAOU, D., "Intangible Value". *NBER* Working *Paper* No. 28056. 2021.

ELLWOOD, P, C WILLIAMS & EGAN, J., "Crossing the valley of death: Five underlying innovation processes". *Technovation,* 2022, 109, 102162.

FREEMAN, J., and ENGEL, J.S. "Models of Innovation: Start-ups and Mature Corporations". *California Management Review.* 50: 94–119+4. 2007.

FROOT, K. A., D. S., SCHARFSTEIN, and STEIN, J.C., "Risk management: Coordinating corporate investment and financing policies", *Journal of Finance,* 48, 1629–58. 1993.

GIGLER, S. "Financing the Deep Tech Revolution: How investors assess risks in Key Enabling Technologies (KETs)" *Innovation Finance Advisory European Investment Bank Advisory Services.* 2018.

GORNALL, W. and STREBULAEV, I.A., "Squaring Venture Capital Valuations with Reality", *Journal of Financial Economics,* 2020, 135(1), 120–143

HALL, B. H. and LERNER, J. "The Financing of R&D and Innovation", *Handbook of the Economics of Innovation,* 1: 609–639. 2010.

HALTIWANGER, J., JARMIN, R. S., KULICK, R., and MIRANDA, J. "High-Growth Young Firms: Contribution to Job, Output, and Productivity Growth". Measuring Entrepreneurial Businesses: Current Knowledge and Challenges, edited by John Haltiwanger, Erik Hurst, Javier Miranda and Antoinette Schoar, Chicago: University of Chicago Press, 2017, pp. 11- 62. https://doi.org/10.7208/9780226454108-004

HASKEL, J. and WESTLAKE, S. "Capitalism without capital: the rise of the intangible economy", *Princeton University Press.* 2017.

HONOHAN, P., "Partial credit guarantees: Principles and practice." *Journal of Financial Stability* (1): 1-10. 2010. https://dx.doi.org/10.1787/7aefd0d9-en

IMF. Public Sector Support to Firms. Special Series on COVID-19, International Monetary Fund, Washington, DC. 2020.

JIMÉNEZ, G., LAEVEN, L., MARTÍNEZ-MIERA, D. and PEYDRÓ, J.L., "Public guarantees and private banks incentives: Evidence from the Covid-19 Crisis". 2023. Banco de España. Documentos de Trabajo. N. °2318.

KERR, W. and NANDA, R., "Financing Innovation" *Annual Review of Financial Economics.* 2015. 7:445–62. https://doi.org/10.1146/annurev-financial-111914-041825

KING RG, LEVINE R., "Finance, entrepreneurship and growth: theory and evidence". *Journal of Monetary Economics,* 1993, 32:513–42.

KNIGHT F.H., *Risk, Uncertainty, and Profit.* Boston, MA: Houghton Mifflin. 1921.

LIM, S. C., MACIAS, A. J. & MOELLER, T. "Intangible assets and capital structure". *Journal of Banking and Finance,* 2020, 118, 105873

LOPEZ DE SILANES, F., McCAHERY, J., SCHOENMAKER, D., STANISIC, D., "The European capital markets study - estimating the financing gaps of SMEs". *Journal of Corporate Finance Research,* Vol. 12, No. 2, pp. 7-130 2015, DOI: https://10.17323/j.jcfr.2073-0438.12.2.2018.7-130

MALLABY, S., *The Power Law: Venture Capital and the Art of Disruption.* Allen Lane Publishing. 2022.

MARTÍN-GARCÍA, R., MORÁN SANTOR, J., "Public guarantees: a countercyclical instrument for SME growth. Evidence from the Spanish Region of Madrid". *Small Business Economics,* 2021, 56:427–449.

McCONNELL, P., "The Strategic Risks Facing Start-Ups in the Financial Sector". *Journal of Risk Management in Financial Institutions,* 15: 114–41. 2022.

MONTANI, D., GERVASIO, D., & PULCINI, A., "Start-up Company Valuation: The State of Art and Future Trends". *International Business Research;* 2020, vol. 13, No. 9.

MORO-VISCONTI, R. *The Valuation of Digital Intangibles Technology, Marketing, and theMetaverse.* Second Edition. Palgrave Macmillan. 2022.

NANDA, R. and RHODES-KROPF, M. Investment cycles and start-up innovation. *Journal of Financial Economics* 110(2):4. 2013.

NANDA, R. *Financing 'tough tech' innovation".* The Global Innovation Index 2020. Chapter 5. 2021.

NEDAYVODA, A., DELAVELLE, F., YING SO, H., GRAF, L., & TAUPIN, L.:" Financing DeepTech". Special Note 1. International Finance Corporation. World Bank Group. 2021.

NOFSINGER, J. R., & WANG, W., Determinants of start-up firm external financing worldwide. *Journal of Banking & Finance,* 2011, 35(9), 2282-2294. https://doi.org/10.1016/j.jbankfin.2011.01.024

OECD (2017), "Evaluating Publicly Supported Credit Guarantee Programmes for SMEs".

OEHMKE, M. and A. ZAWADOWSKI. "Synthetic or real? the equilibrium effects of credit default swaps on bond markets". *The Review of Financial Studies,* 2015, 28, 3303–3337.

ORHANGAZI, Ö., "The role of intangible assets in explaining the investment–profit puzzle". *Cambridge Journal of Economics,* 2019, 43(5), 1251–1286. https://doi.org/10.1093/cje/bey046

PARK. H., "Warrants in the financial management decisions of innovative firms". Journal of Futures Markets. 2022; 42:276–295.

PISONI, A., & AVERSA, E., & ONETTI, A. "The Role of Failure in the Entrepreneurial Process: A Systematic Literature Review," *International Journal of Business and Management,* Canadian Center of Science and Education, vol. 16(1), pages 1-53, 2021.

POLLMAN, E., "Start-up Failure". *Duke Law Journal,* 2023, Vol 73:327.

POMBO, P., MOLINA, H. and RAMÍREZ-SOBRINO, J.," The guarantee systems: keys for the implementation" 2015. AECA Pronouncement Document n. 13.

RIES, E., *The lean start-up: How today's entrepreneurs use continuous innovation to create radically successful businesses.* New York, NY: Crown Business. 2011.

ROMASANTA, A., AHMADOVA, G., WAREHAM, J. and PUJOL PRIEGO, L. (2020). "Deep Tech: Unveiling the Foundations". *ESADE Working Paper,* 276.

RUIZ DE APODACA, O. B., MURRAY, F., FROLUND, L., "Deep-tech entrepreneurship inSpain". Working Paper. MIT Management Global Programs. 2022.

SCHROECK, G., *Risk management and value creation in financial institutions.* John Wiley& Sons, Inc., Hoboken, New Jersey. 2002.

SCHUMPETER, J. A. (1942): *Capitalism, Socialism and Democracy.*

SCHUH, G., HAMM, C., "Supporting Deep Tech Start-ups to Streamline their FinancialMarketing to Different Investor Types". *Journal of Production Systems and Logistics,* 2023, Volume 3, Article 8.

SILVA JÚNIOR, C.R., MAIRESSE SILUK, J.C.M., NEUENFELDT-JÚNIOR, A. L., BINOTTO FRANCESCATTO M., & DE FREITAS MICHELIN, C. (2023):" Mapping Risks Faced by Start-up Investors: An Approach Based on the Apriori Algorithm". *Risks,* 2023, 11, 177. https://doi.org/10.3390/risks11100177

STIGLITZ, J. and A. WEISS, "Credit rationing in markets with imperfect information." *American Economic Review,* 1981, 71: 457-480.

STULZ, R., "Public versus private equity". *Oxford Review of Economic Policy,* 2020, 36, 275–290.

STULZ, R. M., 2001, "Creating value with risk management", in R. M. Stulz, ed.: *Derivatives, Risk Management and Financial Engineering* (Southwestern College Publishing Co., Cincinnati, OH).

WILSON, N., WRIGHT, M., KACER, M., "The equity gap and knowledge-based firms". 2018. J. Corp. Financ. 50, 626–649.

WORLD BANK, (2018), "Saving Entrepreneurs, Saving Enterprises: Proposals on the Treatment of MSME Insolvency", World Bank Group.

La propiedad intelectual e industrial como objeto de garantía: dificultades que plantea su utilización

INMACULADA HERBOSA MARTÍNEZ[1]

RESUMEN. Es sabido que un rasgo característico de las *startups* es que, con frecuencia, carecen de bienes corporales o materiales susceptibles de ser ofrecidos como garantía para acceder a financiación externa, a pesar de que disponen de otros activos, de carácter intangible, que serían susceptibles, sobre el papel, de ser utilizados con este fin. La legislación española no contempla una regulación general de las garantías sobre intangibles, sino figuras concretas, que recaen sobre una lista cerrada de bienes y derechos, algunos de los cuales revisten este carácter. Dando por bueno el sistema de garantías mobiliarias adoptado por el legislador español, si bien su modificación es un debate permanente abierto en nuestra doctrina, se analiza en este trabajo la hipoteca sobre los derechos de propiedad intelectual e industrial. Estos derechos, aunque no son los únicos intangibles que pueden ser objeto de garantía, suelen formar parte del patrimonio de las *startups,* cuyos pilares básicos son la innovación y la tecnología, a pesar de lo cual su aplicación práctica es muy limitada. En el cuerpo del trabajo se analizan algunos aspectos que condicionan su aplicación, derivados de los rasgos o características propias del objeto sobre el que recaen, a los que debe añadirse el peso de la inercia y la resistencia al cambio por parte de los operadores implicados, en particular, las entidades financieras.

PALABRAS CLAVE. hipoteca, intangibles, propiedad intelectual e industrial

ABSTRACT. It is known that a characteristic feature of *startups* is that they often lack tangible or material assets that can be offered as collateral to access external financing, despite the fact that they have other assets, of an intangible nature, which would be susceptible, on paper, to be used for this purpose. Spanish legislation does not provide for a general regulation of guarantees on intangibles, but rather specific figures, which fall on a closed list of assets and rights, some of which are of this nature. Accepting the system of secured transactions adopted by the Spanish legislator, although its modification is a permanent debate open in our doctrine, the mortgage on intellectual property rights is analyzed in this work. These rights, although they are not the only intangibles that can be guaranteed, are usually part of *startups,* whose basic pillars are innova-

---

[1] Catedrática de Derecho civil, Universidad de Deusto. Investigadora del grupo de investigación "Integración Europea y Derecho Patrimonial en un contexto global" reconocido como grupo de investigación del Sistema Universitario Vasco (Ref. IT 1472-22). Capítulo realizado dentro del proyecto PID2021-128762NB-I00 financiado por el Ministerio de Ciencia e Innovación (Agencia Estatal de investigación) y cofinanciado por la Unión Europea: "Financiación no bancaria para start-ups: riesgos y remedios jurídico-privados".

tion and technology, despite which their practical application is very limited. In this work, some aspects that condition their application are analyzed, derived from the features or characteristics of the object on which they fall, to which must be added the weight of inertia and resistance to change on the part of the operators involved, in particular, financial institutions.

KEYWORDS. Mortgage, intangible goods, intelectual property.

SUMARIO. 1. GARANTÍAS SOBRE INTANGIBLES. IDEAS GENERALES. **2.** EN PARTICULAR, LA HIPOTECA SOBRE PROPIEDAD INTELECTUAL E INDUSTRIAL. **2.1.** *Derechos que comprende.* **2.2.1.** Derechos sobre propiedad industrial. **2.1.2.** Derechos de explotación derivados de la propiedad intelectual. **2.1.3.** Exigencia de inscripción previa. **2.2.** *Legitimación para su constitución.* **3.** ESCASA UTILIZACIÓN DE LA FIGURA. IDENTIFICACIÓN DE POSIBLES CAUSAS QUE DIFICULTAN SU APLICACIÓN. **3.1.** *Ausencia de un marco normativo adecuado.* **3.2.** *Necesidad de coordinar dos tipos de registros.* **3.3.** *Riesgos derivados de su objeto.* **4.** MEDIDAS ESPECÍFICAS EN BENEFICIO DEL ACREEDOR. **4.1.** *Extensión de estos derechos.* **4.2.** *Derechos atribuidos al acreedor para impedir su extinción.* **4.3.** *Consentimiento del acreedor para la realización de actos dispositivos.* **4.4.** *Particularidades relacionadas con la ejecución.* **5.** OTRAS CAUSAS QUE CONTRIBUYEN A SU ESCASA UTILIZACIÓN. **6.** BIBLIOGRAFÍA.

1. GARANTÍAS SOBRE INTANGIBLES. IDEAS GENERALES

Es sabido que en el patrimonio de las *startups* está integrado cada vez más, y en mayor proporción que en otro tipo de empresas, por activos intangibles. Al mismo tiempo, estas empresas son las que dependen en mayor medida de ayuda financiera externa, lo que evidencia la importancia de dicho tipo de activos en el patrimonio de aquellas.

El término *intangible* es lo suficientemente expresivo como para poder intuir su significado. Pese a ello, desde un punto de vista técnico, puede ser útil aclararlo: se trata de activos que, aunque no tienen necesariamente un reflejo contable, influyen de manera decisiva en su valoración y, por tanto, contribuyen a la generación de ingresos o beneficios[2]. Obviamente, tan amplia definición comprende no sólo la propiedad industrial e intelectual sino también activos como *el know how,* la información o el conocimiento, o incluso, algo tan etéreo como la reputación de la marca y prestigio de la empresa[3]. No obs-

---

2 Sobre el concepto de bienes intangibles, sus características y elementos distintivos, v. TORRE DELGADILLO, V., "Los activos intangibles en la empresa", *Tlatemoani: Revista académica de investigación,* n.º 5, 2011, pp.1-2. En estas páginas, el autor recoge alguna definición que puede resultar de utilidad, y resalta algunos aspectos que considera fundamentales, como su aptitud para generar ingresos.

3 En este sentido algunos autores, siguiendo la clasificación realizada por GRANT, señalan que los activos intangibles comprenden la tecnología y la reputación (LLAMAS GUTIÉRREZ, S., BRUQUE CÁMARA ,S., MOYANO FUENTES, J., en "Los factores intangibles en la empresa: una perspectiva basada en los recursos", *La gestión de la diversidad: XIII Congreso Nacional, IX Congreso Hispano-Francés,* Logroño (La Rioja), 16, 17 y 18 de junio 1999, coord. AYALA CALVO, J. C., Vol. 2, 1999, p.539. Otros autores siguen la clasificación que recoge el *Internal Revenue Code* de los EE. UU. y señalan

tante, con la misma facilidad se intuye que no todos los activos mencionados contribuyen de igual modo a la generación de ingresos, sino que esta cualidad se reserva para los activos financieros identificables, en cuanto estos pueden ser fácilmente valorados en términos monetarios y recogidos en los estados financieros de la empresa[4]. De acuerdo con ello, a efectos contables, el Plan General de Contabilidad vigente exige como requisito añadido a los criterios de reconocimiento de todo activo (estar controlado por la empresa, cumplir los requisitos de probabilidad y gozar de una valoración fiable), que el activo sea identificable, bien por ser separable, bien por haber surgido de derechos legales o contractuales[5]. Este mismo requisito es exigible por las Normas Internacionales de Contabilidad (NIC 38)[6] .

En cualquier caso, lo que ahora interesa resaltar es que los activos mencionados sólo tienen capacidad de atraer financiación externa en la medida que puedan ser objeto de garantía. Como ha señalado la doctrina, desde un punto de vista teórico, la regulación de las garantías mobiliarias y, por tanto, la decisión de si la garantía puede constituirse o no sobre todo tipo de bienes (incluidos los intangibles) puede hacerse "obedeciendo a muy distintas *opciones de política jurídica* y por vías muy diversas"[7]. En el Derecho español se resuelve

---

seis categorías (cada una de las cuales, a su vez, incluye activos concretos): tecnología, literatura, ventas, organizaciones empresariales, operaciones y listas y otros artículos similares (que incluye cualquier otro artículo "cuyo valor derive de su conocimiento intelectual más de que de sus atributos físicos" (TORRE DELGADILLO, op. cit., pp.4-5).

4 V., sobre el particular, LE, Ch., NGUYEN, B. y VO, V., "Do intangible assets help SMEs in underveloped markets gain access to external finance? – the case of Vietnam", *Small Business Economics* 62(2), 2023, p 834.

5 V. Real Decreto 1514/2007, de 16 de noviembre, por el que se aprueba el Plan General de Contabilidad, Apartado II de la Exposición de Motivos, en relación con las normas de registro y valoración del inmovilizado intangible (Parte II. Normas de Registro y Valoración, 5.ª Inmovilizado intangible).

6 El objetivo de las mencionadas Normas es establecer el tratamiento contable de los activos intangibles que no estén contemplados específicamente en otra norma internacional de contabilidad. Con carácter general, se exige que las empresas procedan a reconocer un activo intangible si se cumplen determinados requisitos. Por lo que ahora interesa, vid. la definición de Activos intangibles (párrafos 9 y 10) e Identificabilidad (11 y 12).

7 V., al respecto, ROJO AJURIA, L., "Las garantías mobiliarias" (Fundamentos del Derecho de garantías mobiliarias a la luz de la experiencia de los Estados Unidos de América)", *Anuario de Derecho civil*, vol. 42, n.º 3, 1989, p.719. A grandes rasgos, como se explica en el trabajo citado, de referencia en la materia, la limitación del principio *par condicio creditorum* puede realizarse permitiendo que los particulares puedan constituir un derecho de garantía sobre cualquiera de sus bienes muebles (incluidos créditos) siguiendo la aplicación estricta del principio de autonomía de la voluntad o bien mediante leyes especiales por las que se establecen ciertas formas de garantía mobiliaria para garantizar determinado tipo de créditos y/o sobre determinado tipo

el problema con un criterio conservador, ya que no se da el paso de crear una figura jurídica nueva sino que las garantías mobiliarias, que principalmente se regulan en la Ley hipotecaria y prenda sin desplazamiento (en adelante, LHMPSD), se construyen tomando como base la prenda y la hipoteca, que sólo pueden constituirse sobre determinados tipos de bienes: aquellos que son susceptibles de identificación (en el caso de la hipoteca) o de fácil localización mediante la inscripción del lugar en el que se encuentran (en el caso de la prenda) aunque este último criterio no se aplica en algunos supuestos[8]. El problema es que el legislador adopta un criterio muy estricto en cuanto al tipo de bienes que pueden ser objeto de este tipo de garantías, ya que sólo pueden constituirse sobre determinados bienes que la LHMPSD expresamente menciona.

La limitación de garantías mobiliarias por razón de los bienes en el Derecho español da pie para abrir un interesante debate sobre si el catálogo de bienes susceptibles de ser hipotecados debería ampliarse y, en su caso, atendiendo a qué criterios. Seguramente, este tipo de planteamientos debería hacerse dentro de otro debate más amplio, a saber, si se debe dar el paso hacia un cambio total y absoluto del sistema de garantías mobiliarias, de acuerdo con los criterios promovidos en la materia por organismos internacionales, que exigiría revisar aspectos básicos del sistema actual[9]. No obstante, con un

---

de bienes, que es el criterio seguido por los ordenamientos de tradición romanista, incluido el español. Sobre los criterios generales que se siguen en el Derecho comparado, pp.721-725.

8 V., sobre los bienes no pertenenciales, CARRASCO PERERA, A., CORDERO LOBATO, E. y MARÍN LÓPEZ, M. Tratado de los derechos de garantía, Tomo II, Thomson Reuters (Aranzadi), 4.ª ed., 2022, p.362.

9 Como es sabido, la Asamblea general de las Naciones Unidades (resolución 71/136, de 13 de diciembre de 2016) recomendó que los Estados tomaran en consideración *la Ley modelo de la CNUDMI sobre Garantías Mobiliaria* (2016). Para facilitar esta labor, la Comisión aprobó la Guía para la incorporación al Derecho interno de dicha Ley (2017) y, posteriormente, la *Guía de prácticas de la CNUDMI relativa a la Ley Modelo sobre Garantías Mobiliarias (*2019). Estos textos, según la Asamblea, serían de gran utilidad para los Estados cuando revisaran o aprobaran leyes relacionadas con las garantías mobiliarias. De manera más específica, en la materia que nos ocupa, también es de interés la Guía legislativa de la CNUDMI sobre las operaciones garantizadas: suplemento relativo a las Garantías Reales sobre Propiedad Intelectual (2010), que precedió en el tiempo a las anteriores. Asimismo, la Corporación Financiera Internacional (en adelante, IFC) que forma parte del grupo del Banco Mundial) publicó la *Guía sobre Garantías Mobiliarias y Registros de Garantía (Secured Transactions Systems and Collateral Registries, 2010,* disponible *on line* con este nombre). La lectura de estos textos, entre otros, es muy recomendable para quien pretenda hacerse una idea de cuáles deberían ser las líneas directrices de dicha reforma. Un buen resumen sobre los textos internacionales que se refieren a garantías mobiliarias, v. JEREZ DELGADO, C., *Tex-*

criterio más pragmático, la cuestión planteada más arriba (esto es, la ampliación de los bienes que pueden ser objeto de garantía) podría llevarse a cabo mediante una reforma de mínimos, en la que se abordara la posibilidad de constituir garantía real sobre algunos intangibles con un valor económico incuestionable, a aunque no sean susceptibles de adaptarse al sistema de registro que contempla la legislación actual, que presupone la aplicación de principios registrales básicos, como el de legitimación y oponibilidad frente a terceros[10]. Sobre esto último algo diremos a la hora de explicar los problemas que plantea la posibilidad de hipotecar los nombres de dominio, a los que se refiere artículo 45.6 LHMPSD.

Centrándonos en la legislación vigente, como se ha dicho, las garantías mobiliarias se regulan principalmente en la LHMPSD, que permite la constitución de hipoteca y de prenda sólo sobre determinados bienes (arts. 12 y 52 a 54, respectivamente)[11].

En lo que se refiere a la hipoteca, de una lectura rápida del listado que contempla el mencionado artículo 12 LHMPSD se deduce que los únicos bienes intangibles que se mencionan son la propiedad intelectual e industrial, de manera que cualquier otro, aunque sea un activo susceptible de inscripción, no es susceptible de ser hipotecado al amparo de nuestra legislación. Sin embargo, sí hay que considerar incluida la posibilidad de constituir hipoteca sobre el mismo derecho de hipoteca sobre tales bienes (art. 2.1. final LHMPSD, tras la redacción introducida por la Ley 41/2007, por la que se incorpora la

---

tos internacionales sobre garantías mobiliarias: reflexión y análisis, Agencia estatal Boletín Oficial del Estado, *Madrid,* 2017, pp.15-18.

10 La exigencia de inscripción obligaría, hoy por hoy, a dejar fuera algunos derechos de valor económico y susceptibles de transmisión, como los secretos empresariales, que se regulan por la Ley 1/2019, de 20 de febrero, de Secretos Empresariales. A simple vista, la confidencialidad que es propia de estos derechos parece incompatible con el requisito de inscripción registral. Sin embargo, cabría pensar en soluciones originales sobre cómo proceder a dicha inscripción, garantizando su carácter confidencial, por ejemplo, limitando el contenido que debe ser inscribible y la accesibilidad a dicho contenido por terceros.

11 Como ha señalado la doctrina, esta determinación legal supuso una contradicción valorativa del sistema de garantías reales mobiliarias desde la vigencia de la LVPBM de 1965, que ya permitía la oponibilidad de los derechos constituidos sobre bienes identificables distintos de los expresados en el artículo 12 LHMPSD, por lo que no se comprendía el motivo por el que no era posible constituir hipoteca sobre los mismos. Esta situación ha ido adquiriendo mayor entidad con el paso del tiempo, hasta el punto de cuestionarse cuál es la verdadera razón por la que la posibilidad de constituir hipoteca mobiliaria se limita a los bienes señalados en el mencionado precepto (v. CARRASCO PERERA, CORDERO LOBATO y MARÍN LÓPEZ, op. *cit.*, p.53).

subhipoteca mobiliaria), lo que incrementa las posibilidades de movilización de la propiedad intelectual e industrial como fuente de financiación externa[12].

A partir de la mencionada Ley 41/2007, la hipoteca no es la única figura susceptible de constituirse sobre bienes de carácter intangible, ya que, además de la conocida prenda de créditos sin desplazamiento, esta Ley introdujo la posibilidad de constituir este tipo de prenda sobre "los créditos y demás derechos que correspondan a los titulares de contratos, licencias, concesiones o subvenciones administrativas" siempre que sean enajenables (art. 54.2 LHMPSD). Lo establecido en este precepto permite constituir garantía sobre licencias, concesiones o subvenciones administrativas, lo que no es absoluto desdeñable, pues, además de que las *startups* pueden ser titulares de licencias o concesiones de esta naturaleza que pueden movilizar como garantía, este tipo de empresas en muchos casos son beneficiarias de subvenciones. La configuración de estas garantías como prenda sin desplazamiento, en lugar de hipoteca, con toda seguridad se debe a que este tipo de bienes, por no ser fácilmente identificables, no pueden adaptarse debidamente al sistema de registro.

En suma, la hipoteca sobre propiedad intelectual e industrial no agota las posibilidades de constituir garantía sobre intangibles en nuestro ordenamiento (deja fuera la posibilidad de constituir garantía sobre otros bienes, que son objeto de garantía mediante de la prenda sin desplazamiento). No obstante, por razones prácticas, este trabajo se centra en la primera, no sólo por la necesidad de acotar de una manera razonable el objeto de estudio sino también debido a que los derechos de propiedad intelectual e industrial constituyen, al menos sobre el papel, un activo característico de las *startups,* con un claro enfoque hacia la innovación y la tecnología[13].

---

12 Sobre las ventajas y desventajas de la titulización de la propiedad intelectual (entendida en sentido amplio, incluida la propiedad industrial) vid. NEMLIOGLU, I, "A novelty on unlocking businesses' potential growth: Intellectual Property Securitisation ", *Procedia Computer Science,* January 2019, pp.999-1010.

13 La innovación y la tecnología digital son los dos pilares básicos de este tipo de empresas, de acuerdo con la Ley 28/2022, de 21 de diciembre, de fomento del ecosistema de las empresas emergentes. En concreto, dos de los requisitos para que una empresa pueda acogerse a lo establecido en dicha Ley son: que se trate de una empresa de base tecnológica (art 3.1) y que esta desarrolle un "proyecto de emprendimiento innovador que cuente con un modelo de negocio escalable" de acuerdo con lo establecido en la ley en la que (v. art.3.1. g)]. La propia norma define lo que debe entenderse por empresas emergentes de base tecnológica (art. 3.2. 1.º) y cuándo es innovadora (art. 3.2.2.º: "cuando su finalidad sea resolver un problema o mejorar una situación existente mediante el desarrollo de productos, servicios o procesos nuevos o mejorados sustancialmente en comparación con el estado de la técnica...").

2. EN PARTICULAR, LA HIPOTECA SOBRE PROPIEDAD INTELECTUAL E INDUSTRIAL

En el apartado precedente, ya ha quedado dicho que los derechos de propiedad intelectual e industrial pueden ser objeto de garantía a través de la hipoteca mobiliaria (art. 12.5 LHMPSD), lo que es fácilmente explicable dado que estos derechos, además de ser identificables, se adaptan con facilidad al sistema de registro clásico en nuestro ordenamiento, con sujeción a los principios de legitimación y oponibilidad frente a terceros. Como aclara la propia Exposición de Motivos de esta Ley," La hipoteca de estos derechos es de más fácil desenvolvimiento que la de los demás bienes, por su carácter esencialmente formal, por su perfecta adecuación a la vida registral y por ser, en su esencia, objeto de regulación en nuestro Derecho positivo".

La Ley 24/2015, de 24 de julio de patentes (en adelante, Ley 24/2015), cuya entrada en vigor se produjo el 1 de abril de 2017, trató de impulsar y facilitar la constitución de esta clase hipotecas, que, hasta ese momento, se regulaban de manera muy escueta. Aunque las hipotecas sobre ambas clases de derechos se rigen por disposiciones comunes, dicha Ley distingue formalmente entre la propiedad industrial y la propiedad intelectual (arts. 45 y 46 LHMPSD, respectivamente), lo que afecta, principalmente, a su objeto (incluida su extensión) y sujetos constituyentes. La diferenciación, como veremos, no es sólo terminológica (a diferencia de lo que sucede en el ámbito internacional, en el que la *intelectual property* comprende ambas clases de derechos) sino que tienes consecuencias de régimen aplicable relevantes.

2.1. Derechos que comprende

A efectos expositivos, tomando como base lo dispuesto en los mencionados artículos 45 y 46 LHMPSD, se distingue entre la hipoteca que recae sobre una y otra clase de derechos.

2.1.1. Derechos sobre propiedad industrial

La LHMPSD, tras la reforma mencionada, explicita qué derechos de propiedad industrial pueden ser objeto de hipoteca. Con este fin, se enumeran algunos, a título ejemplificativo, dejando abierta la posibilidad de constituir hipoteca sobre otras "cualesquiera modalidades típicas, de conformidad con su Ley reguladora" (art. 45.1 LHMPSD). Con tal previsión se facilita la aplicación de la norma, aunque, como se explica a continuación, todavía se siguen planteando algunas dificultades relacionadas con su interpretación.

De una parte, el precepto citado menciona expresamente algunos derechos tradicionales de propiedad industrial, cuya posibilidad de ser hipotecados contempla expresamente su legislación específica (esto es, patentes, marcas, nombres comerciales y diseños industriales)[14] . Pero también otros, menos conocidos que revisten esta naturaleza, cuya legislación reguladora no contiene ninguna referencia a la posibilidad de que pueden ser objeto de hipoteca. Es el caso de las topografías de productos semiconductores y las variedades vegetales, cuya legislación específica no contiene ninguna referencia a estos derechos como objeto de hipoteca[15]. Sin entrar en detalles, la hipoteca sobre variedades vegetales, que en realidad recae sobre el conjunto de los derechos que confiere el título de obtención vegetal de una variedad, reviste especial importancia en el sector de las *startups,* pues es muy relevante el número de empresas emergentes implicadas en la obtención de nuevas variedades vegetales[16].

De otro lado, conforme al inciso final del citado artículo 45.1 LHMPSD, también deben considerarse incluidos otros derechos que no son objeto de mención expresa, pero la posibilidad de ser hipotecados resulta de su Ley reguladora, como es el caso de los modelos de utilidad[17].

---

14 Además de lo que establece el artículo 45.1 LHMPSD, la legislación específica de propiedad intelectual e industrial establece la posibilidad de constituir hipoteca está expresamente prevista para las patentes (art. 82.1 Ley 24/2015 de 24 de julio, de Patentes, en adelante, LP), marcas y nombres comerciales (art. 46.2 Ley 17/2001 de 7 de diciembre, de Marcas, en adelante, LM) y diseños industriales (art. 59 Ley 20/2003, de 7 de julio, de Protección Jurídica del Diseño Industrial, en adelante, LPJDI). Repárese en que la norma contempla de manera expresa la posibilidad de hipotecar el nombre de dominio, que se consideraba excluido bajo la anterior legislación de marcas, sobre la base de que aquél no podía ser transmitido como parte de la empresa, conforme al artículo 79 de la Ley 32/1988, de 10 de noviembre, de Marcas (vid., por todos, GARCÍA-PITA Y LASTRES, "La hipoteca mobiliaria y la prenda sin desplazamiento", *Tratado de garantías de la contratación mercantil,* tomo II, vol. 1, coord. por NIETO CAROL, U. y MUÑOZ CERVERA, M., Cívitas, Madrid, p.392). La nueva Ley de marcas, como señala su Preámbulo, instaura el principio de su libre cesión, lo que determina que puedan ser hipotecables, por lo que la mención explícita de este derecho tiene mero efecto clarificador.

15 V. Ley 11/1988, de 3 de mayo, de protección jurídica de las topografías de los productos semiconductores y Ley 3/2000, de 7 de enero, de régimen jurídico de la protección de las obtenciones vegetales.

16 Según los últimos datos facilitados por la Asociación Nacional de Obtentores Vegetales (ANOVE), en 2020, se registraron casi 700 nuevas variedades vegetales para su comercialización en España, gracias a la mejora de semillas y plantas realizada por el sector obtentor, lo que evidencia la importancia económica y agrícola del sector <https://www.anove.es/datos-del-sector/aportaciones-de-la-mejora-vegetal-en-espana >.

17 De manera injustificada, el mencionado artículo 45 LHMPSD no menciona expresamente la posibilidad de constituir hipoteca sobre los modelos de utilidad, aunque no

Es más dudoso si, con arreglo al precepto citado, se podría constituir hipoteca sobre cualquier derecho protegido por la legislación de Propiedad industrial, objeto de constante evolución, aunque esta posibilidad no tenga amparo en su legislación específica[18]. Me inclino por dar una respuesta negativa a esta cuestión, de modo que la postura favorable al *numerus apertus* debe entenderse exclusivamente respecto de aquellos derechos que, a pesar de no ser objeto de mención expresa, pueden surgir en el futuro y ser susceptible de ser hipotecados conforme a la Ley que los regula[19]. Esta interpretación no sólo se ajusta mejor al tenor de la norma ("de conformidad con su Ley reguladora" ex art. 45.1 LHMPSD) sino también con la postura restrictiva que adopta el legislador a la hora de regular los bienes susceptibles de ser objeto de garantía mobiliaria, a la que ya me he referido anteriormente.

Un ejemplo claro de lo que se dice es lo que sucede con los nombres de dominio, que a pesar de venir funcionando desde hace tiempo *de facto* como una especie de marca o identificación de una empresa (se habla de m*arcas de internet) ninguna* norma establece que estos derechos sean susceptibles de ser hipotecados. Tras la Ley de reforma 24/2015, el artículo 46.5 LHMPSD contempla la posibilidad de constituir hipoteca mobiliaria sobre bienes de dominio en internet siempre que estos derechos fueran susceptibles de enajenación voluntaria conforme a la normativa aplicable, pero sometida al requisito de que así lo estableciera las normas sobre su correspondiente registro. En otras palabras, aunque se dejó abierta la posibilidad de hipotecar estos derechos no se tomó en ese momento ninguna decisión definitiva, seguramente debido a

---

ofrece ninguna duda que estos derechos pueden ser hipotecados, en cuanto atribuyen a su titular los mismos derechos que una patente de invención, y no hay nada en lo que pueda fundarse su incompatibilidad para ser objeto de hipoteca (cfr. arts. 148 y 150 LP). Este mismo argumento debe hacerse extensivo a los certificados complementarios de protección de medicamentos y de productos fitosanitarios (art. 1, ap. b y c LP).

18 La posibilidad de constituir hipoteca sobre estos derechos podría intentar fundarse en la previsión que impide hipotecar "los derechos personalísimos, carentes de contenido patrimonial o no enajenables y, en general, los que no sean susceptibles de apropiación individual" (art. 45.3 LHMPSD), entendida en el sentido de que la fórmula abierta que contiene el artículo 45.1 LHMPSD permite constituir hipoteca sobre cualquier derecho protegido por la propiedad industrial, con los únicos límites señalados en este apartado. No obstante, se debe entender que lo establecido en el mencionado apartado son límites a tener en cuenta a la hora de ampliar los derechos susceptibles de hipoteca por su Ley reguladora.

19 Asimismo, en el sentido expuesto, FORTEA GORBE, J.L., "El nuevo régimen de la hipoteca inmobiliaria de propiedad intelectual e industrial", *Actualidad civil,* n.º 4, 2017 (consultado on line), p.3.

la deficiente adecuación de estos derechos a la vida registral[20]. El problema es que, aunque estos derechos funcionan como marcas, son enajenables y registrables, la normativa que regula su registro, nada dice acerca de que puedan ser hipotecados[21]. Por ello, hay que entender que, a falta de previsión legal expresa, no son hipotecables al amparo de la cláusula que contempla el artículo 45.1 LHMPSDE, con la interpretación restrictiva expuesta más arriba[22]. En cualquier caso, a la hora de tomar una decisión definitiva sobre el particular, se debería sopesar el valor económico incuestionable de estos derechos en el tráfico y, sobre esta base, pensar en una reforma del registro en el que se inscriben estos derechos[23].

Más allá de las dificultades concretas que plantean los nombres de dominio, la cuestión no está exenta de interés, ya que la realidad social va por delante del reconocimiento legal que pueda tener una figura.

---

20 Como bien explica FORTEA GORBE, la mayor dificultad reside en que la inscripción de estos derechos se realiza en un registro de carácter mundial (INTERNIC) administrado por una empresa privada (ICANN), que se fundamenta en principios muy distintos a los que rigen los registros administrativos, entre otros, no se tiene en cuenta la existencia de terceros perjudicados. Precisamente por esta razón, el autor concluye que la posibilidad de hipotecar estos derechos -que considera directamente habilitada por el artículo 45.1 LHMPSD- constituye "un de las mayores quiebras al exigente régimen registral de hipoteca mobiliaria" (op. cit., pp.4-5).

21 Debe advertirse que durante la vigencia del Plan Nacional de Nombre de Dominio de Internet bajo el código de país correspondiente a España (".es"), aprobado por la Orden CTE/662/2003, de 18 de marzo, la posibilidad de constituir hipoteca sobre los nombres de dominio debía considerarse claramente excluida, ya que el artículo18 del mismo establecía su intransmisibilidad. El Plan Nacional sobre la materia aprobado por la Orden ITC/1542/2005 estableció en su artículo 12 la transmisión voluntaria de estos derechos con sujeción a determinados requisitos (de ahí el inciso del artículo 45 LHMPSD excluyendo la posibilidad de constituir hipoteca sobre los derechos no susceptibles de enajenación voluntaria). No obstante, nada decía sobre la posibilidad de que fueran hipotecados, a pesar de establecer el carácter transmisible de estos derechos. Algunas reflexiones interesantes sobre el nombre de dominio como objeto de negocio jurídico pueden verse en LASTIRI SANTIAGO, M., "*La comercialización del nombre de dominio. Régimen jurídico,* Marcial Pons, Madrid, 2014, p.143-171.

22 En el sentido expuesto, JIMÉNEZ GOMEZ, B.S., "La nueva Ley de Patentes y sus implicaciones en materia de garantías internacionales", *Anuario español de Derecho Internacional Privado,* n.º 16, 2016, p.557. De manera muy expresiva afirma esta autora que si la ley no se pronuncia sobre la posibilidad de constituir garantías sobre nombres de dominio, "la eventual práctica de realizarlas estaba como mínimo en una situación de alegalidad". Un sector de la doctrina considera que los nombres de dominio en cuanto no constituyen "propiedad industrial" pueden acomodarse a la prenda sin desplazamiento (vid., CARRASCO PERERA, CORDERO LOBATO y MARÍN LÓPEZ, *op. cit.,* p.362).

23 Algunas reflexiones interesantes sobre la realidad económica que rodea a los nombres de dominio, vid. LASTIRI SANTIAGO, op. cit., pp.33-36.

Para finalizar lo que tiene que ver con los concretos derechos de propiedad industrial que son susceptibles de hipoteca, se debe abordar la cuestión relativa a si pueden ser objeto de aquella los derechos que tengan un reconocimiento que exceda del ámbito nacional, ya sea comunitario ya sea internacional[24]. De forma resumida puede decirse que la posibilidad de constituir hipoteca sobre estos derechos no plantea dificultad, habida cuenta su asimilación, en sus respectivas legislaciones, a un derecho de propiedad equivalente del Estado miembro.

La idea de facilitar la constitución de hipoteca sobre propiedad industrial no sólo tiene reflejo en la concreción de los derechos que pueden ser hipotecados y el criterio de apertura que ya se ha mencionado. Además, se establece que puede ser objeto de hipoteca no sólo el derecho en sí sino también la solicitud de concesión de este (cfr. arts. 45.2 LHMPSD), ya que desde que se solicita la inscripción hasta que esta se practica en el registro administrativo correspondiente, puede transcurrir un lapso de tiempo, más o menos largo. Posibilidad que no está legalmente prevista para la hipoteca sobre propiedad intelectual a la que me refiero a continuación.

2.1.2. Derechos de explotación derivados de propiedad intelectual

Como es sabido, puede ser objeto de hipoteca la propiedad intelectual, que protege todas las creaciones originales literarias, artísticas o científicas expresadas por cualquier medio o soporte, tangible o intangible, actualmente conocido o que se invente en el futuro (art. 10 Ley de Propiedad intelectual). Tan amplia definición comprende todo tipo de creación original, incluidos, por lo que ahora interesa, los programas de ordenador (o *software*), de particular relevancia en las empresas emergentes vinculadas a la tecnología digital.

Como ha señalado la doctrina, la hipoteca sobre propiedad intelectual no tiene por objeto la propiedad intelectual como tal, sino la totalidad o alguno de los derechos de contenido patrimonial ligados a aquella[25]. Así lo establece expresamente el artículo 46.1 LHMPSD, al establecer como objeto de esta hipoteca los derechos de explotación de la obra (entre otros, derecho de

---

24 V., a nivel comunitario, el Reglamento (UE) 2017/1001 DEL PARLAMENTO EUROPEO Y DEL CONSEJO de 14 de junio de 2017 sobre la marca de la Unión Europea y el Reglamento (CE), n.º 6/2002 sobre los dibujos y comunitarios, que establecen un procedimiento para la obtención de los respectivos derechos, con protección uniforme en todos los países miembros. A nivel internacional, el Convenio de Múnich establece un procedimiento único de concesión de patentes entre los países miembros de dicho convenio, la mayoría miembros de la Unión Europea.

25 Resaltan este extremo, CARRASCO PERERA, CORDERO LOBATO y MARÍN LÓPEZ, *op. cit.*, p.95.

reproducción, distribución, comunicación y transformación), así como cualquier otro derecho de contenido patrimonial que sea transmisible *inter vivos* conforme a su Ley reguladora[26]. Desde un punto de vista negativo, se establece la imposibilidad de constituir hipoteca sobre los derechos personalísimos, como el llamado derecho moral de autor, los no enajenables y en general los que no sean susceptibles de apropiación individual, conforme al artículo 46.2 LHMPSD. Además, este mismo apartado incorpora un requisito adicional, que es común a la hipoteca sobre propiedad industrial, del que me ocupo a continuación, que es la exigencia de que el derecho de propiedad intelectual figure inscrito en el Registro administrativo correspondiente.

2.1.3. Exigencia de inscripción previa

Como ya se ha dicho, la hipoteca mobiliaria, en general, se regula sobre la base de que esta se constituye sobre bienes identificables susceptibles de registro. Por ello, no es de extrañar que la recae sobre la propiedad intelectual e industrial, sólo pueda constituirse sobre derechos previamente inscritos en el registro administrativo correspondiente; en este sentido se establece que no son susceptibles de hipoteca los derechos registrables, pero no registrados (cfr. arts. 45.3 y 46.3 LHMPSD, respectivamente). Este requisito, como se explica después, introduce un elevado grado de complejidad a la hora de constituir esta garantía, debido a las dificultades que suscita la inscripción de estos derechos[27].

---

26 De manera específica, el artículo 53 del Real Decreto Legislativo 1/1996, de 12 de abril, por el que se aprueba el texto refundido de la Ley de Propiedad Intelectual (en adelante, TRLPI), contempla expresamente la posibilidad de hipotecar los derechos de explotación con arreglo a la legislación vigente. Mediante la remisión a la legislación vigente, se entiende que aquella comprende los derechos de explotación "en cualquier forma", en especial, los derechos de reproducción, distribución, comunicación y transformación (art. 17 TRLPI). Además, como se explica en el texto, la posibilidad de constituir hipoteca se amplía a todos aquellos derechos de carácter patrimonial, que, según lo establecido en esta Ley, sean transmisibles a título *intervivos.* Al margen de ello, algún derecho de carácter patrimonial de particular relevancia en el caso que nos ocupa, como el derecho de remuneración por copia privada ex artículo 25 TRLPI, podrá quedar comprendido en la hipoteca que se constituya sobre el derecho de reproducción, al amparo de lo que establece el artículo 5 LHMPSD. Sobre los antecedentes del mencionado artículo 53 TRLPI, como elemento interpretativo de su contenido, vid., DOMÍNGUEZ LUELMO, A., *La hipoteca de propiedad intelectual,* Reus, Madrid, 2006, pp. 14-17.

27 Resaltan este aspecto en relación a la inscripción del software, GARCÍA CASTILLO, J y CHÁVARRI PERNAUTE, M., "Software como garantía financiera en el ordenamiento jurídico español", *Diario La Ley,* N.º 10404, 2023 (consultado on line).

2.2. Legitimación para su constitución

El intento de facilitar y fomentar la utilización de esta garantía que subyace a la Ley 24/2015 no sólo tiene reflejo en la definición de su objeto sino también en la legitimación activa para constituir aquella. La razón es que, tras la reforma que introduce dicha Ley, se amplían los sujetos que puedan formalizar esta hipoteca, aunque, al igual que sucedía con el objeto, es necesario distinguir entre una u otra clase de derechos.

En lo que se refiere a la hipoteca sobre propiedad industrial, con arreglo a la versión originaria de su ley reguladora, aquella sólo podía constituirse por el titular (o *propietario*) de aquella, conforme a los artículos 1875 CC y 1 LHPSD. Sin embargo, tras la reforma mencionada, se establece, además, la legitimación del licenciatario, como titular de un derecho de uso o explotación, para constituir hipoteca sobre su derecho siempre que tenga facultad de ceder este a un tercero (ex art. 45.2 LHMPSD). Requisito lógico, dado que es consustancial a la hipoteca la exigencia de que el constituyente tenga poder disposición sobre los bienes (cfr. arts.1857.3 CC y 138 LH). La legitimación a favor de este sujeto se establece con mucha amplitud, ya que pueden constituir hipoteca sobre sus respectivos derechos los titulares de licencias "en su totalidad o en alguna de las facultades que integran el derecho de exclusiva, para todo el territorio nacional o para una parte de mismo; con la condición de licencia o no exclusiva".

La reforma también amplía la legitimación para la hipoteca sobre la llamada propiedad intelectual, aunque en este caso la legitimación se establece a favor del cesionario, en exclusiva o como cesionario, siempre que aquel tuviere facultad de enajenar su derecho a tercero (art. 46.2 LHMPSD). Para el cesionario en exclusiva (que supone que los derechos transmitidos sólo pueden ser ejercitados por este), la posibilidad de constituir hipoteca sobre su derecho debe entenderse en relación con el artículo 49 LPI, que permite que el cesionario en exclusiva pueda transmitir a otro su derecho con el consentimiento expreso del transmitente (en otras palabras, el cesionario tiene la libre disposición sobre su derecho y este es enajenable). Por tanto, la verdadera innovación que introduce la reforma se refiere al cesionario parcial (la transmisión a favor de este sujeto no impide al propietario acordar más transmisiones con el mismo objeto a favor de otros), ya que, a falta de la previsión que contempla el artículo 46.2 LHMPSD, dicho sujeto no podría constituir hipoteca sobre su derecho, ya que el artículo 50 LPI establece la intransmisibilidad de este (salvo excepciones). Como consecuencia de ello, aunque el cesionario parcial no pueda transmitir de manera voluntaria su derecho, sí podrá constituir hipoteca sobre el mismo, en concurrencia con la que puedan constituir otros cesionarios, lo que evidencia la intención de aprovechar al máximo la posibilidad de constituir garantía sobre estos derechos.

Llama la atención que para la hipoteca que recae sobre este tipo de derechos no se establezca de manera expresa la posibilidad de que esta se constituya por licenciatario, a pesar de que, en la práctica, para algunos de estos derechos, como los programas de ordenador (o software), es frecuente recurrir a la distribución bajo licencia.

3. ESCASA UTILIZACIÓN DE LA FIGURA. IDENTIFICACIÓN DE POSIBLES CAUSAS QUE DIFICULTAN SU APLICACIÓN

Con independencia de lo sugerente de la figura y la utilidad que puede ofrecer sobre el papel, conviene dejar constancia de que su utilización práctica ha sido, y sigue siendo, muy escasa. Esta ha sido, sin duda, la opinión prácticamente generalizada de los operadores jurídicos a los que se ha consultado, de manera informal, para la realización de este trabajo. De manera más precisa, tomando como base los escasos datos de los que se disponen, cabe extraer algunas conclusiones[28]:

> 1ª La utilización de la hipoteca es, efectivamente, escasa (mínimo de 1 y máximo de 25 hipotecas por año, con una media de 88.248.375,15 euros durante los últimos ocho años, aunque los datos recabados demuestran su potencialidad como garantía. Por ejemplo, en el año 2019, mediante esta forma de garantía se aseguró un importe elevado (280.370.198,89 euros), mediante la constitución de 19 hipotecas, casi igual al total asegurado con hipoteca sobre maquinaria. Y en 2014, ligeramente menor, de 210. 210.974.456,09 euros, mediante 25 hipotecas. Una clara demostración de la potencialidad de este tipo de garantía, es que, en el año 2020, con una única hipoteca, se logró asegurar un importe de 6.738.713 euros (más que con la hipoteca sobre vehículos).
>
> 2ª Se desconoce la identidad y, por tanto, el tipo de empresa que formalizaron estas operaciones, por lo que no pueden ser directamente a su utilización por las *startups*. No obstante, los datos recogidos, aunque no discriminen entre uno y otro tipo de empresas, evidencian que este tipo de garantías es de escasa utilización
>
> 3ª Imposibilidad de establecer una establecer una tendencia clara en la utilización de esta forma de garantía.

---

28 Los datos aportados se han tomado de las Estadísticas que recoge el Anuario de la Dirección general de seguridad jurídica y fe pública (consultado en https://www.mjusticia.gob.es/es/areas-actuacion/documentacion-publicaciones/publicaciones/anuario-direccion-general), que sólo cubren los años que se mencionan. Estos datos, que no son lo detallados que sería deseable, sirven para ofrecer una fotografía de cuál ha sido su utilización entre los años 2013 y 2020, aunque, como se recoge en el texto, son insuficientes para establecer una tendencia.

A modo de resumen:

Año	Importe (euros)	Número hipotecas	Registro
2020	6.738.713	1	Madrid
2019	280.370.198,89	19	Madrid
2018	3,586,084,00	15	Madrid
2017	4.446.690,00	6	Madrid
2016	3.991.902,20	14	Madrid (13) Illes Balears (1)
2015	18,893.957	15	Madrid
2014	210.974.456,09	25	Varios[29]
2013	176.985.000	2	Granada

En los trabajos que se han dedicado al estudio de la hipoteca sobre propiedad intelectual o industrial no se han analizado con el detalle que hubiera sido deseable, cuáles han sido las causas para su escaso éxito, si este se mide, como debe hacerse, en términos de utilización práctica. De entrada, hay que reconocer que su constitución supone, desde un punto de vista práctico, un proceso complejo, que requiere la participación de profesionales con un conocimiento especializado de dos materias específicas, muy diferentes entre sí, como la propiedad intelectual e industrial y la legislación hipotecaria (en particular la que afecta a bienes muebles). Pero, más allá de esta complejidad, a mi juicio, es posible identificar, tres causas principales que pueden contribuir a dicho resultado: 1ª ausencia de un marco normativo adecuado; 2ª la necesidad de coordinar dos registros distintos (Registro de bienes muebles y Registros administrativos), que, a su vez, presentan diferencias entre sí; 3ª las características o rasgos propios de los derechos sobre los que recaen estas hipotecas, que ponen en entredicho las expectativas de cobro de los acreedores sobre tales derechos.

Nos referimos por separado a cada uno de estos aspectos

3.1. Ausencia de un marco normativo adecuado

Con carácter previo, hay que recordar que estas hipotecas, como las demás que tienen por objeto un bien de naturaleza mueble, se regulan sobre la base de un modelo obsoleto, diseñado por la LHMPSD a imagen y semejanza de la hipoteca inmobiliaria que no se adecúa a las directrices establecidas en el De-

---

[29] Sobre el detalle de estos Registros, v. <https://www.mjusticia.gob.es/es/AreaTematica/DocumentacionPublicaciones/Documents/DGRN-2014-ESTAD.pdf>

recho comparado y por organizaciones y entidades internacionales para este tipo de hipotecas, que se traduce en la exigencia de requisitos que dificultan y encarecen el proceso de constitución de esta garantía[30]. No cabe ninguna duda, de que dicho modelo está detrás de la mayoría de las dificultades prácticas que implica la constitución de este tipo de hipotecas, aunque, como se ha dicho, no se puede esperar a que *un cambio de sistema arregle todos los males,* sobre todo cuando está sujeto a condición, y no a término, si finalmente el legislador español dará el paso hacia otro modelo[31].

Además, hay que tener en cuenta que la regulación es compleja y está fragmentada o repartida en diferentes cuerpos o textos legales: no sólo son distintas las leyes en las que se regula la hipoteca y los derechos de propiedad intelectual e industrial asegurados, sino que, además, se arrastra uno de los defectos que afectan a estos derechos, que es su dispersión normativa. De manera muy breve, la LHMPSD se limita a la regulación de la hipoteca sobre esta clase de derechos, mientras que el régimen aplicable a estos se establece en sus normas respectivas, en las que se señala que la hipoteca se regirá por su legislación específica[32]. Por tanto, la primera dificultad con la que se enfrenta quien está llamado a interpretar y aplicar estas normas es la necesaria coordinación de la LHMPSD con las diferentes normas en las que se regula el régimen de los distintos derechos sobre los que recae la garantía, una miríada de leyes (prácticamente una distinta para cada uno de aquellos) que complica de una manera significativa dicha labor[33].

---

30 No hay nada más que leer los criterios promovidos por la Comisión de las Naciones Unidas para el Derecho Mercantil Internacional (CNUDMI) y la IFC para darse cuenta de lo alejado que se halla nuestro sistema de lo que sería un modelo adecuado para la regulación de las garantías mobiliarias. Además, de lo que se recoge en los textos recomendados por las mencionadas organismos y entidades internacionales (ya citados en este trabajo), un magnífico resumen de los rasgos que caracterizan aquellos sistemas que, como el nuestro no han sido objeto de reforma, y los efectos económicos que producen, puede verse, FLEISIG, H. SAFAVIAN, M. Y DE LA PEÑA, N., *Reforming colateral Laws to expand access to finance,* The Word Bank, Washington, 2006, pp.47-51.

31 De manera recurrente, se han organizado encuentros y seminarios sobre el particular. Incluso en algún momento, en 2014, por parte de los Ministerios de Economía, Justicia e Industria, llegaron a ultimarse los detalles de un borrador de Ley de garantías mobiliarias con más de 100 artículos. Pero, salvo error u omisión por mi parte, no hay constancia de que, en el momento actual, retomar o elaborar un nuevo borrador esté en las previsiones del Gobierno.

32 V. arts. 53 TRLPI, art. 46.2 LM y art. 82.1 LP.

33 Además de las leyes en los que se regulan los derechos tradicionales de propiedad intelectual e industrial no hay que olvidar las relativas a las obtenciones vegetales (Ley 11/98) y topografías de productos semiconductores (Ley 3/2000), que han sido objeto de cita en este trabajo.

Sobre esta base, si finalmente se tomara la decisión de un cambio de modelo, al menos, ayudaría una ley de garantías que permita unificar la mencionada fragmentación o dispersión normativa.

3.2. Necesidad de coordinar dos tipos de registros

En estrecha relación con lo anterior, se hallan los problemas que plantea la necesidad de coordinar la inscripción de la hipoteca y la de los derechos sobre los que aquella recae, ya que la válida constitución de la garantía requiere la inscripción de estos derechos en sus respectivos Registros (cfr. arts. 3 y arts. 45.3 y 46.3 LHMPSD respectivamente)[34].

En el momento presente, ya se han resuelto algunas de las dudas más relevantes que planteaba la exigencia de coordinación, pues ya está aclarado que la constitución de la garantía y, por tanto, la preferencia de este derecho se produce por la inscripción en el RBM, y no en los Registros administrativos mencionados (arts. 45.5 y 46.5 LHMPSD, para la hipoteca sobre propiedad industrial e intelectual, respectivamente)[35]. Sin embargo, no está suficientemente claro qué consecuencias produce esta última inscripción sobre la hipoteca, ni qué sentido tiene y cómo se articular la coordinación entre ambos registros.

En lo que se refiere a la primera de las cuestiones apuntadas (esto es, qué consecuencias produce la inscripción de los derechos en el proceso de constitución de la hipoteca) la LHMPSD no aporta muchos datos. La razón es que esta ley, al regular la constitución de la hipoteca, se centra en el requisito de la inscripción de este derecho, aunque, como toda hipoteca, también se requiere que el hipotecante sea el titular dominical o, en su caso, el licenciatario del derecho gravado, así como la libre disposición de estos. Sin embargo, no es necesario que el bien o derecho figure previamente inscrito a nombre del

---

[34] En rigor, el artículo 3 LHMPSD establece que la hipoteca mobiliaria y prenda sin desplazamiento, en general, se constituye en escritura pública, de manera que el requisito de la inscripción sólo es necesario para que el acreedor no se vea privado de los derechos que esta Ley les concede. Según un sector autorizado de la doctrina, a efectos prácticos, es indiferente que la hipoteca nazca con la escritura si ello supone que ni siquiera se puede ejecutar (vid., CARRASCO PERERA, CORDERO LOBATO y MARÍN PÉREZ, *op. cit.*, p.61). Por su parte, los artículos 45.3 y 46.3 LHMPSD establecen que no son susceptibles de hipoteca los derechos registrables, pero no registrados.

[35] Una explicación básica sobre el Registro de Bienes Muebles y su diferenciación de los Registros administrativos puede verse en GARCÍA SOLÉ, F./GÓMEZ GÁLLIGO, F.J., *Derecho de los bienes muebles. Financiación y garantías en la contratación mobiliaria*, Marcial Pons, Madrid, 2002, pp.159-163.

hipotecante en el Registro (art. 68 LHMPSD), de modo que la inscripción dominical previa es sólo facultativa (art. 13 LHMBPS). La explicación reside en que la Sección 4ª del Registro de Bienes muebles, en el que se inscribe esta hipoteca no funciona como un registro de titularidades, sino como mero registro de gravámenes, de manera que, las hipotecas mobiliarias, en general, pueden inscribirse, aunque el bien no esté inscrito a nombre del hipotecante en el Registro (art. 68 LHMPSD), puesto que la inscripción dominical previa es sólo facultativa (art. 13 LHMBPS).

No obstante, el carácter facultativo de la inscripción del derecho que es objeto de hipoteca no exime de que quien pretenda la inscripción tenga que acreditar cuál ha sido el título de adquisición de su derecho. Para la hipoteca intelectual e industrial esta cuestión se simplifica, puesto que bastará con presentar certificación de este registro en el que se refleja la titularidad del derecho (Registro de Patentes y Marcas o Registro de Propiedad intelectual), que goza de una presunción de exactitud, salvo prueba en contrario, a favor del derecho inscrito (es aquí donde entra en juego la inscripción del correspondiente derecho en el Registro). Al hilo de ello, conviene aclarar que el titular de la hipoteca no quedará protegido en su adquisición si se demuestra que dicha certificación es inexacta, en el caso de que pudiera probarse que el derecho de propiedad o intelectual fue inscrito a favor de persona que no era titular de este[36]. Sobre el papel, esta circunstancia constituye un riesgo -aunque no sea verosímil que se produzca- para el acreedor, ya que podría darse el caso de que la inscripción del derecho en el Registro administrativo se solicite por persona distinta del verdadero titular del derecho, ya que el control del registrador para la inscripción de los derechos de propiedad intelectual o industrial se refiere a cuestiones técnicas.

En cuanto a la segunda de las cuestiones apuntadas (cómo se produce y qué efectos produce la coordinación entre ambos registros), una vez constituida la hipoteca en el Registro de bienes muebles, deberá ser objeto de la correspondiente notificación a los Registros especiales para su anotación. A estos efectos, deberá remitirse de oficio certificación del contenido de la hipoteca a "la Oficina de Patentes y Marcas" o, en su caso, el Registro de Propiedad intelectual (arts. 45.5 y 46.6 LHMPSD) para su constancia registral y coordinación entre ambos. Este requisito no confiere oponibilidad o eficacia a la hipoteca (que se obtiene mediante su inscripción en el primer registro

---

36 La protección de dicho sujeto no puede fundarse en el principio de fe pública registral, ya que este principio no entra en juega en este tipo de registros (que, como ya se ha dicho, funciona como un mero registro de gravámenes), de manera que la expresión de la titularidad a su favor no pasaría de ser una mención que no produce efectos registrales (v., en este sentido PAU PEDRON, A., "La hipoteca de propiedad intelectual", *RCDI,* n.º 642, 1997, p.1771).

mencionado) sino que la anotación se practica a efectos informativos o de publicidad del gravamen respecto de terceros adquirentes de derechos sobre estas propiedades especiales y, al mismo tiempo, lograr la efectividad de la regla que exige el consentimiento del acreedor para la realización de los actos dispositivos, como la cesión del derecho o renuncia del titular (sobre lo que se volveremos con más detalle al explicar el régimen aplicable).

Desde un punto de vista práctico, la necesidad de doble inscripción, con sus correspondientes procesos de calificación, puede complicar y retrasar el proceso de constitución de la garantía. A ello, hay que sumar los costos asociados a ambos procesos, que incluyen tanto los que corresponden a la inscripción propiamente dicha como al otorgamiento de escritura, como requisito formal necesario para practicar esta[37].

3.3. Riesgos derivados de su objeto

Es indudable que la principal característica de los derechos de propiedad e industrial es su difícil valoración y, en términos, más amplios, la incertidumbre que rodea a la realización de estos activos, incluida la existencia o no de posibles compradores, hasta el punto de que este aspecto, constituye el verdadero *talón de Aquiles* de estas hipotecas. La explicación es clara: las expectativas de cobro de los acreedores cuando se plantean la constitución de la hipoteca dependen del valor de los activos que se les ofrece como garantía y de la facilidad para su realización, de manera que cuando este valor no está asegurado o se duda sobre la existencia de potenciales compradores, los acreedores no tendrán ningún aliciente para constituir aquélla[38].

En segundo lugar, otra característica de los derechos de propiedad intelectual e industrial es que se hallan muy vinculados a la persona o actividades comerciales de su titular, con el consiguiente riesgo de que pierdan su valor si se transmiten o se cede su uso o explotación a otra persona[39]. Este rasgo,

---

37 Sobre los principales problemas que plantea el sistema de inscripción en registros distintos, v. en FLEISIG, H., SAFAVIAN, M., DE LA PEÑA, *op. cit.*, pp.39-41.

38 Esta es puede decirse que es la opinión común en la doctrina, también a nivel internacional, HOCHBERG, Y.H., SERRANO, C.J., ZIEDONIS, R.H., "Patent collateral, investor commitment, and the market for venture lending", *Journal of Financial Economics*, vol. 130, October 2018, pp.76-77. Sin embargo, estos mismos autores consideran que este argumento es un tanto ambiguo, tomando como base algunos informes en los que los acreedores, a la hora de constituir estas hipotecas, relativizan las dificultades de valoración de estos derechos (p.78).

39 V., en este sentido, HOCHBERG, SERRANO, ZIEDONIS, op. cit., p.77, quienes consideran que este factor, junto con el anterior, es determinante, según la literatura científica, a la hora de configurar las expectativas de cobro del acreedor.

como veremos, es tenido en cuenta por el legislador a la hora de establecer los requisitos necesarios para la validez de los actos dispositivos de estos derechos, lo que comprende, no sólo su enajenación sino también la cesión de su uso o explotación y la renuncia (arts. 4 y 48 LHMPSD) [40]. Como se explica con detalle más adelante, lo que se pretende es impedir que el titular del derecho no pueda disponer del derecho sin el consentimiento del titular de la garantía, quien deberá decidir *ex ante* sobre la inexistencia de perjuicio.

Otro rasgo que puede condicionar las expectativas de cobro del acreedor es el riesgo de obsolescencia de este derecho, en el sentido de que su valor se puede ver afectado por el transcurso del tiempo[41]. Este riesgo, aunque se da en todas las hipotecas, es, sin duda, mucho más elevado en las que tienen por objeto derechos de propiedad industrial, debido a la aparición de productos o servicios nuevos o mejorados en el mercado. La versión originaria de la LHMPSD no establecía ninguna medida específica para atemperar o conjurar este riesgo, o dicho de manera más precisa, sí la establecía, pero, tan débil, que podía - y de hecho solía - pasar desapercibida[42]. Sin embargo, para asegurar que el acreedor no viera disminuidas sus posibilidades de cobro por este motivo, la Ley 24/2015 amplió la extensión objetiva de la hipoteca de propie-

---

40 En Derecho español, la importancia de la persona que ostenta la titularidad del bien o derecho gravado es un rasgo común a todos los objetos susceptibles de hipoteca mobiliaria. Por ello el artículo 4 LHMPSD establece el consentimiento del acreedor como requisito necesario para la enajenación de cualquiera de estos bienes. No obstante, el legislador parece considerar dicho rasgo de particular importancia para los derechos de propiedad intelectual e industrial, al establecer, además, dicho requisito para la renuncia y cesión y explotación de derechos conforme al artículo 48 LHMPSD. En este sentido, sería matizable la explicación de VALLET DE GOYTISOLO cuando pone en un mismo plano los diferentes tipos bienes objeto de esta hipoteca, limitándose a señalar que la persona del titular "son tan importantes o más que en los demás objetos", y considerar lo dispuesto en el artículo 48 LHMPSD una "aplicación" de lo establecido en el mencionado artículo 4, y buena prueba de ello es que este último precepto no habla de acto de disposición sino, en concreto, de enajenación ("La ley de 16 de diciembre de 1954 y su reglamento de 17 de junio de 1955 sobre hipoteca mobiliaria y prenda sin desplazamiento", *Anuario de Derecho civil,* Vol. 8, N.º 4, 1955, pp.1246-1247). Como se ha explicado en el texto, la persona del titular del derecho reviste una particular relevancia en la propiedad intelectual e intelectual, claramente mayor que en otro tipo de derechos, razón por la que se dedican disposiciones especiales a la hipoteca que recae sobre este derecho.

41 V., en este sentido, VALLET DE GOYTISOLO, señala que "muchas veces, su valor se diluye con extraordinaria rapidez", op. cit., p.1246. En términos análogos, GARCÍA-PITA Y LASTRES, califica la hipoteca que se constituye sobre estos derechos como "extremadamente sensible al paso del tiempo, que lo deprecia" (op. cit., p. 307).

42 Por ejemplo, VALLET DE GOYTISOLO, que advierte el riesgo de que el tiempo diluya su valor, apunta la necesidad de que se articulen medidas para evitarlo, pero no llega a identificar ninguna (op. cit., p.1246).

dad industrial, de manera que, a partir de entonces, está recae o se extiende inexorablemente sobre cualquier modificación o mejora del derecho que ha sido objeto de garantía, aunque sea constitutiva de otro derecho distinto (sin posibilidad de pacto en contrario, como sucedía antes de la reforma introducida por dicha Ley, que no distinguía entre una y otra clase de derechos).

En cuarto lugar, se debe hacer alusión al riesgo de extinción de los derechos de propiedad intelectual o industrial por causas que son propias de estos derechos. Como es sabido, este derecho se puede extinguir por caducidad -por falta de uso o por transcurso del plazo de vigencia- o como consecuencia del ejercicio de acciones de nulidad. La LHMPSD establece algunas medidas especiales para evitar el perjuicio del acreedor como consecuencia de la extinción de estos derechos que se explican al abordar el régimen aplicable, aunque, como veremos, son insuficientes y es necesario arbitrar medidas más imaginativas, de las que se da en cuenta en dicho apartado.

Por último, en quinto lugar, no se puede obviar el riesgo de que, mediante la inscripción de estos derechos, se ponga en riesgo la confidencialidad que son consustanciales a los mismos. Este problema afecta de manera particular al derecho de propiedad intelectual sobre programas de ordenador (o *software*), ya que la necesidad de inscribir este derecho para constituir el gravamen implica hacer constar la totalidad del código fuente, lo que puede poner en riesgo su originalidad y/o su innovación. Cuando se incorporó la reforma de la LHMPSD por la tan citada Ley 24/2015, quedó pendiente de regulación cómo garantizar estos contenidos, en la que se estableciera qué aspectos podían ser objeto de consulta. Sin embargo, el nuevo Reglamento del Registro de la Propiedad intelectual (en adelante, RRPI), aprobado por Real Decreto 611/2023, de 11 de julio, sigue exigiendo, como requisito necesario para la inscripción de los programas de ordenador "la totalidad del código fuente en formato digital cuyo contenido pueda ser examinado por el registrador" (art. 14, *j)*.1.º). Las consecuencias de tener que facilitar dicha información puede verse agravada por la posibilidad que ofrece este Reglamento de que terceros que acrediten un interés legítimo puedan consultar directamente los expedientes archivados en los registros en los términos que previene el artículo 13 de la Ley 39/2015, de 1 de octubre (cfr. art. 30.2 RRPI), lo que exigirá tener que extremar el celo a la hora de apreciar dicho interés.

4. MEDIDAS ESPECÍFICAS EN BENEFICIO DEL ACREEDOR

4.1 Extensión de estos derechos

Como se ha adelantado, uno de los rasgos característicos de este tipo de hipotecas es el riesgo de obsolescencia del objeto, esto es, el riesgo de que aparezca una nueva invención o una versión mejorada de la anterior, que minore o anule el valor de la garantía, de manera que se reduzcan las expectativas de cobro del acreedor. Este riesgo es muy desigual según se trate de un derecho de propiedad intelectual o industrial, ya que es mucho mayor en este último caso.

Por lo que ahora interesa, a partir de la Ley 24/2015, esta diferencia entre ambos tipos de propiedad tiene su correspondiente reflejo en las reglas de extensión de la hipoteca. Es interesante apuntar que la versión originaria de la LHMPSD, con una terminología y un fundamento cuestionable, estableció la misma regla para los derechos de propiedad industrial e intelectual: la extensión automática de la hipoteca sobre las modificaciones o transformaciones del derecho hipotecado, salvo pacto en contrario[43]. La reforma citada introdujo, como se ha dicho, una regla diferente para cada una de las propiedades mencionadas (ninguna de ellas coincidía con su precedente), lo que exige dedicar algunas líneas a explicar cuál o cuáles han sido las razones que pueden justificar este cambio.

Para la hipoteca sobre propiedad industrial, se suprime la posibilidad de pacto en contrario, lo que permite entender que, ahora, aquella se extiende necesariamente "a los derechos y mejoras resultantes de la adición, modificación o perfeccionamiento de los derechos registrados", sin posibilidad de excluir este resultado mediante acuerdo de las partes, conforme al artículo 45.4 LHMPSD. Aunque la Ley 24/2015 no explicitó era la razón justificativa del cambio, a mi juicio, la explicación más verosímil es que esta reside en el riesgo de obsolescencia y mejora constante de los bienes y productos objeto de propiedad industrial, que provoca que la garantía del acreedor se diluya o se reduzca a la nada de forma sobrevenida por la aparición de un producto o proceso nuevo o sustancialmente mejor que el anterior. A falta de una previsión como la que ahora se recoge, en caso de una nueva patente (que resulte de la adición, modificación o perfeccionamiento de la anterior), habría que

43 El artículo 46 LHMPSD, en su versión originaria, se refería a estas modificaciones como "accesorios" de los derechos respectivos de propiedad industrial o intelectual hipotecados y, sobre esta base, los consideraba incluidos en la hipoteca, salvo pacto en contrario. Sobre las críticas que suscitaba dicha previsión, v. entre otros, PAU PEDRÓN, op. cit., p.1755.

constituir otra garantía separada, con el correspondiente coste de inscripción y posible pérdida de rango. Sobre este base, es entendible que el legislador no quiera dejar en manos de las partes la posibilidad de excluir de la hipoteca las modificaciones del derecho hipotecado y opte por proteger a ultranza al titular de la garantía[44].

Con un criterio distinto, un sector de la doctrina considera que esta regulación es incongruente ya que la misma Ley 24/2015 que incorpora esta previsión, suprime la posibilidad de solicitar adiciones de patente, de manera que a partir de entonces la modificación o el perfeccionamiento de una patente necesariamente da lugar a otra distinta. Como resultado de ello, la regla de extensión necesaria de la hipoteca a las modificaciones mencionadas la garantía se extiende a un objeto distinto de aquel sobre el que fue inicialmente constituida, lo que se estima rechazable tomando como referencia las reglas de la hipoteca inmobiliaria[45]. A mi juicio, este argumento no es determinante habida cuenta que, como ya se ha dicho anteriormente, la hipoteca a la que nos referimos no se rige exactamente por los mismos principios que los que caracterizan la hipoteca inmobiliaria. En cualquier caso, no es la primera vez que en materia de hipotecas se sacrifican principios básicos de la misma en beneficio de algún sujeto que, atendiendo a los intereses implicados, es merecedor de protección (piénsese, sin ir más lejos en la subrogación contraria al principio de accesoriedad de la hipoteca, que incorpora el artículo 118.2 LH).

Con un criterio distinto, para la hipoteca sobre propiedad intelectual, se incorpora la regla de no extensión de la obra original a las modificaciones o transformaciones posteriores de la obra original ("traducciones y adaptaciones; las revisiones, actualizaciones o anotaciones; los compendios, resúmenes o extractos; los arreglos musicales o cualesquiera transformaciones de la obra") salvo pacto en contrario, y sin perjuicio de que estas puedan ser objeto de otras tantas garantías separadas (art. 46.4 LHMPSD). La diferencia, frente al supuesto anterior, reside en que en la hipoteca sobre propiedad intelectual esta sólo se extiende a las modificaciones y transformaciones mencionadas si ha mediado pacto a favor del titular de la garantía (en lugar de la extensión automática e inexorable de las modificaciones que se establece para la hipoteca sobre propiedad industrial).

---

44 Lo entiende de manera distinta, FORTEA GORBE, para quien "no se puede considerar una extensión automática del gravamen al nuevo título, salvo que se pacte expresamente al tiempo de constituirse la hipoteca y así se manifieste al solicitar el nuevo título o cuando este se conceda", op. cit., p.6.

45 Vid., CARRASCO PERERA, CORDERO LOBATO y MARÍN LÓPEZ, op. cit., p.100. Según estos autores, ni siquiera cabría una extensión convencional a otra patente, por las mismas razones que una hipoteca inmobiliaria no puede extenderse a otra finca distinta de la inicialmente gravada.

La pregunta que, inevitablemente, se plantea es ¿o a que se debe esta diferencia de trato? No deja de sorprender que la hipoteca sobre propiedad intelectual, en la que el elemento innovador de las modificaciones es de menor intensidad, estas no queden incluidas, salvo que medie pacto para ello, cuando lo lógico es que, al tratarse de la misma invención, estas deberían quedar incluidas en la hipoteca de la obra original[46]. Sin embargo, a mi juicio, el criterio a tener en cuenta es, efectivamente la intensidad del elemento innovador (que es mayor en la propiedad industrial), pero entendido o aplicado en otro sentido: a saber, al ser, en este último tipo de propiedad, la innovación de un grado tan intenso, la invención inicial perdería todo su valor si no fuera por la extensión automática e irremediable de la hipoteca a cualquier modificación. Sin embargo, en la hipoteca de propiedad intelectual, la innovación se considera tan poco significativa respecto de la invención inicial, que no se entiende justificada la extensión a esta de la hipoteca, salvo que se pacte de manera expresa.

4.2. Derechos atribuidos al acreedor para impedir su extinción

Con carácter general, el hipotecante está obligado a conservar los bienes o derechos gravados, de los que, lógicamente, no puede disponer, aunque está facultado para su uso conforme a su destino económico o a lo que resulte de la naturaleza del bien (cfr. arts. 27 y 44.2 LHMPSD, por analogía). En el supuesto de la hipoteca mobiliaria de propiedad intelectual e industrial, ello supone que el titular de estos derechos mantiene el uso y explotación de estos en las mismas condiciones en las que podía hacerlo antes de constituir la garantía[47].

No obstante, precisamente por haber constituido dicha garantía, el titular de estos derechos está obligado a su conservación para mantenerlos en el mismo estado en que se encontraban en el momento de constituir aquella, ya

---

46 Es evidente, que el elemento innovador es menor en la hipoteca de propiedad intelectual. De manera muy expresiva, algunos autores resaltan que las transformaciones que menciona la norma, en la mayoría de los casos, son meras "repeticiones" de la obra originaria. Precisamente por ello, con anterioridad a la reforma, se cuestionaba la posibilidad de que la extensión automática de la hipoteca, para este tipo de derechos, admitiera pacto en contrario (GARCÍA- PITA Y LASTRES, op. cit., p.304).

47 Según algunos autores, en lo que respecta a esta hipoteca, se echa de menos "una normativa más minuciosa que regule los especiales deberes de conservación del hipotecante", ya que la aplicación general de observación de la diligencia debida "resulta claramente insuficiente" (vid., en el sentido expuesto, GARCÍA-PITA Y LASTRES, op. cit., p.305).

que la desaparición del objeto supone, irremediablemente, la pérdida de la hipoteca para el acreedor.

Ya se ha adelantado que, en esta clase de hipotecas, el titular esta más expuesto al riesgo de extinción de la hipoteca por desaparición o pérdida del objeto gravado. Lo que procede analizar ahora es cuáles son las medidas previstas en la legislación para su minoración y, en su caso, si es posible cómo mejorar o reforzar, en el momento de su constitución, dichas medidas.

a) Caducidad por falta de uso

Algunos derechos de propiedad industrial pueden caducar por falta de uso durante un determinado plazo de tiempo, como es el caso de las marcas y patentes, si en el plazo previsto en su legislación específica no hubieran sido objeto de uso efectivo (cfr. arts. 54.1 y 39 LM y arts. 90 y 108.e) y d) LP)[48]. La legislación hipotecaria no ha reconocido al acreedor ninguna facultad específicamente dirigida a enervar la caducidad por este motivo, más allá de poder dar por vencida la obligación por este motivo por falta de explotación de la patente en un periodo superior a seis meses o por falta de uso de la marca durante cuatro años consecutivos, salvo pacto en contrario (art. 51.2 LHMPSD). El ejercicio de esta facultad exige, lógicamente, que los acreedores sean conscientes y estén al tanto de estos plazos para evitar la extinción de su garantía. En cualquier caso, dichos sujetos podrían apurar las posibilidades que ofrece la norma, al admitir un pacto distinto, y preocuparse de reducir este plazo (que, por defecto, es de cuatro años), sin perjuicio de introducir algunas medidas más imaginativas en el momento de constitución de la garantía[49].

---

48 En el caso de las marcas, estas caducan si no hubieran sido objeto de uso efectivo en el plazo de cinco años desde la firmeza de su registro, o si tal uso hubiera sido suspendido de manera ininterrumpida durante el mismo tiempo (art. 39 LM). En lo que respecta a las patentes, su titular está obligado a explotar su invención patentada, de forma que dicha explotación resulte suficiente para abastecer la demanda en el mercado español. La explotación deberá hacerse "dentro del plazo de cuatro años desde la fecha de presentación de la solicitud de patente, o de tres años desde la fecha en que se publique su concesión en el «Boletín Oficial de la Propiedad Industrial», aplicándose automáticamente el plazo que expire más tarde" (art. 90), siempre que el titular de la patente no pueda beneficiarse de los convenios o acuerdos internacionales y se cumplan los requisitos a los que se refiera el artículo 108.e) LP. Asimismo, la patente caduca si no se explota dentro de los dos años siguientes a la concesión de la primera licencia obligatorias (art. 108.d LP).

49 En este sentido, algunos autores recomiendan que en el momento de constituirse la hipoteca se estipule una licencia de la marca a favor de la persona que designe el acreedor (vid., CARRASCO PERERA, CORDERO LOBATO y MARÍN LÓPEZ, *op. cit.*, pág. 108).

b) Caducidad por expiración del plazo de vigencia

En segundo lugar, existe el riesgo de que los derechos de propiedad industrial caduquen por expiración del plazo de vigencia, plazos que, en general, son bastante cortos comparativamente con la propiedad inmobiliaria[50]. Frente a este riesgo, la legislación hipotecaria faculta al acreedor para solicitar, en su caso, la renovación o rehabilitación de los derechos de propiedad industrial gravados (art. 50 LHMPSD), de manera que la exigencia de velar por su derecho será una carga añadida para el acreedor. En todo caso, el acreedor se verá obligado a adelantar el pago del canon o la tasa correspondiente a la inscripción del derecho en el registro correspondiente. Por exigencias del principio de especialidad, es razonable pensar este importe no podrá incluirse en la hipoteca si no se ha pactado de manera expresa, algo de lo que también deberá preocuparse su titular en el momento de constituirse aquella,

c) Nulidad del derecho

Otro riesgo, y quizás el más importante, es la extinción de la hipoteca por nulidad del derecho de propiedad intelectual e industrial, en el caso de que este se haya constituido este de manera irregular. En efecto, el ejercicio de acciones por parte de tercero contra el hipotecante supone irremediablemente la pérdida de garantía para el acreedor por extinción de su objeto, ya que, como se ha explicado, el acreedor no quedará protegido en su adquisición en caso de que se declare la nulidad, puesto que no entra en juego el principio de fe pública a favor de dicho sujeto. Sin embargo, la LHMPSD no contempla ninguna previsión acerca de la forma de prevenir o atajar este riesgo, sin perjuicio de la acción indemnizatoria que corresponda *ex post* al titular de la garantía contra el hipotecante, que cubra la reparación de los posibles perjuicios ocasionados por la pérdida de la garantía.

Dicho esto, para valorar en su justa medida el riesgo real que supone el posible ejercicio de acciones sería necesario manejar algunos datos acerca de cuál es el grado de litigiosidad en los tribunales y cuántas de esas acciones prosperan, de los que no se disponen. En cualquier caso, con independencia

50 Debe tenerse en cuenta que los plazos son distintos en función de la clase de derecho, a contar desde la presentación de la solicitud y, por lo que ahora interesa, no todos son susceptibles de prórroga. En efecto, no son prorrogables el derecho de patente, que tiene un plazo de duración de veinte años (art. 58 LP) ni los modelos de utilidad, cuyo plazo es de diez años, con la particularidad de que se exige el pago de cuotas anuales para mantenerlos en vigor, aspecto a tener en cuenta para evitar que el derecho caduque (art. 148.2 LP). Se aplica un criterio distinto para las marcas, cuyo plazo de duración es de diez años, aunque transcurrido ese plazo, la marca puede renovarse por períodos de diez años de forma sucesiva e indefinida (art. 31 LM) y diseños industriales, para los que el registro del diseño se otorgará por un plazo de cinco años prorrogables, hasta un máximo de veinticinco (art. 43 LPJDI).

de cuál fuera el resultado, la postura que se adopte no puede ser, desde luego, excluir la hipoteca sobre esta clase de derechos debido al posible riesgo de nulidad que amenaza su efectividad, sino pensar soluciones o algún cauce para conseguir neutralizar este riesgo. A mi juicio, este objetivo podría ser alcanzado mediante una postura proactiva o una mayor implicación del titular de la garantía , no sólo en aquellos casos en los que la hipoteca se constituya sobre la solicitud del derecho (en los casos de propiedad industrial), en los que dicho sujeto puede colaborar con el titular del mismo para asegurarse que se cumplen los requisitos necesarios para la obtención del derecho, sino también en aquellos, en que ya constituido este, sea posible la convalidación del defecto (por ejemplo, en el caso de las marcas que, después de inscribirse, pueden adquirir la distintividad requerida para cumplir con su función).

4.3. Consentimiento del acreedor para la realización de actos dispositivos

Conforme a las reglas generales de la hipoteca inmobiliaria, la constitución de la misma sobre un bien o derecho no impide su transmisión a un tercero, que lo adquiere con la carga de la hipoteca, aunque puede o no asumir la deuda (cfr. art. 118 LH, en materia de propiedad inmobiliaria). Con un criterio distinto, la LHMPSD establece de manera general, para la hipoteca mobiliaria, que el hipotecante no podrá enajenar los bienes sujetos a aquella sin consentimiento del acreedor (art.4 LHMPSD), regla que, lógicamente, también se aplica a la que recae sobre propiedad intelectual o industrial.

Además, de manera específica para esta última clase de hipoteca se establece que, el artículo 48 LHMPSD establece que "el titular no podrá renunciar a su derecho ni ceder su uso o explotación, total o parcial, sin consentimiento del acreedor", de manera que el consentimiento del acreedor se requiere, no sólo para la enajenación o cesión del derecho, sino también para otros actos dispositivos, como la renuncia y la cesión de su uso o explotación a favor de licenciatario. Mediante la exigencia este requisito, se neutraliza uno de los riesgos que presenta este tipo de garantías, consistente en su estrecha vinculación o dependencia del titular del derecho que se hipoteca (si el acreedor consiente la enajenación o la cesión del uso o explotación será porque confía en que el derecho mantiene su valor). Desde un punto de vista práctico, la efectividad de esta prohibición se logra, al menos para la hipoteca de propiedad industrial, mediante la anotación de la constitución del gravamen en el registro administrativo correspondiente, de manera que, a falta de dicho consentimiento, no se podrá inscribir el acto dispositivo en dicho registro.

No obstante, cabe interrogarse acerca de cuál sería la consecuencia del incumplimiento de esta prohibición, sobre todo, en el caso de la hipoteca sobre derechos de propiedad intelectual, para los que la inscripción en el Registro de Propiedad no es obligatoria ni constitutiva de la cesión. A mi juicio, parece claro que, tratándose de una exigencia legal establecida en beneficio del titular de la hipoteca, aunque este no consienta la transmisión ni la cesión del uso o la explotación, el acreedor podrá ejecutar la hipoteca. Dicho de otro modo, la omisión de dicho requisito no impide que el acreedor pueda hacer efectivo su derecho. No obstante, se debe garantizar a dicho sujeto que, de no haber mediado su consentimiento, el acto dispositivo no surtirá efectos en su perjuicio, de manera que tampoco ofrece duda que podrá interesar su impugnación.

Atención aparte merece el requisito del consentimiento del acreedor exigible por el mencionado artículo 48.5 LHMPSD, en el caso de que el derecho gravado sea objeto de renuncia. La particularidad de esta hipoteca es que el consentimiento del acreedor condiciona la validez de la renuncia, a diferencia de lo que es la regla aplicable para la hipoteca inmobiliaria y, en general para cualquier clase de derecho, conforme a la cual la renuncia es válida, aunque no pueda perjudicar a terceros.

En el caso de la propiedad intelectual, la regla de que una decisión unilateral del titular del derecho no perjudique al acreedor hipotecario tiene su reflejo en otras reglas. Efectivamente, responde a este principio, la prohibición de modificar la obra en perjuicio de los derechos adquiridos por este sujeto (art. 14.5 LPI), de manera que, en beneficio de este, hay que entender que el contenido de la misma era el originario. Sin embargo, el titular del derecho sí podrá retirar la obra del comercio por cambio de convicciones intelectuales o morales, lo que dará lugar a la extinción de la hipoteca, con la correspondiente indemnización de los daños y perjuicios a favor del acreedor para reparar la pérdida de su derecho.

4.4 Particularidades relacionadas con la ejecución

Como se ha dicho, una de las principales dificultades que plantea la hipoteca sobre los derechos de propiedad intelectual e industrial es la valoración de estos derechos, así como el desconocimiento del mercado para su realización, hasta el punto de que este aspecto es el que verdaderamente pone en entredicho la efectividad de esta garantía.

Precisamente, para evitar tener que recurrir a la ejecución, en la hipoteca sobre este tipo de derechos, reviste particular interés la posibilidad de que el acreedor pueda hacer suyo el importe resultante de la explotación de los derechos que constituyen su objeto. A estos efectos, el artículo 49 LHMPSDE considera admisible el pacto anticrético, con arreglo al cual el acreedor pueda cobrarse, en todo o en parte, el importe adeudado, mediante la imputación de las sumas percibidas al pago de intereses y, en lo que exceda, al pago del capital. Según un sector autorizado de la doctrina, esta facultad estaría reservada para la hipoteca de propiedad intelectual, debido a la exigencia de notificar de manera fehaciente este pacto a la Sociedad de autores que se recoge en el inciso final de dicho precepto[51]. Esta facultad, a mi juicio, debería hacerse extensiva a la propiedad industrial, ya que se puede entender que la referencia a dicha entidad únicamente se debe a que dicha entidad, como encargada de la gestión de estos derechos, debe tener conocimiento del pacto para poder satisfacer el pago al acreedor.

En caso de tener que recurrir a la ejecución, la hipoteca mobiliaria en general, incluida la que recae sobre los derechos mencionados, presenta algunas particularidades respecto de la hipoteca inmobiliaria:

a) el domicilio fijado para la práctica de requerimientos y notificaciones no se puede alterar sin el consentimiento del acreedor (art. 683.1. 3.º LEC).

b) En lo que se refiere propiamente a la tasación juridicial, la DGRN ha declarado que el requisito de que en la escritura de constitución conste la tasación de los bienes para que sirva de base a la subasta que contempla el artículo 682.2.1.º LEC es aplicable a la hipoteca mobiliaria (v. RRDGRN de 21 de diciembre de 2018 y 19 de diciembre de 2019). A estos efectos, en el caso que nos ocupa, dada la naturaleza de los bienes, se aplican algunas especialidades. Por ejemplo, en el caso de la propiedad industrial deberá valorarse conforme a la Orden ECO/85/2003, conforme a una tasación ajustada a los métodos de valoración habituales en la práctica mercantil por entidades especializadas, aunque no es necesario que figuren inscritas en el registro dependiente del Banco de España (RDGRN de 19 de diciembre de 2019).

5. OTRAS CAUSAS QUE CONTRIBUYEN A SU ESCASA UTILIZACIÓN

Las medidas legales expuestas en el apartado anterior pueden ayudar a mitigar razonablemente los riesgos asociados a estas garantías. Sin embargo,

---

51 V., por todos, CARRASCO PERERA, CORDERO LOBATO y MARÍN LÓPEZ, op. cit., p.116. En el mismo lugar, los autores citados consideran que sería válida la cláusula de extensión convencional de la hipoteca respecto de las cantidades que fueran debidas por el licenciatario, conforme a las reglas generales de la hipoteca. A mi juicio, no está tan claro que estas reglas resulten aplicables a la hipoteca mobiliaria y prenda sin desplazamiento, ya que las disposiciones aplicables a estas, de conformidad con las reglas de la hipoteca, sólo se refieren a la extensión de la garantía respecto de las indemnizaciones (arts. 5 y 6 LHPSD en relación con la Exposición de Motivos, Disposiciones comunes).

la solución para incentivar su aplicación no puede consistir únicamente en mejorar estas medidas, ya sea por vía legal o, en la medida de lo posible, por vía convencional. Es fundamental considerar algunas circunstancias fácticas que también contribuyen a su escasa aplicación.

a) En primer lugar, es importante tener en cuenta la política comercial que siguen muchas entidades financieras, ya que suelen ser reacias a aceptar hipotecas que no recaigan sobre la propiedad como garantía [52]. En general, los agentes económicos son reticentes a adoptar nuevas formas de financiación cuando las tradicionales resultan efectivas y las alternativas no superan las ventajas que aquellas ofrecen. Esta resistencia natural al cambio se ve agravada por la complejidad e incertidumbre asociadas a estas hipotecas.

Sobre el papel, una posible solución a esta situación podría ser la sensibilización acerca de las posibilidades de financiación que ofrecen este tipo de garantías. Esto podría lograrse mediante una llamada al legislador (por parte de quien corresponda) para que aborde seriamente una reforma, total o parcial, de la normativa aplicable a las garantías mobiliarias, así como a las partes implicadas en su constitución (inversores y entidades financieras). En este último caso, es difícil precisar cómo promover el uso de esta hipoteca. Podría ser a través de reuniones científicas y otros eventos, aunque parece más factible incentivar el uso de estas formas de garantía a través de los profesionales que intervienen en estas operaciones, como asesores o notarios.

b) En segundo lugar, no se puede obviar que la incertidumbre que genera en los acreedores (entidades financieras) la realización de los derechos de propiedad intelectual e industrial sobre los que recae la garantía es significativa. En particular, lo que se refiere a la valoración de estos derechos y el desconocimiento del mercado, incluida la existencia de posibles compradores.

Para poner fin a la incertidumbre que genera la valoración de estos derechos, sería útil exigir que los tasadores sean entidades certificadas por el Banco de España, similar a lo que ocurre en el sector inmobiliario. Además, para fomentar esta forma de garantía, al menos en una fase inicial de implementación, podría contemplarse un reparto de los riesgos financieros con otras instituciones.

---

52 Curiosamente, algunas entidades financieras informan en su web sobre la posibilidad de constituir hipoteca sobre los derechos de propiedad intelectual e industrial < https://www.bbva.com/es/la-hipoteca-mobiliaria/>, aunque la realidad evidencia su reticencia a la hora de constituir este tipo de hipotecas.

Mejorar el conocimiento del mercado exigiría una postura más proactiva por parte de los acreedores, que les permita establecer contactos y una comprensión efectiva del mercado[53]. En última instancia, supone la inversión de recursos propios o la contratación de asesoramiento profesional para alcanzar estos objetivos, lo que resulta disuasorio, o al menos, poco atractivo, para estos sujetos.

c) En tercer y último lugar, no se puede ignorar la mayor implicación que exige la conservación del objeto de estas hipotecas (impedir la falta de uso, solicitar la renovación del derecho, etc.). Más allá de la carga y la consiguiente inversión de recursos que requiere el control de estos aspectos, estas medidas de control implican un cambio de mentalidad por parte de las entidades financieras, que, aunque actualmente no se da, debería ir produciéndose de manera gradual.

6. BIBLIOGRAFÍA

CARRASCO PERERA, A., CORDERO LOBATO, E. y MARÍN LÓPEZ, M. Tratado de los derechos de garantía, Tomo II, Thomson Reuters (Aranzadi), 4.ª ed., 2022.

DOMÍNGUEZ LUELMO, A., *La hipoteca de propiedad intelectual,* Reus, Madrid, 2006.

FLEISIG, H. SAFAVIAN, M. Y DE LA PEÑA, N., *Reforming colateral Laws to expand access to finance,* The Word Bank, Washington, 2006.

FORTEA GORBE, J.L., "El nuevo régimen de la hipoteca inmobiliaria de propiedad intelectual e industrial", *Actualidad civil,* n.º 4, 2017.

GARCÍA CASTILLO, J., y CHÁVARRI PERNAUTE, M., "Software como garantía financiera en el ordenamiento jurídico español", *Diario La Ley,* N.º 10404, 2023.

GARCÍA-PITA Y LASTRES, J.L., "La hipoteca mobiliaria y la prenda sin desplazamiento", *Tratado de garantías de la contratación mercantil,* tomo II, vol. 1, coord. por NIETO CAROL, U. y MUÑOZ CERVERA, M., Civitas, Madrid, 1996.

GARCÍA SOLÉ, F./GÓMEZ GÁLLIGO, F.J., *Derecho de los bienes muebles. Financiación y garantías en la contratación mobiliaria,* Marcial Pons, Madrid, 2002.

HOCHBERG, Y.H., SERRANO, C.J., ZIEDONIS, R.H., "Patent collateral, investor commitment, and the market for venture lending", *Journal of Financial Economics,* vol. 130, October 2018.

JEREZ DELGADO, C., *Textos internacionales sobre garantías mobiliarias: reflexión y análisis,* Agencia estatal Boletín Oficial del Estado, *Madrid,* 2017.

---

[53] Una conducta proactiva del acreedor en el sentido apuntado en el texto sería necesario si el enfoque utilizado para la valoración de los derechos es el llamado *enfoque de mercado,* que se calcula a partir de transacciones reales del mismo. Sobre este aspecto, vid. JIMÉNEZ GÓMEZ, B. S., "La hipoteca mobiliaria sobre los derechos de propiedad industrial", *RCDI,* nº 789, 2022, pp.27-28.

JIMÉNEZ GOMEZ, B.S., "La nueva Ley de Patentes y sus implicaciones en materia de garantías internacionales", *Anuario español de Derecho Internacional Privado,* n.º 16, 2016.

JIMÉNEZ GÓMEZ, B. S., "La hipoteca mobiliaria sobre los derechos de propiedad industrial", *RCDI,* nº 789, 2022.

LASTIRI SANTIAGO, M., "*La comercialización del nombre de dominio. Régimen jurídico,* Marcial Pons, Madrid, 2014.

LE, Ch., NGUYEN, B. y VO, V., "Do intangible assets help SMEs in underveloped markets gain access to external finance? – the case of Vietnam", *Small Business Economics* 62(2), 2023.

LLAMAS GUTIÉRREZ, S., BRUQUE CÁMARA ,S., MOYANO FUENTES, J., en "Los factores intangibles en la empresa: una perspectiva basada en los recursos", *La gestión de la diversidad: XIII Congreso Nacional, IX Congreso Hispano-Francés,* Logroño (La Rioja), 16, 17 y 18 de junio 1999, coord. AYALA CALVO, J. C., Vol. 2, 1999.

NEMLIOGLU, I, "A novelty on unlocking businesses' potential growth: Intellectual Property Securitisation ", *Procedia Computer Science,* January 2019.

PAU PEDRON, A., "La hipoteca de propiedad intelectual", *RCDI,* n.º 642, 1997.

ROJO AJURIA, L., "Las garantías mobiliarias" (Fundamentos del Derecho de garantías mobiliarias a la luz de la experiencia de los Estados Unidos de América)", *Anuario de Derecho civil,* vol. 42, n.º 3, 1989.

TORRE DELGADILLO, V., "Los activos intangibles en la empresa", *Tlatemoani: Revista académica de investigación,* n.º 5, 2011.

Alternativas públicas a la financiación de las startups

ARIANA EXPÓSITO GÁZQUEZ[1]

RESUMEN. Las startups se han convertido en actores clave para transformar la actividad económica del país y promover la conversión de los sectores productivos más importantes hacia la digitalización. Sin embargo, estas empresas, por sus características definitorias, se enfrentan a diversos desafíos a lo largo de todas las etapas de su vida, especialmente, en lo que se refiere al acceso a la financiación a través de los sistemas convencionales. Por ello, es necesaria la intervención estatal, a través de políticas económicas que beneficien su consolidación y expansión para impulsar el desarrollo y consolidación de estas empresas, y dirigir la economía hacia el objeto de desarrollo y evolución que se pretende. En el caso de España, se está desarrollando un marco jurídico genuino que promueve diversos beneficios administrativo-fiscales, tanto para facilitar el acceso a la financiación privada, como de carácter público, así como también la simplificación de las trabas burocráticas administrativas.

PALABRAS CLAVE. Emprendimiento, empresa emergente, sectores estratégicos, financiación pública, y colaboración público-privada.

ABSTRACT. Startups have become key players in transforming the country's economic activity and promoting the conversion of the most important productive sectors towards digitalization. However, these companies, due to their defining characteristics, face various challenges throughout all stages of their lives, especially in terms of access to financing through conventional systems. For this reason, state intervention is necessary, through economic policies that benefit their consolidation and expansion, in order to promote the development and consolidation of these companies, and to direct the economy towards the desired object of development and evolution. In the case of Spain, a genuine legal framework is being developed that promotes various administrative and fiscal benefits, both to facilitate access to private and public financing, as well as to simplify bureaucratic administrative obstacles.

KEYWORDS. Entrepreneurship, start-ups, strategic sectors, public funding, and public-private partnerships.

---

1 Investigadora contratada posdoctoral. ESADE Law School (Universitat Ramon Llull). Capítulo realizado dentro del proyecto PID2021-128762NB-I00 financiado por el Ministerio de Ciencia e Innovación (Agencia Estatal de investigación) y cofinanciado por la Unión Europea: "Financiación no bancaria para start-ups: riesgos y remedios jurídico-privados".

SUMARIO. 1. LAS POLÍTICAS PÚBLICAS DE IMPULSO DEL EMPRENDIMIENTO COMO MECANISMO ACELERADOR DEL CRECIMIENTO ECONÓMICO. 2. EL RÉGIMEN JURÍDICO DE LA INTERVENCIÓN PÚBLICA EN EL SECTOR DE CAPITAL DE RIESGO. 2.1. *Los límites de intervención del marco normativo europeo.* 2.2. *La intervención pública desde el Derecho Administrativo.* 2.3. *La Ley 28/2022 de 21 de diciembre, de fomento de ecosistemas de las empresas emergentes.* 2.3.1. Los beneficios de las startups. 2.3.2. El proceso de certificación de empresa emergente. 3. INSTRUMENTOS DE FOMENTO PÚBLICO PARA LA FINANCIACIÓN DE LAS STARTUPS. 4. CONCLUSIONES. 5. BIBLIOGRAFÍA.

1. LAS POLÍTICAS PÚBLICAS DE IMPULSO DEL EMPRENDIMIENTO COMO MECANISMO ACELERADOR DEL CRECIMIENTO ECONÓMICO

En una economía-mixta como la española, "Estado" y "economía" son dos aspectos que no pueden analizarse de forma separada, en tanto que conforman un tándem indisoluble para comprender la actividad económica del país. No es un hecho controvertido que las políticas públicas juegan un papel trascendental en la evolución y desarrollo de la actividad económica de un país. Estas políticas pueden desempeñar un cometido crucial como aceleradores del crecimiento económico, ya que promueven la innovación, generan empleo, aumentan la competitividad y contribuyen al desarrollo económico sostenible. La creación de estímulos financieros, tales como la reducción de los impuestos o los incentivos fiscales, así como también el apoyo a la financiación de sectores estratégicos, pueden resultar diferenciales para el desarrollo de la actividad económica, potenciando aquellas áreas deficitarias o que representen una oportunidad.

Las últimas crisis que han azotado a nuestro país, tanto la económica del año 2008, como la sanitaria que terminó derivando en económica en el año 2020, han refrendado la necesidad de cambiar el modelo económico, dejando de lado las políticas especulativas del "ladrillo", o centrar "casi toda" la potencialidad económica del país en los sectores derivados del turismo. En este sentido, siguiendo con la política europea, es necesario comenzar a virar el crecimiento económico hacia el sector de la actividad digital o de digitalización de las actividades convencionales. Si bien es cierto que la capacidad del Estado está bastante limitada en estos sectores, es por lo que debe apoyar la potencialidad disruptiva de las empresas de base tecnológica y de innovación como motores de crecimiento económico. Así, atendiendo a las transformaciones digitales que ya acechan al sector productivo, si el Estado es capaz de virar el crecimiento estratégico del país en esta dirección, la contención de la brecha de empleos que se transformen será más liviana de controlar; de lo contrario, las tasas de desempleo, y el incremento del gasto público en políticas de bienestar social será incontenible e inasumible.

Por ello, las políticas públicas deberían tender a implementar la innovación como parte esencial del crecimiento del Estado y, mejorando el fomento de la actividad productiva, con independencia del sector económico, sobre la base de la incorporación de conocimiento, tecnología y/o nuevas invenciones en los procesos productivos[2].

Las startups o empresas emergentes son la figura que mejor encarna la potencialidad transformadora de la actividad económica del país. El concepto de startups se ha ido perfilando paulatinamente, y puede inicialmente ser conceptualizado como *"una empresa centrada en investigación y desarrollo o que enfatiza la explotación de un nuevo conocimiento"*[3], o *"una categoría específica de empresas, que operan en sectores de alta tecnología y que muestran un comportamiento abiertamente proclive a la innovación"*[4].

En definitiva, estas empresas se caracterizan por tener un componente innovador que no sólo amplían los productos o servicios a disposición de los ciudadanos, sino que, además, son capaces de mejorar el desarrollo económico del Estado. Estas empresas suelen tener un tamaño pequeño o mediano, que comienza con una idea innovadora o rompedora, y el cálculo del esfuerzo económico necesario para llevarla a cabo. Es en la financiación de su desarrollo en la que encuentran las mayores trabas a su prosperidad. De tal manera que su expansión queda subordinada a la búsqueda de patrocinadores o colaboradores que den soporte a la parte financiera del proyecto, ya sea bien a través de inversiones de capital privado, o bien del Sector Público. La aportación del capital se denominada como una aportación de riesgo, en tanto que tan alto es el potencial crecimiento que se espera de la idea y su rentabilidad económica, como el riesgo de que este nunca llegue a materializarse y se convierta en un rotundo fracaso[5].

Las empresas emergentes tienen unas características definitorias que las diferencian de las empresas tradicionales. Así bien, estas particularidades son las que están dificultando su acceso a financiación a través los sistemas convencionales. Tal y como se advertía, estas empresas se asientan sobre una idea innovadora, en su mayoría, basadas en operaciones o herramientas tecnológicas, por lo que no es sencillo constatar su grado de fiabilidad, puesto que no existen sistemas precedentes. Además, en el proceso de su desarrollo, suelen

---

2 CURBELO, J.L. y SANS, J.M., "Política económicas para la transformación competitiva de España", *Pensamiento y cultura sobre economía*, 5, (2016), p. 104.

3 COOPER A., *The founding of technologically based firms*, The Centre for Venture Management, Milwaukee, 1971, p. 8.

4 JORDÁ, I.M., *Startups*, Netbiblo, La Coruña, 2011, p. 19.

5 GARCÍA DE PABLOS, F., "El proyecto de Ley de fomento del ecosistema de las empresas emergentes (startups)", *Revista Quincena Fiscal*, 10, (2020), p. 10.

caracterizarse por un crecimiento acelerado y no constante en el tiempo, especialmente al inicio, lo que conlleva su alto nivel de riesgo en el mercado. En este sentido, el plan de escalabilidad suele ser definitorio para contener, diseñar, y consolidar su expansión a lo largo del tiempo, en tanto que pueden llegar a ser negocios altamente adaptables a las necesidades sociales. El principal problema, debido a su volatibilidad, es que estas empresas, en sus fases iniciales, no alcanzan los estándares de confiabilidad y seguridad que solicita el sistema de acceso a la financiación bancaria, lo que obliga a los ideólogos a buscar alternativas de financiación fuera de los sistemas tradicionales.

Es en este punto, en el que el Estado adquiere un papel protagonista. En efecto, si se pretende promover el crecimiento económico hacia la digitalización, se deben corregir las fallas detectadas del sistema que están impidiendo su expansión: bien mediante la actividad regulatoria facilitando el acceso al mercado convencional; bien mediante el desarrollo de políticas públicas que hagan favorable el entorno para su crecimiento y consolidación; o bien mediante el soporte y apoyo público de esta actividad.

En este sentido, dentro del Plan de Recuperación, Transformación y Resiliencia, nuestro país ha incluido la Estrategia España Nación Emprendedora, que recoge, entre otras medidas, la aprobación de la Ley 28/2022, de 21 de diciembre, de fomento del ecosistema de las empresas emergentes, la cual cobra especial relevancia en esta materia. Los principales objetivos de esta norma son la atracción de inversión extranjera y talento en el marco de la economía digital. Para ello se ha creado un marco jurídico específico que pretende satisfacer las necesidades concretas de financiación de las empresas emergentes. Así, por ejemplo, se incluye la posibilidad de aplicar beneficios fiscales para los emprendedores, trabajadores e inversores; la reducción de trabas administrativas y la facilitación de visados; o la flexibilidad en la gestión de la empresa. No obstante, este régimen podría ser mejorado en diferentes aspectos, tal y como será señalado en los apartados sucesivos.

2. EL RÉGIMEN JURÍDICO DE LA INTERVENCIÓN PÚBLICA EN EL SECTOR DE CAPITAL DE RIESGO

2.1. Los límites de intervención del marco normativo europeo

La intervención pública del Estado en la economía está limitada por las normas de funcionamiento del mercado de la Unión Europea. De tal manera que cualquier política pública o actividad de intervención del Sector Público en el mercado económico está supeditada a la compatibilidad de ésta con lo dispuesto en el artículo 108 del Tratado de Funcionamiento de la Unión Europea (TFUE). En efecto, el TFUE prohíbe cualquier promoción o incentivo público a través de fondos estatales que promueva el falseo de la competencia del mercado o favorezca a determinadas empresas o producciones, de manera que, a priori, éstas deberán ser suprimidas (art. 107.1 TFUE). Lo que, en sentido contrario, y dentro de su actividad de control, los Estados están obligados a notificar a la Comisión sus proyectos de ayudas públicas, para su previa aprobación o modificación, en su caso (art. 109 TFUE). En consecuencia, la intervención pública en el sector de capital de riesgo, que es como se denomina al que desarrollan su actividad las startups, está sometida al control de la compatibilidad de la actividad con el régimen jurídico europeo, convirtiéndose en el marco general de referencia[6].

No obstante, los órganos de la Unión Europea, tanto la Comisión, como el Parlamento y el Consejo, son conscientes de la necesidad de instaurar políticas públicas capaces de dirigir la economía hacia estos sectores estratégicos. La Unión Europea comenzó en el año 2015 a regular el mercado para facilitar el empréstito de estas empresas emergentes, con el principal objetivo de incentivar el desarrollo "digital" del sector económico. La Comisión Europea aprobó el primer Plan de acción para la Unión de los Mercados de Capital, con el fin de movilizar el capital y canalizarlo hacia las empresas para promover su financiación[7]. Este Plan es superado a mediados del año 2020, en plena crisis sanitaria del Covid-19, por un nuevo Plan de Acción, que intentaba adecuarse mejor a las necesidades del mercado[8].

Efectivamente, la preocupación estatal sobre esta materia ha sido crecimiento en los últimos años, hasta el punto de que, incluso, se ha llegado a configurar un grupo de expertos que se encarga de evaluar las barreras a las que se enfrentan las pequeñas y medianas empresas que participan en los mercados públicos, así como también, promover la eliminación de los obstáculos que sean detectados a través del desarrollo de políticas públicas específicas[9].

---

6 ORDÓÑEZ SOLÍS, D., "El derecho de las subvenciones y ayudas públicas en la Unión Europea. Principios inspiradores. El control y el régimen de responsabilidad derivado de la gestión de los fondos europeos", en GARCÉS SAN AGUSTÍN, M., *Derecho de las subvenciones y ayudas públicas*, Aranzadi, Navarra, 2018, p. 191 y ss.

7 COMUNICACIÓN de la Comisión al Parlamento Europeo, al Consejo, al Comité Económico y Social Europeo y al Comité de las Regiones, *COM (2015) 468 final, de 30 de septiembre de 2015, "Plan de acción para la creación de una unión de los mercados capitales"*.

8 COMUNICACIÓN de la Comisión al Parlamento Europeo, al Consejo, al Comité Económico y Social Europeo y al Comité de las Regiones, *COM (2020) 590 final, de 24 de septiembre de 2020, "Una Unión de los mercados de capitales para las personas y las empresas: nuevo plan de acción"*.

9 Reglamento (UE) 1287/2013, del Parlamento Europeo y del Consejo, de 11 de diciembre de 2013, por el que se establece el Programa para la Competitividad de las Empresas y para las Pequeñas y Medianas Empresas (COSME) (2014-2020), y por el

Es por ello, por lo que, con el propósito de mejorar el acceso a la financiación y corregir los límites estructurales del mercado, la Comisión ha promovido la creación de instrumentos de financiación pública de estas empresas. Por otro lado, el Consejo Europeo de Innovación está apoyando a las empresas emergentes a través del programa Horizonte 2020, especialmente a través del proyecto ESCALAR[10]; y el proyecto de creación de un fondo público-privado para ayudar a financiar las ofertas públicas iniciales de pymes. Sin embargo, ante la falta la consecución de los objetivos esperados de mejorar el acceso a la financiación de estas empresas, tanto mediante el Reglamento General de Exención de ayudas compatibles con el mercado interior[11], como por las Directrices sobre la financiación de riesgo, la Comisión aprobó en 2021 las Directrices sobre las ayudas estatales para promover las inversiones de financiación de riesgo[12].

2.2. La intervención pública desde el Derecho Administrativo

A lo largo de la historia, el Derecho Administrativo ha contemplado distintas figuras de colaboración público-privada que permiten la compatibilidad de las iniciativas de intervención pública en el desarrollo económico y de los mercados[13], en aquellos sectores considerados estratégicos. Estas colaboraciones aparecen en todos los tipos de actividad administrativa, ya sea de intervención, de prestación o de fomento. Sin embargo, estas colaboraciones están limitadas por lo dispuesto en el régimen jurídico europeo.

La Comisión Europea, en el Libro Verde 2004, llega a definir la colaboración público-privada como *"las diferentes formas de cooperación entre las autorida-*

---

que se deroga la Decisión nº1639/2006/CE; Reglamento (UE) nº1291/2013, del Parlamento Europeo y del Consejo, de 11 de diciembre de 2013, por el que se establece Horizonte 2020, Programa Maro de Investigación e Innovación (2014-2020), y por el que se deroga la Decisión 1982/2006/CE.

10 Acción Europea de expansión para el capital riesgo es un programa piloto puesto en marcha por la Comisión Europea y gestionado por el Fondo Europeo de Inversiones

11 Reglamento (UE) nº 651/2014, de la Comisión, de 17 de junio de 2014, por el que se declaran determinadas categorías de ayudas compatibles con el mercado interior en aplicación de los artículos 107 y 108 del Tratado.

12 Comunicación de la Comisión Europea, *COM (2021/C 508/01), de 16 de diciembre de 2021, «Directrices sobre las ayudas estatales para promover las inversiones de financiación de riesgo».*

13 MELCHOR GIL, E., "Sistemas de financiación y medios de construcción de la red viaria Hispania", *Habis*, 23, (1992), p. 134 y ss. Este autor indica que, la actuación conjunta de esfuerzos públicos y privados se permitió financiar la reparación de un camino que unía las ciudades mineras de Cástulo. De este modo, se puede constatar la tradición histórica de colaboración público-privada, incluso desde la antigua Roma.

des públicas y el mundo empresarial, cuyo objetivo es garantizar la financiación, construcción, renovación, gestión o el mantenimiento de una infraestructura o la prestación de un servicio"[14].

La colaboración público-privada es una figura jurídica compleja e inconcreta[15], con gran versatilidad capaz de adaptarse a las necesidades histórico-temporales de una sociedad en concreto. La doctrina llega a calificarla como un concepto puente entre el derecho, la economía y la ciencia política[16]. En este sentido, el Tribunal de Cuentas Europeo ha llegado a afirmar que la interpretación de este concepto, pese a su regulación general, no es homogénea en cada uno de los Estados de la Unión[17], puesto que es capaz de abarcar amplitud de formas de gestión[18]. De tal manera que la colaboración público-privada engloba cualquier tipo de política pública que posibilite los distintos tipos de gestión de los servicios públicos o actividades administrativas. Sin embargo, frecuentemente el análisis jurídico de la colaboración público-privada se ha limitado a la colaboración específica que aparece recogida en el Libro Verde, quedando lastrada su reconducción a las formas y modalidades tradicionales de Administración Pública y actividad administrativa[19].

Dentro del Derecho Administrativo se contemplan distintas figuras jurídicas que posibilitan la colaboración público-privada, como pueden ser los contratos del Sector Público, los consorcios, los convenios, las sociedades mercantiles estatales, las fundaciones del Sector Público, o la actividad de fomento.

Sin duda la figura con mayor tradición de colaboración público-privada son los contratos del Sector Público, en cualquier de sus modalidades (obras, servicios, suministros, concesión de obra, y concesión de servicios). Hasta el punto de que, en la normativa anterior incluso se contemplaba el contrato de colaboración entre el sector público y sector privado[20]. No obstante, esta

---

14 Comunicación de la Comisión Europea, COM (2004) 327 final, de 30 de abril de 2004. Libro Verde sobre la Colaboración Público-Privada y el Derecho Comunitario en materia de contratación pública y concesiones, p. 3.

15 MIGUEZ MACHO, L., "Las formas de colaboración público-privada en el Derecho español", *Revista de Administración Pública,* 175, (2008), p. 159

16 DÍAZ SASTRE, S., *La transformación de conceptos en el Derecho Público,* Marcial Pons, 2018, p. 137.

17 Tribunal de Cuentas Europeo, Informe especial 9/2018, Asociaciones público-privadas de la UE: Deficiencias generalizadas y beneficios limitados, 2018, p. 24.

18 MAGIDE, M., "Instrumentos contractuales de Colaboración Público-Privada para la previsión de infraestructuras Públicas en el Derecho Español", *Revista de Derecho Administrativo,* (2016), p. 127

19 VELASCO CABALLERO, F., "La Administración público en la colaboración público-privada", *Revista catalana de Derecho Público,* 67, (2023), p. 38.

20 Ley 30/2007, de 30 de octubre, de Contratos del Sector Público, artículo 11.

figura ha sido posteriormente suprimida por la falta de utilización e invocación dentro de la actividad administrativa. En el caso de los consorcios[21], es la normativa reguladora la que habilita a las Administraciones para que realicen actividades de fomento, prestacionales o de gestión común de los servicios públicos. Sin embargo, el problema de la utilización de los anteriormente citados instrumentos jurídicos, incluidos también los convenios, las sociedades mercantiles estatales, y las fundaciones del Sector Público, es que tiene que su implementación obliga a delimitar la competencia que se está desarrollando, la concreta actividad que se pretende implementar, y a qué servicio público o actividad de interés general afecta, en definitiva, implicaría una justificación de la intervención y la colaboración con determinados sectores más complicada de razonar en el ámbito de la intervención en la promoción de estas empresa emergentes. Es por ello que estos instrumentos suelen utilizarse para canalizar una posterior actividad de fomento o de subvención pública.

No obstante, en la llamada *innovación abierta* se están configurando marcos atípicos o fuera de la regla general de colaboración público-privada, que se caracterizan porque no hay propiamente una función o actividad administrativa. El ejemplo es la construcción del espacio de datos europeo, en el que la Administración Pública participa o colabora encauzando el funcionamiento general, a través de inversión pública o aportando seguridad jurídica, pero no existe "strictu sensu" una competencia administrativa que se está desarrollando[22].

De tal manera que, la actividad administrativa de fomento es la figura jurídica más idónea para el fin ulterior que se pretende conseguir, puesto que encaja mejor en la promoción de actividades económicas para alcanzar beneficio superior del interés general[23]. Dentro de la actividad fomento, se encuadrarían las ayudas públicas o subvenciones, condicionadas, eso sí, al desarrollo de una actividad de pública o interés social[24].

Asimismo, atendiendo a los problemas que presentan las empresas emergentes de acceso a la financiación a través de los sistemas tradicionales, la

---

21 Ley 40/2015, de 1 de octubre, de Régimen Jurídico del Sector Público, artículo 118 y ss: *"entidades de Derecho Público, con personalidad jurídica propia, en cuya composición se integran Administraciones Públicas o entidades integrantes del Sector Público institucional, con participación de entidades privadas para el desarrollo de actividades de interés común".*

22 BOUZÁ MARTORELL, F.L., "Aspectos jurídicos del espacio europeo de datos de turismo", *Revista Vasca de Administración Pública,* 126, (2023), p. 53.

23 DARNACULLETA GARDELLA, M.M., "La colaboración público-privada en el ámbito de los servicios sociales", en DANACULLETA GRADELLA, M.M., y otros, *La colaboración público-privada en la gestión de servicios sociales,* Marcial Pons, 2022, p. 86.

24 SESMAS SÁNCHEZ, B., "El concepto jurídico de subvención y ayuda pública. Alcance de la noción de fomento y Promoción", en GARCÉS SANAGUSTÍN, M., *Derecho de las subvenciones y ayudas públicas,* Aranzadi, Navarra, 2018, p. 325.

participación pública en el capital de empresas privadas, a través de ayudas, sería un modo de colaboración al desarrollo acertado según las necesidades específicas de éstas.

En efecto, los préstamos participativos en empresas permitan apoyar a las empresas con dificultades para su crecimiento y consolidación, sin permanecer de forma ilimitada como financiador, sino que se limita su intervención a un momento temporal concreto que suele ser el despegue de la actividad[25]. Así, por ejemplo, la Ley 38/2003, de 17 de noviembre, General de Subvenciones, prevé en el artículo 12, que las entidades colaboradores *"entregue y distribuya los fondos públicos a los beneficiarios cuando así se establezca en las bases reguladoras, o colabore en la gestión de la subvención sin que se produzca la previa entrega y distribución de los fondos recibidos";* así como también se le impone el deber *"comprobar, en su caso, el cumplimiento y efectividad de las condiciones o requisitos determinantes para su otorgamiento, así como la realización de la actividad y el cumplimiento de la finalidad que determinen la concesión o disfrute de la subvención"* (art. 15 del mismo cuerpo legal).

Además, esta actividad estaría en consonancia con la normativa comunitaria, la cual promueve las ayudas a la financiación de estos proyectos sometiendo su concesión a requisitos concretos, como pueden ser: presentar un análisis del déficit de financiación, demostrando la deficiencia específica del mercado y los obstáculos para acceder a la financiación, o la introducción de requisitos simplificados sobre la evaluación de la necesidad de la ayuda[26]. Tampoco se puede obviar que la elección de esta participación pública es más sencilla dejando de lado ciertos controles, en tanto que implica "una huida del Derecho Administrativo", permitiendo a los socios de la gestión más amplía que el resto de los instrumentos.

No obstante, cualquier tipo de participación que difiera de la normativa general podría preverse en una normativa sectorial específica, en la que se señale que sea más idónea para las necesidades que se pretender alcanzar[27].

---

[25] PICÓN ARRANZ, A., "La intervención pública en el sector del capital riesgo: un análisis desde la óptica del Derecho Administrativo", *Anuario de capital de riesgo,* (2021), p. 14.

[26] COMISIÓN EUROPEA, (2021/C 508/01) Directrices sobre las ayudas estatales para promover las inversiones de financiación de riesgo.

[27] VELASCO CABALLERO, F., "La Administración pública en la colaboración público-privada", *Revista Catalana de Derecho Público,* 67, (2023), p. 61.

2.3. La Ley 28/2022 de 21 de diciembre, de fomento de ecosistemas de las empresas emergentes

2.3.1. Los beneficios de las startups

El Estado, dentro del ejercicio de su actividad regulatoria, ha promovido distintas normas cuyo objetivo principal es suprimir los obstáculos de financiación que dificultan la creación y consolidación de empresas emergentes. En primer lugar, la Ley 18/2022, de 28 de septiembre, de creación y crecimiento de empresas que, en el Capítulo V, introduce un nuevo régimen para las plataformas de participación participativa (o crowdfunding), ya reguladas en la Ley 5/2015, de 27 de abril, de fomento de la financiación empresarial, y en el Reglamento (UE) 2020/1503 del Parlamento Europeo y del Consejo, relativo a los proveedores europeos de servicios de financiación participativa para empresas, y por el que se modifican el Reglamento (UE) 2017/1129 y la Directiva (UE) 2019/1937. Y, en segundo lugar, la Ley 28/2022 de 21 de diciembre, de fomento de ecosistemas de las empresas emergentes. A priori, esta norma se presenta como impulsora de las conocidas como startups, y de estimulación de la inversión pública y privada, a través de la de atracción de los *business angels*[28].

La Ley 28/2022 define a las startups como personas jurídicas, incluidas aquellas de base tecnológica[29] creadas al amparo de la Ley 14/2011, de 1 de junio, de la Ciencia, la Tecnología y la Innovación, siempre que reúnan los siguientes requisitos: debe ser de nueva creación o no haber transcurrido más de cinco años desde la inscripción en el Registro Mercantil; no haber surgido de una operación de fusión, escisión o transformación de empresas; no distribuir ni haber distribuido dividendos; no cotizar en un mercado regulado; tener una sede social o establecimiento permanente en España; el 60% de la plantilla debe tener un contrato laboral en España; y desarrollar un proyecto de emprendimiento innovador que cuente con un modelo de negocio escalable. Y, además, se excluyen de los beneficios de la aplicación de la norma a aquellas empresas emergentes que estén fundadas o dirigidas por sí o por persona interpuesta que no esté al corriente de las cuotas de la Seguridad Social, hayan sido condenadas por administración desleal o insolvencia punible,

---

28 Ley 28/2022 de 21 de diciembre, de fomento de ecosistemas de las empresas emergentes, artículo 2.

29 *Ibidem* Artículo 2.2: *«aquella cuya actividad requiere la generación o un uso intensivo de conocimiento científico-técnico y tecnologías para la generación de nuevos productos, procesos o servicios y para la canalización de las iniciativas de investigación, desarrollo e innovación y la transferencia de resultados».*

o por delitos contra la Hacienda Pública, entre otras, o aquellas que hayan perdido la posibilidad de contratar con la Administración[30].

La propia norma prevé la posibilidad de certificar la condición de empresas emergentes para aplicarles determinados beneficios administrativo-fiscales como la reducción del tipo impositivo del Impuesto sobre sociedades al 15%, el aplazamiento de deudas tributarias; exoneración de efectuar los pagos fraccionados del Impuesto sobre Sociedades; eliminación de determinadas tasas registrales para la constitución de una nueva empresa; bonificaciones, durante tres años, del pago de las cuotas a la Seguridad Social, a favor de los emprendedores que también trabajen por cuenta ajena; ampliación del importe de la exención, hasta los cincuenta mil euros anuales, en el caso de entrega de "stock options" a los empleados; aumento de la deducción por inversión en empresas de nueva creación, incrementando el tipo al 50%, y la base máxima hasta cien mil euros; además de facilitades en la concesión de subvenciones[31].

Esta certificación además les permite el acceso a financiación específica, como podrán ser subvenciones o préstamos, junto con una mayor visibilidad y reconocimiento en el mercado, lo que puede ayudar a aumentar la confiabilidad del resto de inversores.

2.3.2. El proceso de certificación de empresa emergente

La empresa Nacional de Innovación (ENISA, S.A.) será la encargada de evaluar y certificar todas estas características, especialmente, aquellas relativas al análisis del emprendimiento innovador y la escalabilidad del modelo de negocio a través de un procedimiento administrativo simple. Para ello, a través de la PCM/825/2023, de 20 de julio se establecen los criterios de evaluación para obtener la certificación.

El procedimiento se inicia mediante la presentación electrónica de la solicitud por la empresa interesada a través del registro electrónico habilitado de la web de ENISA[32]. El plazo máximo para resolver y notificar es de tres meses, de tal manera que la no respuesta en ese término implica la concesión de la acreditación por silencio administrativo positivo[33]. La empresa interesada de-

30 *Ibidem* Artículo 3

31 *Ibidem* Artículos 7 y ss.

32 Orden PCM/825/2023, de 20 de julio, por la que se regulan los criterios y el procedimiento de certificación de empresas emergentes que dan acceso a los beneficios y especialidades reconocidas en la Ley 28/2022, de 21 de diciembre, de fomento del ecosistema de las empresas emergentes, artículo 6.

33 Ley 28/2022 de 21 de diciembre, de fomento de ecosistemas de las empresas emergentes, artículo 4.

berá presentar la siguiente documentación: "*a) Documentación acreditativa de la empresa solicitante; b) Número de identificación fiscal; c) Escritura pública de constitución; d) Cuentas anuales cerradas del último ejercicio; e) Certificado de estar al corriente de pagos con Hacienda; f) Certificado de estar al corriente de pagos con la Seguridad Social; g) Declaración responsable del cumplimiento de requisitos de los artículos 3 y 6 de la Ley 28/2022, de 21 de diciembre; y h) Plan de negocio*"[34].

De tal manera que, en un sentido contrario, la certificación de empresa emergente se pierde cuando no se cumpla con los requisitos por los que se adquirió, además de que la empresa supere un volumen de negocio de diez millones de euros, o lleve a cabo actividades que generen un daño significativo para el medio ambiente, entre otros[33].

En cuanto a la valoración realizada por ENISA, la norma señala cuáles son los criterios que deberían evaluarse: el grado de innovación, en el que se valorará haber recibido financiación pública en los últimos tres años, los gastos totales en investigación, desarrollo e innovación tecnológica durante los dos ejercicios anteriores; el grado de atractivo del mercado; la fase de vida de la empresa; el modelo de negocio; la competencia en el mercado; la experiencia, formación y trayectoria del equipo; la dependencia de proveedores y suministradores; o, el volumen de clientes[34].

Con posterioridad, la Orden PCM/825/2023, de 20 de julio, ha perfilado los criterios que deben valorarse dentro de la certificación. El criterio general para medir el carácter innovador de la empresa consiste en constatar que la finalidad que persigue esa empresa sea la de resolver un problema o mejorar una situación existente mediante el desarrollo de servicios o productos, y que lleve cierto riesgo implícito por el fracaso tecnológico o industrial del mismo.

Los términos que se utilizan son demasiados abstractos, y es por lo que, la Orden perfila la constatación del carácter innovador de la empresa en el cumplimiento de, al menos, una de las siguientes condiciones: *a) Los gastos en investigación, desarrollo e innovación tecnológica representen, al menos, un 15 por ciento respecto de los gastos totales de la empresa durante los dos ejercicios anteriores, o en el ejercicio anterior cuando se trate de empresas de menos de dos años; b) que la empresa haya sido beneficiaria de inversión, financiación o ayuda públicas para el desarrollo de proyectos de I+D+i o de emprendimiento innovador en los últimos tres años sin haber sufrido revocación por incorrecta o insuficiente ejecución de la actividad financiada; c) que la empresa disponga de un informe motivado emitido por el Ministerio de Ciencia e Innovación, respecto a su alto grado de innovación; d) que la empresa acredite disfrutar*

[34] Orden PCM/825/2023, de 20 de julio, por la que se regulan los criterios y el procedimiento de certificación de empresas emergentes que dan acceso a los beneficios y especialidades reconocidas en la Ley 28/2022, de 21 de diciembre, de fomento del ecosistema de las empresas emergentes, artículo 7.

de bonificaciones en la cotización a la Seguridad Social por tener contratado personal investigador; e) que la empresa disponga de un Sello Pyme Innovadora concedido por el Ministerio de Ciencia e Innovación; f) Que la empresa disponga de Certificación de Joven Empresa Innovadora emitida por AENOR (EA0043) o de Certificación de Pequeña o microempresa Innovadora emitida por AENOR (EA0047) o Certificación conforme a la norma UNE 166.002-Sistemas de gestión de la l+D+i"[35].

Ahora bien, en el caso de que no se cumpla con ninguna de las condiciones anteriormente señaladas, ENISA evaluará el carácter de emprendimiento valorando alguno de los siguientes aspectos: *"a) La presencia de innovación tecnológica, ya sea en desarrollo o explotación, y que pueda estar protegida por derechos de propiedad industrial u otros derechos como software o know-how protegidos, todos ellos relacionados con el modelo de negocio de la empresa solicitante; b) La presencia de innovación en productos, procesos, servicios y/o modelos de negocio"*[36].

Mientras que la escalabilidad del negocio se medirá atendiendo a los siguientes criterios: el grado de atractivo del mercado, la fase de la vida de la empresa, el modelo de negocio, la competencia en el mercado, el equipo en lo que se refiere a su formación y experiencia, los contratos con proveedores y suministradores, y los clientes[37]. Fuera de estos criterios, se considerará como factor de aprobación directo el carácter del emprendimiento escalable el haber firmado una o varias pólizas de crédito en los últimos tres años sin incidencias[38].

Sin embargo, la norma no establece qué porcentaje de valoración implica cada uno de estos criterios, si es necesario que se alcance un mínimo de puntuación para su valoración cómo tal, con indiferencia de cada uno de los apartados, o si, por el contrario, debe obtener una valoración positiva en cada uno de los criterios valorables. En este sentido, deja para un momento posterior la publicación del procedimiento concreto y de la documentación a prestar para su desarrollo por ENISA a través manual de procedimiento[39].

---

35 Orden PCM/825/2023, de 20 de julio, por la que se regulan los criterios y el procedimiento de certificación de empresas emergentes que dan acceso a los beneficios y especialidades reconocidas en la Ley 28/2022, de 21 de diciembre, de fomento del ecosistema de las empresas emergentes, artículo 4.3.

36 *Ibidem* Artículo 4.4.

37 *Ibidem* Artículo 5.2.

38 *Ibidem* Artículo 5.3.

39 Ley 28/2022 de 21 de diciembre, de fomento de ecosistemas de las empresas emergentes, artículo 4.

3. INSTRUMENTOS DE FOMENTO PÚBLICO PARA LA FINANCIACIÓN DE LAS STARTUPS

La Ley 28/2022 de 21 de diciembre, de fomento de ecosistemas de las empresas emergentes, regula el sistema estatal de ayudas al emprendimiento para negocios basados en la innovación. Este sistema lo conforman el conjunto de programas gestionados por el Estado que se destinan al fomento de la creación, impulso, estimulación e incremento de empresas emergentes en España. Se prevé también que sea la Administración General del Estado junto con las Administraciones Autonómicas y Locales, la que promueva el establecimiento de fondos de coinversión para atraer capital privada a la financiación de empresas emergente, impulse la creación de redes de contacto, plataformas y punto de encuentro entre empresas emergentes y maduras, y pueda financiar proyectos colaborativos entre empresas emergentes y PYMES. Uno de los objetivos principales de la norma es reducir las cargas administrativas de acceso a las ayudas públicas que sufren las startups, además de aumentar la transparencia y la coherencia del sistema para evitar duplicidades en el gasto público e informar al sector sobre las subvenciones disponibles y los objetivos alcanzados[40].

Estos mecanismos de apoyo y soporte a las empresas emergentes se llevarán a cabo a través de programas plurianuales de ayudas al emprendimiento que se integrarán en el Plan Estatal de Investigación Científica y Técnica y de Innovación. Asimismo, cada cuatro años, se publicará un informe sobre la ejecución global del programa y de los efectos de las ayudas concedidas, así como también, de su impacto en los retos a los que se enfrenta este sector. La publicidad de los resultados dotará de mayor transparencia a esta actividad en tanto que, la mayor parte de la gestión del fomento público de las empresas emergentes se realiza a través de los Fondos ICO, que no están sometidos a la Ley de Transparencia del Sector Público y no se somete a una actividad fiscalizadora de gestión de los fondos públicos, en tanto que los gestiona una empresa privada. De este modo, la transparencia pretende salvarse con la publicación, en el portal web, de las subvenciones concedidas y el sector específico en el que están trabajando. No olvidemos que la mayoría de las veces estos proyectos están cobijados bajo el secreto empresarial, y se desconoce a qué se dedican exactamente las empresas emergentes y, por ende, a qué se está destinando el dinero público.

---

40 OBISPO TRIANA, C., "El arrastre del emprendimiento por parte de la Administración Pública (Ley 28/2022, de 21 de diciembre, de fomento del ecosistema de las empresas emergente)", *Aranzadi Digital,* (2022), p.2.

En lo que se refiere a las ayudas públicas en esta materia destaca la figura de los Fondos ICO[41]: este es un fondo público que toma participaciones de empresas con el objetivo de su puesta en marcha, crecimiento o expansión. Esta herramienta se constituye como un sistema complementario a la financiación bancaria a disposición de las empresas españolas con el objetivo de promover su desarrollo. Y, dentro de los Fondos ICO, hay dos categorías especialmente interesantes en esta materia.

Por un lado, el Fond-ICO Global, cuyo es objetivo es participar en entidades de capital de riesgo privadas que persigan un interés general para impulsar la financiación de fondos privados y apoyar la financiación de empresas emergentes, generalmente, aquellas con menos de cinco años de vida, promoviendo su entrada en los mercados[42]. A través de distintas convocatorias con el fin de seleccionar las sociedades gestoras, estos fondos de naturaleza pública, que en la actualidad gestiona AXIS (por lo que no existe una regulación de los controles de Derecho Público al ejercicio de su actividad), financian proyectos emergentes.

Por otro lado, estarían las líneas ICO de empresas y emprendedores para startups y scaleups. En este caso, el ICO ofrece líneas para financiar proyectos de inversión y de digitalización, así como actividades empresariales o necesidades de liquidez o gastos, a través de entidades financieras con las que colabora el instituto. En este caso la ayuda suele ser un préstamo, un leasing, un renting o línea de crédito con un tipo de interés más bajo que el mercado, más un margen de beneficio establecido según el plazo de amortización del producto. La cuantía máxima de esta línea es de doce millones y medio de euros, en una o varias operaciones, con un plazo de amortización de hasta veinte años, con la posibilidad de tres años de carencia del principal[43].

Y, finalmente, el Fond-ICO[44] Next Tech: inversión en scale-ups. Esta es una iniciativa del Instituto de Crédito Oficial (ICO) y Axis para fomentar el desarrollo de proyectos digitales innovadores de alto impacto y la inversión en empresas de crecimiento, con la finalidad de impulsar la recuperación y transformación del modelo productivo español, dotándolo de mayores niveles de

---

41 Real Decreto 706/1999, de 30 de abril, de adaptación del Instituto de Crédito Oficial a la Ley 6/1997, de 14 de abril, de organización y funcionamiento de la Administración General del Estado y de aprobación de sus Estatutos.

42 Ley 22/2014, de 12 de noviembre, por la que se regulan las entidades de capital-riesgo.

43 https://www.ico.es/ico-empresas-y-emprendedores

44 Resolución de 30 de julio de 2021, de la Secretaría de Estado de Digitalización e Inteligencia Artificial, por la que se publica el Convenio con el Instituto de Crédito Oficial, E.P.E., y Axis Participaciones Empresariales, SGEIC, SA, S.M.E., para el funcionamiento del fondo de fondos FOND-ICO Next Tech, FCR

competitividad y capacidad de generación de empleo. El fondo surge con la vocación de movilizar hasta 4.000 millones de euros en colaboración público-privada junto al sector de capital riesgo español tomando participaciones y suscribiendo compromisos en empresas/fondos especializados, prioritariamente, en los sectores digitales y de inteligencia artificial[45]. En este caso es una inversión que puede llegar a suponer hasta el 49% de los fondos de la empresa. Los requisitos principales que deben cumplir las empresas son que tenga su sede social en España, y que las empresas hayan superadas las etapas iniciales de pre-seed y seed, y que por, tanto necesiten los recursos para consolidar su crecimiento[46].

En segundo lugar, estaría el Programa de ayudas impulsado por el Ministerio de Industria, Comercio y Turismo, gestionado por la Fundación de la Escuela de Organización Industrial (EOI) para potenciar la innovación y el crecimiento de empresas emergentes, a través del desarrollo de entornos colaborativos y de la digitalización. En este caso, las ayudas están destinadas a sufragar los costes derivados del proceso de innovación. En este supuesto, el programa "Activa Startups" apoya la colaboración entre empresas emergentes y empresas consolidadas con potencial de innovación. Este programa contempla tres tipos de convocatorias destinadas a pymes, startups y a consorcios pyme-startup, destinadas a la transformación de una economía baja en carbono, o la incorporación de la economía circular en el modelo de negocio. Las ayudas tendrán un importe máximo de cuarenta mil euros, y se ejecutan a través de las Comunidades Autónomas[47].

En tercer, estaría el Programa INNVIERTE del Centro para el Desarrollo Tecnológico e Industrial (CDTI). El CDTI es una entidad dependiente del Ministerio de Ciencia e Innovación que promueve el desarrollo y la innovación de las empresas españolas, canalizando solicitudes de ayuda y apoyo a proyectos de I+D+I en los ámbitos estatal e internacional. Este se encarga de conceder ayudas públicas, como son las subvenciones, pero también ofrecen préstamos parcialmente rembolsables. Dentro de estas ayudas, destaca el programa INNVIERTE dentro de la Estrategia Española de Ciencia, Tecnología e Innovación 2021-2027, que promueve el apoyo a la inversión de capital riego en empresas de base tecnológica durante sus diferentes fases del ciclo de vida, y ofrece soporte en necesidades de gestión y conocimiento. En este caso, la modalidad de apoyo es una coinversión pública junto con inversores privados[48].

---

45 https://www.ico.es/web/axis/fond-ico-next-tech
46 https://www.ico.es/web/axis/fond-ico-next-tech
47 https://www.eoi.es/es/empresas/programas-activa/activa-startups
48 https://www.cdti.es/

En la misma línea destaca el PERTEs, como figura de colaboración público-privada que permite el desarrollo de soluciones innovadoras, estratégicas y colaborativas[42]. Este sistema complementario de financiación de proyectos estratégicos para el impulso y desarrollo de la economía. Así, por ejemplo, incluye sectores concretos como el desarrollo del vehículo eléctrico y conectado; la salud de vanguardia; energías renovables, hidrógeno renovable y almacenamiento; agroalimentario, economía circular; para la industria naval; de digitalización del ciclo del agua; o de descarbonización industrial, entre otros.

Y, por último, ya como no como instrumentos de préstamo, la propia ENISA ha promovido diferentes líneas de soporte a esta actividad. Estos préstamos participativos se caracterizan por ser un mixto entre el préstamo tradicional y de capital de riesgo, en el que ENISA obtiene, junto a unos intereses ordinarios, una remuneración que depende de la evolución de la empresa. Estos préstamos participativos se caracterizan por no exigir ni avales ni garantías, que ofrecen plazos de amortización y carencia de hasta siete años. Dentro de las líneas de actuación de su actividad se encuentran:

A) Línea Emprendedoras Digitales.

El objetivo principal de esta línea es emprendimiento digital femenino, en cualquier de las fases en la que se encuentren las startups: fase inicial, de crecimiento, de consolidación, o de expansión internacional. Este préstamo participativo, de entre veinticinco mil euros y un millón y medio de euros, está dirigido a empresas que tengan una o varias mujeres en el accionariado, órgano de administración o equipo directo. Además, algunos de los requisitos principales para su concesión son: domicilio social en España; presentar un proyecto con viabilidad técnica y económica, y que, además, sea un modelo de negocio, innovador, novedoso o con claras ventajas competitivas (excluyendo las actividades de los sectores inmobiliarios y financieros); y que, los fondos propios de la sociedad sean equivalente, como mínimo, a la cuantía del préstamo que se pretende obtener[49].

B) Línea Jóvenes Emprendedores.

En este caso, el objetivo es fomentar el emprendimiento digital en los emprendedores menores de cuarenta años y que necesitan financiación en la fase inicial del proyecto. En este caso la cuantía del préstamo oscilará entre los veinticinco mil euros y los setenta y cinco mil euros como máximo. Además, se incluyen otros requisitos como, por ejemplo, la necesidad de que la empresa se haya constituido como máximo en los veinticuatro meses anteriores a la presentación de la solicitud, y su actividad principal debe estar en España. Y,

---

49 https://www.enisa.es/es/financia-tu-empresa/lineas-de-financiacion/d/emprendedoras-digitales

de igual manera que en la línea anterior, se repite la necesidad de que sea una actividad innovadora, con las mismas exclusiones, y que los socios aporten a través de fondos propios el cincuenta por ciento del préstamo concedido[50].

C) Línea Emprendedores.

Estos préstamos están destinados a empresas emergentes con una clara ventaja en el mercado y que necesitan los recursos financieros para abordar inversiones para crecer o expandirse. En este caso, en lo que se refiere al ámbito subjetivo de concesión del préstamo son emprendedores, sin límite de edad, y por una cuantía que va desde los veinticinco mil euros hasta los trescientos mil euros. En esta línea se repiten los idénticos requisitos que la línea anterior[51].

D) Línea Crecimiento.

Esta línea está destinada a préstamos participativos para proyectos empresariales en fase de crecimiento, puesto que ya cuentan con un modelo de negocio viable y rentable, y buscan ampliar su capacidad productiva. La cuantía de los préstamos oscilará entre los veinticinco mil euros hasta el millón y medio euros. Los requisitos para su concesión son idénticos a los supuestos anteriores, salvo por la necesidad de auditación externa de los estados financieros en el ejercicio anterior en el caso de superar los trescientos mil euros de concesión del préstamo[52].

E) Línea Agroimpulso.

Esta línea de préstamos es específica para la transformación digital de empresas tecnológicas cuya actividad se desenvuelva en el sector agroalimentario y del medio rural. En la concesión de esta ayuda se valora la capacidad para crear empleos de calidad, especialmente para jóvenes y mujeres. Los importes de concesión coinciden con el supuesto anterior oscilando desde veinticinco mil euros al millón y medio de euros. En este caso, a los requisitos anteriores de concesión, se incorporan algunos adicionales como, la demostración de una estructura financiera equilibrada y profesionalidad en su gestión; y quedan excluidas aquellas que causen perjuicios significativos a los objetivos medioambientales[53].

---

50 https://www.enisa.es/es/financia-tu-empresa/lineas-de-financiacion/d/jovenes-emprendedores

51 https://www.enisa.es/es/financia-tu-empresa/lineas-de-financiacion/d/emprendedores

52 https://www.enisa.es/es/financia-tu-empresa/lineas-de-financiacion/d/crecimiento

53 https://www.enisa.es/es/financia-tu-empresa/lineas-de-financiacion/d/agroinnpulso

4. CONCLUSIONES

Es indiscutible que el potencial transformador que presentan las startups para el desarrollo económico de nuestro país habilita a la intervención estatal para la promoción y el desarrollo de estas empresas. Así, si la principal dificultad de su consolidación y expansión se encuentra en los problemas de acceso a la financiación atendiendo a los estándares de fiabilidad y seguridad de los medios tradicionales, es obvio que es en esta línea en la que deben trabajar las políticas públicas de intervención facilitando su integración o retirando cualquier impedimento que dificulte alcanzar este objetivo.

Ahora bien, si bien es cierto que se avala la necesidad de intervención pública en el sector de capital de riesgo, no se pueden obviar los límites legales que presenta el ordenamiento jurídico en el ejercicio de esta actividad. Además, dentro de las posibilidades de colaboración público-privada, los instrumentos jurídicos del Derecho Público son los que aparecen regulados, puesto que el carácter taxativo de los mismos impide innovar o reformular los sistemas de intervención estatal. No obstante, la doctrina avala la adecuación de este régimen a las necesidades propias de cada actividad, dejando de lado la doctrina europea no imperativa en la que se refiere a las formas de colaboración público-privada, especialmente en lo que atiende al desempeño específico de una actividad o servicio público de la que sea titular una Administración, para abarcar un concepto más amplío de interés general. En este caso sería interesante trasladar esta iniciativa al ámbito de la promoción y desarrollo de las empresas emergentes, asentando la intervención pública en la base de promover la consecución del interés general de la población, y no en una competencia específica.

Los incentivos fiscales o el fomento directo de estas empresas a través de ayudas o subvenciones se han canalizado como los instrumentos idóneos para superar las barreras de acceso a los sistemas de financiación tradicionales. El problema surge con posterioridad en la justificación de la subvenciones recibidas, cuyo coste, a veces, no puede ajustarse a los medios tradicionales de valoración, así como el esfuerzo que éste ha supuesto por los emprendedores. Hasta el punto de que algunas subvenciones o ayudas dejan de ejecutarse por miedo a la comprobación posterior que implican, lo que no favorece que se consideren como una alternativa factible de financiación.

No obstante, el marco normativo regulador sigue presentando deficiencias en lo que se refiere a la reducción de los tiempos administrativos y la simplificación del procedimiento, especialmente en la acreditación de estas empresas. Desde que entrara en vigor la norma, se han certificado unas seiscientas empresas, pero son más del doble las que lo han solicitado. Por tanto, aún sigue siendo necesario un mayor compromiso estatal para alcanzar el éxito de los objetivos propuestos.

5. BIBLIOGRAFÍA

BOUZÁ MARTORELL, F.L., "Aspectos jurídicos del espacio europeo de datos de turismo", *Revista Vasca de Administración Pública*, 126, (2023).

COOPER, A., *The founding of technologically based firms*, The Centre for Venture Management, Milwaukee, 1971.

CURBELO, J.L. y SANS, J.M., "Política económicas para la transformación competitiva de España", *Pensamiento y cultura sobre economía*, 5, (2016).

DARNACULLETA GARDELLA, M.M., "La colaboración público-privada en el ámbito de los servicios sociales", en DANACULLETA GRADELLA, M.M., y otros, *La colaboración público-privada en la gestión de servicios sociales*, Marcial Pons, 2022.

DÍAZ SASTRE, S., *La transformación de conceptos en el Derecho Público*, Marcial Pons, 2018.

GARCÍA DE PABLOS, F., "El proyecto de Ley de fomento del ecosistema de las empresas emergentes (startups)", *Revista Quincena Fiscal*, 10, (2020).

JORDÁ, I.M., *Startups*, Netbiblo, La Coruña, 2011.

MAGIDE, M., "Instrumentos contractuales de Colaboración Público-Privada para la previsión de infraestructuras Públicas en el Derecho Español", *Revista de Derecho Administrativo*, (2016).

MELCHOR GIL, E., "Sistemas de financiación y medios de construcción de la red viaria Hispania", *Habis*, 23, (1992).

MIGUEZ MACHO, L., "Las formas de colaboración público-privada en el Derecho español", *Revista de Administración Pública*, 175, (2008).

OBISPO TRIANA, C., "El arrastre del emprendimiento por parte de la Administración Pública (Ley 28/2022, de 21 de diciembre, de fomento del ecosistema de las empresas emergente)", *Aranzadi Digital*, (2022).

ORDÓÑEZ SOLÍS, D., "El derecho de las subvenciones y ayudas públicas en la Unión Europea. Principios inspiradores. El control y el régimen de responsabilidad derivado de la gestión de los fondos europeos", en GARCÉS SAN AGUSTÍN, M., *Derecho de las subvenciones y ayudas públicas*, Aranzadi, Navarra, 2018.

PICÓN ARRANZ, A., "La intervención pública en el sector del capital riesgo: un análisis desde la óptica del Derecho Administrativo", *Anuario de capital de riesgo*, (2021).

SESMAS SÁNCHEZ, B., "El concepto jurídico de subvención y ayuda pública. Alcance de la noción de fomento y Promoción", en GARCÉS SANAGUSTÍN, M., *Derecho de las subvenciones y ayudas públicas*, Aranzadi, Navarra, 2018.

VELASCO CABALLERO, F., "La Administración público en la colaboración público-privada", *Revista catalana de Derecho Público*, 67, (2023).

Aspectos jurídicos, notariales y registrales de la nueva ley de "startups".

EDUARDO BAUTISTA BLÁZQUEZ[1]

RESUMEN. En el presente escrito, trataremos las recientes novedades legislativas que nuestro ordenamiento jurídico ha puesto en marcha en los últimos años con el objetivo de fomentar la creación y crecimiento de las empresas. En concreto, trataremos La Ley 28/2022, de 21 de diciembre (Ley Startup) y la Ley 11/2023 de 8 de mayo de digitalización de actuaciones notariales y registrales. En ambas, nos ceñiremos a los aspectos jurídicos más relevantes que han implantado, así como las novedades en materia notarial y registral. Por otro lado, también nos detendremos en los riesgos que del propio sistema se pueden derivar, así como el camino que debemos seguir en el futuro si queremos mantenernos como un país competitivo y eficiente en este ámbito.

PALABRAS CLAVE. Ley de Startups, fomento empresarial, digitalización notarial, agilización de trámites.

ABSTRACT. In this document, we will address the recent legislative developments that our legal system has implemented in recent years with the aim of promoting the creation and growth of companies. Specifically, we will discuss Law 28/2022, of December 21 (Startup Law) and Law 11/2023 of May 8 on the digitalization of notarial and registry actions. In both, we will focus on the most relevant legal aspects they have introduced, as well as the new developments in notarial and registry matters. On the other hand, we will also consider the risks that may arise from the system itself, as well as the path we must follow in the future if we want to remain a competitive and efficient country in this field.

KEYWORDS. Startup Law, business promotion, notarial digitalization, streamlining procedures.

SUMARIO. 1. INTRODUCCIÓN AL MARCO LEGAL VIGENTE PARA LAS EMPRESAS EMERGENTES. **2.** LEY 28/2022, DE 21 DE DICIEMBRE, DE FOMENTO DEL ECOSISTEMA DE LAS EMPRESAS EMERGENTES. **2.1.** *Objetivos y alcance de la ley.* **2.2.** *Requisitos para la calificación como empresa emergente.* **2.3.** *Proceso de certificación.* **2.4.** *Medidas para la agilización y flexibilización de trámites.* **2.5.** *Otras medidas relevantes.* **3.** LEY 11/2023, DE 8 DE MAYO, SOBRE DIGITALIZACIÓN DE ACTUACIONES NOTARIALES Y REGISTRALES, QUE TRANSPONE LA DIRECTIVA (UE) 2019/1151. **3.1.** *Novedades introducidas en los ámbitos notarial y registral.* **3.2.** *Desafíos en la práctica.* **4.** CONCLUSIONES.

---

1 Notario del Colegio de Notarios de Barcelona.

1. INTRODUCCIÓN AL MARCO LEGAL VIGENTE PARA LAS EMPRESAS EMERGENTES

La Ley 28/2022, de 21 de diciembre, de fomento del ecosistema de las empresas emergentes[2], constituye un punto importante de una ambiciosa reforma legal dirigida a mejorar la calidad normativa y el ecosistema emprendedor de nuestro país. En la misma, veremos cómo se trata de fomentar la creación de empresas, favorecer su crecimiento, así como hacer posible su restructuración en tiempos de crisis.

En las próximas líneas, no nos ceñiremos únicamente a la citada Ley, conocida como la "Ley de Startups", sino también a la Ley conocida vulgarmente como "Ley crea y crece" 18/2022 de 28 de septiembre de creación y crecimiento de empresas,[3] que trató de abordar cuestiones de gran repercusión como el capital social de 1 euro o la inscripción voluntaria de la sociedad civil en el Registro Mercantil.

También, hay que tener presente la importante reforma concursal a través de la Ley 16/2022, de 5 de septiembre[4], que vino a facilitar el saneamiento de empresas en situación de insolvencia e implantó un procedimiento muy flexible y tecnológicamente avanzado que tenía como objetivo aumentar la eficiencia de los procedimientos de restructuración, insolvencia y exoneración de deudas. Finalmente, el ciclo se cierra con la reciente Ley 11/2023 de 8 de mayo de 2023.[5] Ésta última, es la transposición de la Directiva de la Unión Europea 2019/1151, de 20 de junio de 2019, en materia digitalización en el ámbito notarial y registral, cambiando con ello de manera radical la forma tradicional que los Notarios han venido desarrollando su función pública has-

---

2 Ley 28/2022, de 21 de diciembre, de fomento del ecosistema de las empresas emergentes.

3 Ley 18/2022, de 28 de septiembre, de creación y crecimiento de empresas.

4 Ley 16/2022, de 5 de septiembre, de reforma del texto refundido de la Ley Concursal, aprobado por el Real Decreto Legislativo 1/2020, de 5 de mayo, para la transposición de la Directiva (UE) 2019/1023 del Parlamento Europeo y del Consejo, de 20 de junio de 2019, sobre marcos de reestructuración preventiva, exoneración de deudas e inhabilitaciones, y sobre medidas para aumentar la eficiencia de los procedimientos de reestructuración, insolvencia y exoneración de deudas, y por la que se modifica la Directiva (UE) 2017/1132 del Parlamento Europeo y del Consejo, sobre determinados aspectos del Derecho de sociedades (Directiva sobre reestructuración e insolvencia).

5 Ley 11/2023, de 8 de mayo, de trasposición de Directivas de la Unión Europea en materia de accesibilidad de determinados productos y servicios, migración de personas altamente cualificadas, tributaria y digitalización de actuaciones notariales y registrales; y por la que se modifica la Ley 12/2011, de 27 de mayo, sobre responsabilidad civil por daños nucleares o producidos por materiales radiactivos.

ta la fecha. Como veremos más adelante, en ella se permite por primera vez el otorgamiento de determinadas escrituras totalmente de forma telemática.

Todas las leyes mencionadas tienen un nexo en común ya que tratan de fomentar y agilizar el proceso de creación de una empresa, así como facilitar todos los trámites burocráticos y administrativos en relación con las mismas.

2. LEY 28/2022, DE 21 DE DICIEMBRE, DE FOMENTO DEL ECOSISTEMA DE LAS EMPRESAS EMERGENTES

2.1. Objetivos y alcance de la ley

La Ley que ahora nos ocupa, esto es, la Ley 28/2022, de 21 de diciembre, delimita su ámbito de aplicación únicamente a las empresas que merezcan la calificación de empresas emergentes o startups poniendo el foco en los beneficios fiscales a emprendedores, reducir las trabas administrativas y la flexibilidad en la gestión de la empresa y en la aplicación de los principios mercantiles y concursales.

En este sentido, la Ley de 28/2022 de 21 de diciembre, según establecen sus artículos 1 y 2, nace con el objetivo de establecer un marco normativo específico para apoyar la creación y el crecimiento de empresas emergentes en España. La norma en cuestión pretende alcanzar los siguientes objetivos generales:

- Fomentar la creación y crecimiento de empresas emergentes en España, así como su futura capacidad de internacionalización.
- Atraer talento, capital y estimular la inversión pública y privada en las mismas.
- Garantizar la coherencia y eficacia del sistema de ayudas al emprendimiento basado en la innovación.
- Estimular la inversión pública y privada en empresas emergentes.
- Favorecer la interrelación entre empresas, agentes financiadores y territorios para aumentar las posibilidades de éxito de las empresas emergentes.
- Impulsar el acercamiento entre la formación profesional y la universidad y las empresas emergentes.
- Apoyar el desarrollo de polos de atracción de empresas e inversores.
- Impulsar la compra pública innovadora con empresas emergentes.

2.2. Requisitos para la calificación como empresa emergente

Tal y como hemos dicho, la Ley de Startups delimita su ámbito de aplicación a las empresas emergentes, pero no establece una definición específica de empresa emergente. No obstante, establece aquellas condiciones que una empresa ha de cumplir para merecer esa calificación y con ello acceder a sus ventajas. Así, los artículos 3 y 4 de la dicha ley establecen los siguientes requisitos:

- **Antigüedad:** Ser de nueva creación o, no siendo de nueva creación, cuando no hayan transcurrido más de cinco años desde la fecha de inscripción en el Registro Mercantil, (siete años en el caso de empresas de biotecnología, energía, industriales y otros sectores estratégicos o que hayan desarrollado tecnología propia, diseñada íntegramente en España).
- **Independencia:** No haber surgido de una operación de fusión, escisión o transformación de empresas que no tengan consideración de empresas emergentes.
- **Dividendos:** No distribuir ni haber distribuido dividendos.
- **Mercado:** No cotizar en un mercado regulado.
- **Ubicación**: Tener su sede social, domicilio social o establecimiento permanente en España.
- **Plantilla:** Tener al 60% de la plantilla con un contrato laboral en España.
- **Innovación**: Desarrollar un proyecto de emprendimiento innovador. Debiendo entenderse por “innovadora” que su finalidad sea resolver un problema o mejorar una situación existente mediante el desarrollo de productos, servicios o procesos nuevos o mejorados sustancialmente en comparación con el estado de la técnica y que lleve implícito un riesgo de fracaso tecnológico, industrial o en el propio modelo de negocio.
- **Modelo escalable**: Que cuente con un modelo de negocio susceptible de crecer en ingresos de manera exponencial, de forma más rápida de lo que crecen su estructura de costes en periodos de tiempo cortos.

2.3. Proceso de certificación

Una vez determinadas las condiciones que se requieren para la calificación de sociedad emergente, habría que analizar a quien corresponde ese examen ya que no se trata de un tipo nuevo de sociedad que se constituya con ese nombre específico, sino que es una sociedad de capital o una sociedad cooperativa en alguna de sus modalidades comunes. En ese sentido, no bastaría con la simple manifestación por parte de los socios en el acto fundacional ni tampoco es algo que se pueda encomendar al Notario ni al Registro Mercantil.

Dicha calificación se encarga a un ente específico, la Empresa Nacional de Innovación S.A., (ENISA). Dicho Ente tendrá la tarea de evaluar todas esas notas condicionantes previstas en la Ley, además del carácter innovador y escalable del modelo de negocio. Dispondrá de un plazo máximo de tres meses, a contar desde la fecha de la solicitud completa con toda la documentación requerida, efectuada por los emprendedores que quieran acogerse a los beneficios y especialidades de la Ley. El resultado positivo se plasmará en la correspondiente resolución expresa favorable, pero el silencio administrativo es positivo, en cuyo caso también podría obtenerse el correspondiente certificado acreditativo del mismo.

Esta acreditación será eficaz frente a todas las Administraciones y entes que deban reconocerlos. Una vez inscrita la sociedad en el Registro Mercantil es cuando la sociedad deberá gestionar la certificación con ENISA del cumplimiento de los requisitos.

No queda muy claro en la Ley, si la certificación del cumplimento de los requisitos por parte de ENISA es previa o no a la inscripción en el Registro Mercantil. En este sentido, el articulo 84 RRM[6] exige que para que no sea exigible la autorización administrativa previa, se requiere que la Ley lo diga así expresamente. Lo razonable y dada la celeridad que el tráfico mercantil exige es que sea posterior para que la sociedad esté inscrita en el menor tiempo posible. En las sociedades ya constituidas lo normal será que se exija una modificación estatutaria para conseguir la acreditación administrativa.

En este sentido, ENISA aportará directamente al Registro Mercantil la documentación acreditativa de que cumplen los requisitos para ser calificada como sociedad emergente, dejando constancia el Registro Mercantil dicho extremo en la hoja abierta a nombre de la sociedad.

Por otro lado, en lo que se refiere a la labor notarial, es de destacar el artículo 5.4 de la Ley cuando dice que "*Si el notario que autorice la escritura, o el registrador mercantil o la persona responsable del Registro de cooperativas competente para su inscripción, consideraran que la sociedad ha sido constituida en fraude de ley informará de ello a la Dirección General de Seguridad Jurídica y Fe Pública y a la Agencia Estatal de Administración Tributaria, dando cuenta al interesado de este traslado de información*". Personalmente, veo difícil la labor de encomendar al Notario apreciar fraude en dichas constituciones, porque si bien es cierto que como

---

[6] Real Decreto 1784/1996, de 19 de julio, por el que se aprueba el Reglamento del Registro Mercantil.

funcionarios públicos estamos obligados a colaborar con todas las autoridades administrativas y judiciales, los requisitos que impone el artículo 3 de la ley escapan de nuestro control. La apreciación o examen de determinar si un negocio es escalable o innovador es algo que no corresponde ni debe dejarse al arbitrio del Notario ya que carece de medios para ello. El Notario debe velar porque la escritura se adecue a la legalidad y a la voluntad libremente formada de los otorgantes, pero no acreditar si la sociedad cumple con ciertos requisitos económicos que escapan de su capacidad de control.

2.4. Medidas para la agilización y flexibilización de trámites

Como ya hemos dicho, uno de los objetivos de la presente Ley es el fomento y agilizar los trámites para poder constituir una sociedad intentando flexibilizar los plazos y los trámites hasta su completa inscripción en el Registro Mercantil. En este sentido, se pronuncian los artículos 12 y 13 cuando establecen las formalidades de empresas emergentes sociedades limitadas. A modo de resumen son las siguientes:

- El plazo de inscripción de la constitución y de todos sus actos societarios se reduce a 5 días hábiles.
- Si se utilizan estatutos tipo previsto en la Ley el plazo será de seis horas hábiles.
- Si por causas justificada no se pueden cumplir esos plazos el Registrador lo notifica al interesado antes de que transcurran esos plazos.
- Todos los trámites se harán mediante el uso del Documento Único Electrónico (DUE).
- Los pactos entre socios serán inscribibles si no contienen cláusulas contrarias a la ley.
- También serán inscribibles las cláusulas que contengan la prestación accesoria de suscribir las disposiciones de los pactos de socios, siempre que el contenido del pacto esté identificado de forma que lo puedan conocer no solo los socios que lo hayan suscrito sino también los futuros socios.
- Los aranceles notariales y registrales, en caso de constitución vía CIRCE y con estatutos tipo, y capital inferior a 3100 euros serán de 60 y 40 euros respectivamente.
- No hay tasas por publicación en el BORME.
- No hay disolución por pérdidas hasta que no hayan transcurrido tres años desde su constitución.

Como vemos, el objetivo principal y la obsesión del legislador es acortar los plazos de inscripción de sociedades en el Registro Mercantil llegando a poder ser de 6 horas hábiles y también abaratar los costes de constitución e inscripción convirtiendo el sistema español en uno de los países de corte latino más eficientes y económicos.

Precisamente, con la finalidad de agilizar y facilitar todos los trámites para poner en funcionamiento una empresa, se crean los Puntos de Atención al Emprendedor (PAE) a través de la Ley 14/2013 de 27 de diciembre de apoyo a los emprendedores[7]. Los PAES se encargan de facilitar la creación de nuevas empresas, el inicio de su actividad efectiva a través de la prestación de servicios de información, tramitación de documentación, asesoramiento, formación y apoyo a la financiación empresarial. Los PAES pueden depender de entidades públicas o privadas y deben firmar un convenio con el Ministerio de Industria, Comercio y Turismo para poder actuar como tales. Además de prestar servicios de información y asesoramiento a los emprendedores, los PAES, inician los trámites de constitución de la empresa a través del Documento Único Electrónico (DUE). El DUE es documento de naturaleza electrónica que engloba numerosos formularios y que su objetivo es poder facilitar los trámites de creación de empresas de manera telemática evitando la presentación individual de numerosos documentos a los distintos organismos y administraciones.

Por último, he de indicar que el DUE es el documento electrónico que se tramita a través del sistema CIRCE (Centro de Formación y Red de Creación de Empresas). Con el sistema CIRCE se realizarán todos los trámites para constituir la empresa y para comunicar la documentación a todos los organismos implicados como son la Agencia tributaria, la Seguridad Social, el Registro Mercantil y la Notaría. Dicho sistema agiliza todos los trámites reduciendo el número de desplazamientos que los socios deben relazar siendo únicamente suficiente la firma efectiva ante Notario. El emprendedor sólo deberá cumplimentar el Documento Único Electrónico (DUE) y el sistema CIRCE se encarga de su comunicación. También ofrece servicios complementarios como pueden ser la de consultar el estado del trámite y documentación, la búsqueda de centros PAE o la búsqueda de Notario. Por último, tal y como establece la Ley de Startups, en los PAES se publicará una relación actualizada de las subvenciones públicas dirigidas específicamente a empresas emergentes y convocadas por las instituciones comunitarias y por las administraciones públicas españolas, así como un calendario orientativo de las subvenciones de convocatoria regular durante el mes de enero de cada año.

---

[7] Ley 14/2013, de 27 de septiembre, de apoyo a los emprendedores y su internacionalización.

2.5. Otras medidas relevantes

Para acabar con el análisis de esta Ley, merece la pena ver, de manera sucinta, otras medidas que la Ley de Startups introduce para fomentar la creación, expansión de empresas:

- Tributación más favorable. El artículo 7 fija un tipo impositivo del 15% en el Impuesto de Sociedades y en el Impuesto sobre la Renta de no Residentes durante el primer año en el que la base imponible del impuesto sea positiva, y en los 3 siguientes.
- Aplazamiento de tributación. Posibilidad de, durante los dos primeros periodos impositivos, solicitar un aplazamiento de pago de la deuda tributaria generada por Impuesto de Sociedades o Impuesto sobre la Renta de no Residentes, de 12 y 6 meses.
- Facilidades en la obtención del NIF para inversores extranjeros: El artículo 9 de la ley determina la creación de un procedimiento electrónico por parte de la Agencia Tributaria para que el inversor extranjero pueda obtener su NIF en un plazo de 10 días hábiles.
- Los Notarios también podrán solicitar un número de identificación fiscal para los extranjeros que se incorporen como socios a una empresa emergente.
- Flexibilización de las causas de disolución. El artículo 13 determina que las empresas emergentes no incurrirán en causa de disolución por pérdidas que dejen reducido el patrimonio neto a una cantidad inferior a la mitad del capital social, siempre que no sea procedente solicitar la declaración de concurso, hasta que no hayan transcurrido tres años desde su constitución.
- Autocartera. Se permite a las empresas emergentes con forma de SL disponer de hasta un máximo del 20% de autocartera, a los efectos de ejecutar un plan de retribución con las mismas a favor de sus administradores, empleados u otros colaboradores.
- La Disposición adicional primera establece que el Consejo General del Notariado y el Colegio de Registradores de España promoverán la adaptación de las aplicaciones informáticas que deban emplear los ciudadanos para relacionarse electrónicamente con los notarios y los registradores con el fin de que sean compatibles con cualquier navegador, admitan todas las firmas y sellos electrónicos incluidos en la «lista de confianza de prestadores de servicios de certificación» y pueda interactuarse con ellas desde dispositivos móviles.

Como hemos visto, la Ley de Startups ha supuesto un hito en agilizar y fomentar la creación de empresas, preocupándose el legislador en que la puesta en marcha de una empresa sea lo más eficaz, sencillo y barato posible. El legislador ha querido adaptar el entorno regulatorio hacia las nuevas necesidades de competitividad tal y como han venido haciendo otros países de las Unión Europea en los últimos años. Si bien es cierto que el camino adoptado por Ley es el correcto, también es criticable que la Ley únicamente adopte estas medidas para las sociedades calificadas como emergentes cuando la realidad es que la mayoría de las empresas que se constituyen en nuestro país carecerán de las condiciones para ser calificadas como tal. En este sentido, podríamos decir que España no únicamente necesita leyes que ayuden o fomenten las "startups", sino leyes atractivas y seguridad jurídica que hagan que seamos un país competitivo y seguro para atraer al mayor número de inversores y proyectos posibles.

3. LEY 11/2023, DE 8 DE MAYO, SOBRE DIGITALIZACIÓN DE ACTUACIONES NOTARIALES Y REGISTRALES, QUE TRANSPONE LA DIRECTIVA (UE) 2019/1151

Una vez analizadas las principales novedades de Ley Startups, fundamentalmente en lo relativo a los aspectos notariales y registrales, seguimos con nuestro análisis legislativo y obsesión del legislador de seguir facilitando la creación y desarrollo de empresas en nuestro país. Tal y como hemos apuntado al inicio de estas líneas, ha sido la Ley 11/2023, de 8 de mayo, sobre digitalización de actuaciones notariales y registrales la que supuesto una revolución en la manera que, hasta ahora, se ha venido desarrollar la función notarial. En esta ley se transpone la Directiva (UE) 2019/1151 conocida como "Directiva de digitalización de sociedades".

La Directiva únicamente obligaba a los Estados Miembros a establecer que determinadas actuaciones societarias debían autorizarse por medio de procedimientos digitales tales como la constitución de sociedades. No obstante, la Ley ha sido más ambiciosa y no solo restringe el otorgamiento por videoconferencia a los actos societarios, sino que se extiende a otros muchos supuestos tales como poderes, divisiones horizontales o declaraciones de obra entre otros. Hay que remarcar que la opción de videoconferencia es un derecho de los otorgantes en los casos legalmente establecidos, siendo el Notario, bajo su responsabilidad, quien podrá denegar dicho otorgamiento o autorización en caso de que sea necesario.

3.1. Novedades introducidas en los ámbitos notarial y registral

Sin necesidad de tener que entrar en el análisis de Ley, vemos como la misma ha supuesto un auténtico cambio en la manera que los Notarios han estado ejerciendo su profesión hasta ahora.

El título IV de la Ley se compone de seis artículos que contienen cambios importantes en la Ley del Notariado, Código de Comercio, Ley Hipotecaria o Ley de Sociedades de Capital.

Una de las principales modificaciones a nivel notarial de dicha Ley ha sido cuando en su artículo 34 aborda una modificación de la Ley del Notariado[8]. Se modifican los apartados 2 y 3 y se añade un nuevo apartado 4 al artículo 17 de la Ley del Notariado. Así el artículo 17 ter de la Ley del Notariado permite, por primera vez, la autorización de determinados actos notariales a través de videoconferencia cuando establece que "*se podrá realizar el otorgamiento y autorización a través de videoconferencia como cauce de la función pública*".

Entre dichos actos podemos destacar:

- Pólizas mercantiles.
- Constitución de sociedades, nombramiento de administradores, apoderamientos (excepto poderes generales o preventivos), revocaciones, así como cualquier acto societario excepto aportaciones no dinerarias al capital social.
- Actas notariales de junta general.
- Cancelaciones de hipoteca.
- Declaraciones de obra nueva y divisiones horizontales que no impliquen extinción de condominio.

Como antes hemos apuntado, el legislador ha sido muy ambicioso al incluir muchos actos notariales al inicio de esta nueva forma de actuación notarial. Hay que enfatizar que el legislador en nada ha variado las funciones esenciales del notariado en relación con el control de legalidad, juicio de capacidad o juicio de suficiencia de facultades. Así, tanto el otorgamiento presencial como el otorgamiento por videoconferencia contendrán las mismas garantías por parte del Notario.

El legislador ha sido, una vez más, tajante a la hora de exigir la intervención notarial para dichos actos. Una de las principales razones, entre otras, ha sido por la labor que desempeñan los Notarios en el control de prevención de delitos como el blanqueo de capitales y financiación de terrorismo. Así, el

---

8 Ley del Notariado de 28 de mayo de 1862.

Consejo General del Notariado creó en diciembre de 2005 el Órgano Centralizado de Prevención de Blanqueo de Capitales (OCP) para intensificar la colaboración de los Notarios con el Servicio Ejecutivo de la Comisión de Prevención de Blanqueo de Capitales e infracciones monetarias (SEPLAC) y la autoridades policiales y judiciales.

Para poder otorgar dichos actos por videoconferencia será necesario que los comparecientes accedan a la Sede Electrónica Notarial a través del Portal Notarial del Ciudadano y que cuenten con un certificado electrónico cualificado. En caso de no tener este último, se prevé que el Notario pueda dotar al compareciente de firma electrónica cualificada. En este sentido, el compareciente deberá estar previamente dado de alta en el portal del ciudadano, conectarse por videoconferencia con el Notario escogido, y tras la lectura y la explicación de la escritura se procederá a firmar de manera telemática la escritura.

Para que los Notarios puedan realizar todos esos servicios se requiere la existencia del protocolo electrónico, que convivirá con el protocolo notarial en papel físico. El protocolo electrónico es fiel reflejo de la concepción clásica del mismo, que, sin embargo, exterioriza su contenido mediante dos soportes, uno en papel y otro electrónico. Así, existen dos versiones del protocolo según en qué materia esté soportado su contenido en papel o electrónico. Estas dos versiones han de tener idéntico contenido al ser, en realidad, un único protocolo notarial con dos formas de exteriorizarse. El protocolo electrónico se custodiará por el Notario que esté a cargo de su conservación mediante su depósito electrónico en el Consejo General del Notariado. Dicho depósito electrónico se efectuará encriptando su contenido, pudiendo acceder al mismo exclusivamente el Notario que custodia dicho protocolo y que tiene las claves de encriptación.

Otras de las novedades introducidas por la Ley de digitalización es el paso de copia auténtica en papel o copia auténtica electrónica. Así, se permite la expedición de copias autorizadas con la firma electrónica del Notario a través de un Código de Verificación Segura (CSV). Los ciudadanos y empresas podrán llevar sus copias autorizadas en sus dispositivos móviles con el consiguiente ahorro de papel y tiempo que ello supone. A través de dicho Código de Verificación Segura (CSV), se permitirá que cualquier ciudadano que tenga dicho código pueda ver, a través de la Sede Electrónica Notarial, el contenido de las escrituras vinculadas a esos códigos. El sistema garantiza la inalterabilidad y veracidad de las escrituras bajo dichos códigos de seguridad. Con el protocolo electrónico la Ley intenta ampliar y liberar el ámbito de circulación de copia autorizada electrónica (hasta ahora estaba reducido al sector público), así como el reconocimiento de la Sede Electrónica Notarial para el desarrollo, gestión y administración de todo el nuevo sistema electrónico. Tanto ciudadanos como empresas tienen acceso a la Sede Electrónica Notarial, un especio digital accesible a través del Portal Notarial del Ciudadano. Esta plataforma digital es la puerta de entrada a un conjunto de servicios en la gestión y conservación de instrumentos públicos.

3.2. Desafíos en la práctica

Las ventajas que el otorgamiento de ciertas escrituras por videoconferencia otorga al sistema son evidentes en cuanto a la celeridad y la eficiencia que el tráfico mercantil requiere. No obstante, no podemos obviar los riesgos que de este nuevo sistema de función notarial se pueden derivar. Existe un claro riesgo de suplantación de identidad, así como también de juicio de capacidad y formación de voluntad libremente prestada por los otorgantes. El Notario deberá ser aún más riguroso y cauteloso para asegurarse de que el otorgamiento por videoconferencia cuenta con las mismas garantías que el realizado en forma presencial. En caso de cualquier duda, el Notario deberá denegar el otorgamiento o exigir la presencia física de los comparecientes. El Notario comprobará, de la misma manera que lo hace con el otorgamiento presencial, la identidad de los otorgantes, su legitimación, la legalidad del contenido y que el consentimiento ha sido libremente prestado por los comparecientes (artículo. 145 reglamento Notarial).

Como es obvio, resulta difícil para el Notario, cumplir con todo ello con la misma rigurosidad que para el otorgamiento presencial. Hay determinados comportamientos que únicamente se pueden apreciar con el contacto físico y que ayudan indudablemente al Notario para que pueda cumplir de manera escrupulosa con lo establecido en el artículo 145 del Reglamento Notarial. Es el contacto personal y directo con los otorgantes que, en ciertas ocasiones, permiten al Notario verificar que son jurídicamente capaces para actuar y que su voluntad ha sido libremente prestada.

Las conversaciones y confesiones que los Notarios mantenemos a diario en nuestros despachos notariales con los comparecientes ayudan, en innumerables ocasiones, para efectuar el juicio notarial de capacidad y conocer todo lo que rodea a las partes.

4. CONCLUSIONES

En conclusión, podemos decir que el camino escogido por el legislador es claro y necesario, queriendo que el sistema español esté a la vanguardia de cualquier avance tecnológico. La función notarial no puede ser ajena a la revolución tecnológica que estamos viviendo y las herramientas tecnológicas deben suponer una ayuda a la función notarial sin nunca perder de vista la seguridad jurídica que tiene nuestro sistema.

Como hemos dicho a lo largo de estas líneas, nuestro sistema es uno de los más pioneros, eficientes, económicos y rápidos en toda Europa bajo el paraguas siempre de la función notarial. Las ventajas que la intervención notarial atribuyen en cuanto a seguridad jurídica preventiva y a la lucha contra el blanqueo de capitales a través de la OCP, hacen que la escritura pública en todos los actos societarios sea imprescindible e indiscutible. Más aún, cuando hoy pueden otorgarse dichos actos de manera completamente telemática y bajo unos costes y tiempos realmente competitivos. No obstante, debemos seguir apostando y fomentando que los servicios públicos, instituciones y ciudadanos estemos cada vez más conectados entre sí de una manera completamente eficiente y segura. En un segundo momento, debemos aspirar a que dicha conexión vaya más lejos de nuestras fronteras y se extienda a otros países de Europa.

La introducción del otorgamiento de escrituras públicas por videoconferencia va a desempeñar un papel fundamental en la agilización de trámites societarios y resolución de situaciones urgentes. Si bien es cierto que estos servicios digitales son complementarios a los tradicionales que prestan los más de 3.000 Notarios conectados entre sí por todo el territorio nacional, el Notariado es plenamente consciente que es el camino que hay que seguir y quiere seguir liderando cualquier avance tecnológico que pueda ayudar a prestar su función pública con las mismas garantías que hasta la fecha. El Notariado debe seguir obsesionado en avanzar hacia un futuro notarial más innovador y conectado, pero sin nunca perder de vista la seguridad jurídica preventiva con la que siempre se ha caracterizado.

Balance tras la ley 28/2022, de 21 de diciembre, de fomento del ecosistema de las empresas emergentes ("Ley de Startups")

NOHAILA EL MOUDEN JAADOUNI[1]

RESUMEN. La Ley 28/2022, conocida como "Ley de Startups", tiene como objetivo fomentar el ecosistema de empresas emergentes en España. Inicialmente, esta normativa generó grandes expectativas, pero su implementación ha resultado más compleja y sus efectos han sido más limitados de lo anticipado. Hasta la fecha del presente estudio, solo se han certificado 1.557 *startups*, lejos de las 10.000 que el Gobierno esperaba certificar con la promulgación de la ley. Esto puede deberse, en parte, a la definición restrictiva de "empresa emergente" establecida por la ley, que excluye a muchas potenciales beneficiarias. A pesar de estos desafíos, la Ley introduce mejoras significativas, como la eliminación de la obligatoriedad del NIE para inversores no residentes y varias ventajas fiscales, medidas que buscan reducir las barreras burocráticas y fiscales que enfrentan las *startups*. Aunque la Ley de Startups ha tenido un comienzo difícil, representa un avance importante al proporcionar un marco legal específico para las empresas emergentes en España. Será fundamental continuar evaluando y ajustando la normativa para adaptarla a las necesidades del sector y maximizar su impacto positivo en el ecosistema emprendedor del país.

PALABRAS CLAVES. *Startups,* emprendimiento, tecnología, innovación, empresa emergente.

ABSTRACT. Law 28/2022, known as the "Startup Law," aims to promote the ecosystem of emerging companies in Spain. Initially, this regulation generated great expectations, but its implementation has proven more complex, and its effects have been more limited than anticipated. To date, only 1,557 startups have been certified, far from the 10,000 that the Government expected to certify with the enactment of the law. This may be partly due to the restrictive definition of "emerging company" established by the law, which excludes many potential beneficiaries. Despite these challenges, the Law introduces significant improvements, such as the elimination of the requirement for a NIE for non-resident investors and various tax advantages, measures that seek to reduce the bureaucratic and fiscal barriers faced by startups. Although the Startup Law has had a difficult start, it represents an important step forward by providing a specific legal framework for emerging companies in Spain. It will be fundamental to continue evaluating and adjusting the regulation to adapt it to the needs of the sector and maximize its positive impact on the country's entrepreneurial ecosystem.

---

[1] Doctoranda del Programa de Doctorado en Derecho Económico y de la Empresa (Esade-URL / Deusto / ICADE-Comillas). Capítulo realizado dentro del proyecto PID2021-128762NB-I00 financiado por el Ministerio de Ciencia e Innovación (Agencia Estatal de investigación) y cofinanciado por la Unión Europea: "Financiación no bancaria para start-ups: riesgos y remedios jurídico-privados".

KEYWORDS. Start-ups, entrepreneurship, technology, innovation, emerging company.

SUMARIO. 1. INTRODUCCIÓN. **2.** EXPECTATIVAS INICIALES EN TORNO A LA PROMULGACIÓN DE LA LEY DE STARTUPS. **3.** IMPLEMENTACIÓN EFECTIVA DE LA LEY DE STARTUPS. **3.1.** *Aplicación práctica y efectos.* **3.2.** *Certificaciones de empresas emergentes otorgadas por ENISA.* **4.** ANÁLISIS DE LAS NOVEDADES INTRODUCIDAS POR LA LEY DE STARTUPS. **4.1.** *Coberturas de la ley.* **4.2.** *Carencias de la ley.* **5.** CONCLUSIONES. **6.** BIBLIOGRAFÍA.

1. INTRODUCCIÓN

Poco más de dos años atrás, nos encontrábamos con un panorama expectante entre varios expertos e interesados en la materia, quienes aguardaban el conjunto de aspectos ventajosos que predicaba traer consigo la promulgación de la esperadísima[2] Ley[3] 28/2022, de 21 de diciembre, de fomento del ecosistema de las empresas emergentes[4] (en adelante, "Ley de Startups"), en un entorno que requería suplir sus reclamos y carencias.

Aunque al inicio el optimismo predominaba, tras su entrada en vigor, la situación se tornó más crítica, lo que en parte fue debido a que nos encontrábamos atravesando un momento desafiante para las *startups*, con una disminución en la inversión desde 2021 -año que marcó el pico de inversión[5]- y es por ello que, apenas promulgada, muchos comenzaron a dudar de su efectividad, ya que naturalmente los resultados no serían inmediatos, generando con ello incertidumbre sobre su verdadero impacto en las insuficiencias y deficiencias del sistema.

Algunos expertos han expresado que la normativa representa un "avance significativo", aunque aún la consideran insuficiente.[6] De hecho, varios la

---

[2] Es fundamental destacar que una espera prolongada no justifica, en ningún caso, la exigencia de una aplicabilidad inmediata. Aunque la Ley de Startups haya sido ampliamente esperada, es importante no apresurar su implementación ni exigir inmediatez en sus efectos. Como cualquier normativa, requiere un proceso de adaptación, seguimiento y revisión continuos. Las altas expectativas generadas en torno a esta ley pueden haber influido en una errónea percepción inicial de sus resultados.

[3] Es relevante mencionar la condición de ley especial otorgada por la Disposición Final Novena. Esto implica que, en lo referente a las empresas emergentes, los preceptos de esta ley prevalecerán sobre las disposiciones de otras normativas que regulen las mismas materias de manera diferente.

[4] Ley 28/2022, de 21 de diciembre, de fomento del ecosistema de las empresas emergentes.

[5] Fundación Bankinter. *Observatorio del Ecosistema de Startups en España. Informe anual de tendencias de inversión en España 2021.*

[6] CANUDAS PERARNAU, S., BARCÓN CODINA, J.M., y SEGURA MOREIRAS, A., "La nueva Ley 28/2022, de 21 de diciembre, de fomento del ecosistema de las empre-

describen como un punto de partida prometedor que requiere pulirse[7]. Se señala que la ley no muestra una intención verdaderamente transformadora y no ofrece una solución efectiva para muchas empresas emergentes en nuestro país. Además, se destaca que un considerable número de potenciales beneficiarios queda excluido de sus disposiciones[8].

En definitiva, como bien afirma MONZÓN, la ley "contiene, por tanto, mucha declaración de buenas intenciones que, sin embargo, no se apoya en medidas efectivas[9]". Un ejemplo de ello es el compromiso de eliminar las brechas de género existentes en ese ámbito. Aunque a lo largo de la ley se subraya que esta cuestión es prioritaria y merece atención especial, en la práctica se queda solo como una intención sin respaldo efectivo con acciones concretas.

Por todo lo anterior, en el presente estudio se plantea la yuxtaposición de los anhelos y expectativas del panorama emprendedor respecto la promulgación de la Ley de Startups, frente a los resultados efectivamente obtenidos a fecha de hoy, con el objetivo de proporcionar un balance fidedigno de la situación actual resultante de su aplicabilidad.

2. EXPECTATIVAS INICIALES EN TORNO A LA PROMULGACIÓN DE LA LEY DE STARTUPS

Dice el preámbulo de la nueva ley que las empresas emergentes están conformadas por peculiaridades únicas que hacen que, aunque se quisiera, fuera imposible su encaje en el marco normativo tradicional, lo que ha derivado en la imperiosa necesidad de contar con uno que sea único y específico para éstas, adaptado a sus necesidades y que, además, pueda hacer frente a los desafíos incipientes a los que se deben enfrentar continuamente sus partícipes.

La promulgación de esta norma marcó un hito significativo al ser pionera y necesaria puesto que "por primera vez en el país, las empresas de reciente creación, con base tecnológica y proyección de rápido crecimiento, tienen un marco normativo propio que establece las reglas para su actividad[10]", representando así la oportunidad de que España se alinee con otros países de la

---

sas emergentes: ¿Una solución real para las startups?" *La Ley mercantil*, 107, (2023), p. 9.

7 VÁZQUEZ, D., "Un año de la ley de startups: esto es lo que piden los fondos para mejorarla". *Business Insider.* (13 de diciembre de 2023).

8 CANUDAS PERARNAU, BARCÓN CODINA y SEGURA MOREIRAS, *op. cit.*, p. 4.

9 MONZÓN CARCELLER, N. "Aspectos mercantiles de la Ley 28/2022, de 21 de diciembre, de fomento del ecosistema de las empresas emergentes (Ley de Startups)." *Diario La Ley*, n.º 10262, Sección Tribuna, LA LEY 1707/2023, (2023), p. 4.

10 CANUDAS PERARNAU, BARCÓN CODINA y SEGURA MOREIRAS, *op. cit.*, p. 1.

Unión Europea que ya habían adoptado leyes específicas para *startups*[11]. Por ejemplo, en el Reino Unido se ha implementado la *UK Digital Strategy*[12], que engloba iniciativas en tecnología, inversión y retención de talento. Irlanda destaca como pionera en *startups*, beneficiándose de su favorable régimen fiscal y del programa de aceleración del *National Digital Research Centre*[13]. En Estonia, las *startups* son apoyadas mediante e-residencias y visas específicas como parte del programa *Startup Estonia*[14].

Al analizar el contenido de la normativa, podemos extraer del propio preámbulo de la Ley su propósito principal: fomentar la creación de empresas y facilitar la simplificación de trámites y procedimientos asociados. En todo momento, observamos la reiterada e inequívoca intención del legislador de abordar los obstáculos legislativos, fiscales y burocráticos que enfrentan las empresas emergentes en sus primeras etapas, ofreciendo para ello un conjunto de medidas diseñadas para reducir de manera significativa estos desafíos.

Es por ello por lo que podemos afirmar que la Ley de Startups "se erige como un componente esencial para el desarrollo y crecimiento esencial en el tejido legislativo, delineando un marco propicio para el desarrollo y crecimiento sostenible de empresas emergentes[15].

En este sentido, las principales novedades que esta ley trae consigo son la eliminación de la obligatoriedad del NIE para inversores no residentes, la introducción de un nuevo visado que permite a los profesionales trabajar de forma remota para empresas extranjeras mientras residen en España, y la ampliación de la deducción en el IRPF para inversiones en empresas nuevas o de reciente creación. También se ha reducido el tipo impositivo al 15% durante los primeros cuatro años, se ha elevado la exención de 12.000 a 50.000 euros anuales para la entrega de acciones a los trabajadores, y se ha creado el Foro Nacional de Empresas.

---

11 Aunque la normativa europea evolucione constantemente, ello no impide que, gracias a ello, introduzcamos en nuestro ordenamiento jurídico nuevas medidas que se adapten al sector, lo cual nos beneficia como Estado Miembro al estar en consonancia con otros miembros de la Unión.

12 UK Goverment. (2022). UK digital strategy. Policy paper. https://www.gov.uk/government/publications/uks-digital-strategy/uk-digital-strategy

13 NDRC. (2024). Ireland national startup accelerator programme. Para más detalle, véase al respecto https://www.ndrc.ie/

14 Startup Estonia (2024). Para más detalle, véase al respecto: https://startupestonia.ee/

15 HARANA SUANO, E., "Aspectos tributarios de las empresas emergentes: análisis de los incentivos fiscales tras la nueva "Ley de startups". en *Impacto de la Digitalización en los nuevos modelos de negocio,* Editorial Dykinson, (2024), p. 66.

3. IMPLEMENTACIÓN EFECTIVA DE LA LEY DE STARTUPS

3.1. Aplicación práctica y efectos

La Ley de Startups entró en vigor el 23 de diciembre de 2022, un día después de su publicación en el BOE. No obstante, sus principales novedades no empezaron a desplegar sus efectos de inmediato, puesto que fue necesario aguardar hasta la publicación de la Orden PCM/825/2023, de 20 de julio[16]. Este intervalo de casi siete meses dejó la ley en un estado de espera, sin efectos prácticos inmediatos. La espera de dicha orden fue crucial[17], dado que define los criterios para evaluar las características de los artículos 3 y 6 de la Ley, así como las medidas procedimentales necesarias para el correcto cumplimento del proceso de certificación de las empresas emergentes, incluido el procedimiento de pérdida de efecto de la certificación.

3.2. Certificaciones de empresas emergentes otorgadas por ENISA

Con el objetivo de establecer una ventanilla única, la Empresa Nacional de Innovación S.A. (en adelante, "ENISA") ha sido designada como la entidad responsable de realizar la acreditación formal del emprendimiento innovador y escalable del modelo de negocio, evaluando todas las características de los artículos 3 y 6 de la Ley de Startups[18]. En definitiva, ENISA es la encargada de determinar si una empresa cumple con la condición de empresa emergente o, en su defecto, queda excluida.

Interesa destacar aquí como un factor que refleja el balance tras la promulgación de la Ley de Startups, que, al menos en términos numéricos, las expectativas eran considerablemente altas. El Gobierno proyectaba certificar hasta 10.000 *startups*[19]. Sin embargo, los resultados hablan por sí solos, y la realidad ha sido mucho más modesta: en el primer año, se certificaron

---

16 Orden PCM/825/2023, de 20 de julio, por la que se regulan los criterios y el procedimiento de certificación de empresas emergentes que dan acceso a los beneficios y especialidades reconocidas en la Ley 28/2022, de 21 de diciembre, de fomento del ecosistema de las empresas emergentes.

17 A destacar que la Orden Ministerial fue el resultado del trabajo conjunto entre el Ministerio de Asuntos Económicos y Transformación Digital, el Ministerio de Industria, Comercio y Turismo, y el Ministerio de Ciencia e Innovación, quienes han determinado conjuntamente los criterios para evaluar las características establecidas en los artículos 3 y 6.

18 Artículo 4, Ley de Startups.

19 LA MONCLOA. "Industria, Comercio y Turismo abre el proceso de certificación de startups". [en línea], (2023).

únicamente 604 *startups*[20]. A la fecha del presente estudio, el número total de certificaciones es de 1.557, de las cuales solo 1.451 continúan vigentes.

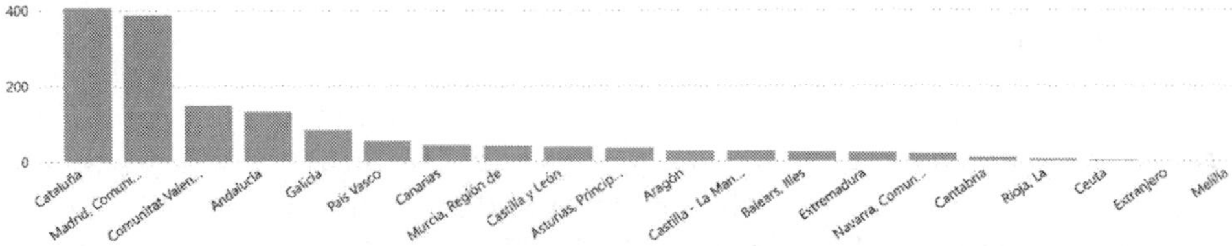

Fuente: ENISA[21]

Desplegando los datos y adentrándonos en su análisis, observamos que, en el contexto de las comunidades autónomas con mayor número de empresas que han obtenido la certificación por parte de ENISA como empresas emergentes, Cataluña encabeza la lista con un total de 419, seguida por la Comunidad de Madrid, con 402 empresas certificadas. La Comunidad Valenciana ocupa el tercer lugar, con 152 empresas emergentes certificadas, marcando una diferencia considerable respecto a las dos primeras, que llevan con creces la delantera autonómica en emprendimiento.

En el otro extremo del gráfico se encuentran las comunidades autónomas con el menor número de empresas emergentes certificadas. Destaca, Cantabria, con solo 10 empresas certificadas, seguida de La Rioja con 6; Ceuta con 3; y, Melilla, que no cuenta con ninguna certificación hasta la fecha.

Comparando estas cifras con las proyecciones iniciales que el Gobierno preveía, esto equivale a haber alcanzado apenas poco más del 10% del total que se esperaba certificar. Este hecho nos lleva inevitablemente a reflexionar sobre la efectividad de la Ley de Startups y a cuestionar si las medidas implementadas están siendo suficientes para fomentar y apoyar adecuadamente el crecimiento de nuevas empresas emergentes en el país. Es probable que se requieran ajustes y evaluaciones continuas para asegurar que la ley cumpla con sus objetivos y beneficie realmente al ecosistema emprendedor.

Respecto al porqué de estas bajas cifras, algunos expertos sugieren que esta situación se debe a que muchas empresas probablemente quedaron, quedan y quedarán excluidas de la aplicación de la normativa debido al concepto

---

20 CLEMENTE, P., "La ley de 'startups' cumple un año con 600 compañías certificadas, pero las mismas quejas que el primer día". *El Periódico.* [en línea], (22 de diciembre 2023).

21 ENISA (2024). *Buscador de startups certificadas.* Recuperado el 7 de abril de 2025, de https://www.enisa.es/es/certifica-tu-startup/startups

restrictivo de "empresa emergente[22]". Debemos tener en cuenta que esta definición actúa como la "columna vertebral" de la ley, siendo fundamental para determinar qué empresas pueden beneficiarse de sus disposiciones[23]. Otros consideran que esto puede haberse debido a su publicación tardía[24]. De haberse promulgado antes, coincidiendo con el auge de inversión que vivió España en 2021, es claro que muchas más empresas habrían logrado certificarse.

4. ANÁLISIS DE LAS NOVEDADES INTRODUCIDAS POR LA LEY DE STARTUPS

Mencionadas las expectativas iniciales, la implementación práctica y los efectos observados hasta la fecha, se examinarán a continuación aquellos aspectos que, desde una perspectiva objetiva, el legislador ha logrado cubrir mediante las novedades introducidos por la Ley de Startups, y cuáles, por el contrario, no se han abordado.

4.1. Coberturas de la ley

Varias coberturas introducidas por la Ley de Startups han aportado mejoras innegables y sustanciales en el entorno emprendedor. Entre las principales novedades positivas se destaca la eliminación de la obligatoriedad del Número de Identificación de Extranjero (NIE) para inversores no residentes en España, lo que simplifica la solicitud electrónica y agiliza el proceso de inversión[25]. Además, se ha introducido un nuevo visado que permite a estos profesionales trabajar de forma remota para empresas extranjeras mientras residen en España, beneficiándose de un régimen tributario específico[26]. Estas medidas no solo fomentan una mayor participación de inversores y talento internacional en el ecosistema de *startups* español, sino que también posicionan a España como un destino atractivo para trabajadores remotos altamente cualificados.

En cuanto a las ventajas fiscales, una medida notablemente beneficiosa es la ampliación de la deducción en el IRPF por inversiones en empresas nuevas o de reciente creación. Esta ampliación incluye un aumento en la base de reducción, la duración y el tipo de deducción, incentivando a los inversores a

---

22 CANUDAS PERARNAU, BARCÓN CODINA y SEGURA MOREIRAS, *op. cit.*, p. 9.

23 HARANA SUANO, *op. cit.*, p. 67.

24 LABARCA, M.J. "Balance tras un año de la ley de 'startups': "Es como un brindis al sol". El confidencial. [en línea], (5 de enero de 2024).

25 Artículo 76, apartado 4, de La Ley 14/2013, de 27 de septiembre, de apoyo a los emprendedores y su internacionalización.

26 *Ibidem*, artículo 69.

respaldar proyectos emergentes y proporcionando un apoyo financiero significativo en las etapas iniciales de las *startups*[27].

La reducción del tipo impositivo al 15% durante los primeros cuatro años desde la obtención de la base imponible positiva para las empresas emergentes constituye también una medida importante[28]. El hecho de que el tipo general del 25% descienda proporciona un "alivio financiero" esencial en las primeras etapas de desarrollo de las empresas[29].

Además, la elevación de la exención de 12.000 a 50.000 euros anuales en el caso de entrega de acciones a los trabajadores[30] motiva a estos a contribuir al éxito de la empresa. Esta medida no solo beneficia a los empleados, sino que también fortalece su dedicación y conexión con el proyecto empresarial[31].

Cabe destacar también la creación del Foro Nacional de Empresas Emergentes, que permite un seguimiento activo de las políticas públicas estatales hacia estas empresas. Este foro, junto con la evaluación continua de la implementación de la ley por parte del Gobierno, asegura un monitoreo constante y la posibilidad de realizar ajustes y mejoras según sea necesario. Este enfoque participativo y evaluativo garantiza que las políticas se mantengan relevantes y efectivas, adaptándose a las necesidades cambiantes del sector[32].

Asimismo, el sistema estatal de ayudas al emprendimiento basado en la innovación no solo fomenta la creación y desarrollo de proyectos innovadores, sino que también contribuye significativamente al crecimiento económico y tecnológico del país[33].

En conjunto, las novedades introducidas por la Ley de Startups representan avances significativos que han mejorado el entorno para las empresas emergentes en España. Es innegable que la ley ha implementado medidas que facilitan la inversión, atraen talento internacional y proporcionan un apoyo continuo y adaptativo a las *startups*, fortaleciendo así el ecosistema emprendedor del país.

---

27 Artículo 68, apartado 1, de la Ley 35/2006, de 28 de noviembre, del Impuesto sobre la Renta de las Personas Físicas y de modificación parcial de las leyes de los Impuestos sobre Sociedades, sobre la Renta de no Residentes y sobre el Patrimonio.

28 Artículo 7, Ley de Startups.

29 HARANA SUANO, *op. cit.*, p. 75.

30 Artículo 42, apartado 3, letra f, de la Ley IRPF.

31 HARANA SUANO, *op. cit.*, p. 75.

32 Artículos 25 y 26, Ley de Startups.

33 Artículo 19, Ley de Startups.

4.2. Carencias de la ley

Para realizar un balance fidedigno de la situación, es conveniente analizar aquellos aspectos en los que la Ley de Startups ha prescindido o, incluso cuando los ha introducido, lo ha hecho de forma insuficiente, superficial o, deficiente. A pesar de la implementación de medidas significativas, es necesario cuestionar su capacidad para abordar adecuadamente las deficiencias del ordenamiento jurídico español en el ámbito de las *startups*, lo que genera dudas sobre su efectividad para promover el desarrollo efectivo del ecosistema emprendedor en España.

La principal y más significativa crítica se centra en el concepto restrictivo de "empresa emergente" establecido por la Ley de Startups, que en la práctica excluye a muchas potenciales empresas que podrían beneficiarse de la ley debido a la rigidez en los criterios de certificación[34]. Estos deben cumplirse de manera acumulativa, y la certificación no es permanente, ya que está sujeta a condiciones variables[35]. Por ejemplo, puede perderse después de alcanzar cinco años[36] o superar los diez millones de euros en ingresos[37]. Esta situación afecta negativamente a empresas que, aunque se encuentren en fases tempranas de desarrollo, superan estas limitaciones temporales o financieras. Además, ciertos requisitos, como la prohibición de haber surgido de una operación de escisión de empresas no emergentes, son considerados por algunos como demasiado restrictivos[38].

En la misma línea de crítica se encuentra el hecho de que la certificación sea realizada por ENISA, entidad adscrita al Ministerio de Industria y Turismo. Aunque se espera que actúe con buen juicio, se cuestiona que la utilización de parámetros indeterminados pueda llevar a una disparidad de criterios. La subjetividad en la certificación, derivada de los criterios ambiguos de la Ley de Startups, podría generar inconsistencias y falta de transparencia en el proceso[39].

---

34 CANUDAS PERARNAU, BARCÓN CODINA y SEGURA MOREIRAS, *op. cit.*, p. 3.

35 HARANA SUANO, *op. cit.*, p. 68.

36 Este plazo se extiende a siete años para las empresas del sector de biotecnología, energía industrial u otros, dependiendo del avance del estado de la tecnología.

37 Artículo 6, Ley de Startups.

38 Según ARRUÑADA (2022) "Muchas empresas que ahora son reconocidas y que podríamos considerar como startups de referencia, como por ejemplo "Zara", probablemente no cumplirían en sus inicios con los numerosos y exigentes condicionantes actualmente impuestos por el legislador para acogerse a la Ley". (como se citó en CANUDAS PERARNAU et al, 2023).

39 CANUDAS PERARNAU, BARCÓN CODINA y SEGURA MOREIRAS, *op. cit.*, p. 9.

Por otra parte, como afirma HARANA "la evaluación de la innovación y la escalabilidad de los modelos de negocio- requisitos fundamentales para obtener la condición de empresa emergente- podría mejorarse mediante una mayor especificidad y objetividad en los criterios establecidos". Con el rápido desarrollo de los sectores emergentes, sería prudente llevar a cabo revisiones periódicas para garantizar la relevancia y efectividad continuas de estos criterios[40].

Una crítica adicional se centra en la relación entre universidad y emprendimiento. Como sugiere MOROY, sería beneficioso incorporar el emprendimiento en los planes de estudios universitarios para apoyar a los jóvenes interesados en emprender, eliminando obstáculos como el acceso al financiamiento inicial para *startups*. Esta cuestión lleva a otra crítica relevante: la regulación pendiente de las *startups* dirigidas por estudiantes, cuya normativa podría ser clave para integrar a los estudiantes en el ecosistema de empresas emergentes y fomentar el emprendimiento en general[41].

Otro aspecto ampliamente debatido es la burocracia. A pesar de algunas evidentes mejoras, los trámites administrativos siguen siendo considerados excesivos, lo que resulta en procesos largos y tediosos. Para las empresas emergentes, que operan en entornos dinámicos y de rápida evolución, la agilidad en los trámites es clave. Por lo tanto, aún se requiere una reducción significativa en la cantidad de trámites burocráticos para facilitar el desarrollo y crecimiento de estas empresas[42].

En cuanto a las novedades fiscales, éstas también han sido objeto de crítica por no ser suficientes, a pesar de haberse mencionado previamente como positivas. Por ejemplo, la exención fiscal para las *stock options* está limitada a un periodo de diez años, lo cual puede no ser suficiente para fomentar el crecimiento a largo plazo de las *startups*[43]. Por otra parte, la reducción del IS del 25% al 15% durante cuatro años es beneficiosa, pero su aplicación práctica es limitada, ya que muchas *startups* no generan beneficios significativos, o incluso ninguno, en sus primeros cinco años[44].

La exclusión de las *scale-ups* de la Ley de Startups también es vista como algo negativo o una desventaja, dado que estas empresas necesitan apoyo para

---

40 HARANA SUANO, *op. cit.,* p. 75.

41 MOROY HUETO, F. "La nueva Ley de Startups: Muchas luces y algunas sombras". TLARev, núm.3 edición especial, (2022).

42 RODRÍGUEZ CAVEDA, M.A. "Balance de la Ley de Startups tras un año funcionando". *MuyPymes.* [En línea], (8 de enero de 2024).

43 DELGADO, S. "Los fondos de inversión reclaman aplicar mejoras fiscales en la Ley de Startups. Estrategias de Inversión. [en línea], (25 de abril de 2024).

44 VÁZQUEZ, *op. cit.*

su crecimiento y consolidación. Es importante no solo respaldar la creación de nuevas empresas, sino también su desarrollo sostenible a largo plazo. La falta de apoyo podría obstaculizar su crecimiento y su capacidad para convertirse en actores significativos en el mercado[45].

Estas carencias regulatorias demuestran que, aunque la Ley de Startups introduce mejoras significativas, también presenta limitaciones importantes que deben abordarse para optimizar su impacto en el ecosistema emprendedor en España. Es imprescindible abordar y superar estas deficiencias para garantizar que la ley cumpla plenamente su objetivo de fomentar la innovación y el crecimiento de las startups en el país.

5. CONCLUSIONES

La Ley de Startups ha generado grandes expectativas al establecer un marco legal para fomentar y promover el entorno emprendedor e inversor en España, siendo considerada a su vez un motor para la modernización económica[46]. Aunque se esperaba que impulsara rápidamente el número de startups certificadas, los resultados hasta la fecha no han cumplido con las expectativas iniciales. Sin embargo, no se puede atribuir esto exclusivamente a la ley, ya que el proceso de adaptación a esta nueva normativa requiere tiempo, y factores como la realidad económica y de inversión han influido significativamente en su efectividad hasta ahora.

Es fundamental reconocer que la Ley de Startups representa un avance significativo al proporcionar un marco legal específico para las empresas emergentes en España, algo que era muy necesario. Aunque el balance a corto plazo puede parecer desalentador en cuanto a los números, es esencial mantener una perspectiva a largo plazo y continuar evaluando y ajustando la ley conforme se implementa y se adapta al entorno cambiante del ecosistema empresarial.

Tal vez una aproximación para mejorar la Ley implique escuchar a la comunidad emprendedora y considerar sus preocupaciones. Por lo tanto, es imprescindible tener en cuenta todas las críticas, ya que juntas ofrecen una visión más completa y realista del impacto de la ley y, a su vez, proporcionan orientaciones sobre áreas potenciales de mejora.

---

45 RODRÍGUEZ CAVEDA, *op. cit.*

46 LAWANTS. “Spain Startup Law: Measures, Benefits, Opportunities.” [En línea], (s.f.).

En definitiva, a pesar de un inicio complicado, la Ley de Startups no debe subestimarse en cuanto a su importancia, impacto y potencial a largo plazo. Es una herramienta clave para el desarrollo del ecosistema empresarial en España y debe seguir siendo refinada y apoyada para cumplir con sus objetivos y adaptarse a las necesidades del sector.

6. BIBLIOGRAFÍA

CANUDAS PERARNAU, S., BARCÓN CODINA, J.M., y SEGURA MOREIRAS, A. "La nueva Ley 28/2022, de 21 de diciembre, de fomento del ecosistema de las empresas emergentes: ¿Una solución real para las startups?" *La Ley mercantil*, 107, (2023).

CLEMENTE, P. "La ley de 'startups' cumple un año con 600 compañías certificadas, pero las mismas quejas que el primer día". *El Periódico*. [en línea], (22 de diciembre 2023), https://www.elperiodico.com/es/economia/20231222/ley-startups-cumple-ano-600-empresas-quejas-96101701

DELGADO, S. "Los fondos de inversión reclaman aplicar mejoras fiscales en la Ley de Startups. *Estrategias de Inversión*. [en línea], (25 de abril de 2024) https://www.estrategiasdeinversion.com/analisis/bolsa-y-mercados/analisis-fondos/los-fondos-de-inversion-reclaman-aplicar-mejoras-n-708719

ENISA. *Buscador de startups certificadas*. Recuperado el 7 de abril de 2025, de https://www.enisa.es/es/certifica-tu-startup/startups

FUNDACIÓN BANKINTER. "*Observatorio del Ecosistema de Startups en España. Informe anual de tendencias de inversión en España 2021*".

HARANA SUANO, E. "Aspectos tributarios de las empresas emergentes: análisis de los incentivos fiscales tras la nueva "Ley de startups". en Impacto de la Digitalización en los nuevos modelos de negocio, Editorial Dykinson, pp. 65-76, 2024.

LABARCA, M.J. "Balance tras un año de la ley de 'startups': "Es como un brindis al sol". *El confidencial*. [en línea], (5 de enero de 2024). https://www.elconfidencial.com/juridico/2024-01-05/balance-ano-ley-startups_3805465/

LA MONCLOA. "*Industria, Comercio y Turismo abre el proceso de certificación de startups*". [en línea], (2023) https://www.lamoncloa.gob.es/serviciosdeprensa/notasprensa/industria/paginas/2023/210723-industria-abre-certificacion-startups.aspx

LAWANTS. "Spain Startup Law: Measures, Benefits, Opportunities." [en línea], (s.f.). https://www.lawants.com/en/spain-startup-law/

MONZÓN CARCELLER, N. "Aspectos mercantiles de la Ley 28/2022, de 21 de diciembre, de fomento del ecosistema de las empresas emergentes (Ley de Startups)". Diario La Ley, N.° 10262, Sección Tribuna, (2023), LA LEY 1707/2023.

MOROY HUETO, F. "La nueva Ley de Startups: Muchas luces y algunas sombras". TLARev, (2022), núm.3 edición especial.

RODRÍGUEZ CAVEDA, M.A. "Balance de la Ley de Startups tras un año funcionando". *MuyPymes*. [En línea], (8 de enero de 2024).

VÁZQUEZ, D. "Un año de la ley de startups: esto es lo que piden los fondos para mejorarla". *Business Insider*. [en línea], (13 de diciembre de 2023). https://www.businessinsider.es/ano-ley-startups-piden-fondos-inversores-mejorarla-1346770